HERMIANTE,
OU
LES DEVX HERMITES CONTRAIRES,
LE RECLVS ET L'INSTABLE.

Histoires Admirables,

Par M. L'EVESQVE DE BELLEY.

Esquelles est traitté de la Perfection Religieuse.

A ROVEN,

Chez IEAN DE LA MARE, aux degrez du Palais.

M. DC. XXXIX.
AVEC APPROBATION.

A

MADAME
LA DVCHESSE
DE MERCOEVR.

MADAME,

Si les ruiſſeaux qui tirent leur ſource de la mer, luy rendent en fin le tribut de leur courſe: ce Liure pour d'auſſi iuſtes tiltres ſe doit rendre en vos mains, & porter ſur ſon front la gloire de vous appartenir, pour le ſujet dont il traitte, ſoit pour les redeuances de ſon Autheur. La principale de ses narrations est d'vn des Seruiteurs domestiques, & comme creature de ce pieux & vaillant Prince, qui fut vostre Espoux en terre, & qui vous attend au Ciel. Sa matiere est de la perfection Religieuse, laquelle vous pratiquez si exactement dans le Siecle, que ceux qui s'en sont retirez pour la suiure, ont plus d'occasion d'admirer la perfection où vous estes arriuee en la splendeur de vostre estat, que vous n'en auez d'estimer en eux l'estat de Perfection. Preuuer cela par la contiguité de vostre Palais au Monastere des Capucins de Paris, ou plustost par la conformité de vostre vie auecque la leur, n'est-ce pas allumer vn flambeau pour faire voir le Soleil? Quant aux obligations que ie vous ay, MADAME, elles sont telles que ie ne pretends pas de m'en desgager par vne si foible preuue que la consecration de ceste œuure, mais seulement i'en veux tesmoigner au public le ressentiment particulier que i'en ay. Car outre la fauorable reception dont vous auez accueilli de semblables productions de ma plume, l'inclination que vostre charité a tousiours eüe de proteger nostre Maison, & de l'appuyer és occasions esquelles elle a eu besoin de vostre assistance, me lie fort estroittement au seruice de la vostre : de laquelle ie me puis dire Seruiteur hereditaire, estant né d'vn Gentilhomme qui auoit vne partie de ses biens, & de ses charges dans l'vne des Duchez du tres-excellent Prince vostre Gendre le cher Cesarion de HENRY le Grand: & mesme ayant receu le charactere que ie porte en l'Eglise de Dieu, des mains du Sainct Prelat que le Ciel vient d'enleuer de la terre, mon Elie, mon Pere Spirituel, dont les Ancestres auoient suiuy les fortunes, & seruy les personnes des tres-Illustres Princes vos predecesseurs. Receuez doncques, MADAME, ce témoignage de ma gratitude & recognoissance auec ceste benignité qui vous est naturelle, & auecque la debonnaireté inseparable de ceux qui comme vous pratiquent la deuotion en eminence. Et ie m'asseure qu'outre le diuertissement d'esprit, vous rencontrerez en ceste Histoire plusieurs enseignemens spirituels qui se treuuent rarement és autres Liures de pieté. Ioint qu'ils sont maniez d'vne façon qui m'a esté suggeree par ce grand Euesque dont nous ne pouuons regretter la priuation sans enuier sa gloire. Ie dis ce mot, MADAME, affin que vous en regardiez ces fueilles de meilleur œil, sçachant le credit que son iugement auoit en vostre creance. O que n'ay-ie comme vn autre Elisee les despoüilles de son double esprit, comme ie porte sa robe: ie me promettrois de faire voir au iour des choses aussi memorables comme il en a escrit de dignes d'estre leuës, & fait de dignes d'estre escrites. Cependant vous ietterez les yeux, s'il vous plaist, sur cét ouurage, comme sur la besoigne d'vn fils trauaillant selon l'intention, & presque selon l'inuention d'vn tel Pere, lequel priant pour vous au Ciel, m'oblige de l'imiter en terre, & de prier le Dieu du Ciel qu'augmentant tous les iours ses graces en vostre ame, il vous face auancer de vertu en vertu, pour voir le Seigneur des vertus en Sion par vostre reünion à ce genereux Prince l'autre part de vous mesme, lequel estant mort pour la deffense de la foy contre les Infideles, ne nous peut laisser en doute qu'il ne vous attende pleine de bonnes œuures en la participation de son eternel bon-heur, que vous souhaitte,

MADAME,

Vostre tres-humble & tres-obeyssant seruiteur,
Iean Pierre E. de Belley.

AV LECTEVR.

L'Ingenieux Peintre Appelles pour faire cognoistre l'impertinence de ceux qui se mesloient de reprendre ses ouurages, sans auoir aucune experience de son art, s'auisa vn iour de faire deux Tableaux, l'vn selon les reigles de la peinture, l'autre selon les opinions & les iugemens de tous ceux qui l'abordoient: & puis les exposant à la veuë du monde, l'vn fut treuué parfaict de tout poinct, & l'autre composé selon les diuerses fantasies des particuliers, fut tenu pour vne representation monstrueuse. Ceste piece à deux visages non seulement differens, mais contraires, que te represente cét HERMIANTE, mon cher Lecteur, a quelque chose de ceste industrie, car en te faisant voir le parfaict Anachorette en la personne du Reclus MARCIAN, elle te fera connoistre au revers de sa medaille l'image de l'imparfaict en l'instable AQVILIN, picquant ainsi tes yeux par la varieté de ces contrepointes. L'vn te fera voir toutes les qualitez qui peuuent rendre vn Hermite accomply: l'autre plus changeant qu'vn Cameleon & vn Poulpe, plus muable qu'vn Prothee, plus inconstant que la mer, te fera connoistre que ce n'est pas l'habit, mais la bonne & vertueuse habitude qui fait le Moine, & que tout ce qui reluit n'est pas de l'or. Tu y remarqueras comme le renoncement de soy-mesme estant mis pour fondement en vne ame, la rend de tout point accomplie & conforme à l'exemplaire de la montagne, c'est à dire, à l'image du fils de Dieu, & par consequent en vn haut degré de perfection. Au rebours que l'amour ou la volonté propre, plus incertaine que le Mercure, defigure tout à faict vn esprit, & le rend plus muable que la Lune, & moins ferme que les sables mouuans. Et outre les traits de la diuine prouidence que tu y connoistras euidemment en l'acheminement à vne mesme & precieuse fin de ces deux Hermites si contraires, ie m'asseure que les digressions (lesquelles font le principal de cét ouurage) te seront fort vtiles, si tu les veux peser meurement, & consi-derer attentiuement, en digerant bien les enseignemens qu'elles ingerent. Que si tu n'es pas en la disposition d'en faire ton pro-fit, mais si la seule curiosité te porte à la recherche du faict qui sert de fil à ces pa-ges, ie te declare dés ceste ouuerture qu'el-les te seront ennuyeuses & importunes, com-me venantes à la trauerse de l'impetuosi-té qui presse de sçauoir la fin d'vne auan-ture. Comme que ce soit, ie deuois, ce me semble, me conduire ainsi traittant d'vne haute perfection, & qui ne doit pas estre maniee si legerement, ny consideree auecque precipitation. Si ie donne moins de lieu au plaisir ; il y aura d'autant plus de place pour l'util. Ie te dis le reste de mes intentions, de mon dessein, & de ma conduite, en cét ADVIS A NOS ANA-CORETES que j'ay relegué à la fin de ce Liure. Adieu.

APPROBATIONS.

IEan Claude De Ville Chanoine en l'Eglise S. Paul de Lyon, Docteur en Saincte Theologie, & deputé à l'Approbation des Liures en ce Diocese par Monseigneur Denys Simon de Marquemont, Illustrissime & Reuerendissime Archeuesque de Lyon: Faisons foy auoir leu le present Liure, intitulé *Hermiante, par Monsieur l'Euesque de Belley*, Et y auoir rencontré l'ordinaire & tant renommé flux de discours, admirablement abondant du Reuerendissime Autheur: ausquels il fait publiquement voir le feruent zele au salut des Ames dont il accompagne sa dignité Pastorale, & combien il est Catholiquement ingenieux en toutes sortes de sujects qu'il entreprend, combien il a l'esprit vniuersel & sçauant en toutes choses, mais precisément en celle-cy qui concerne la Religieuse deuotion en la vie, laquelle se iette à l'escart du commun pour mieux cheuir de son Dieu, & iouyr plus à l'aise des contentemens de son heureuse presence en la Solitude. Fait au Cloistre S. Paul de Lyon.

C. DEVILLE.

L'Autheur d'*Hermiante*, ou *des deux Hermites contraires*, estant grandement recommandable pour le soing qu'il a des ames, tant de celles qui ont fait vne heureuse retraicte du monde pour embrasser la vie solitaire, que de celles que la necessité retient encor parmy les tracas & embarrassemens de la terre, ne merite pas seulement que ses œuures soyent approuuees & imprimees, mais encor elles doiuent estre cheries & curieusement leuës, pour estre tres-agreables & vtiles à toutes sortes de conditions. Fait à Lyon.

B. DE CHARPENE,
humble Prieur de S. Dominique d'Annessy.

Veu l'Approbation cy-dessus inseree d'vn Liure intitulé *Hermiante*, composé par le *Reuerendissime Iean Pierre de Camus Euesque de Belley*, auquel Liure pour donner credit il suffit d'en nommer l'Autheur, nous permettons iceluy estre imprimé & exposé en vente. Fait à Lyon.

MENARD V. G. Substitut.

HERMIANTE.

LIVRE PREMIER.

Alexis & Serafic compagnons inseparables, & Pelerins infatigables, apres vn voyage lointain, vindrent pour quelques iours reprendre le doux air de leur naissance. Semblables à ces poissons, qui viennent en la douceur des fleuues se degorger des amertumes de la marine, & apres les tourmentes, & les tempestes, iouyr de la gracieuse tranquilité d'vne facile bonace. Des-ja leurs pieds pressoient cette fertile terre de la France, terre qui sembloit fleurir sous leurs pas, & toute pompeuse & paree se plaire à porter sur son dos le faix bien aymé de ses chers enfans. Mais la Rose de leur ioye estoit entre mille espines de crainte, & l'apprehension d'estre descouuerts par leurs parens, qui les vouloient engager dans les fers dorez des vanitez & des plaisirs du monde, non seulement temperoit l'allegresse de leurs cœurs, mais l'accabloit de mille frayeurs, ces lieux si doux à tous ceux qui sont attachez à la terre paroissans comme autant de geoles & de prisons à ces genereux esprits, qui n'ayans point d'autre conuersation que dans le Ciel, ne tenoyent au monde que par le filet de la necessité de la vie, ne reconnoissans autre pays en l'Vniuers que la circonference des Cieux. Ceux qui se tenoyent libres en des contrees estrangeres, se tiennent comme captifs en celle ou ils ont en naissant apperceu les premiers rayons du Soleil; cette grande Ville qui porte vn petit monde en son enceinte, leur semble vne estroite prison, leur imagination n'est flattee d'aucune des delices, ny des commoditez qu'ils y pouuoyent gouster, parce qu'ils ont beu à la source de la Grace qui rend les personnes abstenuës en leur imprimant vne saincte horreur du vin fumeux des voluptez passageres du monde. S'estans volontairement bannis de ce Paradis terrestre, ils ne redoutent rien tant que de r'entrer en ces lieux où tant de gens aueuglez se precipitét, ils euitent les escueils tous couuerts de desbris, & les brisans de cette mer toute noire & toute diffamee de naufrages. Ils se contentent de tournoyer aux enuirons, de la faluër de loing, & de se tenir sur leurs gardes; pareils à ces oyseaux biē auisez qui s'escartēt des artifices cachez sous diuers appasts, dont les oyseleurs se seruent pour les surprendre, tout leur est suspect, ils ont l'œil à lerte, tous les rameaux leur semblent des filets, toutes les branches leur paroissent engluees, plus amoureux d'vne liberté disetteuse que d'vne abondante prison. Si quelquefois vous auez veu des arondelles reuenir des regions les plus esloignees au temps que les chaleurs se respandent sur nostre climat, vous aurez apperceu qu'elles ne manquent point de se mettre à l'abry au mesme lieu où elles ont esclos leurs petits en la saison precedente, ou bien où elles ont esté escloses, & où elles ont apprisle ramage plaintif de leurs peres & de leurs meres. Mais s'il arriue qu'vne main propre & mesnagere ait abbatu ce bastiment qu'elles auoyēt maçonné auecque beaucoup de peine, & façonné d'vne industrieuse architecture, on les void toutes dolentes plaindre la ruine de leur ancienne maison, & rebastir vne nouuelle demeure en quelque endroict voisin, dont l'accez moins aisé les puisse mettre à l'abry d'vn semblable affront. Nos Pelerins aymans mieux estre oyseaux de campagne, que de cage, de passage que d'arrest, trop auisez pour se laisser attacher au poing sous l'apparence d'vn leurre, viennent bien saluër les foyers paternels, mais de telle façon qu'ils ne puissent estre ny reconnus, ny retenus, se logeans en lieu dont la connoissance ne portast aucun preiudice à leur asseurance. Les matelots experimentez, & qui sçauent que les plus fascheux, & les plus ordinaires naufrages se font au bord, ne se laissent pas tant aller à l'impetuosité de leurs desirs, & à l'ardeur impatiente de reuoir promptement leur maison, que leur veuë discerne des-ja dãs la terre, qu'ils ne moüillent l'ancre à la rade, & n'attendent là doucement & en paix la commodité du reflux, ou vn vent fauorable, qui leur preste vne heureuse arriuee au havre desiré. Nos iudicieux & deuotieux voyageurs se conduisent ainsi, & pour euiter les déplaisirs d'vn esclauage dans l'Egypte du siecle, en iouyssant de la liberté honneste & vertueuse des enfans de Dieu en leur air naturel, ils se retirerent en la belle maison de Callidore, qui pare les riuages de Marne, dont le sage Menandre leur commun amy, estoit Seigneur, distante de Paris d'vne legere traitte. Aussi tost que ce bon Senateur sceut leur arriuee en sa maison, il s'y rendit aussi-tost pour les y accueillir selon leur qualité & leur merite, mais principalement selon la singuliere amitié qu'il auoit contractee en Dieu auec eux au Pelerinage de Liesse. En des mains si amies & si prudentes, comme eust-il esté possible que la fortune, toute contrariante qu'elle est à la vertu, eust peu leur faire vn mauuais parti? Là ils se rafraischirent de leurs voyages, se deslasserent de leurs fatigues, se consolerent au recit de leurs diuerses trauerses (n'estant rien de si doux que le souuenir & le narré des disgraces passees) & se resiouyrent en Dieu leur salutaire, par diuers pieux & deuotieux entretiens, dont je pourrois beaucoup embellir ces pages, si ie ne craignois de leur faire perdre la grace de la brieueté que ie me suis proposee pour but principal en cette Relation. Tant y a donc qu'apres auoir quelque temps conferé de leurs affaires, tant spirituelles que temporelles, ils conclurent que le charitable & sincere Menandre retournant à Paris, où l'exercice de sa charge l'obligeoit, donneroit ordre à ce qui seroit besoin aux fideles associez pour entreprendre vn nouueau Pelerinage, tandis qu'ils se reposeroient à Callidore, iouyssans des delices que leur offroit lors la saison de l'Automne, qui est communément en la France la plus belle, comme par tout la plus vtile de toutes les quatre qui partagent l'annee. Menandre va donc se r'enfermer dans les hauts murs de Paris, & s'enseuelir dans le tracas des affaires du Palais, où toute la sagesse du monde est deuoree, & où la sagesse (que ie ne die finesse & subtilité) deuore tout le monde: car c'est là proprement cette terre de Canaam qui māge ses habitans; tandis que nos Pelerins respirent vn air plus pur & plus doux dans les iardinages, & parmy les bois & les claires fontaines de Callidore. Mais tout ainsi que les nautonniers, qui ont durāt les tempestes tant desiré, & tant loüé la seureté du port, soudain qu'ils ont pris terre sont saisis d'vn ennuy, qui fait naistre en leurs ames l'impatiēt desir de se reuoir bien-tost sur les agitations d'vn element moins tranquille, leur repos par l'accoustumance s'estant mis en ce mouuement. Le mesme aduint à nos Pelerins, qui sçachans que Dieu qu'ils cherchoient, ne se trouuoit pas, cōme dit Iob, en la terre de ceux qui viuent à leur aise, le lys de la perfectiōe croissant que parmy les espines des trauaux & des difficultez, ne demeurerent gueres à Callidore dãs le duuet & la bône chere, sans estimer cette vie trop molle pour des champions de la Croix. C'est pourquoy redoutans que cette Lothe d'vn traittement trop splendide, ne leur fist oublier de tendre à leur vraye patrie, qui estoit le Ciel, & les fist retourner vers leur pays terrestre, pour y establir vne cité de demeure ; ils s'enquirent des lieux circonuoisins, où dans la mortification de leurs corps ils peussent trouuer la grace qui engraisse les ames. Paris tout plein de Religiõ & de Religieux au dedans de ses murailles, est encor enuironné en sa circonference de plusieurs Monasteres de l'vn & de l'autre sexe, où Dieu est loüé & adoré nuict & iour par des personnes qui meinent icy bas la vie des Anges du Ciel. Mais la peur d'y rencõtrer des personnes de connoissance, leur fit plustost ietter les yeux sur les Hermitages, dont cette superbe Cité, la Reyne des Gaules, & l'œil du Monde, est ornee en sa cõference. Là comme en des guerites sont posees des sentinelles, semblables à celles dont parloit le Profete, quand il disoit, que le Seigneur auoit mis des gardes autour de Hierosalem, qui faisoient la ronde aux enuirons de ses murailles, & qui ne faisoient sans cesse que crier contre ses ennemis, & veiller pour sa deffense. Entre les autres, on leur fit estat d'vn Hermitage enfoncé dans la forest de Senar, où s'estoient reünis quelques Anacoretes de vie fort austere & fort retiree. Cette forest descendant mollement par la pente d'vn coustau sur le riuage de la Seine, s'estend au dessus dans vne plaine, & embrasse dans son enceinte plusieurs maisons, qui font paroistre en leurs frontispices la richesse, la splendeur & la magnificence de leurs maistres, là sont les delices de plusieurs Parisiens, qui sages, sobres & reseruez à la ville, semblent auoir choisi la campagne pour le theatre de leur opulence & de leur vanité, que ie ne die de leur folie. Car cela n'est-il pas tout à faict contre l'ordre de la raison, que beaucoup soient logez à la ville, leur seiour ordinaire, comme des paysans, qui sont à la campagne, où ils vont rarement, logez comme des Princes, laissans l'vsage de ces beaux edifices à des villageois incapables par leur grossiereté, & par leur pauureté, de iouyr, & de iuger de la felicité de leur demeure? Mais la veuë de toutes ces gentillesses ne touche non plus les yeux de nos Pelerins, que ceux des aueugles les couleurs qui émaillent vne prairie: car tout ce qui n'est point consacré à Dieu vnique object de leurs pensees & de leurs regards, ne leur est rien. Semblables en quelque maniere à ce Docteur des nations, qui à son retour de la troisiesme sphere ne voyoit plus rien en terre, bien qu'il y eust les yeux ouuerts, c'est à dire, n'apperceuoit aucuns sujets dignes de sa consideration. Ioint que comme l'aspic se cache sous les fleurs, ils auoient peur de rencontrer pour punition de leur curiosité quelque œil, qui les decelast à ceux dont ils vouloyent euiter la connoissance. Ils se transporterent donc en l'Hermitage autant separé & different en structure de ces logemens de plaisir, que la vie de ceux qui lors le remplissoyent, estoit esloignee de la conuersation des mondains, & des pretensions du siecle. Ils y furent conduits par les sentiers les moins battus, y arriuerent sur la brune, peu auparauant que l'absence du Soleil fist sortir les estoiles de leur lumineuse captiuité; l'horreur de la nuict voisine, redoublee par l'ombre & le silence des bois, leur fit paroistre ce sejour d'autant plus agreable qu'il estoit affreux: car il en est des deserts & des solitudes, qui s'embellissent de leur difformité, comme des statuës autiques, lesquelles releuent leur prix par la roüillle & la vermollisseure. La porte de la Chappelle, qui estoit celle là mesme de la maison, estoit des-ja close, & les bons Religieux proches de leur retraitte. Au bruit que nos Pelerins firent en heurtant, parut vn venerable vieillard, qui leur ayant ouuert gracieusement, les accueillit auec vne face si amiable qu'elle sembloit ouurir, non pas vne Eglise, mais le Paradis. Alors tous les Religieux, qui estoient au nombre de six, faisoyent oraison deuant le sainct Sacrement, & l'examen de leur conscience. Ce furent autant de simulachres immobiles à l'arriuee des Pelerins, car attentifs à vne occupation plus serieuse, ils firent voir que l'vn necessaire de Magdeleine estoit preferable aux tracas, & aux empressemens de Marthe ; ce qui edifia beaucoup nos nouueaux venus. Le Portier les pressoit charitablement d'entrer en la chambre des hostes ; mais ils aymerent mieux la part de Marie, & demeurer en contemplation durant l'exercice du soir, auec cette petite communauté, que se raffraischir d'vn chemin qui leur auoit apporté plus de contentement que de lassitude. Le Superieur ayant donné le signal de la fin, ce fut lors que les

Pelerins estans reconnus, & à leur contenance & à l'essay de la patience, & de la pieté qu'ils venoyent de monstrer, non pour ces vagabonds qui ne font que pirouetter par le monde, sans autre dessein que de viure en allant sous vne specieuse apparence, mais pour des personnes d'importance & remplies de deuotion, furent receus de cette saincte troupe, non comme des hommes simples, mais comme des Anges de Dieu. Si grand fut le zele de ces bons Solitaires pour les bienueigner, qu'ils leur firent connoistre la verité de ce mot, que l'Escriture a dit des premiers Chrestiés, que les fideles n'auoyent qu'vn cœur & vne ame. Vous semble-t'il pas voir icy, quelque ressemblance de l'eschelle de Iacob? car ces Anges humains apres s'estre esleuez à Dieu par l'oraison, descendent aussi tost au seruice du prochain par l'hospitalité. O Dieu! meilleur est vn iour en vos tabernacles, que mille dans les Palais des pecheurs. Ils desiroient les faire passer dans le logemét, pour leur lauer les pieds, leur faire prendre la refection, & leur donner le repos dont ils estimoient qu'ils eussent besoin: mais Serafic leur ayant faict entendre qu'ils ne venoient que d'vne maison voisine, d'où la bonne chere & l'aise les auoit chassez pour gouster en cette Solitude des mortifications plustost que des delices, ils cesserent de leur presenter ce qu'ils estimoyent leur faire besoin. La nuict n'auoit point encore tendu son sombre manteau parsemé de luisans sur la face de la terre, & c'estoit en la saison de l'Automne, qui partage également la longueur des iours & des nuicts; ce temps frais & gracieux presta le moyen au Superieur de faire voir cette petite maison dressee à la rustique, comme vn ramas de cabanes, à nos Pelerins. Il n'y auoit rien qui ne ressentist sa simplicité Monastique, & vne saincte pauureté, accōpagnee de netteté & d'honnesteté. Comme Dieu estoit toute leur richesse, toute leur richesse estoit employee au seruice de Dieu, en l'ornement de l'Autel, & aux meubles de la Sacristie, pouuans dire auec Dauid, Seigneur, i'ay aymé la beauté de vostre maison, ie me suis pleu à parer le lieu de vostre habitation. L'Eglise courte & ramassee faisoit voir vn Autel orné de plusieurs embellissemens, qui n'auoyent rien de si precieux que l'agencement & la deuotion de ceux qui les auoyent dressez. Sur le portail s'esleuoit vne tribune, où ces bons Hermites faisoyent leur

Chœur, pour laisser la Nef libre à ceux qui venoyent visiter leur Oratoire. La blancheur, & la proprieté seruoyent d'or & d'azur à ce lieu sacré, destiné aux diuines loüanges : & parmy les Images de deuotion ils arresterent leur veüe sur vn tableau attaché du costé du Midy sur vne petite fenestre treillissee de fer, qui respondoit sur l'Autel, à la forme des grilles des Religieuses. Ils y apperceurent le portrait d'vn Hermite agenoüillé deuant vn Crucifix, ayant à ses pieds diuerses sortes d'armes, auec cette inscription:

Ce sont les violents qui rauissent les Cieux.
A l'abord Alexis estima que ce fust l'Image de S. Guillaume Duc d'Aquitaine, dont l'admirable conuersion edifia autant l'Eglise, que sa tyrannie l'auoit scandalizee. Mais Serafic jettant les yeux sur vn marbre voisin, en tira le deschiffrement de l'Embleme. C'estoit l'Epitaphe du frere Marcian, riche honneur de cette Solitude, fleuron de ce desert, gloire de cét Hermitage, & dont la memoire ne doit point estre enseuelie dans le tombeau de l'oubly. Le monument que ces bons freres luy auoient erigé, court en paroles, grand en substance, par sa briefueté donnoit le desir d'vne plus

ample connaissance, & parce que sa mort encore de fraische datte, emplissoit cette côtrée du regret de sa perte ; & de la bonne odeur de son extraordinaire pieté, Alexis curieux au possible de semblables histoires, pria instamment le Pere Landulfe (ainsi s'appelloit le Superieur de cette deuotieuse brigade) de leur faire recit de la vie de ce fidele Anacorette. Ce bon Pere plein d'vne singuliere modestie s'excusa longuemét sur son insuffisance, le silence estant plus seant en la bouche d'vn Hermite, que les longues narrations, mais Alexis luy repliqua, que chacun estoit maistre au rapport d'vn faict & des actions qui luy estoyent conneuës, & qu'en de pareils sujet la simplicité l'emportoit par dessus l'eloquence, ioint qu'il iugeoit que ce Pere vouloit par humilité les frustrer d'vn discours qui les edifieroit, si qu'il ne cessa point de le presser doucement de les satisfaire, sans alleguer de mauuaises excuses à l'impatience de leurs desirs. Le lieu, reprit l'Hermite, qui qui m'impose le silence, & le temps qui vous appelle au repas, & de là au repos, seruiront de preuue que c'est pluftost par necessité, que par humilité, que ie tais les iustes loüanges que nous deuons au souuenir de tant de vertus, que nous auons veu reluire en noſtre frere Marcian. Demain s'il vous plaiſt prédre quelque part en nos exercices, comme à noſtre pauureté, nous eſſayerons de ſatisfaire à cette curioſité ſalutaire, qui vous porte à la connoiſſance des merueilles que Dieu a operees en la conuerſion, & en la vie de ce Reclus. Voicy l'heure de la retraitte des Religieux, qui ne nous ſemblera point trop haſtiue, ſi vous conſiderez que le milieu de la nuict les appellera au Chœur, tandis que les mondains ſont enſeuelis dans le ſommeil & la plume, car c'eſt en la Religion qu'on peut dire à lettre auec Dauid:

Ie me leue à minuict pour chanter les loüanges
Du Seigneur adoré des hommes & des Anges.

Seraſic iugeant à ce diſcours, que ce bon Pere n'eſtoit pas pour perdre Matines, eſtima qu'vn plus long entretié luy ſeroit plus importun qu'opportun, ſi bié qu'il ſe côrêta de ſa promeſſe, qui ne differoit leur attête que iuſques au lendemain. Apres vn peu de collation, les Pelerins furent conduits en la chambre du Reclus ſelon leur deſir, mais qu'ils n'oſoyent teſmoigner ny eſperer, s'eſtimans indignes de loger en vn lieu, où vn perſonnage ſi ſainct auoit faict vne penitence qui empliſſoit tout le voiſinage d'admiration. De là ils entendirent les Matines, que les Religieux reciterent à la minuict, ne pouuans clorre les paupieres pour l'abondance de la consolation qu'ils ressentoyent en leurs cœurs. O, disoit Serafic à son cher Alexis, qu'il est bien vray que la trace des iustes est comme l'exhalaison d'vn parfum! Sans doute, repliquoit Alexis; car si la Pāthere laisse toute parfumee la cauerne où elle a seulement couché vne nuict, quelle doit estre la bonne odeur d'vn lieu, où vne personne penitente & vrayemēt amoureuse de Dieu, a respandu tant de sang, sous l'effort des disciplines, coulé tant de larmes de ses yeux, poussé tant de souspirs, & frappé l'air de tant de douces plaintes? Ie m'imagine qu'il faict bon voir ce lieu tant renommé de la Saincte Baume en Prouence, où la Reyne des penitentes & des pecheresses a par l'espace de trente ans pleuré des pechez qu'elle sçauoit estre pardonnez, l'ayant appris de la bouche mesme de celuy dont les paroles sont des oracles de verité; pour nous apprendre cette leçon sacree, de n'estre point sans douleur & sans crainte pour vn peché commis & remis. O qu'il fait bon voir cette fontaine qu'elle a tant de fois enflee des ruisseaux de ses

pleurs,

pleurs, & que les vents qui sont autresfois meslez auec ses souspirs, doiuent auoir de fauorables halenees! que le murmure des eaux, qui s'est iadis accordé auec les accens de sa voix doiuent resonner d'vne douce harmonie! En somme, il me semble que les lieux qui ont esté habitez par les Saincts, nous doiuent estre en vne veneration singuliere, puis que là se recueille la rosee de la Grace, qui passe la Manne de Calabre en douceur, & en vtilité. Si à la veuë d'vn buisson ardant, il fut dict à Moyse qu'il estoit en vn lieu sainct, que sont les seruiteurs de Dieu, sinon des cœurs ardans d'amour parmi les espines des austeritez? Et puis qu'ils sont le siege de la grace de Dieu, comme le buisson de Moyse l'estoit du Dieu de la grace, pourquoy n'estimerons nous pas saincts les lieux de leur demeure? Puis qu'ils sont les pierres viues, dont est bastie la mystique Ierusalem, pierres ointes de l'onction de la grace, comme celle de Iacob, pourquoy ne dirons nous pas que veritablement les lieux sont saincts, où ils ont si souuent esté fauorisez, comme d'autres Zachees, des visites de Dieu? Tout ce que vous dites, respondoit Serafic, est si vray qu'il n'y a, ce me semble, que les ames insensibles au bien, qui puissent estre priuees de l'euidente consolation qui se recueille en ces lieux qui ont esté habitez par les esleus. Car si les sepulchres des morts, mesmes parmy les Gentils, rendoient les endroicts venerables, & les distinguoient des profanes, ce qui rend encore parmy nous les Cemetieres sacrez, pourquoy ne ferions-nous pas estat des chambres & des cellules, où tant de saincts Religieux se sont enterrez pour l'amour de Dieu tous viuans, faisans selon que dit Dauid, de leurs maisons leurs tombeaux, & dormans en ces sepulchres blessez du traict heureux de la diuine dilection? En ces doux entretiens nos Pelerins virent arriuer le iour par les portes de l'Orient, & comme ceux qui auoient accoustumé de preuenir la venuë du Soleil, pour mediter les merueilles de Dieu, ils se leuerent promptement (chose aisee à ceux qui sont couchez sur la dure) pour faire leur exercice du matin, & leurs meditations accoustumees. Quelle commodité ce leur fut d'entendre par la fenestre grillee, dont nous auons parlé, le premier sacrifice qu'vn des Religieux offrit à Dieu dés la premiere pointe de l'Aube? Sacrifice figuré par celuy d'vn agneau sans tache, offert tous les matins au Seigneur sous les ombres de la loy de Moyse. Apres la celebration de ce sainct mystere, ils furent visitez par le Pere Landulfe, qui leur vint souhaitter le bon iour. S'il nous comble d'autant de consolations que cette nuict nous a donné de iubilations spirituelles, dit Alexis, nous pourrons bien chanter auec le Psalmiste:

Le iour qui passe, au iour naissant
Tient propos du Dieu tout-puissant:
Et la nuict d'estoilles semee,
A la nuict conte en finissant,
Sa science & sa renommee.

Et quelles douceurs pouuez-vous auoir ressenty, reprit Landulfe, en vn lieu où la voix de la tourtelle, voix plaintiue & gemissante, s'est faict entendre par l'espace de quinze ans? car c'estoit l'accent ordinaire de nostre bon frere Marcian, se reputant tousiours pour le plus noir, & le plus diffamé pecheur de la terre. O voix, reprit Serafic, douce aux oreilles de cét Espoux sacré, qui conuie les Sunamites, les ames oublieuses de leur deuoir, de retourner à luy, qui change leur noirceur en beauté, aprés auoir laué leurs laideurs en son sang, & les auoir renduës sans rides & sans tache. O que suaue est cette penitente harmonie aux oreilles de ce Dieu qui entend la voix des pleurs, bien qu'ils coulent si doucement sur vn visage! Monstre moy ta face, ma sœur mon Espouse, dit le celeste Amant, que ta voix frappe mon ouye, car celle-cy est delicieuse, & celle-là me semble belle. Belle certes est la face d'vne ame renduë blanche comme la neige par l'hysope d'vn amer repentir. Douce est la voix qui confesse son iniustice deuant Dieu, & qui luy dit, ô Seigneur regardez moy en pitié, car ie suis pauure & miserable. Et tout ainsi que les eaux les plus claires sont celles qui coulent des rochers les plus durs, & comme les fontaines qui sont si douces, prouiennent de la mer, qui est si amere : de mesme les plus obstinez pecheurs font ordinairement les conuersions les plus signalees, & les larmes de la penitence, qui prouiennent de l'amertume du regret d'auoir offensé vne souueraine bonté, sont meslees de tant de douceur qu'il n'est point de suauité conferable à cette bien-aymee douleur. Dauid Roy des penitens sçauoit bien ce secret, quand il pare ainsi vne ame reconciliee au celeste Espoux;

La myrrhe & sa liqueur soüément respirante,

Et les bois rougissans de la casse odorante,
Et leurs molles vapeurs doucement parfumans
S'espandent des replis de ses accoustremens.
Aussi comme elle sort de son Palais d'yuoire,
Toute chose s'esgaye à l'aspect de sa gloire:
Et les filles des Roys en atour precieux,
Font l'honneur de sa Cour, & cōtētent ses yeux.

Certes, dict icy Alexis, tout de mesme, que les plus doux poissons se treuuent dans les ondes salees de la mer ; de mesme nous auons ressenti d'extremes douceurs en cette deuote chambre, où ce pieux penitent, dont vous nous faites tant d'estat, & dont nous entendons tant de merueilles par la bouche de la renommee, a versé tant d'ameres larmes, qu'il en a souuent noyé son lict s'en repaissant nuict & iour comme d'vn pain ordinaire. A la verité, dict Landulfe, sa contrition ne peut estre comparee qu'à la mer: car comme en tout le vaste sein de l'Ocean il n'y a aucune goute d'eau qui ne soit amere, ainsi toutes les pensees de nostre frere Marcian estoyent detrempees dans l'amer souuenir de sa vie passee, ses pechez estoyent tousiours deuant ses yeux comme autant de spectres horribles, qui par vne salutaire crainte des Iugemens de Dieu, le poussoyent continuellement l'inuocation de sa misericorde. Sa priere plus frequente estoit le grand Pseaume de la penitence de Dauid, & les versets qu'il ruminoit, repetoit & inculquoit le plus souuent, estoyent ceux-cy:

Laue moy d'auantage, & te plaise effacer
Cette tache espandue,
Car ie connois ma faute, & la voy sans cesser,
Qui s'offre espouuentable à mon ame esperduë.
A toy seul i'ay peché, i'ay faict mal deuant toy,
Et l'horreur de mon vice,
Te fera trouuer iuste au propos de ta Loy:
Et vaincras l'insensé qui reprend ta Iustice.

Se faut il donc estonner, dit Serafic, si nous auons moissonné la myrrhe auec ses aromates, en ce champ clos, où le miel coule de la pierre, & l'huile du caillou? O camp de bataille peu spacieux, mais specieux, où le monde, le sang & l'enfer ont esté terrassez par le champion de IESVS CHRIST, c'est donc icy, où se recueillent les figues sur les buissons, & les raisins au milieu des ronces; c'est icy, où selon la multitude des desolations de ce sainct penitent, les abondantes consolations ont coulé sur nos ames. En verité, reprit Alexis, i'ay esté toute cette nuict si rempli d'allegresse, que ie n'ay peu faire autre chose songeant à l'estat de ce

Religieux, & au nostre, que ruminer cét excellent Cantique du Roy des chantres, faict sur la deliurance de sa chere Sion:

Lors qu'il pleust au Seigneur de Sion le seruage
　　En liberté changer,
Vn tel rauissement saisit nostre courage,
　　Que nous pensions songer,
Nostre bouche s'emplit de ioye & de loüanges,
　　Et nos langues d'accords:
Le Seigneur pour ce peuple a faict choses estranges,
　　Ce disions nous alors.
Ceux qui baignez de pleurs la terre auoient semee
　　En piteuses façons,
Bondissans d'alegresse auec chants exprimee
　　Cueilliront leurs moissons.

Il semble, dit icy le Pere Landulfe, que vous soyez des-ja pleinement informez de la vie de ce grand amy de la penitence, nostre frere Marcian, ce qui me releuera de la peine de vous en faire vn plus lõg discours. Non pas cela, dit Alexis, car nous ne sçauõs rien de luy que confusément, & selon le bruict commun, qui a autant de faces & de varietez que de langues; & sçauoir quelque chose d'vn homme en cette sorte, c'est n'en sçauoir rien du tout, au moins de clair & de certain. Car bien que la voix du peuple, selon le prouerbe, soit la voix de Dieu, cette voix a besoin d'interpete, pour estre entenduë de ceux qui en desirent penetrer le sens. Si est-ce, repliqua Ladulfe, que vous en auez parlé & vostre compagnon de telle sorte, qu'il semble que vous en sçachiez autant de particularitez que moy, ou bien vous auez quelque rayon de l'esprit de profetie. C'est peut-estre, dit Serafic, qu'il nous est arriué comme à Saül qui deuint Profete parmi ceux qui estoient en Ramoth-Galaad, car il semble que la resine de Galaad coule en cette chambre, & la rende toute parfumee. Ou bien, poursuiuit Alexis, c'est que l'enthousiasme nous a saisis apres auoir reposé sur ce Parnasse, & beu à la fontaine des graces qui arrose ce sainct lieu, & le comble de tant de fertilitez. Que si selon la creance des Gentils, en la fontaine d'Apollon les poissons mesmes estoient Profetes, en cette source de penitence que pouuions nous conceuoir, sinon de penitentes imaginations? Que si nous auons dict quelques paroles à propos, ç'a esté comme ces aueugles qui tirent à vn but, lequel ils atteignent quelquesfois, mais plustost par hazard que par industrie. Or ces deuis estoient sur les desirs de nos Pelerins, côme ces legeres aspersions d'eau que les forgerons font sur leur braise, pour l'enflammer d'auantage, car ce peu qu'ils auoient entendu de Marcian, les rendoit d'autant plus curieux de sçauoir par quels moyens la misericorde de Dieu l'auoit retiré de l'abysme du peché, pour le releuer par la penitence à vn si haut degré de grace. Ce qui fit que sommant Landulfe de l'execution de sa promesse, il se vid obligé d'y satisfaire, & de desgager sa parole par sa parole mesme, commençant le recit non tant des auantures de la vie de ce Reclus, que de sa conuersion & perseuerance admirable, de cette façon. Messieurs, il est bon de cacher les secrets des Roys de la terre, mais il est meilleur de publier ceux du Roy du Ciel ; ô qui pourroit dignement raconter les sainctes industries dót il se sert pour dópter la rebellion de nos cœurs, & pour ramener à son seruice, & à leur deuoir les ames les plus detraquees, & dont le salut est plus desesperé : Certes i'en sçaurois bien que dire pour mon particulier, puis qu'il m'a retiré des portes de la mort, pour chanter en celles de Sion ses infinies misericordes; ô de quels abysmes m'a-t'il rappellé! ô que grandes choses a-t'il faites en mon ame! combiē y a-t'il puissammēt operé en son bras! & que feray-ie iamais pour reconnoissance de tant de signalees faueurs dont ie luy suis redeuable? Mais ce seroit vous amuser sur le neant, que vous entretenir de ma misere, bien que Dieu se plaise à trauailler sur le neant, & à establir le throsne de sa magnificence, & de sa bonté sur le fondement de nostre bassesse, & de nostre malice. Ce qui n'est point, dit la maxime des Philosophes, n'a point de qualitez : il vaut donc mieux que ie mette mon rien dans l'ombre du silence, apres auoir rendu à mon liberateur ce sentiment de graces pour ma deliurance. Mais tout ainsi que le rayon du Soleil estant tousiours le mesme, paroist differemment sur la boüe que sur la glace d'vn miroir; de mesme cette diuine grace, qui se diuersifie selon ceux qui la reçoiuent, paroistra auec bien plus d'éclat en nostre frere Marcian, qui en a esté meilleur mesnager que moy, qui en say si mal mon profit, que ie meriterois par mon ingratitude & infidelité d'estre priué de celle qui m'est si liberalement communiquee. O cōbien est veritable cette parole du sainct Euangile, que plusieurs infideles viendront de l'Orient & de l'Occident reposer au sein d'Abrahā, tandis que les enfans de lumiere seront precipitez és tenebres exterieures!

Car vous sçaurez que nostre frere Marcian estant né dans la region de l'ombre de la mort, & au milieu des portes d'enfer, c'est à dire, de l'heresie, a faict honte à plusieurs enfans de l'Eglise, qui tousiours esleuez dans son giron, par leurs mauuaises mœurs ont dementi leur creance. Il nasquit dans le Bearn aupres des hauts monts de Foix, les plus sourcilleux qui soient entre les Pyrenees, il vint au monde sous le regne d'Anthoine de Bourbon Roy de Nauarre, Pere valeureux du grand HENRY nostre inuincible Monarque; son extraction non seulement noble, mais illustre, luy donna rang dés son enfance entre les ieunes Gentils-hommes qui s'esleuoient aupres du Prince de Bearn, qui fut depuis le Roy HENRY LE GRAND. Il creut aupres de ce Pere des vaillans, bien veu & bien voulu de son maistre, qui ne faisât estat que des valeureux, auoit en estime particuliere la generosité Martiale qui éclattoit en toutes occasions en nostre Marcian. Il suiuoit lors comme la fortune & les interests, aussi la Religion que le malheur du temps & de son pays auoit faict succer à son Prince. Si bien que cõme vn abysme en appelle non vn autre seulement, mais plusieurs, les erreurs en la foy qui offufquoient son entendement, portoient vn tel detraquement en sa volonté, que ses actions n'estoiēt que dissolution, sa vie qu'vn perpetuel scandale. Car l'heresie (principalement celle de nostre siecle) a cela de propre, non seulement de faire faire naufrage à la foy, mais ou de mettre dans le vice comme vne punition du peché, ou d'ouurir la porte à toute licence, quand elle possede vn esprit, qui n'a iamais esté imbu d'autre sentiment que de celuy de ses fausses persuasions. Ce qui fait dire au grand Apostre cela mesme que l'experience nous fait toucher au doigt, que l'orgueil & la volupté font errer plusieurs personnes de la foy, les faisant cheminer en la vanité de leurs sens, dans les tenebres de leur intellect offusqué, les rendant ennemis de la Croix, & idolatres de leur ventre, se glorifians en ce qui les deuroit emplir de confusion. Chacun sçait ou par le rapport de ses yeux, ou par le recit des histoires, les funestes & horribles rauages que les dissensions inciuilement ciuiles sous François II. & Charles IX. causerent en la France, qui estoit lors pour les diuisions en la creāce le theatre des fureurs de la terre & de la malediction du Ciel. Le Prince de Bearn

par le malheur de sa nourriture, plustost
que par son inclination, seruoit lors de teste
principale à cette Hydre, qui sous le manteau de son nom, & le masque de Reforme
en repulluloit mille autres: car il estoit lors
Chef des armees Pretendantes en vn aage
qui dispense les plus habiles des conseils &
des coups. Mais sans r'ouurir ces playes que
les edicts de sa clemence couurēt d'vne perpetuelle Amnestie, contentons nous de
dire que Marcian, qui estoit de ses Gentils-
hommes ordinaires, eut non seulement part
en toutes les rencontres que la presence &
la fortune de ce Cesar rendit heureuses,
mais aussi en beaucoup d'autres qui luy furent desastreuses, en punition des excez &
des clemences, autant odieuses au doux naturel du grand HENRY, qui estoit la
mesme clemence, qu'agreables à ceux qui
les exerçoyent, animez du zele faux & in-
discret de leur irreligieuse creance. O combien de fois ay-ie veu pleurer & souspirer
ce bon frere sur le souuenir des insolences,
& des outrages qu'il auoit veu commettre,
& que luy mesme auoit pratiquees contre
les oings de Dieu, les Anges du Seigneur
des armees, les Prestres sacrez, pesant, selon
la profetie de l'Euangile, faire vn grand

seruice à Dieu en les tourmentant : Tout ce que la rage (cette industrieuse inuentrice de supplices) peut imaginer de plus violent, estoit alors en campagne, & la France forcenee comme vne Bacchante, qui se veautre dans le vin qu'elle regorge, se baignoit dans le sang & le carnage de ses propres enfans. Dire les pillages & les voleries, les perfidies & les trahisons, les renuersemens des temples, le bruslement des Monasteres, les saccagemens des villes, les violemens des femmes & des filles, la raison bannie, les loix à l'abandon, les maisons ruinees, la desolation par tout, c'est entreprendre de nombrer les fueilles des bois, & les sables de l'Affrique. Marcian, comme il estoit des plus courageux, estoit aussi des pl⁹ outrageux, pouuant dire auec Salomon desbauché, qu'il ne desnioit rien au detraquemét de son sens, aux boüillós de son sang, & à la liberté de ses desirs effrenez. Plusieurs fois il en fut repris par só Prince, lequel estát si bon qu'il ne pouuoit estre, non plus que cét Empereur ancien, mauuais aux meschans, ne rabbatoit pas tant ses boutades par ses reprehensions, qu'il les irritoit par son indulgence. Durant ses premieres armes il estoit si mutin & fougueux, qu'il auoit toufiours quelque differend à demefler, & quelque querelle fur les bras; chacun le fuyoit comme vne ronce qu'on ne pouuoit approcher fans s'accrocher, n'y s'en defcrocher fans y laiffer du fien; de douze duels affignez, où fon aueuglement le porta, le fort des armes en fit tomber fix fous fon effort, il donna la vie à quatre, fut feparé en vn, & en vn autre il penfa perdre la vie, pour ne la vouloir demander: car eftant tombé par malheur, fon ennemy luy tenant l'efpee dans la gorge le preffoit de s'auouër pour vaincu; Non pas, refpondit-il, quand il faudroit perdre dix mille vies. L'autre admirant ce courage, au moins, luy dit-il, reconnoy que tu la tiens de ma courtoifie. Tu me la peux donner, repliqua le terraffé Marcian, mais ie ne la puis ny demander, ny reconnoiftre tenir d'aucun homme qui foit au monde; i'ayme mieux la mort que de viure auec cette reproche fur le front. L'autre irrité de cette obftination, & fe doutant s'il ne iouïffoit de l'auantage de le perdre, que le fort des armes luy offroit, que ce feroit bien-toft à refaire, le perce en diuers lieux, & le laiffe pour mort fur la place. Voyez iufques où va l'aueuglement de cette Chimere monftrueufe, qui s'ap-

pelle point d'honneur, puis qu'il precipite le corps à la mort euidente, & l'ame aux flammes eternelles, pluftoft qu'en defmordre vn feul brin. Mais le Ciel qui referuoit Marcian à vne fin plus heureufe, le fit non fans quelque efpece de miracle fortir de cét abyfme de damnation: car apres s'eftre noyé en fon fang, vn paffant charitable le porta tout euanouy chez vn Chirurgien, où fes playes bandées & penfées rappellerent ce peu qui luy reftoit de vie, qu'il recouura en fin par l'art, par le bon traittement, & par la vigueur de fa ieuneffe. Mais iugez fi ce n'eftoit pas tout à faict tenter Dieu, & abufer horriblement de la patience du Ciel, puis qu'au lieu de reconnoiftre celuy qui l'auoit fauué de la gueule du Lyon, auffitoft qu'il peut reprendre vne affez forte conualefcence, il fit appeller de nouueau celuy qui l'auoit reduict en cette extremité, lequel eftant percé en vne cuiffe, & mefurant la terre en eftat de fe voir paffer & repaffer l'efpee de Marcian au trauers du corps, ce gentil courage luy donna la vie, fans qu'il la luy demandaft, & le porta fur fes propres efpaules chez le Chirurgien, pour le faire penfer. Acte, hors la brutalité du duel, tout à faict heroïque, & qui gaigna
fi

si puissamment le cœur de cét aduersaire, qu'il n'eut depuis à la Cour vn meilleur amy. Quant aux rencontres, où il auoit ou perdu, ou tiré du sang, elles sont sans nombre; car son arrogance estoit telle, que comme vn autre Ismaël, si ses mains estoient contre tous, les mains d'vn chacun estoient contre luy ; il estoit charpenté & cicatrizé en son corps de ie ne sçay combien de playes, qui toutes faisoient paroistre la main de Dieu iuste & misericordieuse, vangeresse & pitoyable : main de Chirurgien qui blesse pour guerir ; car il multiplioit ainsi ses infirmitez, pour presser par ces liens d'Adam, ce preuaricateur de reuenir en la bonne voye. De vous dire ses autres excez & desbauches, il est impossible, sans vous le representer comme vn monstre de nature, comme vn égoust de forfaicts, vn pot pourry d'iniquité, ce qui luy tiroit souuent ce verset sacré de la bouche,

Voila i'estois soüillé dés que ie fus receu
Dans ce val de miseres,
Ie me suis veu coulpable aussi-tost que conceu
Dans les flancs de ma mere.

Et ne vous imaginez pas, ie vous prie Messieurs, que i'auance tout cecy pour auoir eu quelque temps la conduite de cette bel-

C

le ame, & connu au tribunal où rien n'est caché, les replis de sa conscience : car ie ne serois pas si sacrilege que de violer le sceau du secret de ce Sacrement, où qui s'accuse, s'excuse, & où qui dit son iniustice contre soy-mesme, en reçoit la remission, & en est iustifié. Aussi ne crois je pas que cette pensee ombrage vos esprits, ny que vous me teniez, quoy que d'ailleurs fort grand pecheur, si miserable & si perfide. Sçachez donc que ie ne dis rien que nostre frere ne dist à tous ceux qui l'abordoient, confessant si hautement & si publiquement ses fautes, pour se rendre l'opprobre & l'abiection du monde, qu'il sembloit vouloir ramener ce temps de l'Eglise primitiue, auquel la confession maintenant auriculaire & priuee, se faisoit manifestement & en la presence de tous les fideles. Imitant en cela le glorieux Apostre, qui de persecuteur deuint Predicateur, & de vaisseau d'ignominie, vase d'élite & d'honneur pour porter le nom du Sauueur par toutes les nations de la Terre. Et ce qu'il diuulguoit ainsi ses crimes & ses miseres, estoit pour faire le conseil que Iosué donnoit à Achan, de glorifier Dieu en decelant son anatheme. O que puissante est la confession, puisque l'aueu des plus enormes forfaicts, auec vn témoignage de repentance, excite pluſtoſt la compaſſion qu'il ne prouoque l'indignation & le courroux! Quand à l'imitation de Manaſſes il ſe diſoit indigne de regarder le Ciel, & quand ce bon Publicain frappant ſa poitrine, diſoit auec vn ſentiment cordial, Seigneur ſoyez propice & debonnaire à ce pecheur miſerable, comme le cœur pitoyable du Dieu des miſericordes n'en euſt-il eſté touché, puiſque les rochers & les bois de cette Solitude en eſtoyent frappez de ſenſibilité, reſpondans à ſes plaintes par des Echos fauorables? O Metanee, ô Penitence, Nymphe bazanee, mais belle, chere hoſteſſe de ce deſert, que tu es puiſſante pour rauir le cœur de celuy qui ne peut ſouſtenir vn traict de tes yeux, ny vn ſeul de tes cheueux, le moindre de tes regrets, la plus petite de tes larmes luy faiſant tomber la foudre des mains! Peut-eſtre me direz-vous, que c'eſt mal commencer le rapport des merueilles que Dieu a operees en cette bien-heureuſe ame, que de faire le recit des malheurs, où l'ignorance de la vraye foy, & les erreurs de ſa ieuneſſe l'ont plongee: car cette impreſſion eſt toute contraire à l'eſtime que le public en fait. Mais puisque la gloire du Medecin prouient de la guarison d'vne maladie qui sembloit incurable, & puisque nous le tenons pour vn champion qui a combatu de grands combats sous les drapeaux de la Penitence, il me semble que plus extreme nous ferons voir son iniquité, plus sa repentance se monstrera signalee, & plus excellente paroistra la misericorde de celuy qui a tousiours les bras ouuerts, pour receuoir en sa grace ceux qui recourent à son infinie bonté. Continuans donc à deschiffrer, & si vous le voulez ainsi, à deschirer les dissolutions de sa vie, faisons le voir plus noir que le charbon, affin que l'allum du repentir, qui l'a rendu plus blanc que la neige fraischement tombee, en paroisse plus efficace, & plus exquis. Aussi bien ie voy que ce sujet vous plaist ; & tout ainsi que la Bienheureuse Terese prenoit plus de plaisir en la vie de ces Saincts qui auoient esté les plus grands pecheurs, comme S. Paul, S. Augustin, S. Cyprian, S. Guillaume, & tant d'autres : de mesme i'apperçoy que sur le thim amer des plus mauuais deportemens, vous recueillez le rayó de miel de la bonté de celuy qui est riche en ses miserations enuers ceux qui l'inuoquent. Or n'en déplaise à l'erreur populaire de ceux qui croyent que les Pretendus Reformez ont banny de chez eux le blasfeme, car outre que leur vie, & leur creance est vn blasfeme continuel, l'arrogance & la presomption leur faisant mettre la bouche dans le Ciel en la temeraire interpretation, ou plustost profanation des Escritures, desquelles ils corrompent ce qu'ils sçauent directemēt contraire à leurs dogmes, & blasfement au reste de ce qu'ils ignorent. Nous sçauons assez que le Certes affetté n'est pas en toutes leurs leures desguisees, & qui recelent vn venin d'aspic, ce que nostre frere nous a souuent appris, & par la multitude innombrable de blasfemateurs qu'il a entendus parmi eux, tandis qu'il estoit de cette Eglise des malins, & par son propre exemple: car ayant esté en ce temps là grand blasfemateur du nom de Dieu, d'où auroit-il appris ce langage des damnez, sinon de ceux qui sont dans les portes d'enfer, & en la voye, s'ils ne se reconnoissent, de la damnation eternelle ? Cette grande colere qui animoit son courage d'vne rage, que les mondains aueuglez tenoient pour valeur, portoit ordinairement sa langue à ces paroles de precipitation ; à quoy seruoit encore d'allumette le jeu, auquel il estoit si passionnément adonné, que s'il eust esté sur les riuages de la mer du Leuant, il eust imité ces gens qui joüét leur propre liberté à trois dez, se rendans forçats de ceux qui les pipent. Ce prouerbe est bien veritable, que ce qui est mal acquis s'escoule & se perd miserablement. Durãt la guerre, principalement ciuile, le trouble ne laissant aucun bien asseuré, aucun reuenu liquide, la vie n'est qu'vn pur brigandage, la rapine est en la place du commerce, le larcin sous le nom de picoree tient lieu de traffic, le plus fort l'emporte, ce ne sont qu'extorsions, voleries & meurtres; Marcian comme les autres viuoit de ce mestier funeste, & selon les occasions voloit non pas cõme vn Ange, mais comme vn brigand, heureux brigand, qui en fin comme S. Dimas en la Croix, vola le cœur de Dieu par sa repentance. Le jeu auquel il estoit si furieusement adonné, est vn abysme qui n'a ny fonds ny riue, vne sangsue qui crie tousiours, apporte, apporte; qui amasse des biens estant subiect à cette imperfection, iette des escus en vn sac percé, & s'efforce en vain d'emplir le tonneau des Danaides. Iamais l'enfant prodigue de l'Euangile n'égala en profusions noſtre Marcian ; car non ſeulement il diſſipa en jeux & en deſpenſes ſuperfluës tout ce qui luy pouuoit appartenir du bien de ſa maiſon, mais dix fois autant qu'il alloit picorant & butinant çà & là, ſelon la deſbordee licence des diſcordes ciuiles. Iuſques là qu'il faiſoit gloire de n'auoir rien, de mãger, de donner, de ioüer tout, tenant à honte de refuſer ce qui luy eſtoit demandé, ne viuant cependant que d'inuention & de proye, tantoſt deſrobant, tantoſt deſrobé, tantoſt pipant, tantoſt pipé, tantoſt equipé comme vn Prince, tantoſt deſmonté comme vn fantaſſin, & deſchiré comme vn gueux, tantoſt ſuiuy comme vn Seigneur tantoſt abandonné comme vn miſerable: car les valets comme les mouſches ne s'aſſemblent qu'à la cuiſine, & comme les corbeaux qu'autour de la curee ; n'auez-vous dequoy les repaiſtre? vous n'en auez plus. La faim eſt vn baſton qui les écarte & les chaſſe ſans frapper, ce genre de demons domeſtiques & d'eſprits familiers ſe debuſque par le ieuſne : tantoſt trompant, tantoſt trompé, combien de choſes de grande valeur a-t'il venduës, troquees, ioüees pour neant? combien de bagatelles qui luy aggreoient a-t'il acheptees par inconſideration à des prix immenses?

Fils des mortels aux grandeurs éleuez,
Iusqu'à quand ce courage?
Les vanitez à clos yeux vous suiuez,
Et vostre espoir chasse apres vn ombrage.

Il s'est veu en tel iour possesseur de tât d'or & d'argent, ou pillé, ou butiné, ou gaigné au jeu, qu'il en eust peu faire vne grande & illustre maison, estant des-ia, comme nous auons dit, d'vne race fort noble, & presque le lendemain il se voyoit à blanc, à peine possesseur des habits qui couuroient ses espaules, deuoré d'vn regret plus cruel & sanglant que le vautour de Promethee, & pouuant dire auec cét autre,

Or sçay-ie combien les plaisirs
Sont amers à la souuenance,
Lors qu'en conseruant les desirs
Nous en perdons la iouyssance,
Et de combien n'auoir point eu,
Est plus doux que d'auoir perdu.
Tous mes biens s'en sont enuolez
Tant le cruel malheur m'outrage,
Mes escus se sont escoulez
Comme l'eau qu'enfante vn orage,
Et s'escoulant ne m'ont laissé
Rien que le regret du passé.

Il est vray que son courage estoit enflé de

trop de vanité pour s'en plaindre, ains faisant repart de ses breches il se glorifioit de ses pertes, comme vn autre se vanteroit de son gain. Ainsi le diable prend en tous sens ceux qui donnent dans ses pieges, luy estant indifferent par quel moyen il tiéne les ames en ses liens, soit par la gloire, soit par la conuoitise des biens, soit par le desespoir, soit par la volupté. Or pour entretenir ce mauuais train & l'indicible despense que le jeu tire apres soy, imaginez-vous quelles iniustices commettoit, ou plustost quelles ne commettoit nostre Marcian durant la licence de la guerre, temps pendant lequel les loix si elles ne sont mortes, dorment profondement. Encore s'il eust eu le iugement de considerer que ceste moisson enragee ne dureroit pas tousiours, qu'apres l'orage vient le calme, & que la France ne seroit pas tousiours au pillage, peut-estre eust-il imité l'instinct de ces animaux, qui sçauent durant l'esté faire leurs prouisions pour l'hyuer. Mais sa maxime estoit, à bien prenare plus despenser, pareil au cordier de l'Embleme, dont l'asne broute l'outrage à mesure qu'il le file. Quand il se souuenoit de la multitude des biens qu'il auoit dissipez plustost que despensez, dispersez pluftoft que difpenfez durant fa vie, il fe comparoit à ces cifternes mal cimentees, qui ne peuuent contenir les eaux qui pleuuent, coulent & fe ramaffent dans leur baſsin. Il fe difoit vn vray abyfme, qui appelloit vn autre abyfme de bonté infinie pour engloutir fes maluerfations. O, difoit-il quelquefois, fi i'auois maintenant l'or & l'argent qui a coulé par mes mains percees, combien pourrois-ie fonder de Monafteres, & faire d'œuures pies! Que bienheureux eft celuy, qui felon que dit le Pfalmifte,

Difpenfe fon bien à toute heure
Aux pauures liberal donneur,
Sa iuftice à iamais demeure,
Et fa force augmente en honneur.

Puis adorant profondement les fecrets de la diuine prouidence; d'où vient cela, difoit-il, que lors que ie ne femblois né, ny viure que pour manger, perdre, prodiguer tout, non feulement rien ne me manquoit des chofes neceffaires, mais les fuperfluitez me pleuuoyent en abondance: & maintenant que la droitte de Dieu m'a releué de ce bourbier d'abomination, qu'elle m'a heureufement changé, & conduit par des voyes de droitture en fa fainctee volonté, fi tout ne me deffaut, me deffaut au moins le moyen de le seruir en ses membres, qui sont les paures, ainsi que ie voudrois? Seray-je tousiours homme de desirs? n'auray-ie que des affections sans effect, pour reparer tant d'effects remplis d'infection & de malediction? O qui me donnera que ie sois comme és iours escoulez, non plus pour offenser mon Dieu; car ie souhaitte plustost que la nuict de la mort me sille les paupieres, que de commettre aucune chose qui luy puisse deplaire, mais en ces iours esquels ie lauois mes pieds dans le laict & le beurre, & les pierres me couloient des ruisseaux d'huile! Que n'ay-ie ce que i'ay gasté, ruiné, & miserablement perdu, en me perdant encore plus miserablement, pour employer cette Mammone d'iniquité à la reparation de ces fautes que l'abondance m'a faict commettre, & pour m'acquerir des amis paures deuant le monde, mais riches deuant Dieu, qui me puissent receuoir és tabernacles eternels! Mais ie releue mon esperance par la consideration de l'immense bonté de celuy qui ne regarde pas tant les mains, que le cœur, & qui n'a pas tant d'esgard à nos œuures, n'ayant que faire de nos biens ny de nos bœufs, qu'à la volonté qui les produit, qu'à l'amour qui les anime. C'est luy qui prefere les deux pittes de la vefue aux talens des richards, & qui recompense d'vn prix infiny vn verre d'eau froide donné en son nom & en sa grace. Et enfonçant d'auantage cette consideration il souspiroit d'autrefois ainsi: helas! lors que ie deuois pour mes iniquitez estre priué du necessaire soustien de la vie, plus indigne de viure que les lys, & les oyseaux, dont l'innocence ne combat point les fauorables influences du Ciel, & lors que les necessitez ne m'estoient rien, les superfluitez m'enuironnoient de toutes parts, l'huile ne deffaillant point à la lampe de mes dissolutions ; & maintenant que ie desirerois quelque sorte d'abondance pour en faire du bien, ou que ie supporterois auec auec vne amiable patience le retranchemēt des commoditez necessaires, ie n'ay que trop amplemēt ce qui fait besoin à ce corps de mort, dont ie ne puis me rendre maistre absolu de quelle austerité que ie le charge, & trop peu de residu, pour racheter mes pechez par aumosne. O Seigneur, il n'est que trop vray, que ceux qui vous cerchent n'auront iamais faute de rien, celuy qui tasche de viure selon vos iustifications, n'estant iamais abandonné de secours, ny deffaillant de pain; la faim au contraire ou corporelle, ou spirituelle, qui est vne conuoitise insatiable, accueille ceux qui vous laissent, & les rend enragez comme des chiens. Ils courent en leur soif alterez comme le mauuais riche dans les feux de leurs concupiscences, & comme des Tantales dans les eaux des richesses ils ne peuuent estancher leurs desirs, hydropiques, lesquels

Plus ils aualent d'eau, plus ils desirent boire.
O qu'il fait bon adherer à Dieu, & ietter en la mer de sa bonté l'ancre de son esperance! Il vaut beaucoup mieux esperer en luy qu'en la faueur des Princes, qui est vn heritage trop mal asseuré: qui iette son attente sur les Grands, lesquels pour grands qu'ils soyent, ne sont qu'enfans des hommes, se treuue en fin confondu; car il n'y a point de salut en eux: mais celuy qui esleué sa pensée en Dieu, & qui met en luy sa confiance, l'aura pour Pere nourricier, car c'est cette eternelle bonté, qui ne permet que les iustes flottent dans le trouble & l'incertitude. Helas! ie n'ay connu que trop tard ces veritez si brillantes, depuis que le

vent de son inspiration sacree a poussé ma foible barque du milieu des tempestes du siecle au havre de ce desert ; heureuses ri-ues, Isles fortunees, où estant abordé, ie puis bien dire auec cét autre eschapé d'vn pareil naufrage.

Ie suis au port, adieu esperance & fortune.

Fin du premier Liure.

HERMIANTE.

LIVRE II.

MAis ie m'esgare au rapport de ses eslans sacrez, ne m'auisant pas que ie suis sur le rapport des dissolutions de sa vie pecheresse. Combien estoit-il alors esloigné de cette confiance en Dieu, auquel il ne pensoit pas? ou s'il y pensoit, c'estoit, estant heretique, autrement qu'il n'y falloit penser, fondant la vanité de son sens en la profanation de la verité de la parole sacree. Son Dieu c'estoit le monde, son ambition sa pompe, sa grandeur sa conuoitise, ce que le grand Apostre appelle vne seruitude d'Idoles. Il croyoit que tant que son Prince seroit viuant, rien ne luy manqueroit, se rendant outrecuidé & insolent par sa faueur, ne pouuant s'imaginer quel excez qu'il peust cômettre, qu'il voulust deffaire en luy vne creature esleuée à ses pieds, & qui l'auoit suiuy & seruy dés sa plus tendre ieunesse. Voyla son appuy,

voyla sa muraille d'erain, sans côsiderer, que celuy-là est maudit en l'Escriture qui met toute sa côfiance en l'homme, & qui appuye son bras sur la chair, laquelle indifferemment n'est que foin. Ioinct que les Princes n'ayans iamais de thresors qui ne soiët trop courts pour satisfaire aux desirs insatiables de l'innôbrable multitude de gens qui les enuironnent, & qui n'aboyent qu'après des recompenses, n'ont souuent durant la guerre autre moyen de contenter vn chacun, que par la licence qu'ils donnent de mal faire sans crainte de chastiment : impunité qu'vn Ancien appelle puissant alleichement au mal. Mais entre tous les maux, pour lesquels nostre frere souspiroit le plus, c'estoit pour la profanation des choses q̃ nous tenôs les plus sacrees; profanatiõ dont il faisoit vn haut point d'honneur par le faux zele de son irreligieuse creance, que les paroles des Ministres (boute-feux de sedition) luy souffloient dedans l'ame. Tout ce qui luy pouuoit seruir d'excuse (si l'iniquité est excusable) c'estoit l'ignorance de nos mysteres, mais ignorance coulpable, puis qu'elle prouenoit du mespris & de la negligence de s'enquerir du vray. Car il ne sert de rien au siecle où nous sommes, auquel tout le
monde

monde est esclairé des rayons de l'Euangile, d'alleguer ce qui est dit de ceux qui crucifierent le Messie, qu'ils ne l'eussent pas si cruellement traitté, s'ils l'eussent reconnu pour Roy de gloire. Les profanations de la tressainte Eucharistie n'en seront pas moins seuerement punies par la Iustice du grand Dieu, pour dire qu'on n'estoit pas esclairé de la lumiere de la verité. Ceux qui crucifient derechef IESVS CHRIST, autant qu'ils peuuent, deshonnorans son humanité cachee sous les sainctes especes, ne seront pas moins coulpables que ceux qui attachans cette humanité à vn bois infame, voulurent remplir d'opprobre sa diuinité enuelopee de ce voyle. Or c'estoit ce qui touchoit d'vn plus amer repentir nostre frere, d'auoir non seulement comme vn autre Baltazar, rauy & pollué les vaisseaux sacrez, & en blasfemant ce qu'il ignoroit, detesté ce que depuis estant conuerty au chemin de verité, il adoroit si religieusement, reuerant au sainct Autel celuy sous qui se courbét les intelligéces, qui meuuét les Cieux, & qui portent la terre. O que souuent il disoit auec allusió aux paroles de Iacob; helas! Dieu estoit au Sacrement tresauguste, & ie ne le sçauois

D

pas, ie ne l'y sauourois pas. Vrayement les sainctes especes ne sont autre chose que l'escabeau des pieds de Dieu, lequel est vrayement & reellemét present en l'Eglise Catholique és mysteres de la saincte Synaxe. O maison de Dieu! ô porte du Ciel! que bienheureux est celuy qui demeure en ton enceinte; qui est de tes enfans & de tes habitans, Cité de Dieu, de laquelle sont dites tant de glorieuses choses, Sion aymable, de laquelle Dieu cherit les portes & en renforce les gonds par dessus tous les tabernacles de Iacob. O s'il eust peu se fondre tout entier, ou se tirer de l'or d'entre les os pour refaire & refódre les calices, & les Croix, & les autres vaisseaux Ecclesiastiques qu'il auoit autrefois fondus, & tournez en des vsages autant illegitimes que profanes, qu'il l'eust faict bien volontiers: mais il falloit que la volonté suppleast à ce deffaut, & que ses desirs tinssent lieu des effects deuát le tribunal de la diuine pitié. C'estoit tout ce qu'il pouuoit faire, & qui fait ce qu'il peut fait ce qu'il doit, Dieu receuant ses larmes comme vn argent contant, qui le rendoit content. Voila entre les rapines de la guerre celle qui luy pesoit le plus, comme à la verité entre les larcins le sacrilege est le plus notable, & le moins excusable, veu que les Payens mesmes ont eu autrefois en veneration & les Temples des Iuifs, & les Eglises des Chrestiens, côme les histoires en font foy, en cela plus raisonnables que les Heretiques, qui ne se plaisent, comme des Harpies, qu'à polluer les lieux les plus saincts, & à en faire des mazures. Entre les meurtres & les tourmens, ceux des Prestres qu'il eut depuis en si grand honneur, trauailloient son esprit, sçachant que Dieu auoit dit, ne touchez point à mes Oingts, & n'exercez point vostre malignité sur mes Profetes : car qui les outrage, touche la prunelle de mes yeux ; & cependant ce sont les personnes comme les plus odieuses aux Errans, sur lesquelles aussi ils s'acharnent plus violemment, se monstrans en cela de vrays loups, qui ne s'attacquent qu'aux brebis, non aux animaux, qui leur peuuent faire quelque resistance. Mais entre les deshonnestetez que l'intemperance tire d'vn corps qui court, ainsi qu'vn estalon de haras, apres toutes ses sensualitez, nulle ne luy donnoit tant de componction & de creuecœur que le violement des femmes & des filles. Car pour dire le vray, il faut encherir sur l'humeur brutale des bestes, qui n'en viennent iamais à ces effects furieux que par vne espece de propension mutuelle. Rien n'estant de si volontaire que la bienueillance, ny rien de plus contraire à la volonté que la force. Si bien que ces efforts plus que desnaturez, sont en quelque façon pareils à la cruauté du Tyran Mezence, qui attachoit des corps morts aux viuans, veu que c'est posseder vn corps dont l'ame & l'affection sont entierement esloignees & separees du brutal qui en abuse. Ce n'est donc point assez de comparer les aueuglez qui cōmettent ces excez, aux cheuaux & aux mulets, qui n'ont point d'entendement, puis qu'en cecy les animaux qui n'engendrent qu'en certain temps, font vne honteuse leçon de téperance aux personnes deshonnestes. Que si la pollution des Temples & des vaisseaux sacrez est en horreur aux moins Religieux, que sera-ce de ceux qui violentent les corps, qui sont les temples du S. Esprit, & les vases remplis de l'huile de sa grace? Or quittant ces discours generaux, où ses fautes particulieres sembloient enseuelies dans la multitude des complices, ie veux descendre à vne particularité qui l'a faict longuemēt souspirer. Dās la Guyenne au voisinage qu'elle a auecque le Bearn, il y auoit vn Monastere de Nonnains, toutes des principales & plus illustres familles de la contree. La licence des guerres ouurant par necessité la porte des lieux Reguliers, y apporta par la frequentation du monde beaucoup non seulement de deschet de la vie Religieuse, mais de desreglement & de desordre. Ce seiour de Colombes deuint vn repaire de hyboux & d'orfrayes, ces lys estoient parmy les espines, & sous ces espines plusieurs serpens. Là comme en ces abbreuoirs d'Affrique, s'assembloient des hommes animaux de tous partis & de toutes façons, d'où naissoient plusieurs intelligences & affections monstrueuses. En ce deluge de maux l'agneau nageoit auecque le Loup, les brebis estoiët en communauté & en conuersation auecque les Lyons & les Tygres. Là les Heretiques & les mauuais Catholiques deuenoient cousins, ainsi que les Loups s'accordent pour esgorger vn troupeau de moutós & de brebiettes. La reuerence qu'on portoit à l'innocent habit de ces Dames, à leur noblesse, à leur extraction, la simplicité de leur accueil, les parens qu'elles auoient dans le monde tant de l'vn que de l'autre des partis, & par consequent des deux Religions, tout cela les conseruoit en neutralité, tout ainsi que la terre qui demeure immobile & fondee sur sa propre stabilité au milieu des elemens qui l'enuironnent, lesquels sont tousiours en contraste. La facilité de l'accés, l'abbord sans resistance de cét azyle de treues, de ce port de seureté, rendoit ce Conuent tousiours rempli de compagnies fort bigarrees. C'estoit vne arche de Noé pour la varieté des animaux, differente neantmoins en ce que celle-là sauuoit des ondes, celle-cy plongeoit dans vn deluge de malheurs. Le monde est si cōtagieux, que quand il entre dans les Monasteres, il les depeuple pour en attirer les habitātes aprés ses fausses folies, & ses fades douceurs. C'est comme l'eau de la mer qui penetre dans le vaisseau, & le fait à la fin couler à fonds. Marcian, comme les autres Gentils-hommes de sa connoissance, frequenta dans cette maison toute accoustumée à receuoir indifferemment tout le monde; l'horreur de ceux de sa secte n'y estoit plus, ils y estoiēt aussi appriuoisez que les autres, là sou-couleur de visiter vne Nonne, qui estoit sa parente de loin, il en regarda vne de si prés, qu'à ce nouuel Astre cét Icare fondit les aisles de ses desirs; il la vid, il la conuoita, il l'emporta. Elle fut l'aymant de son cœur de fer, & le Nort de son Aymant; sa parente estoit le pretexte de ses venuës, l'autre le sujet, celle-cy estoit la pierre qui luy sembloit precieuse, mais en effect pernicieuse; l'autre en estoit la feüille & la couleur. Si tost qu'il l'eust enuisagee, il fut de naste à ce feu, il en fut esperdu, & en fin il la precipita auecque soy en sa ruine. Il seroit messeant en ma bouche de vous reciter les moyens par lesquels il paruint à vn si miserable dessein, corrompant l'Epouse de Iesvs Christ, pour sacrifier cette fleur à la brutalité de ses passions, qui deuoit estre conseruee à l'Espoux des Vierges sacrees à celuy qui est le lys des valees, & la fleur des champs. Tant y-a qu'il sçeut tant cajoller, souspirer, protester, feindre, supplier, chucheter, escrire, promettre, tromper, qu'il emporta cette place, estimant encore faire vne bonne œuure, de rauir vne fille qu'il disoit estre asseruie à la tyrannie d'vn vœu d'impossible pratique, selon les reigles de la belle Reformation de l'Euangile dont il faisoit profession. Estrange aueuglement de ceux qui croyans ce qui leur plaist en l'Escriture, & ne croyans pas ce qui ne leur aggree point, ne s'auisent pas qu'ils croyent à leur caprice, non à la parole de Dieu, qui loüe, appreuue & conseille si hautement continence & la virginité, tant par la bouche du grand Apostre escriuant à ceux de Corinthe, que par l'estime qu'elle fait de ces Eunuques qui se retranchent volontairement des plaisirs de la chair, pour aspirer plus librement au Royaume des Cieux. Il nous a bien quelquefois raconté les particularitez qui le plongerent en ce malheur, qu'il tenoit lors pour vn triomphe & pour vne victoire signalee. Mais ie les tay, pour ne réueiller pas le recit de mauuaises imaginations, me contentant de dire celle-cy qu'il nous a souuent auoüee, que ce fut là le premier obiect où il s'attacha auec vne obstination qu'il qualifioit lors du nom de constance, dorant ces fers de ce beau mot, car auparauant son esprit auoit esté au faict du plaisir comme vne matiere premiere susceptible de toutes sortes de formes,

Et ainsi qu'vn miroir toute image reçoit,
Son cœur prēd tout obiect que son œil apperçoit.
Celuy que son esprit par ses yeux se figure,
Le frape incontinent d'vne forte peinture.
La force luy manquoit auec le iugement,
Pour conduire sa barque en ce rauissement,
Au gouffre du plaisir l'emportoit la courante,

Tout ainsi qu'vn cheual qui a la bouche errante,
Il suiuoit son caprice, & sans discretion,
La raison ne pouuoit rien sur sa passion.

Estrange aueuglement de ceux qui suiuent le funeste flambeau de cét aueugle enfant, qui fait perdre la veuë & la discretion aux testes les mieux faites. Or cette ame y estoit tellement abandonnee, que nulle loy, ny diuine, ny humaine pouuoit retenir sa volonté esclaue de la volupté, ny le conseil de ses amis, ny la commune prudence ne luy seruoient de rien, tant il estoit abeurté à cette frenesie, quoy qu'il vist le mal, il y couroit à dessein & volontairement, non comme celuy qui ne vouloit pas le mal qu'il faisoit : & quoy que le Soleil de la verité luy donnast dans la veuë, pour luy faire connoistre ses excez & ses fautes, il fermoit ses paupieres pour n'admettre pas ses rayós, Au contraire il estoit si content de son mal, qu'il se vantoit de ses fausses conquestes, & de son inconstance, se glorifiant d'aymer (si la poursuitte d'vn plaisir brutal merite ce beau nom) en diuers endroits. Toutes choses inuitoient són desir, desir qui voltigeoit ainsi qu'vn papillon sur toutes sortes de fleurs, si bien que voguant çà & là, il treu-uoit tous les iours de nouueaux escueils en de nouueaux sujets : car estant tout de feu, il ne faut pas s'estõner s'il ne respiroit qu'vne mauuaise flamme, estant comme vn roseau agité de tous vents, & comme vn vaisseau sans cordage, sans timon, sans voyle, & sans boussole, qui flotte incertainement au milieu de la mer,

Porté de toutes parts presqu'indifferemment,
Il ne pouuoit auoir ni choix, ni iugement,
De toute election son ame depourueuë,
A aucun but certain ne limitoit sa veuë.

Deplorable constitution d'vne ame tellement tombee en sens reprouué, qu'elle n'auoit autre occupation qu'à offenser Dieu, ayant les yeux, comme dit S. Pierre, pleins d'adultere, & le cœur rempli d'vn continuel desir de pecher. Cependant son inconstante nef fut arrestee par cette Remore, & il cessa de ietter ses desirs en diuers lieux, quand il les eut attachez à celuy-cy, pour lequel cherir plus fortement, tous les autres luy furent à mespris. Orante (ainsi appellons-nous cette Vestale infortunee) apres l'auoir rempli tout de flamme, en receut sa part, se rendant susceptible de la passion que sa presence auoit excitee en Marcian, trop heureuse fille si bouchant les oreilles aux discours affetez de cét enchanteur, &

fermant les yeux, pour ne voir les graces naturelles, qui n'estoient que trop abondamment respandues sur ses levres, & sur son visage, elle se fust (comme la tortuë, symbole d'vne Dame pudique) tenuë dans sa closture, & dans l'obseruance fidele des promesses qu'elle auoit faites solemnellement au celeste Espoux.

Mais que seruent les vœux, que profitent les temples,
Quoy les liens sacrez, les vertueux exemples
A vne ame qui est aueuglee d'erreur,
Sinon pour augmenter d'autant plus sa fureur?

Ce vilain feu ne fut pas sans fumee, mais fumee puante comme celle du puits de l'Apocalypse, qui iettant l'opprobre en cette famille, qui n'estoit Religieuse que d'habit, noircit auec la reputation de cette inconsideree, sa race & sa maison. Il est mal-aisé de cacher ce feu dans le sein, qu'il n'en paroisse des estincelles: mais cettuy-ci ietta vne flamme, qui deuora toute la renommee, non seulement de cette abusee, mais de l'abuseur, qui en fut depuis en horreur à tout le monde. Auquel ce ne fut pas assez d'auoir imprimé vne telle tache d'ignominie... le front de cette Communauté, si tirant gloire... sa honte, & force de son impudence (qualité inseparable de l'impudicité, comme de l'heresie) son orgueil, ainsi qu'vne fumee, ne s'esleuoit iusques à vouloir faire vn affront à l'Eglise Catholique, en enleuant cette brebis de son enceinte, violant l'ame dont il auoit profané le corps, & luy faisant perdre la foy, comme il luy auoit faict faire banqueroute à la fidelité de son vœu. Il adiouste iniquité à meschanceté, pour combler la mesure de ses forfaicts, & au crime de son impureté il luy fait ioindre celuy de la mescreance. La fureur du plaisir aidee de la tentation, l'auoit portee au precipice de sa honte, parmy les bons, & les vrays fideles elle ne pouuoit viure sans note d'infamie, elle pensa recouurer son hôneur parmy les Errans, qui tiennent à gloire les nopces que nous tenons pour des sacrileges, estans contractees par des personnes qui ont voüé la continence au grand Sauueur.

Des-ja le nom d'honneur qui a tant de pouuoir,
Ne peut plus contenir Orante en son deuoir,
L'impudente qu'elle est ne craint plus qu'on
    éclaire.
Ses folles actions, elle ose temeraire
Le nom de mariage à son crime imposer
Et d'vn titre sacré son erreur des-juster.

Marcian non content de l'auoir seduitte & corrompuë, pour la plonger d'vn abysme en vn autre (l'heresie estant pour l'ordinaire la punition des crimes precedents) luy promet de l'épouser, si elle veut ietter le voyle au vent, & embrasser cette moderne Reformation Euangelique, qui change la chasteté voüée en l'vsage des plaisirs sensuels, coloré du nom specieux de mariage. Elle aueuglee de sa folle passion, & de plus qui ne pouuoit plus supporter les reproches de ses Sœurs, ny se restreindre dans les bornes du Cloistre, fait banqueroute à sa Religon & Monastique, & Catholique, & comme vne biche eslancee de son fort par le traict qui la blesse elle va, mais en vain, chercher le Dictame dans vn mariage pretendu, dont les promesses furent emportees des vents, parce qu'elles n'auoient esté faites par Marcian que pour la tirer, disoit-il, de la captiuité d'Egypte & de Babylone. Et voyla le stratageme ordinaire des Reformez pour faire bondir de leurs Cloistres les personnes Religieuses. Voyez maintenāt la miserable condition de celles qui sont si folles que de se rendre à la mercy de ces ames qui n'ont ni Dieu, ni foy, ni loy, ni conscience, & qui violent aussi barbarement les liens de l'amour qu'effrontement ils brisent ceux de la pieté. Si tost qu'elle fut tout à faict abandonée entre les mains de ce scelerat (car comme voulez-vous que ie l'appelle autrement, en le considerant en l'estat où il estoit alors?) il la mesprisa, ne l'ayant prisee que quand il en estimoit la conqueste, & l'visage de difficile accez, il l'accueillit & la receut, mais comme on reçoit vne bagasse, la trainant apres soy dans les armees & dans les perils, auecque les hazards & les incommoditez qui se peuuent mieux imaginer que dire, mais qui ne se peuuent supporter que par vne personne ennyuree d'vne passion tout à faict extreme. I'auance tout cecy, Messieurs, peut-estre ce vous semblera-t'il auec vne liberté messeante à la robe que ie porte, mais ie vous supplie de ietter les yeux de vostre souuenir sur les confessions de cette grande lumiere de l'Eglise S. Augustin, & vous verrez combien plus amplement, plus viuement, & plus particulierement il disoit en les deplorant, ses incontinences durant qu'il estoit heretique. La perte de la foy traine inseparablement apres soy le desbordement des mœurs. Ce qui a faict que les anciens Peres ont escrit des mœurs des Heretiques de leur saison, affin qu'on connuſt ces mauuais arbres par leurs peruerſes productiõs, ſelon que dit la ſaincte parole; vous les connoiſtrez par leurs fruicts. Ioint que vous verrez au progrez de ce narré, comme Dieu a changé la boüe en feu, & le plomb en l'or, tirant de ces vicieux deportemens tant de ſainctes repetãces, que ce frere pouuoit dire auecque cét ancien Docteur, qu'il luy eſtoit en quelque façon vtile d'eſtre ſi lourdement tõbé, pour eſtre ſi auantageuſement & miſericordieuſement releué. O Seigneur, vos miſericordes, qui ſurnagent toutes vos œuures, font que vous-vous ſurmontez vous meſme en pardonnant auſſi puiſſamment, qu'impuiſſamment nous vous offenſons. Quand vous connoiſtrez de quels abyſmes, & par quelles voyes Dieu a retiré ce pecheur, & de quelle maniere il a briſé ſes liens, vous direz qu'il auoit bien raiſon de luy ſacrifier tous les iours vne hoſtie de loüange. Nous auons laiſſé ces deux Amans infortunez nageans en vne mer de delices ameres, parce qu'ils iouyſſoient de leurs illicites plaiſirs parmy tant de hontes & d'incommoditez, que vrayement la peine eſtoit l'ombre de leur coulpe, & la terreur furie inſeparable du collet des criminels touſiours à leurs coſtez. Ils erroient vagabonds ſur la face de la terre, leur inſtabilité eſtant le fleau & le ſupplice de leur iniquité. De ſe monſtrer en bonne compagnie, il n'en falloit pas parler à Orante : car elle eſtoit la fable du monde, & la riſee du peuple. Marcian meſme en eſtoit gauſſé par les galands, qui le meſeſtimoient tout haut pour vne vie ſi deshonorable ; c'eſtoit la fable de Mars & Venus verifiee, dont la ſurpriſe ſeruit de riſee dedans les Cieux. De vous dire les querelles que cét enleuement luy ietta ſur les bras, il ſeroit trop long. Orante eſtoit de bonne maiſon, & auoit des parens qui ne pouuoient ſouffrir cét affront ſur leur viſage. Cent fois ils voulurent faire maſſacrer Marcian, eſtimans qu'il eſtoit loiſible de ſurprendre ainſi celuy qui auoit ſi laſchement ſurpris l'innocence d'vne fille. Adiouſtez à ce point d'honneur ſelon le monde, le zele de la Religion, qui toucha viuement ſes freres (car elle n'auoit plus de pere ni de mere) leſquels eſtoient fort bons Catholiques, ce qui leur faiſoit chercher toutes les occaſions qu'ils pouuoient imaginer pour faire perdre terre à Marcian. S'ils euſſent tenu leur ſœur, ils l'euſſent miſe en de terribles acceſſoires. Elle ſe tient pour mariee, bien qu'elle ne

ſoit

soit qu'vne infame concubine, & des-ja Marcian se fasche qu'elle se croye, & qu'on la repute pour sa femme, payant de la iuste monoye de l'ingratitude des folles & ignominieuses affections: quand elle le presse de l'espouser, il l'amuse d'excuses, & l'abuse tousiours, quelquefois il la rudoye & la menace, d'autresfois il la mal-traitte; que de pointes de douleur pour la rose d'vn plaisir passager! Il la tance comme mesfiante de sa parole, luy fait entendre que le consentement sans plus suffit pour rendre vn mariage legitime, que les publications sont des ceremonies de Papistes, que si elle le tient pour Sacrement, elle sent encore son vieil leuain. Elle le coniurant au moins de la prendre en la face de leur Eglise, comment luy disoit-il, en la face d'vne Eglise qui est inuisible, & qui ne vous ressemble pas, car elle n'a point de teste? Elle void qu'il se mocque d'elle, & qu'il n'est pas homme à ramasser des ordures en ses mains, & puis s'en faire vne coiffeure. La voila reduitte en des angoisses voisines du desespoir, car n'ayant peu viure hors du monde sans volupté, elle croit ne pouuoir & ne deuoir viure dedans le monde sans honneur. Le seul mariage qu'on luy a tant promis, peut aucunement

E

reparer sa faute, dont elle s'auise trop tard. Les plaintes qu'elle lance contre l'inconstance & la tromperie des hommes en general, & contre l'infidelité de Marcian en particulier, sont des mots qui n'appaisent pas ses maux, ses paroles s'en vont au vent & ses miseres luy demeurent. Helas ! que fera-t'elle ? si elle presse d'auantage ce fier esprit, elle le rendra plus rebours & plus sauuage. Ce n'est plus le temps auquel il se mettoit à ses pieds, & l'idolatrant comme vne mortelle Deesse, il luy faisoit vn entier sacrifice de ses volontez, & de sa propre vie : cét estat est bien changé, de maistresse elle est deuenuë suiuante & seruante d'vn soldat ; imaginez-vous de quel nom elle pouuoit estre qualifiee, on le peut penser, mais il me seroit messeant de le dire. De retourner, comme le prodigue Euangelique, d'où elle venoit, certes elle en a quelquefois des desirs, mais ils sont si foibles qu'ils ressemblent aux lasches efforts que font pour se réueiller ceux qui sont accablez du sommeil, ils disputết auecque leur cheuet, mais la plume emporte leur teste. Imaginez-vous si le desespoir, la honte, l'incertitude, la colere, le despit, l'irresolution deuoient faire d'estranges rauages en cette ame, se voyant mesprisée non seulement de tout le monde, mais de celuy qui l'auoit auparauant que la posseder, si respectueusement adorée. Que sont deuenuës ces extremes soumissions dont il enjolloit sa trop facile credulité? où sont enuolees ces protestations de fidelité & de constance, dont il doroit l'amertume des pillules de l'ingratitude, dont il la vouloit gorger? Et puis que iamais elle s'asseurast de la parole d'aucun homme, non feroit, disoit elle; mais il n'estoit plus temps, apres s'y estre si follemēt & si absolumēt embarquee. Que sçait-elle si la troupe des Vestales sacrees la voudra receuoir en son Chœur, apres auoir laissé amortir le feu sacré de sa renommee? elle craint la peine des Vestales Chrestiennes, vne prison perpetuelle; perpetuelle prison, qui luy semble encore plus douce que les incommoditez, & les miseres qu'elle souffre en courant vagabonde auecque l'ingrat Marcian. Retournez pauure Sunamite, retournez ô oublieuse de vostre debuoir, retournez vers ce celeste Espoux qui vous rappelle, & qui desire voir le visage desiguré de vostre ame. Si vous reuenez auec le regret de luy auoir faussé la foy, quand bien vos crimes seroiēt rouges comme l'escarlate, ou noirs ainsi que le charbon, ils seront rendus plus blancs que la neige. Quoy que vous ayez commis plusieurs sacrileges, neantmoins retournez à luy, & l'appellez vostre Pere & le gardien de vostre integrité, aussi-tost les flammes de son courroux serôt esteintes, & il aura pitié de vous. L'Eglise espouse de ce doux Agneau est amiable & debonnaire, ayant appris de luy à compatir aux infirmitez de ses enfans, elle a tousiours les bras ouuerts pour receuoir en son sein ceux qui viennent à resipiscence, elle va au deuant d'eux, elle tombe & pleure sur leur col, elle leur donne la premiere robe, l'anneau d'or & des chaussures neufues, elle tue le veau gras, & fait vne grande feste en terre imitee par les Anges dedans le Ciel sur le retour d'vne brebis esgaree. Reuenez donc Orante, & quittez cette region infortunee du peché, & de l'erreur qui vous esloigne de Dieu, & de vostre salut, faites que nous puissions dire de vous pour mots de triomphe, vne grande lumiere est suruenuë à ceux qui estoient assis en tenebres, & en l'ombre de la mort. Mais helas ! la bourrasque de la tentation est plus forte que la suauité de l'inspiration, les Aquilons ennemis des fleurs l'emportent tousiours sur la douceur du Zephyr amy de Flore. Le plaisir l'attache, vn faux espoir de ployer vn iour à ses volontez ce fier esprit de son cher ennemy, & de leuer son opprobre par des nopces imaginaires, la crainte de la penitence, la honte de paroistre comme vne autre Calipso parmy les Nymphes de la chaste Diane. Ie ne sçay quelle tumeur & de corps & d'esprit luy sert d'entraues pour la retenir au siecle, entraues qui luy font faire vne banqueroute generale à sa creance, à son honneur, à sa vergoigne, à Dieu, au monde, à toutes choses, pour suiure son appetit, & verifier ce mot,

Que chacun est tiré par son propre plaisir
Sans autre liaison que celle du desir.

Qu'elle aille donc au gré de ses mauuais desirs, & qu'elle chemine selon le caprice de ses inuentions,

Ignorant tout à faict ce qu'elle deuiendra,
Nous verrons à la fin qui s'en repentira.

Cependant ce mauuais train fit tôber Marcian en la disgrace de son Prince, lequel bié qu'imbu des erreurs mesmes dont ce Cheualier faisoit sa creance, eut en horreur l'enleuement de cette Vestale, sçachant côbien ces actions estoient odieuses aux Catholiques, desquels il ne vouloit pas pour le maintien de sa grandeur tout à faict perdre l'amitié. Les freres de cette vagabonde luy en firent faire des plaintes par les plus grāds qui l'enuironnoient, ausquels non seulement il protesta de blasmer l'acte de Marcian, mais de l'en chastier. La colere d'vn Souuerain c'est le rugissement d'vn Lyon dit le Sage, lequel sous son cry fait trembler tous les animaux qui l'entendent, cette menace fit prēdre l'essort à Marcian, & le bannit pour vn tēps de la presence de son maistre, ce qui le priua de tout le bien, & de toutes les esperances qu'il auoit en la terre. Les Courtisans sont des Astres, qui ne luisent que de la lumiere qu'ils empruntent du Souuerain, leur supreme desastre c'est l'eclipse de ce flambeau, qui leur donne l'estre & le iour. Voyla Medor errant auecque son Angelique, fasché pour vne pauure & miserable maistresse d'auoir perdu les bonnes graces d'vn riche & puissant maistre, duquel seul dependoit sa fortune & son auancement; d'esperer autre bien de cette Nōne que celuy qu'il possedoit, il ne le pouuoit: car outre le vœu de pauureté, qui l'auoit faict renoncer aux biens de sa maison, ses freres n'estoient pas resolus de luy donner dequoy maintenir vne vie si deshonorable,

& plus odieuse que la mort, bien ayses que la necessité luy donnast de l'entendement pour reconnoistre sa cheute. De viure longuement en planetes, c'est à dire, en estoiles errantes, c'estoit pour voir bien-tost les plats nets, & pour ne voir plus de Soleil en leur bource. Car sans les appointemens du Prince de Bearn, qui en ce temps là par la mort de son Pere deuint Roy de Nauarre, Marcian estoit vne terre sans eau. Combien de fois maudit-il la Nonnain? combien de fois detesta-t'il son accointance? ô s'il eust peu luy persuader de rêtrer en son Cloistre, non pour bien qu'il voulust à la Religion Catholique, mais pour s'en descharger, que bien plus volontiers il l'eust faict, qu'il ne luy auoit conseillé de quitter! De l'espouser il n'en parle plus, il eust plustost pris le party du tombeau, aussi certes la mort luy eust esté plus honorable. Voila les labyrinthes où conduit la passion d'vne ieunesse aueuglee. De tous ces malheurs Orantes s'en prenoit à ses yeux; mais les larmes estoient de foibles armes pour surmonter tant de detresses. Quand la solitude luy donnoit la liberté de gemir sous le faix de ses inconsolables déplaisirs, que ne disoit-elle au Ciel & aux Astres innocens de ses fautes?

Car en fin se voyant perdue sans resource & de corps, & d'ame, & de biens, & preste d'estre abandonné en proye du desespoir, comme vn autre Ariadne par vne infidele Thesee, que pouuoit-elle esperer? que ne deuoit-elle craindre? Mirez-vous icy ieunesse volage, & vous qui dedans les Cloistres viuez vne vie peu Religieuse, & dans les miseres de cette brebis errante, comme dedans la glace d'vn miroir, voiez les couteaux qui pendent sur vos testes, si vous-vous detraquez tāt soit peu de vostre debuoir. Elle est heretique sans sçauoir ce que c'est qu'heresie, ayant faict profession d'vne Religion dont elle ignore les dogmes & les preceptes. Que si auparauant elle estoit Religieuse non renfermee sans pratiquer ses reigles, maintenant elle est d'vne Religion qui se dit Reformee, sans sçauoir quelle en est la creance. On luy met la Bible en la main laquelle quoy que traduitte en François, elle entend comme le haut Allemand ou le bas Breton, & toutesfois on luy veut faire croire qu'elle l'entend aussi bien pour son salut, que le plus grand Docteur du móde. Dans le cliquetis des armes, dans la suite de la Cour, dans la suite d'vn soldat, dans les frayeurs de la guerre, dans les deslògemens continuels, dans vne vie de rapine & de brigandage, il est mal-aisé de comprendre l'intelligence de l'Euangile de paix, la parole du Prince de paix, & la doctrine de celuy qui à sa naissance a faict publier la paix en terre aux hommes de bonne volonté. Terrible Euangile, qui se plantoit comme l'Alcoran à coups d'espee & de Canon, preschant, comme dit nostre Poëte,

Vn Christ empistolé tout noirci de fumee.
Quelle Sunamite, en laquelle on ne voioit que cœurs de combattans, que bataillons de chantres? car parmy les Errans c'est à qui degoisera le mieux les Pseaumes de Marot. Vn demy Pseaume, vn bout de Presche, encore quand il leur plaist, voyla ce qu'on appelle Religion pretenduë. Quelles Matines, quelle Vespres disoit nostre Nonne, autant esperduë qu'esgaree? helas! où suis-ie & parmy quel Sabath de demons? que de mercenaires en la maison de l'Eternel, que i'ay quitee, abondēt de pain, & de paix, & moy icy dans le trouble ie suis accablee de misere, viuant, ains mourant parmy l'infame conuersation des animaux immodes! Acheuez Orante, vous voyla sous ce bon vent au port de salut, dites auecque le prodigue, ie me leueray de cette bourbe, ouy i'iray

à mon Pere, & ie luy diray, mon Pere i'ay peché contre le Ciel & contre vous, non ie ne suis plus digne d'estre nommee vostre fille, que ie sois la moindre de vos esclaues, toute condition me sera douce & honorable, pourueu que ie vous appartienne de quelle façon que ce soit. Ah ! elle n'a pas le courage d'en venir iusque là, c'est pourquoy pour vser des termes de Iob, continuât dans le peché son œil demeure tousiours dans l'amertume. Cecy estoit au temps que la Tragedie de Blois fit vne sanglante catastrofe à S. Clou en la perte de ce valeureux HENRY, qui auoit ioint à la Couronne de France, que le sang luy donnoit, celle de Pologne par son merite ; cette mort autant lamentable qu'inopinee mit en sa place par droict de legitime succession HENRY LE GRAND des-ja Roy de Nauarre, lequel se trouuant lors d'vne Religion contraire à la fondamentale du Royaume, se vid sur le point d'estre abandonné des principaux Seigneurs Catholiques qui estoiët aupres de son predecesseur, si la bonté de sa cause en faict de succession, & celle de son naturel, qui estoit fort raisonnable, & qui promettoit de se faire instruire en l'eschole de la verité, qui n'est autre que l'Eglise

Catholique, appellee la colomne & la fermeté du vray, ne les eust retenus. Où estoit le corps & la personne de ce grand Prince, là s'assemblent à grandes troupes les Aigles de son parti : car les Errans sont naturellement portez à la proye. En cette pressante occasion, qui luy faisoit faire fleche de tout bois, Marcian fit par l'entremise de ses amis aisément sa paix auec son maistre, le venant treuuer auec vne bonne troupe de gens fort determinez. Il auoit vne vieille parente, qui en son temps n'auoit pas esté de difficile accez, plus huguenote qu'vn Ministre, & qui faisoit la sçauante & la prescheuse, il mit entre ces suffisātes & honorables mains sa belle amie, comme vne Nonne Reformee, ou comme vne Neofyte, pour la bien caquetizer, ie voulois dire catechizer & instruire en la foy de la nouuelle impression, & la faire continuer au train qu'elle menoit auecque luy, selon les bonnes mœurs de l'Euangile nouueau, qui auoient faict aymer en sa ieunesse à cette voilee son prochain comme soy-mesme. Voyla nostre Nonain en la conduitte d'vne excellente directrice, & d'vne exquise maistresse, non de Nouices, mais des vices; tandis que nostre Gēdarme las des armes de Cythere retourne chercher dans les violents exercices de Mars la fortune & la reputation qu'il auoit perduë. Il fait entendre à son maistre qu'il est tout a faict destaché de cette affection, qu'il eust renuoyé cette Vestale dans son Cloistre, mais que sa conscience Reformee l'a retenuë dans leur Religion, que s'il a perdu le corps, au moins il peut auoir sauué l'ame ; à son conte il a faict vne grande reparation de sa faute, en l'attirant à la nouuelle creance, & luy faisant renoncer sa premiere foy, s'il eust creu le merite des bonnes œuures, Dieu sans doute eust esté son reliquataire. Estant donc de retour & bien remis auprés du Prince duquel il boucha les oreilles auecque des paroles de ioye, il se mit si auant & si furieusement dans les occasions qu'il reconquit en peu d'espace ce que la volupté luy auoit faict perdre de la reputation de sa valeur, faisant voir que Mars & Venus ne sont pas incompatibles. Ie diray en passant quel estoit le motif qui le rendoit si determiné, & qui donna à sa brutalité le nom de vaillance. Les Lacedemoniens auoiēt accoustumé de mettre aux rangs d'vn second combat ceux qui auoient fuy au premier, affin que le desir de reparer leur faute les rendist plus courageux, ce qui faisoit dire à cét Orateur, si ie fuy maintenant, c'est pour mieux combattre vne autrefois, pareil aiguillon animoit bien & pressoit le cœur de Marcian, mais le plus puissant comme le premier mobile estoit vne forte impressiõ qu'il auoit grauee en son esprit de la predestination, & entendez comment & de quelle estrange façon ce soldat manioit les matieres de Theologie. Il croioit que nos iours & les moments de nostre vie estans contez, & leur nombre, comme dit l'Escriture, en la main de Dieu, il n'estoit en aucune puissance humaine d'y adiouster, ny diminuer vn seul clin d'œil, se moquant pour cela de ceux qui auoient vn soin prudent de s'armer, & de ceux qui en leurs maladies prenoient des medecines. Opinion Turquesque, car les Mahometans tiennent que le registre du cours de nostre vie est en certaines lignes imperceptibles sur nos fronts, & qu'il n'est pas en nostre pouuoir d'esquiuer aucun malheur, ny de le destourner par aucune prudence. C'est ce qui les rend si aueuglez en leurs combats, & qui fait qu'és pestilences ils ne se destournent aucunement des lieux, ni des personnes infectees: bestialité prodigieuse, & qui approche de la creance du destin qu'auoient les anciens. Marcian en estoit logé là, ce qui faisoit qu'à yeux bandez, & sans autre consideration, il se lançoit au plus fort des perils, où il faisoit des efforts & des coups qui passoient la commune portee des hommes. Quant au reste de sa Religion, en voici le sommaire; il se moquoit de tous les poincts de controuerse, les laissant, disoit-il, entre les Ministres & les Prestres. Il donnoit tout à la foy nuë & morte, c'est à dire, à la simple apprehension & memoire du Sauueur crucifié, ne faisant non plus d'estat des bonnes que de mauuaises œuures, tenant Dieu autheur des vnes comme des autres, & du reniement, aussi bien que des larmes de Sainct Pierre, des persecutions, aussi bien que des predications de S. Paul, mettant en mesme rang les pechez & les souspirs de la Magdeleine, & l'adultere de Dauid auecque sa penitence, ne croyant pas que les mauuaises œuures iettassent en enfer, ny que les bonnes menassent en la gloire. Iesvs Christ ayant payé pour tous les pechez passez, presens, & auenir, il pensoit que sous vne telle & infinie caution il n'y auoit point de danger de se charger de debtes, & de faire indifferemment tout ce qui estoit suggeré par la chair & le sang : en vn mot, que de toute eternité les vns, selon la doctrine de Caluin, eſtoient predeſtinez à ſalut, les autres deſtinez à la damnation eternelle, Dieu faiſant de nous comme vn potier de ſon argile, des vaiſſeaux d'honneur ou d'ignominie. Si biē que de cette ſorte cette foy qu'il diſoit auoir en IESVS CHRIST, n'eſtoit qu'vne imagination inutile, puiſque s'il deuoit eſtre dãné, tout le ſang de cét Agneau ſans macule ne luy pouuoit procurer le Paradis. Voyla le profond de l'abyſme, où l'erreur des Pretendans conduit ceux qui ſe laiſſent emporter à leurs opinions, & à tout vent de doctrine, ce qui eſt proprement

Par vn aueugle erreur reduire toutes choſes
A la merci du ſort, & bannir la raiſon.

Et puis coucher ſon ſalut eternel ſur cette carte, n'eſtoit-ce pas vne pure forcenerie? Certes qui ne void que c'eſt là le grand chemin pour arriuer à l'atheiſme (ſi deſ-ja ce n'en eſt vne eſpece, eſtant mieux de n'imaginer point de Dieu, que de le croire autheur du mal & iniuſte) n'a pas grand iugement. Mais laiſſans à part ces fauſſes perſuaſions, qui ſont les principes de la creance des aduerſaires de l'Egliſe, diſons que Marcian porté ſur les aiſles de ces furieux vents, faiſoit tant d'armes dans les occaſions, qu'estant, en l'admiration de ses compagnons, son maistre estimant sa valeur l'honora de belles charges mesmes en sa compagnie, le tenant pour vn de ses plus valeureux guerriers. Au combat d'Arques qui fut la crise de la maladie de la France, & où la fortune de nostre Cesar dompta la multitude de ses ennemis. Marcian s'engagea si auant en la meslee qu'il demeura couuert de playes entre les morts, d'où estant retiré apres la rencontre auecque peu d'esperance de sa vie, neantmoins Dieu la luy redonna le reseruant à vn meilleur sort. En la bataille d'Yuri, où la Ligue receut vne si grande saignee, que depuis iusques à sa mort elle ne fit que languir, il fit tant d'armes qu'il sembloit entre les combattans plustost vn demon incarné qu'vn homme mortel & vulgaire. Si bien qu'en quelque sorte on pouuoit dire de luy ce qu'vn de nos Poëtes a dignement chanté de son maistre, le faisant parler ainsi.

N'ay-ie pas le cœur assez haut,
Et pour oser tout ce qu'il faut,
Vn aussi grand desir de gloire,
Que i'auois lors que ie couuri
De faicts d'eternelle memoire
Les plaines d'Arques & d'Yuri?

Je laisse au recit de l'histoire de ce temps-là les memorables succez qui firent arriuer le grand HENRY au throsne de ses Peres. A la fin cét incomparable Prince ayant reconnu l'Eglise, la France le reconnu pour Roy, Paris le cœur & l'ame de cette florissante Monarchie, helas! si flestrie pour lors, luy ouurit ses portes le flambeau de la discorde ciuile s'esteignit peu à peu. Plusieurs Errans à l'imitation de ce grand Roy quitterent leurs erreurs, & abiurerent leur heresie, non tant pour acquerir les graces du Monarque de la Terre, que celles du Roys des Roys, d'autres plus obstinez resisterent au bransle de ce premier mobile, entre lesquels fut Marcian, l'heure de sa visitation n'estant pas encore venuë; il eust pensé faire tort à son courage, de donner à l'imitation d'vn Prince, ce qu'il pensoit deuoir à l'imitation d'vn Dieu: & bien que les pensees humaines, & les considerations d'Estat eussent plus d'ascendant sur son esprit, que les inspirations diuines, ausquelles comme vn aspic il bouchoit l'oreille de son cœur, si est-ce qu'il se maintint obstiné, nonobstant le grand eschec que la conuersion de ce Monarque donna à l'heresie, dont il auoit esté tant d'années l'arc-boutant principal. Mais pour ve-

F

nir au point de sa conuersion, vous y admirerez, ie m'asseure, la suauité de l'esprit de Dieu, dont la main est si souple au maniement de nos cœurs, & dont les voyes toutes iudiceuses sont tellement incomprehensibles,

Qu'en les voyant, ce qu'on peut faire,
Est les admirer, & se taire.

Des-ja les abeilles faisoient leurs ruches dãs les casques, & les lances se changeoient en faux par la paix que les heureuses peines du grand HENRY auoyent procuré à la France;

Deja estoient euanoüis
Les nuages & les ennuis,
La seureté chassoit les craintes,
Et la discorde sans flambeau,
Laissoit mettre auecque les plaintes
Les miseres dans le tombeau.

La valeur de Marcian n'estant plus de saison, & les armes estans inutiles, il luy fallut changer de note, & chercher de nouuelles inuentions, pour maintenir l'estat de sa naissance, & l'ordre auquel il auoit tousiours paru, & pour auiser à l'establissement de sa fortune. Les finances du Prince qui venoit à vn throsne tout desolé, estoient côme ces torrens que les excessiues chaleurs de l'esté ont mis à sec, si bien que les pensions qu'en tiroit Marcian, capables de soustenir la necessité, n'estoient pas bastantes pour satisfaire au dereiglement de ses passions. Cela luy fit ietter les yeux sur quelque party, qui peust auantageusement supporter la despense conforme à ses ambitions, & à ses desseins, qui n'estoient pas petits, luy estant auis qu'ayant seruy si fidelement & courageusement, portant sur soy tant de marques honorables de sa valeur, qu'à la fin son maistre le recompenseroit selon ses imaginaires merites. Entre tant de belles & excellentes fleurs, dont le grand parterre de Paris est parsemé, ses yeux s'arresterent sur Clotilde, fille à qui les Graces auoient seruy de marraines, car toutes les trois sembloient ynies en elle, pour y faire vn assemblage des plus souhaittables perfectiós. Elle estoit doüée auec vn grand auantage pour nostre pretendant des trois sortes de biens, du corps, de l'esprit, & de fortune, autour desquels se meuuent toutes les conuoitises de la Terre. Sa beauté prit Marcian par la veuë, son esprit saisit son entendement, mais son or fut l'aymant de son cœur. Si bien qu'il croyoit auoir treuué non escueil propre pour y faire naufrage, mais vn port asseuré, où il pourroit iouyr de tous les contentemens qu'il eust peu souhaitter. C'estoit la fille d'vn riche Officier, homme de creance dans la Iustice, & qui auoit à ce mestier amassé de grands biens. C'est le propre de plusieurs Gentils-hômes de Cour d'aller au pourchas de semblables rencontres; Marcian estoit du nombre, cherchant vn toict contre la pluye, vne ombrelle contre la chaleur: car si la guerre estoit sa moisson, la paix estoit sa gresle. Iugeant donc bien que ce Magistrat, homme de loix & de paix, ne seroit pas de facile conuention, l'inclination des gens de cette robe, qu'on appelle longue, n'estant pas trop portee aux alliances de ceux qui ne se parent que du tranchant de leur espee, ioint qu'il estoit d'vne Religion que ce Iusticier auoit en horreur ; il creut qu'il deuoit employer ses artifices, veu l'esprit de la fille, pour la ployer à ses volontez. Il estoit homme entrant & accort, & qui sçeut biē treuuer les moyens pour se faciliter l'entree en cette maison, sous des pretextes fort esloignez de son dessein principal, imitant ces rameurs qui tournent le dos au bord où ils tendent. Or pour ne me respandre point à depeindre les qualitez recommandables de cette fille, ny au beau logement d'vne belle ame dont la nature l'auoit ornee, qualité seule capable de rauir les cœurs, ie me côtéteray de dire, qu'outre qu'elle estoit extremement belle & riche, elle auoit en l'ame (par vn accord tresrare) vne profonde pieté, jointe à vne honnesteté aussi forte & aussi entiere, que celle d'Orante estoit foible & legere. L'honnesteté sœur de la ciuilité & de la courtoisie, la rendoit d'vn accés facile & condescendant, ne pouuant, & ne deuant se retirer des conuersations ausquelles l'obligeoit la presence de sa mere. Son fauorable & benin accueil sembloit promettre des auantages à ceux qui se laissent emporter au vent de l'esperance, que sa rigoureuse façon de vie ne tenoit pas, si bien que la maison estoit fort differente du frontispice. La deuotion dont elle faisoit profession particuliere, luy eust sans doute faict treuuer estrange la conuersation de Marciã ennemy de sa creance; si ce Courtisan, imitant le peuple, n'eust pris la couleur du lieu où il attachoit son affection. Car comme il n'auoit point d'autre Religion que celle que nous vous auons icy dessus d'escrite, il s'imaginoit que croyant tout simplement en IESVS CHRIST, sans s'informer plus auât des particularitez de la foy, on se pouuoit sauuer en toutes. Au commencement il se renferma dans le silence, quād on mettoit en auant quelque propos qui concernoit la foy, & puis pressé d'en parler, il se tenoit dans la neutralité, se monstrant fort peu attaché à son party, & auoüant qu'il penseroit aussi bien faire son salut parmy les Catholiques, sans s'amuser à tant de menus suffrages, qu'il tiltroit du nom de superstitions. Clotilde qui croit ce qu'elle void, & qui le connoist d'vne humeur si complaisante & condescendante, se met incontinent par vn bon zele la conuersion de cette ame en l'esprit, & pour venir à bout de ce dessein, elle redouble ses honnestes accueils, accōpagnez de paroles de faueur, & de semblables caresses, autant honorables qu'elles estoient pudiques. La mere mesme se met de cette partie, & entreprend auecque la fille tout à la bonne foy, de luy grauer dans le cœur la bonne foy, & de le mettre au giron de la vraye Eglise. Et pour le ramener au bon chemin, elles s'auiserent de ce stratageme d'aggreer sa conuersation (estant de soy homme fort ciuil & fort metable) & de feindre mesme qu'vne recherche selon les voyes d'honneur ne leur seroit point defaggreable, bien que cela fuft efloigné de l'intention de la mere, plus du pere, & encore plus de la fille, comme vous entendrez; mais quoy?

Qu'importe-t'il comment on vainque l'aduerfaire,

Par force, ou dol, pourueu qu'il luy foit falutaire? De la force il est efcrit, côtraignez les d'entrer. De la fraude les Iurifconfultes difent qu'elle eft non feulement loifible, mais loüable, quand elle vife au profit du trompé. Aux feules apparences de cette permiffion Marcian cache fon front dãs les nuees. Son cœur eftant battu de toutes parts, s'abbatit tout à faict fous les doux efforts de cette beauté qui n'eftoit pas vulgaire, animee d'vn efprit fage, vertueux, & difcret, mais tranfcendant, & la couronne d'or de l'ouurage eftoit la richeffe du parti. Qu'euft il peu defirer qu'il ne treuuaft abondammêt en cette Vierge, la bonne grace, la fageffe, le bel efprit, la vertu, & les biens? Les Anciens ne mettoient point fans raifon des Lyons au chariot de l'Amour, pour enfeigner qu'il dompte les courages les plus fauuages, & qu'il les rend doux & fouples comme des agneaux: dequoy Samfon rangé au feruice de Dalila fert d'vn euident exéple. La valeur de Marcian mise aux pieds de Clotilde en est vn autre, mais plus heureux que le precedent, qui perdit la veuë & la vie, où cettuy-cy la regaigna, comme vous allez ouyr. Cette fille, à laquelle il a consacré ses vœux & toutes ses volontez, sçait prendre son auantage, & disposer de ses inclinations comme il luy plaist; il ne la contrarie en rien, estimant que par la possession de cette toison d'or il establiroit sa fortune. Mais au lieu qu'il vise à la terre, Dieu qui ne dort point, mais qui veille tousiours sur Israël, sur son heritage, sur ses esleus, luy en prepare vne bien plus heureuse. I'ay dit que cette fille estoit deuote, & de telle façon, qu'ayant faict vœu de Virginité dés ses plus tendres ans, elle n'aspiroit à rien tant qu'à estre Religieuse : mais ses parens mettoient par leur contraire desir vn si puissant obstacle à son dessein, qu'il luy estoit impossible de faire autre chose, sinon attendre en patience le salutaire de Dieu, resoluë de consentir pluftost à sa mort qu'au mariage d'aucun homme viuant. Iugez par là combien son cœur estoit esloigné des attraits dont elle amorçoit sainctement, & enchantoit sagement celuy de ce Gentilhomme, lequel bruslant les aisles de ses desirs aux raiz de ce flambeau, dont l'esclat luy sembloit si beau, se perd dans les fausses ioyes qu'il tire d'vne vaine esperance. A toutes ses protestations de fidelité, & de soumission, si communes en la bouche des Amans, elle ne respond que comme vne personne qui n'a aucun mouuement, que celuy d'vne absoluë dependance des volontez de ceux de qui Dieu l'a fait naistre. Luy qui croit (car que ne croyent ceux qui ayment?) que la mere est pour luy, pource qu'elle parle plus librement, & selon qu'il se flatte, plus ouuertement que la fille, pense des-ja estre au dessus de ses pretensions, s'imaginant qu'elle a tout empire sur son mary selon l'vsage de Paris. Que feroit cét homme, quand il seroit vn Hercule, contre ces deux subtiles femelles, qui n'ont pour but que de le tromper aussi sainctement qu'heureusement? La fille a soin de faire prier Dieu pour la conuersion de cét Errant par tous les lieux de pieté, où elle sçait qu'il y a des ames qui ont du credit enuers Dieu: ce qui seruit à le rendre docile, comme le feu à amollir le fer. Elle le prie d'escouter nos Docteurs, & de se faire instruire, il promet de leur prester audience, protestant qu'il ne demädoit qu'à estre esclarcy de la verité, & à se mettre au chemin de salut. Cette fille passionnee de ce bon œuure, fait plusieurs penitéces, prieres, & communions a ce dessein, & Dieu benit ses souspirs, & entendit la preparation de son cœur, luy octroyant les desirs de son esprit pour le bien de cette ame. Ce fut icy le premier collyre qui dessilla ses paupieres, car la foy s'engendrant par l'ouye, & l'ouye se perfectionnant par la parole de Dieu, interpretee selon son legitime sens, aussi tost qu'il eust presté l'oreille à cette loy de Dieu, qui conuertit les ames, à ce témoignage fidele, qui rend sages les plus petits, à ces iustices de Dieu, pleines de droicture, qui donnēt aux cœurs qui les admettent vne veritable ioye, à ces enseignemens lumineux, qui esclairent les yeux de l'entendement, il conhut bien que les Ministres l'auoient abbreuué de mille impostures, attribuans aux Catholiques des fausses doctrines, pour se donner beau jeu en combattant ce qu'ils ne croyent pas. L'amies qui monstrent leurs mammelles à leurs nourrissons, mais pleines du laict empoisonné, & qui les ennyurent auecque du vin sofistique. Apres la connoissance de ses suppositions calomnieuses, la proposition claire & nette de nostre foy sans autre debat satisfit son entendement, & en mesme temps par la reigle des cōtraires luy fit voir l'impertinēce, & la tromperie de l'erreur qu'il auoit succé auec le laict. En fin comme à vn autre Saul changé en Paul, les escailles luy tōberent des yeux, & la boüe de l'humilité contraire à la presomption mere de l'heresie, jointe à la fontaine de Siloë decoulante l'eau de la sapience salutaire par les bouches de ceux qui sont legitimement enuoyez, redonna la veuë à cét aueugle de naissance, lequel estant entré en ces conferences de gayeté de cœur (ne pensāt à rien moinsqu'à l'effect qu'elles produisirent) & plustoft par raison humaine que diuine, fut metamorfosé de Loup en brebis, de mescreant en fidele, & mesme quant aux mœurs comme cét ancien Polemon, dont fait mention le Lyrique, il deuint de dissolu & desbauché, serieux & graue.

Fin du liure second.

HERMIANTE.

LIVRE III.

MAIS toufiours ce deffein intereffé regnoit en fa poitrine, & croyant auoir laué la tache, & leué l'obftacle qui l'empefchoit de faire fa recherche à camp ouuert, il fe porte manifeftemēt pour feruiteur de Clotilde, iufques à la faire demander à fon pere par l'entremife d'vn de fes amis, lequel fe treuuant furpris de cette demande auffi peu defiree qu'attenduë; ce vieil Caton ne fit autre refponfe, finon que ceftoit vne chofe qui meritoit bien le penfer, & de prendre le confeil de fes amis & de fes parens felon l'ordinaire procedé en femblables occurrences. Cela c'eftoit renuoyer noftre pourfuiuant à longs iours, & rufer dextremēt en maiftre paffé en l'art de fageffe, pour n'alterer point ce Gendarme Neofyte. Cependant fans prendre autre auis que le fien propre, il eftoit fort refolu de la luy refufer, n'eftāt pas determiné de marier fa fille à vn homme d'autre robe que la sienne. A la recharge de cette demande, il donne des ambages & des complimens, & l'honnesteté de ses paroles passant pour quelque sorte d'engagement en la creance de Marcian qui se persuade facilement ce qu'il espere, luy donne vn peu de vigueur & d'espoir, pour soustenir l'impetuosité de ses desirs. Durant ces incertitudes il se fortifie tous les iours dans la certitude de nostre saincte foy, souspirant de regret d'auoir si long-temps demeuré parmy les habitans de Cedar, c'est à dire, des tenebres: & pour accomplir en soy l'œuure de Dieu, qui selon l'Escriture, est tousiours parfaitte, il ne se contenta pas de sa simple conuersion à la verité de la foy, mais il y adiousta celle de sa vie, se rendant deuot à merueilles. Les Errans dont il auoit abandonné la secte, disoient tout haut qu'il auoit changé de Religion pour treuuer parmy les Catholiques vn meilleur parti; mais l'effect que vous entendrez par la suitte de ce narré, dementira cette calomnie; car bien que sa conuersion arriuast en concurrence de cette recherche, & qu'elle eust donné le premier bransle à ce changement, si est-ce qu'il ne rendit pas les armes de son obstination à ce dessein, mais Dieu s'en seruit comme d'vn moyen pour l'acheminer à la connoissance de la verité. Le monde louche, & qui ne void rien que de trauers, appelle sa deuotion non seulement bigotterie, mais hypocrisie, disant qu'en cela il vouloit se rendre conforme par complaisance à sa maistresse; & certes il est bien vray,

Que quand vne amour est extreme,
Elle fait que le vray Amant
Se va tant qu'il peut transformant
Aux qualitez de ce qu'il ayme.

Clotilde estant deuotieuse, non seulement elle attire son Amant à la vraye Religion, mais pour l'ornement de son chef-d'œuure elle l'inuite & le porte à s'addonner aux exercices de pieté, pour témoigner sa foy par ses œuures: ce que fait Marcian auecque vne docilité qui faisoit honte à plusieurs, qui estans nés & nourris dans l'Eglise Catholique, la déshonorent par leur mauuaise conuersation. Mais laissons là le monde & l'erreur, qui ne sçauent parler de Dieu qu'en mentant, ny des hômes que pour mesdire, la Lune va tousiours son train nonobstant l'aboy des chiens, & le hurlement des Loups. Voyla Marcian tout à faict changé, & d'autant plus agreable à son Prince, que non seulement il a espousé sa creance, mais qu'il le void de querelleux retenu, d'inconsideré modeste, & aussi reserué qu'autrefois il l'auoit veu licentieux, & effrené en ses actions, & en ses paroles. Et voiez combien est vraye cette promesse sacree? Cherchez premierement le Royaume de Dieu, & ensuitte de cette recherche du Ciel, rien ne vous manquera en la terre. Son maistre le voyant si sage, fut esmeu à luy faire du bien, & auecque le Gouuernement de quelque place qui vint à vacquer, luy ordonna vne pension asseuree, non certes si grande, mais telle que l'espargne que le desordre de la guerre auoit renduë toute Etique, le pouuoit permettre. Cecy releue le courage de nostre Gentilhomme, lequel auecque ce point de terre se promet d'enleuer toute la machine & le comble de ses desirs. Car que ne deuoit-il esperer voyant la fortune qui commençoit à luy rire, sinon que ce point du iour, ce bel Orient luy ameneroit vn plein midy ? coniecture facile à faire à celuy qui se void en si beau chemin. A la faueur de son maistre si vous adioustez les particuliers témoignages de bienueillance que luy rend la vertueuse Clotilde, en luy voyant porter les liurees de la deuotió, quelles esperances ne luy permettrez-vous d'establir sur tant de belles apparences ? Mais ô fortune tu és de verre, lors que tu brilles le plus, c'est lors que tu és plus proche de ta briseure. Tout ce qu'il pouuoit desirer de fauorable reception & de bon accueil, il le rencontroit en Clotilde & en sa mere : mais quand il estoit question de parler de mariage, la femme s'en rapportoit à son mary, la fille à ses parens, & le vieillard se rendoit inexorable. Cette fermeté du pere empeschoit la fille de se descouurir : car si elle eust veu dans son esprit tant soit peu de flexibilité, alors pour maintenir l'integrité de son vœu, & le vœu de son integrité, elle eust entierement desabusé celuy qui la poursuiuoit d'vne chose que sans dispense elle ne luy pouuoit accorder, autrement (comme dit l'Apostre de ceux qui rompent vne continence voüee) elle eust acquis la damnation. Mais ce que luy eust faict faire la necessité, la pitié l'y conuie, & ayant desia ramené son poursuiuant de l'erreur à la foy, du vice à la vertu, & d'vne vie licentieuse à vne deuote, elle croit en se confiant en ce Dieu, qui seul fait les merueilles, qu'elle pourroit encore contribuer quelque chose pour le pousser à la vie Religieuse. Elle ne luy parle que

que de Dieu, des miseres de cette vie, des felicitez de l'autre, des vanitez du siecle, & du solide contentemēt qui ne se treuue qu'à la suitte de la vertu. Marcian boit tous ces preceptes d'vne oreille auide, & prouenans d'vne bouche qui luy estoit si aggreable, ces enseignemens de fille luy paroissent des oracles, & sa voix d'argent, qui sort d'entre le corail & les perles, luy semble produire des mots tous de rubis & de diamans. Elle luy conseille, le prie, le coniure de frequenter les Monasteres, & que là il remarquera non seulement le contraire des calōnies & impostures des Ministres, mais vne si saincte pratique de la perfection de l'Euangile qu'il en sera tout rauy. Marcian plus obeyssant que ne l'estoit Hercule dans le giron d'Omfale, & resolu de se sousméttre à tout pour conquerir cette gracieuse Rachel, fait ce qui luy est conseillé, & treuuant, comme la Reyne de Saba disoit à Salomon, que l'estime des Religieux est infiniment au dessous de leur merite, il n'a point assez d'yeux pour considerer tant de bons exemples, ny assez d'entendement pour les admirer, puis conferant auec de sçauans & pieux Reguliers, qui luy faisoient entendre la perfectiō des conseils sortit de la bouche de celuy en

G

qui sont tous les thresors de la sagesse & science du Pere eternel, & qui porte parmy les admirables qualitez que luy donne le Profete, celle de Conseiller : ô disoit-il en soy-mesme : que bienheureux sont ceux que Dieu appelle en cette vigne, & en vn estat si sainct ! ô s'il me faisoit cette grace ! mais cette misericorde n'est pas pour toute nation, veu qu'il est escrit ; Qui les pourra prendre, si les prenne. Celuy qui a nommé l'admiration mere de la Philosophie, n'a pas mal rencontré, car ce qui nous estône, nous donne la curiosité d'en connoistre la cause; & la cōnoissance des causes est le plus haut point de la plus parfaite science. Marcian ayāt veu ce gēre de vie sequestree du mōde, toute appliquee au seruice de Dieu, toute resignee à la mortification, toute abandōnee à la prouidence celeste, iugea bien que c'estoit vne œuure du tres-haut; que sa main operoit toutes ces merueilles, & que cette sorte de conuersatiō estoit plustost Angelique qu'humaine. Quand il reuenoit de ces lieux sacrez; azyles de penitence, & retraittes de consolation, quel bien n'en disoit-il à sa chere Clotilde, & au rebours quels maux ne luy recontoit-il des abus & des ordures de son ancienne Reformation ? Certes, disoit-il, ces faux Profetes de Ministres, comme des Balaams, ne nous faisoient regarder les tabernacles de Iacob, l'Eglise Catholique, & les tentes d'Israël, les maisons de Religion, que de costé, pour nous les rēdre execrables, & nous les faire maudire : mais dequoy sert aux hommes de verser la malediction sur ce que Dieu benit, sinon pour manifester la verité de cét oracle du Psalmiste ; Tu benis, Seigneur, ceux que les meschans maudissent, & tu confonds tous ceux qui s'esleuent contre les tiens ? O si Dieu m'auoit donné tant de courage que ie peusse me ranger parmy ces valeureux champions, qui font au Ciel vne saincte violence, combien m'estimerois-je heureux ! Imaginez-vous si les desirs de Clotilde pouuoient souhaitter en son Amant vn langage plus fauorable, & si l'ayant peu à peu reduit à ce point d'admirer, puis de desirer la vie Religieuse, elle ne deuoit pas promettre à son esperance de la luy voir vn iour embrasser. Et à quoy tient-il, luy disoit-elle vne fois, que vous n'embrassez la Croix Religieuse pour suiure Iesvs Christ en cét equipage de deuotion ? Helas ! luy respondoit-il, ie me sens tellement attaché au monde, & ie me reconnois si foible en mes resolutions, que ie craindrois de commencer, & de n'acheuer pas, & d'interrompre auecque honte ce que i'aurois entrepris auecque temerité. Mais encore, repliquoit Clotilde, quels sõt ces nœuds qui vous empeschent de courir aux vœux qui aſſemblent les Congregations Regulieres? Est-il possible, repartoit Marcian, que vous-vous soiez habillee ce matin, & miree sans connoistre dans la verité de vostre glace les feux que la veuë de vostre visage iette dans mon esprit ; vne cause si aggreable peut-elle ignorer vn effect si necessaire que mon amitié? Si vous l'ignorez, n'estes-vous pas aueugle en vos propres merites ? & si vous la sçauez, de quelle excuse pallierez-vous vostre rigueur, qui ne se met point en peine de moyenner quelque fin aux incertitudes de mon honneste recherche ? Si peu de chose que ces imaginaires auantages que vous m'attribuez, reprenoit Clotilde, peut-il bien auoir la force de vous retenir dans les miseres du siecle, qui nous sont si euidentes ? ô si i'auois autant de liberté que vous, qu'vn Cloistre comme vn tõbeau, & vn voyle comme vn suaire enseueliroient bien-tost toutes viues ces fleurs, & ces ornemens que vous-vous figurez vainement en mon visage, mais de plus fortes entraues me retiennent, la puissance des miens, qui reduit en moy ce desir à l'impossibilité de l'executer sans leur assistance: qu'heureuse en celle-là, comme en plusieurs autres choses, est la condition des hommes plus que celle des filles, qui n'ont qu'à vouloir se consacrer à Dieu, & renoncer au monde, pour pouuoir aussi-tost reduire cette volonté en effect. Quand Marcian ouyt ce discours, Dieu! que deuint-il? vne sueur froide luy occupa le front, son visage se peignit de differentes couleurs, & vn tel battement de cœur le saisit, qu'il en pensa pasmer ; mais son sang se ramassant autour du cœur le tint encore en estat de dire ces paroles; Si ie ne pensois que vous me tenez ces propos, vertueuse Clotilde, pluftoft pour sonder ce que i'ay dedans l'ame (si i'y ay aucun reply qui vous soit inconnu, aucune pensee qui ne vous soit euidente) que pour aucun dessein que vous eussiez conforme à vos paroles, ie me tiendrois pour le plus miserable d'entre les viuans, veu que i'aurois ietté mes esperances & mes affections sur vne personne en intention desja morte au monde: mais ie croy que vostre bel esprit se voulant ioüer de l'imbecilité du mien, le touche par

G 3

l'vnique propofition qui le peut troubler, pour mettre mon cœur entre deux aymans, c'eſt à dire, entre les deux amours du Ciel & de la terre, pour voir auquel il tendra le pluſtoſt. Or ſçachez que tout ainſi qu'vn petit aymant attire pluſtoſt vne piece de fer, qu'vn plus gros, quand il en eſt plus proche, non qu'il iette plus d'eſprits attractifs, mais parce que la proximité redouble ſa force ; de meſme ie ſuis encore ſi voiſin de la terre, & ſi eſloigné du Ciel, qu'il ne faut pass'eſtonner, ſi mes pēſees ſans plus retournees vers vous, qui eſtes le Paradis de mes deſirs, & l'enfer de mes eſperances, & plus fortement attachees à vous, qui eſtes la Remore de ma barque, que non pas au Cloiſtre, bien que comme Catholique ie tienne la part de Marie meilleure que celle de Marthe, & l'eſtat de continence plus excellent que celuy du mariage.

Ie voy le mieux, mais ie choiſi le moindre,
Au plus parfaict n'eſperant pas de ioindre.

Mais dites moy, chere Clotilde, ne ſeroit-ce point quelque deffaitte artificieuſe que vous meditaſſiez pour me congedier honneſtement de voſtre ſeruice, en me iettant tout le Soleil deuant les yeux, en m'oppoſant pour riual celuy qui donne la lumiere au iour, celuy qui est la lumiere du môde, & le vray Soleil de Iustice? hé donc ie n'auray peu ny par ma perseuerance, ny par ma fidelité, ny par mon obeyssance rien gaigner sur vostre courage, sinon vn rebut ingenieux, qui rauagera toutes mes attentes! ne valloit-il pas bien mieux me reietter de bône heure, sans attendre que le temps rendist ma playe incurable, & mon mal sans remede? c'est vne espece de pitié, de despescher promptement vn criminel, sans le laisser dormir sur sa condamnation. Pourroit-il bien entrer en vostre pensee, qu'vne passiô si iuste, si forte, si legitime, si necessaire se peust desuestir comme vne robe? ha! non, c'est m'arracher le cœur de la poitrine, que m'enleuer cette Rose du cœur; separation aussi peu imaginable que possible, veu que ie puis aussi peu viure sans ame, que mon ame rester sans l'idee de vos vertus. Il dit cecy auec tant de souspirs, & tant de larmes, que sa voix estouffee dans ses sanglots luy fit perdre le moyen d'en dire d'auantage. Clotilde, qui vid bien qu'il estoit viuement touché, & au lieu le plus tendre & le plus sensible de son esprit, ses propos estâs aussi peu feints que son amour estoit veritable, demeura toute esmeüe de crainte, &

toute troublee d'ennuy ; car estant bien mal aysé de donner tant d'affection sans en prendre quelque estincelle, sauf la reuerence & la fidelité de son vœu, la douceur & la docilité de ce Gentilhomme, qui l'honoroit comme il eust faict vn Ange, l'obligeoient à luy vouloit du bien, l'amitié ne se pouuant payer que par vne reciproque bienueillance.

Elle doncques par ses propos,
Et par ses douloureux sanglots,
Voyant sa passion fidelle,
Le cœur pressé de mesme ennuy,
Protesta s'il souffroit pour elle,
Qu'elle enduroit aussi pour luy.

N'ayant pas moins de douleur & de peine à luy declarer l'obligation qu'elle auoit de satisfaire à sa conscience, que luy d'entendre cette declaration. Alors elle luy manifesta en termes de verité & sans desguisement, qu'elle estoit vn vaisseau cacheté, vn vase d'honneur, vn iardin clos, vne fontaine seellee, vne fleur d'élite, vn temple viuant consacré à l'Espoux immortel, à ce Dieu ialoux seruy d'vn milion d'Anges, en la presence desquels elle auoit voüé de conseruer inuiolable son integrité : & ausquels elle pensoit estre donnee en garde, pour empescher que nul mortel peuſt attenter en elle ſur ce qui eſtoit deu & deuoüé au diuin Amant. Certes toutes les fois que ie ſonge à cette occurence, reuient auſſi toſt en ma ſouuenance ce que la ſaincte Vierge & martyre Cecile diſoit à Valerian, pour le deſtourner de ſes embraſſemens, luy declarant que l'Ange qui l'aſſiſtoit, eſtoit preſt de le perdre, s'il entreprenoit de luy rauir ſon integrité, bien qu'il ne le viſt non plus que celuy qui fut plus tard apperceu de Balaam que de ſa monture. O IESVS l'Eſpoux des Vierges ſacrees, combien il eſt vray que voſtre zele eſt ardant à la conſeruation de ces temples qui vous ſont dediez, puiſque vous en puniſſez ſi ſeuerement les profanateurs, chaſſant bien loin de ces Paradis terreſtres auec vn glaiue flamboyant, ceux qui oſent eſtēdre leurs mains ſacrileges ſur les fruicts defendus! Iamais vn voyageur frappé à l'improuiſte d'vn eſclair eſbloüiſſant, & d'vn tourbillon impetueux, ne fut pas ſaiſi & plus interdict que ſe treuua le pauure Marcian, lequel par anticipation penſa mourir de détreſſe, oyant par cette ſage & diſcrette bouche qu'il auoit en vne veneration ſi grande, l'arreſt de ſa cōdamnation. O Dieu, que vous ſçauez iuſtement atteindre à la fin de vos secrets desseins, y disposant toutes choses avec vne suauité incomparable Imaginez-vous si cét assaut eust surpris nostre Cheualier lors que ses passions estoient desreiglees, & en leur violence, quel vacarme il eust faict, & de quelle fureur il eust peslemeslé le Ciel & la terre,

Disant à tous les elemens,
Estant picqué de cét outrage,
Ce que feroit dire la rage,
Quant elle meut les sentimens.

Neantmoins (tant il est vray que ceux qui regardent Dieu, changent leur force humaine en vne diuine, & s'esleuēt sans s'abbatre, & volent sans deffaillir) à ce grand coup de tonnerre il resta immobile côme vn rocher, faisant voir que sa douleur estoit trop grāde pour pouuoir estre exprimee d'autre façon, que par vn saisissemēt vniuersel. Et tout ainsi que la foudre qui tombe sur le serpent sans le tuer, luy oste seulement le venin, blesseure salutaire; de mesme cette declaration au lieu de porter nostre Amāt dās lestermes de precipitatiō & de desespoir, luy oste tout à coup de l'ame cette douce poisō qui s'y estoit glissee par les yeux, lesquels auoiēt succé à lōgs traicts, & attiré fortemēt en son affection les perfections de cette sage fille. En vn momēt sa flâme de terrestre deuint celeste, de corporelle spirituelle, de passagere eternelle. En vn instant il regarda cette pudique Vierge comme vn Ange du Ciel, & comme sa grande maistresse, c'est à dire, côme l'espouse de ce grãd Roy qui porte graué en la lame qui luy pend sur la cuisse, le Roy des Roys, & le Seigneur des Seigneurs. A vostre auis, Messieurs, cette conuersiõ n'est-elle pas tout à faict miraculeuse; car parlãt humainemẽt, quel moyen y auroit-il de briser en vn moment des fers forgez par vn si long tẽps d'vne si forte & fine trẽpe? S. Iean dans ses Reuelatiõs voyant vn Ange, fut tellemẽt espris de sa beauté & de sa splẽdeur, que se iettãt à ses pieds il estoit prest de l'adorer, estimant que ce fust Dieu mesme si l'Ange le releuãt ne l'eust affranchi de cette doute, se disant son conseruiteur. Marcian iugeant bien au discours de Clotilde, qu'elle auoit proferé des paroles de verité, & qu'elle procedoit auec luy d'vne charité non feinte, côme estant desireuse de son salut, se iettant à ses pieds l'eust presque adoree comme vne mortelle Deesse, si cette fille autant sage pour se faire craindre, que douce pour se faire aymer, ne l'eust faict remettre sur ses pieds, le suppliant de l'aymer desormais comme sa sœur, luy promettant de le cherir comme frere, & de l'honorer eternellement. En fin elle sceut si bien lier son cœur & engager son esprit par de si obligeantes paroles, que Marcian se rendit entre ses mains comme vne boule de cire à qui l'on donne telle forme qu'on veut. Voyez, luy disoit elle, cher Marcian, combien c'est peu de chose de s'appuyer sur des obiects de terre; non seulement les filles comme les feüilles sont le joüet des vents & de l'inconstance, mais encore toutes les choses humaines,

Vne nuë d'erreur pleine,
Qui nous trouble volontiers,
Courant la raison nous meine
Esgarez des beaux sentiers;
Nous fians (fols que nous sommes)
Aux vents incertains des hommes,
Qui soufflent pour nous tromper
En cent & mille manieres,
Et aux faueurs iournalieres
Que la Parque sçait couper.

Tout l'Vniuers n'est qu'vne boule ronde, dont le mouuement est perpetuel, le monde passe & sa conuoitise, il n'y a point icy de cité de demeure, rien que Dieu n'est permanent.

La loy de nature tourne,
Rien de ferme ne sejourne,
Or Hyuer, ore Printemps,
Diuers vents sont en mesme heure,
La seule vertu demeure
Constante contre le temps.

Faisons doncques vn meilleur choix que vous de moy, que moy de vous, ie suis vne creature chetiue, quelle perfectió que vous alliez imaginant en moy. Pour estre Vierge ie n'en suis pas plus asseuree de mon salut, si par bonnes œuures, ie ne rends ma vocatió plus ferme; il y a des Vierges sages, il y en a d'imprudentes, qui seront excluses des nopces eternelles, où les vigilantes seront admises par le celeste Espoux. Faisons bien tádis que nous auons le temps; car la nuict viendra en laquelle on ne pourra plus trauailler, mesnageons bien la grace, faisons profit des inspirations, puisqu'en elles consiste la semence de nostre felicité: puisque Dieu m'a donné le traict & le desir de la Religion, laissez moy suiure cette pointe, vous commettriez vn grand crime si vous y mettiez ou d'effect, ou de conseil quelque empeschement, ie croy vostre ame si bonne, que vous seriez marry de la charger d'vn tel sacrilege. Si vous n'auez pas assez de vigueur pour rompre les chaisnes de l'esclauage qui vous retient au monde, n'empeschez pas comme vn Pharaon, que ie sorte de cette Egypte, pour me sauuer dans le sacré desert d'vn Ordre Religieux ie vous en coniure, cher Marcian, par tout ce qu'il y a de plus sainct au Ciel & en la terre, par la reuerence que vous en deuez aux conseils de IESVS CHRIST, & par tant de protestations de sincere & inuiolable amitié que vous m'auez faites. Employez ce grād cœur qui vous a rendu signalé entre les plus vaillans dans les plus dangereux destours de la guerre, à vous dompter vous mesme, & à vous priuer d'vne personne qui ne vous peut estre legitimement acquise; si vous m'en croyez, vous arracherez vostre bouche de la māmelle du monde, plein du laict de fades plaisirs, & de vanitez mesprisables, pour vous repaistre de la viāde solide du vray cōtentement, qui se treuue à la suite de celuy dont le seruice est plus glorieux qu'vne Couronne. C'est là le but où ont visé tous mes desseins sur vostre ame, n'ayant desiré en posseder la creance qu'autant que i'ay creu ce moyen estre propre pour vous persuader de croire, & de viure selon qu'il faut : ô qu'elle ioye, si apres la penible course de ce mortel pelerinage nous nous pouons reuoir dans le séjour de la bien-heureuse eternité ! nous y arriuerons sans doute en nostre mort, si nous nous y acheminons dés cette vie. Et par quel plus court & plus asseuré chemin sçaurions-nous paruenir à ce bonheur, que par celuy des conseils enseigné & pratiqué par le Sauueur, & frayé par tant des Saincts qui l'ont suiui en l'odeur de ses aromates ? On dit que les medecines ne profitent que selon les dispositions, & selon la maxime des Philosophes, ce qui est receu se moule à la forme de ce qui le reçoit ; le cœur de Marcian estant attendri, & amolli comme de la cire au milieu de sa poitrine, il ne se faut pas estonner s'il se rendit susceptible de toutes les impressions que cette deuote fille y voulut tracer. Vn degoust du monde le priua des desirs qui l'y retenoient, comme on sevre des enfans en frottant le bout de la mammelle de leur nourrice auecque de la moustarde, ou du chicotin, & se voyant en Clotilde enleuer l'vnique filet qui le retenoit au siecle, il se resolut en vn instant de l'auoir sinon pour la compagne, au moins pour flambeau de sa vie, suiuant la lampe de cette Vierge sage, pour entrer vn iour auec elles aux nopces de l'Anneau. Ce qu'il luy manifesta par ces paroles; Ie me suis tousiours tellement conformé à vos volontez, vertueuse Clotilde, qu'il faut encore à cette extremité où vostre resolution me range, que ie vous témoigne mon extreme soumission. C'est vous qui m'auez la premiere inuité à gouster le sel de la sagesse de salut, c'est à dire, de la vraye creance, & bien que le monde estime que ie me sois faict Catholique à vostre sujet, Dieu qui sonde mes reins, & qui de loin void mes pensees, sçait que si vous m'auez poussé vers sa connoissance, la verité de la foy a esté le but, & la fin principale de ma conuersion. Mais il m'importe peu d'estre iugé des hommes, mon vray & eternel Iuge c'est Dieu, auquel pourueu que ie plaise, ie me soucie peu de déplaire à tous les mortels; car si i'aggreois à ceux-cy, i'aurois suiet de craindre la mauuaise grace de celuy-là, & de n'estre pas escrit au liure de vie au nombre des seruiteurs de Iesvs Christ. C'est luy qui viendra vn iour le van à la main separer le grain de la paille, & qui en sequestrant les agneaux d'auec les boucs, iugera entre la sincerité de mes intentions, & la temerité de leurs pensees. Que si i'ay esté

esté blasonné pour auoir quitté les armees des Philistins, pour me ietter dans les rangs d'Israël, abandonnant vne Religion faussement reformee, pour embrasser la verité de la Catholique; ie voy bien que ie ne seray pas moins blasmé de ceux qui ignorent le secret des voyes de Dieu, quand ils me verront couuert d'vn habit Religieux; estant l'ordinaire des mondains de se mocquer de ceux qui les quittent, comme si l'on ne pouuoit pas, disent-ils, faire son salut dans le monde. Que ne dira-t'il ce faux monde sur ma retraitte, sinon que le desespoir de vous posseder m'ayant faict deuenir hypocondriaque, cette humeur melácholique m'aura faict rechercher les sombres tenebres d'vn Cloistre, pour y repaistre mon déplaisir d'imaginations aussi noires que fantastiques? Mais quoy? le monde n'ayme que ceux qui luy appartiennent, inégal & iniuste enuers ceux qui s'escartét des eaux troubles de cette Egypte, de ces marests de Moab: ce seroit bien merueille s'il aymoit les disciples, puis qu'il a tant persecuté le maistre, les inferieurs seroient-ils plus respectez que le Superieur? Die doncques ce qu'il voudra ce monde qui a mille langues, & autant de fronts, qu'il escume sa rage,

H

qu'il vomisse des tempestes contre moy, ces orages me chasseront d'autant plus puissamment au port, lequel vous me monstrez comme vn Astre fauorable ; vous serez l'estoile qui guidera mes pas en la creche de Bethlehem. Et puis que vous auez tant contribué à retirer mon entendement de l'erreur, ie veux bien vous suiure au sommet de la perfection Chrestienne, qui se treuue en la vie Religieuse: mais à telle condition que vous me serez comme cette Marie sœur de Moyse, qui passa la premiere à trauers la mer rouge, pour entrer au desert ; car puis qu'il n'y a que vostre sujet qui me retient au monde, i'aurois peur que ma foiblesse fust si grande, vous sentant au siecle, de ne pouuoir perseuerer dans les austeritez de la vie monastique, i'aurois apprehension de regarder en arriere, & d'estre iugé indigne du Royaume de Dieu, & d'encourir le mesme sort de cette femme petrifiee pour auoir tourné visage vers l'embrasement d'vne ville remplie d'abomination : i'aurois crainte de porter ce ioug inégalement, si ie ne le partageois auecque vous, & d'estre comme ces vaches qui penserent renuerser le chariot où reposoit l'Arche, quand elles entendirent le mugissement de leurs petits. A cela

Clotilde; Bien que cette proposition tienne vn peu du terrestre, & que vostre resolution encore naissainte ressemble à l'or non épuré qui sort de la miniere, & au metal non encore purgé de sa marcassite & de son escume, veu qu'il semble que vous m'attribuiez la cause, & presque la fin de vostre abandonnement du monde, qui ne doit estre rapportee qu'à Dieu: si est-ce que ie ne laisse pas de l'estimer, croyant que par vn meilleur & plus solide conseil que le mien vous pourrez examiner cét or au creuset, & le purger iusques à son dernier carat. Tout ce que ie crains est, que celuy qui tente ne dresse ses machines contre vostre cœur, pour en arracher cette bonne pensee, & que l'attente ne vous diuertisse de ce pieux dessein; car la grace du Ciel hait les dilations, elle veut estre prise comme l'occasion, & au pied leué. O si i'estois aussi libre que vous, combien promptement; & plustost auiourd'huy que demain passerois-ie cette mer rouge, pour aller gouster la manne du Ciel en la solitude Religieuse! Mais vous sçauez mes liens en la contradiction des miens, vous n'ignorez pas qu'vne fille seule ne peut rien, car où prendrois-ie le douaire qui m'est necessaire pour me cōsacrer au celeste Espoux;

sinon dans la bource de mes parens ; comment me seroit-elle ouverte si leur volonté est fermee à cette proposition, s'ils protestét n'y donner iamais leur consentement, ains d'empescher ce dessein de toute leur puissance ? Cependant, helas ! peut-estre que vostre zele, se refroidira, l'inspiration s'esuanouïra, vostre vocation se perdra, pensez y bien, cher Marcian, & que ma misere ne vous priue pas d'vn si grand bien, arrachez de moy vos affections par vn effort aussi glorieux que genereux, & en les iettant toutes en Dieu, ne respirez qu'à viure pour son seruice, & à mourir pour sa gloire. Ces paroles aydees de la grace d'enhaut, eurent vn tel effect en l'ame de Marcian, qu'il offrit le couteau pour se deffaire soy-mesme, tranchant les testes d'Holoferne, & de Goliath, c'est à dire, du diable & du monde, auecque leurs propres glaiues : voicy comment, il s'enquit quel estoit ce doüaire requis d'vne fille pour estre admise en la Religion, & l'ayant appris de la sage Clotilde, l'amour qui donne toute la substance de ses biens cemme si ce n'estoit rien, la luy fit treuuer si petite, qu'entre la honte de l'offrir, & le regret de se priuer soy-mesme de sa maistresse par cette offre, il demeura quelque temps suspendu. En fin se faisant vn effort extraordinaire; Le Ciel, luy dit-il, ma chere Clotilde, qui ne m'a pas esté si liberal qu'à vostre pere des biens de fortune, ne m'a pas aussi esté si auare qu'il ne m'ait mis entre les mains beaucoup de fois plus qu'il ne faut pour accomplir vostre dessein. A celle à qui i'ay donné mon cœur & mon ame, & à qui ie voulois donner mon corps sous les sacrez liens d'vn legitime Hymenee, i'estime fort peu d'offrir tout ce que possede vn pauure soldat; i'ay vn bel equipage, quelques meubles, des pierreries, de l'argent (car il estoit deuenu bon mesnager depuis la reformation de sa vie) vn Gouuernemēt assez beau, vne pension du Roy, ie mets le tout à vos pieds, & ce tout n'est point si peu qu'il n'excede douze fois & plus cette somme que vous me venez de dire vous estre necessaire: trop heureux de contribuer non ce peu de bien, mais mon sang & ma vie pour vostre contentement. Puis tout à coup sentant les tranchees d'vne conuulsion d'esprit extraordinaire, que fais-je, dit-il, où me precipite-je? ne semble-t'il pas que ie face comme cét oyseau qui fournit la glus qui sert à l'oyseleur pour le prendre, ou à celuy dont les plumes seruent à faire les empennons du trait qui le tuera ? Insensé que ie suis, où est mon iugement? quoy? au lieu de l'employer à ma conseruation, il semble que i'en procure ma perte, au lieu de me ioindre auecque ses iudicieux parens pour empescher cette determination farouche, ingenieux en mon malheur, ie forge le couteau qui se doit mettre dans ma gorge. Mais aussi d'autre part qu'ay-je qui ne soit à Clotilde, & quelle deferance n'ay-ie voüee à ses volontez? Hé! pardonnez moy chere amie, ces transports & ces variations témoignent bien que mon esprit n'est pas à soy-mesme, estant constitué entre le regret de vous perdre, le desir de vous posseder, & celuy de vous obeyr & de vous complaire : pauure moy! quelle mort me deliurera de ces anxietez? Certes ie ne sçay bonnement ce que ie veux, sinon que ie veux, voire malgré moy-mesme, sage Clotilde, tout ce qu'il vous plaira, ie remets mon sort entre les mains de Dieu & les vostres, vous serez ma Cloton, qui filerez mes destinees, & qui trancherez ce filet quand & comme vous voudrez, commandez seulement en maistresse, & aux despens de mon contentement, & de ma vie ie vous obeyray. Il ne dit pas cecy sans larmes, qui tirerent des yeux de Clotilde des torrens de pleurs (car les filles sont incomparablement plus fertiles en cette marchandise que ne sont pas les hommes.) Cette extreme flexibilité l'estonnoit d'autant plus qu'elle voyoit qu'il parloit sans feintise,

Et si elle n'auoit, d'vn chaste vœu contrainte,
L'immuable sentence en son courage emprainte,
De ne vouloir iamais son fillage changer,
Ni sous le ioug d'Hymen sa liberté ranger,
Ce seul assaut, sans plus forçant toute defence,
La feroit consentir à quelque repentance.

Car de nier qu'elle n'aymast ce Gentilhomme qui l'y auoit obligee par tant d'instances, & qui d'ailleurs auoit des graces qui eussent enchanté les moins sensibles, cela ne se peut sans offenser la verité. Mais en l'occurrence de cette offre sa bienueillance redoubla, d'autant qu'aux autres seruices qu'il luy auoit rendus, il sembloit qu'il trauaillast pour l'acquerir, & par consequent pour soy-mesme : mais en cette occasion il combat ses propres desirs, son propre interest, son propre contentement, se rendant pour la seruir, & pour executer ses volontez, partial contre soy-mesme. Qui n'admirera icy vn traict puissant de la grace de celuy qui pour luy aggreer nous prescrit nostre pro-

pre renoncement? Vne personne qui treuue inopinément vn thresor suffisant pour acquerir vn heritage, ou quelque chose qu'il
desire auecque passion, n'est point plus res-
jouy que le fut Clotilde ayant rencontré en
l'offre de Marcian vne plus qu'abondante
miniere, pour venir à bout de son Religieux
dessein. Et comme vn Cerf alteré court
auec empressement à la fontaine aussi tost
qu'il l'apperçoit, de mesme sans considerer
que c'estoit vne espece d'angagement &
d'obligation enuers cét homme (chose qu'v-
ne honneste fille doit euiter tant qu'elle
peut,) pleine d'vn zele extraordinaire, & de
cette ardante charité dont le feu purge la
rouille de tous deffauts, & pour luy témoigner que le desir qu'elle luy auoit manifesté
de se consacrer à Dieu, n'estoit point vne
feinte, elle accepta cette faueur, desireuse
de luy frayer le chemin à vne si glorieuse
entreprise. Cóme elle estoit d'vn bel esprit,
& d'vne deuotion fort signalee, elle n'eut
pas si tost demandé d'estre Religieuse en vn
Monastere de Paris de filles bien reformees,
que sa requeste luy fut accordee, dequoy
haute en courage elle met sa teste dedans
le Ciel. Mais tout beau Clotilde, ceux qui
demarent sous vn vent prospere, n'arriuent

pas toufiours où ils pretendent ; au monde comme fur la mer il y a mille bourrafques qui trauerfent le cours de nos intentions.

La ieuneffe de l'annee
Soudain fe void terminee,
Apres le chaud vehement
Reuient l'extreme froidure,
Et rien au monde ne dure
Qu'vn eternel changement.

Def-ja elle dit hautement à fes parens que s'ils ne veulent la fauorifer d'vn voyle, elle franchira les bornes de leur obeyffance, & fans attendre leur confentement elle fe iettera dedans vn Cloiftre, laiffant les morts enfeuelir les morts, & volant à l'eftendard de la Croix malgré leur defenfe. Dequoy ils fe rient au commécement, fçachans que fans eux elle eftoit reduitte à l'impuiffance d'effectuer ce deffein. Mais comme il n'eft point de feu fans fumee, quand ils eurent defcouuert la promeffe de fa reception, & les moyens qui la luy facilitoient, reception qui n'eftoit retardee qu'à caufe que l'Abbeffe, pour euiter le trouble & le vacarme, defiroit qu'elle euft au moins la benediction des fiens; alors ce Magiftrat, qui eftoit homme de credit & d'auctorité, obtint des defenfes à ce Monaftere de receuoir fa fille contre son gré ce qui mit Clotilde en des agonies nompareilles; car elle estimoit tirer d'eux cette responſe que tant de fois ils luy auoient faite, qu'elle ſe fit Religieuſe ſi elle pouuoit, ne voulans quant à eux contribuer aucune choſe ni de deſpence, ni de creance à ce deſſein, dequoy cette Abbeſſe promettoit de ſe contenter, & de prendre cét aueu pour vne licence.

A combien de malheurs, à combien d'inconſtãce Sont ſuieEts les deſſeins de l'humaine prudence.
Mais qui peut reſiſter à la puiſſance de Dieu, & à la conduite de ſa prouidence? quoy que facent les hommes, ils ne peuuent empeſcher ce qu'il a determiné. Si Marcian fut aiſe de cette oppoſition, ie vous en fay juges; elle reſuſcita ſes eſperances qui eſtoient proches du tombeau, quand tout à coup vn autre flot, du bord les reietta dedans les ondes: d'autant que le pere de Clotilde iugeant que c'eſtoit luy qui mettoit ces deſirs en la teſte de ſa fille, auecque les moyens de les effectuer, le regardant d'vn œil ennemy luy defendit l'abbord de ſa maiſon, & à ſa fille de le frequenter en aucune maniere. Il euſt eſté facile à Clotilde de ſouffrir cette ſeparation, ſi elle n'euſt point eſté ſi preiudiciable à ce pieux deſſein,

pour lequel elle ne craignoit point de contrarier aux volontez de son pere & de sa mere : mais elle fut si sensible à Marcian, que quelle fermeté qu'il eust dedans l'ame, si ne fut elle pas assez forte pour empescher qu'il ne fust long-teps à rappeller sa raison escartee par la violence de ce sentimét. Il se void puni du plus cruel supplice qu'on eust peu luy ordonner pour vne faute qu'il commettoit à contrecœur, & comme estant promoteur d'vn desir qu'il ne faisoit que suiure pressé par la douce violéce de son affection. Ie serois trop long si ie voulois faire vn recit de ses regrets & de ses plaintes; ce qui le consola en ce desastre, ce fut qu'il se void pour temperer son deplaisir, fauorisé d'vne grace qu'il n'eust osé esperer durant sa plus libre recherche, sçauoir des lettres de Clotilde, laquelle pour conseruer cette ame en sa saincte determination, & au desir de l'assister, luy faisoit sur les aisles d'vne plume sçauoir de ses nouuelles, & receuoit librement des siennes. Ainsi ne s'estimoit il pas de tout point malheureux, veu que cette sorte de commerce luy donnoit la liberté de luy descouurir beaucoup de sentimens (le papier endurant tout) que le respect qu'il luy portoit, luy arrachoit de la bouche quäd il estoit en presence. Auec ce bois ils nourrissoient leur feu sacré, & continuoient leur sainte resolution durant l'absence.

Mais en vain l'homme s'oppose
A l'ordonnance des Cieux,
Des temps, des œuures, des lieux,
La prouidence dispose.
Erre qui va pretendant
De forcer son ascendant.

Le Ciel pour punir la rigueur du pere de Clotilde, qui pour violenter sa volonté l'affligeoit de mille peines, ou la tenant reserree dans sa maison, ou faisant espier toutes ses actions, ou luy defendant l'accés des Monasteres, ou la pressant contre son gré d'entédre à quelques partis, le chastia d'vne maladie qui en peu de iours l'appella deuant le tribunal du iuste Iuge, pour receuoir selon son œuure. Voyla Clotilde franche de ce costé là, & par l'heritage de son pere, qui luy estoit escheu par sa mort, plus que suffisamment doüee pour obtenir ce qu'elle desiroit. Elle croit treuuer peu de resistance dedans l'esprit de sa mere, qu'elle auoit tousiours recõnuë plus flexible à ses inclinations. Mais le diable qui ne dort pas, & à qui les determinations religieuses sont infiniment desaggreables, esleuant vne forte bourrasque de tentation dedans ce cœur maternel, y forma d'estranges obstacles, pour espurer comme vn fin or la vocation de Clotilde. Elle est véfue, & ce luy semble sans appuy, elle cerche du soustien & du soulagement en sa fille, qui luy doit, à son auis, vn gendre, lequel prenne part au soin comme aux affaires de la maison. Là dessus pour rendre la batterie plus forte, elle iette vn œil d'aggreement sur Marcian, de la vertu & bonne grace duquel elle auoit tousiours faict grande estime, elle sçait les passions qu'il a pour sa fille, & connoist bien que ce n'est pas luy qui la pousse au Cloistre, que c'est plustost elle qui l'y traine comme vne victime qui va au sacrifice contre son gré. Elle le rappelle de son exil, & en reiette la faute sur le trespassé, & ne luy permet pas seulement de reuoir sa fille, mais de la desirer par vne recherche honorable, luy promettant pour ce sujet toute la faueur qu'il pouuoit esperer d'vne belle mere. Ce fut bien là vne des violentes tentations que l'enfer eust peu susciter contre la constante Clotilde, si en fin Dieu estant pour elle, elle ne se fust resoluë à vaincre toutes ces contrarietez. D'autre costé qu'eust peu desirer Marcian de plus auantageux pour ses pretenſions, qui preſque mortes reprindrent vne nouuelle vie, comme ſi le Ciel euſt parlé par la bouche de cette mere en faueur de ſa premiere affection? Reprenant donc courage il ſe porte tout de nouueau pour le pourſuiuant de Clotilde, eſtimant qu'elle ployeroit ſes volontez ſous celles de ſa mere: mais le voicy retombé de la paëſle en la braiſe; car rappellé par la mere, il fut ſi rudement rejetté de la fille auſſi toſt qu'il luy reparla de l'epouſer, que iamais il ne l'auoit veuë allumee d'vne telle colere: tel eſt le flux & le refluxde ceux qui s'embarquent en la mer de la conſtance des femmes. Que fera le pauure Marcian? car s'il eſt chaſſé de Clotilde, dequoy luy ſeruiront les faueurs de ſa mere? c'eſt cette fille qu'il ayme, & qu'il reuere comme vn Ange du Ciel, aux volontez de laquelle il n'oſe côtrarier qu'en tremblant. Dieu en fin l'emporta ſur le monde, & ſe reſoluant de ne vouloir que ce qui plairoit à Clotilde, il ne ſe voulut point preualoir de l'auantage que luy offroit l'auctorité maternelle, pour alterer tant ſoit peu ſon inclination. Aux tempeſtes de ſa mere, Clotilde oppoſe le bouclier commun des foibles contre les forts, la Iuſtice, qui la maintenant en la liberté de ſon choix, & la mettant en possession des biens de son pere, luy fit aussi-tost treuuer place en vne maison Religieuse voysine de Paris sur le riuage de Marne, où sous la direction d'vne sainte Abbesse, autant illustre de vertus que de sang, la Regularité & l'Obseruance estoient en leur fleur. Là sans incommoder aucunement Marcian, à la bonne volonté duquel elle ne laissoit pas de se dire redeuable, elle fut accueillie en triomphe, comme vn trophee de constance esleué à la gloire du Dieu des batailles. De vous dire les conferences saintes que ces deux Amans eurent ensemble auant cette entree de Clotilde en cette Religion, les viues & fortes remonstrâces pour s'animer à bien faire qu'ils se firent reciproquement, les souspirs & les larmes qui eschaperent au sens, leur raison demeurant au milieu de ces vagues immobiles comme vn rocher, il est presque impossible. C'estoit vne chose admirable à voir ces deux Amans se quitter aussi franchement pour seruir en diuers lieux à mesme maistre, & en semblable genre de vie, que les autres sont rauis de ioye quand par les loix d'Hymen ils entrent en possession de ce qu'ils ont longuement desiré. O feu de la diuine Amour que tes operations sont mer-

ueilleufes ! tu ioints ce qui eſt diuiſé, vniſ-
fant par vne ſacree bienueillance les ennemis, & tu ſepares ce qui eſt attaché de mille
nœuds qui ſemblent inuiolables. C'eſt ce
que diſoit le Sauueur, qu'il n'eſtoit pas venu
apporter la paix, mais le glaiue, & ſequeſtrer
le pere de l'enfant, le mary de la femme;
parce qu'ordinairement les plus dangereux
ennemis de l'homme eſtoient ſes domeſtiques. C'eſt luy qui veut que pour pretendre à ſa dilection l'on hayſſe pere, mere, freres, ſœurs, & meſme ſon ame propre. C'eſt
luy qui fait immoler les Iſaacs aux Abrahãs,
& qui veut eſtre preferé à toutes choſes.
C'eſt ce Salomon qui met la diuiſion entre
nous, & ce qui nous eſt de plus precieux,
pour nous poſſeder ſans diuiſion. C'eſt cét
Eſpoux ialoux dont le lict eſt eſtroit, & la
couuerture courte ; tout ce qui n'eſt point
pour luy, eſt contre luy, & celuy-là l'ayme
moins qu'il ne doit, qui n'ayme point en
luy & pour luy, ce qu'il ayme hors de luy.
Vous euſſiez veu ſur ce meſme Theatre
de la reception de Clotilde deux perſonna-
ges bien differents & contraires au ſens du
monde. Vne mere furieuſe comme vne
Tygreſſe de qui on enleue la litee, empliſ-
ſant l'air de cris, la compagnie de vacarme,
&

& formant des oppositions inutiles contre l'entree de sa fille, qui en cela estant appuyee de l'auctorité de la Iustice, mesprisoit les maledictions que vomissoit contre elle cette mere enragee, maledictions que l'Eglise, comme vne autre Rebecca prenoit sur soy, & que Dieu changeoit en mesme temps en vne douce rosee de benedictions celestes. Vous eussiez veu cette sage fille se jetter aux pieds de cette femme frenetique, pour tascher de l'appaiser, & luittant contre son courroux ainsi qu'vn autre Iacob, elle essayoit d'en tirer vne bonne parole. Tout le monde fondoit en larmes à ce spectacle: mais il ne sortit iamais vne goutte d'eau de ce rocher d'obstination, bien que cette Vierge comme vne autre verge de Moyse, la pressast opportunement & importunement de condescendre à son desir, & de la favoriser au moins d'vn regard amiable. Quand on vid que cette manincle empiroit, ou plustost s'empiroit par les supplicatiõs, de peur qu'elle ne troublast cette ceremonie sacree de la vesture, les autres parens de Clotilde sous l'aueu desquels elle se voyloit, la firent sortir.

Encor qu'elle appellast & les Cieux & les Astres
Cruels, bien qu'innocens, & causans ses desastres.

I

Clotilde nonobstant ses plaintes & ses reproches, ne vous semble-t-elle pas pratiquer à la lettre le conseil du grand S. Hierome donné en pareille occurrence, puisqu'elle vole à l'estendard de la Croix à trauers les contradictions de son pere, & les oppositions de sa mere? ce qui n'estoit pas commun, car pour l'ordinaire les filles sont de si mauuaise deffaitte, que quand elles prennent de semblables resolutions, les parens en demenent grande ioye; que si quelques larmes coulent de leurs yeux, c'est, ou vn simple sentiment naturel, qui n'est point fondé en raison, ou plustost vne superabondance de contentement qui les pousse. Et tout au contraire voicy vn Amant, à qui le personnage de desesperé sembleroit estre plus conuenable, puis qu'outre la priuation de ses plus tendres affectiō pour vne beauté ardammēt & honorablement cherie, il se void encore despouïller d'vne fortune auātageuse, & rauir vn cœur dont il possede la bienueillance. O force de la charité, certes tu es plus puissante que la mort, quoy que plus dure que l'enfer, tes effects comme ceux de la foudre ne se peuuent comprendre. Iamais Ionathan & Dauid ne s'entraymerent d'auantage, ny plus sincerement que ces deux ames: auſſi voyez leur reſſemblance; Ionathan ſe priue: bien qu'à regret fortement neantmoins de la chere preſence de Dauid, affin de le ſauuer des mains de l'impitoyable Saul. Et Marcian veut bien ſe ſeurer de cette Clotilde, pourueu qu'elle eſchappe les liens du monde ce Saturne meurtier de ſes propres enfans, & que ſans crainte deliuree des mains de ſes ennemis les obiects de la terre, elle ſerue en ſaincteté & en iuſtice l'Eſpoux des Vierges tous les iours de ſa vie. Les paroles qu'ils s'entredirent à la face de Dieu preſent ſur l'Autel, des Anges, & des hommes, furent ſi tendres qu'il euſt fallu eſtre de marbre pour n'en cõceuoir de la compaſſion. Adieu cher ami, diſoit Clotilde à Marcian, iuſques au grand iour de l'eternité, & iuſques à ce que nous nous reuoyons en ce lieu celeſte, où il n'y a plus de mariages, mais où les Bienheureux ſont comme les Anges de Dieu, heureuſe ſeparation, qui nous cauſera cette eternelle reünion, Adieu ſans Adieu, puiſque c'eſt à Dieu que nous nous conſacrons, auquel nous auons l'eſtre, le mouuement, & la vie, & auquel nous nous pouuons retreuuer à tout moment: à ceux qui s'ayment ainſi, l'abſence ou la preſence sont indifferentes. Nous serons de la façon que nous elisons beaucoup plus vnis que si les loix d'Hymen nous eussent liez ensemble ; car par celles-cy nous n'eussions esté vnis qu'en Dieu, mais par les vœux sacrez nous serons vnis à Dieu mesme seul & souuerain obiect de nos affections. Heureuse Clotilde, si elle demeure ainsi : heureux Marcian, si en cela il imite sa Clotilde. Adieu chere ame, puisque l'influence de nos estoiles nous separe, souuenez-vous en vos prieres de recommander tousiours mon ame à la misericorde de Dieu, comme de mon costé ie ne seray iamais ingrate oublieuse, ni mesconnoissante des eternelles obligations dont ie suis redeuable à vostre bienueillance. Marcian à ce discours fut tellement interdict, qu'encore qu'il se fust treuué en plusieurs assauts, combats, rencontres, duels, & batailles, si est-ce qu'il m'a plusieurs fois auoüé ne s'estre iamais rencontré si surpris. Neantmoins Dieu luy donna bouche & sagesse, langue & paroles pour ne demeurer muet en vne si celebre assemblee. Adieu, luy dit-il, chere Clotilde, ma plus sainte & ma derniere flamme, vostre entree en la Religion sera ma sortie du monde, & vostre sortie du siecle mon entrée en l'estat Religieux ; ces deux renaissances à vne meilleure & plus sainte vie s'entresuiuront comme celles des deux iumeaux de Rebecca : car quel obiect en la terre pourroit plus contenter més yeux, ce voyle que vous allez prendre les ayant mis en vne eternelle eclipse? Ah! vne chose me pese, c'est qu'en me commandant de me souuenir de vous, il semble que vous me quittiez auecque doute de mon amitié ; car l'amour estant fils de la souuenāce, qui peut oublier ce qu'il ayme, n'ayma iamais sincerement. Certes vostre souuenir sera tousjours le plus precieux meuble de ma memoire, vous serez tousiours ma chere Sion.

O ma chere, Sion, autrefois nostre gloire,
Maintenant la douleur dont ma triste memoire
Va, comme d'vn couteau, mon ame outreperçant,
Qu'vn eternel silence à ma langue se lie,
S'il auient que iamais vos merites i'oublie,
Quelque ennuy que mō cœur reçoiue en y pēsant.
Que cette main trēblāte, & ce cœur qui souspire,
Die Adieu pour iamais aux charmes de mà Lyre,
Chassant tout reconfort au loin, de mes malheurs,
Si pour quelque accident que le Ciel nous enuoye,
Vostre contentement n'est mon vnique ioye,
Et vos afflictions mes vniques douleurs.

Adieu doncques mon Ange, qui comme celuy du ieune Tobie m'auez retiré de la mort, & des monstres de l'erreur & des vices. Adieu ma liesse, & ma couronne au Seigneur, puisque c'est vous qui m'auez porté au chemin de la vraye lumiere, & addressé mes pas és sentiers de la paix : puisque vous m'auez comme l'Israëlite esclaue de Naaman enuoyé aux Elisees qui m'ont purgé de la lepre de mes fausses opinions, & de mes veritables crimes, ie serois le plus ingrat que le Soleil esclaira iamais, si ie mettois en oubli les graces que par vostre moyen le Ciel a respanduës sur mon ame. Adieu ma Iudith, mon Esther, ma Thecuite, mon Abigail, & en vn mot ma liberatrice. bien que ie ne puisse iamais assez dignement reconnoistre les immortelles obligations que i'ay à vostre pieté, si n'en feray-je iamais ingrat, si la bonne volonté purge l'ingratitude. Et parce que ie sçay que ie ne vous sçaurois payer tant de redeuances par vn plus digne seruice qu'en vous imitant, ie m'en vay de ce pas suiure vos traces, & chercher dans quelque Religion sacree, ou dans quelque desert le repos & la consolation qui ne se peut rencontrer ny connoistre dedans le siecle. Adieu ma chere & sainte sœur; croissez en vn million de graces celestes, quiconque vous maudira, soit maudit de Dieu, & detesté des hommes, & qui vous benira soit rempli de benedictions : Auecque ces mots Marcian & la troupe des parens alloient conduisant la sage Clotilde à la porte du Monastere, où elle fut receuë auec applaudissement de ce chaste Chœur de Vestales, & renfermee pour sa vie, affin de iouïr vn iour dans le Ciel de la liberté des enfans de Dieu.

Fin du liure troisiesme.

HERMIANTE.

LIVRE IV.

Q̂VAND Marcian eust perdu de veuë sa belle estoile, & que la closture de la porte eust comme vn nuage espois enleué sa Tramontane, Dieu que deuint-il ! vne barque sans timon, sans mast, sans voiles, sans cordage, & sans Ourse sur vne mer orageuse, & son cœur sur vn Oceã d'afflictions, furent vne mesme chose, alors sa douleur fut semblable à la mer, n'y ayant en luy aucune faculté exempte d'amertume. Les changemens de son visage témoignerent l'alteration de son esprit : plusieurs fois il pensa pasmer entre les mains de ses amis, dont les diuerses & communes consolations luy estoient des desolations si affligeantes, que ceux là l'obligeoient le plus qui luy en disoient le moins ; car son mal extraordinaire n'estoit pas de ceux qui se guerissent par paroles. Ie me souuiens de quelques Stances qu'vn Gentilhõme de ses compagnons, qui faisoit aussi bien des vers qu'autre de sa qualité qui fust à la Cour, fit en cette occurrence; il me les donna vne fois par escrit, & ie les treuuay dignes de loger en ma memoire. Ie les vous reciterois volontiers, mais ie craindrois par ces digressions d'estendre trop mon discours, & d'essayer vostre patience. Nullement, reprit icy Alexis, qui estoit friand de semblables mets: car comme ce peu de diuertissement que prend vn Pelerin à rafraischir sa bouche en quelque belle source qu'il treuue sur son chemin, le rend plus dispos & allegre au reste de sa iournee; de mesme les pieces poëtiques sont autant de surjeons de fontaines viues, qui auiuent & qui animent vn long narré, ces digressions en font treuuer la suitte moins fascheuse, comme les entr'actes & intermedes des representations Comiques ou Tragiques. Puisque vous le commandez, repliqua Landulfe, vous serez seruis de ce que ie pensois resserrer dans le silence, de crainte de vous fascher, & ie m'asseure que vous ne serez point marris de faire vne petite pose, pour entendre ces belles rimes, qui font ainsi parler Marcian.

Il me faut desormais bon gré, ou de contrainte

Hermiante.

Mettre fin à ma plainte,
Pour Clotilde endurant ce que le Ciel voudra.
Aussi bien la douleur que ie souffre pour elle,
Est si sainte & si belle,
Que quand ie me plaindray, pas vn ne me plain-
dra,
Ie ne m'estonne plus que le Tyran des ames,
Armé de tant de flames
Ait faict contre son sein d'inutiles efforts,
Car en tout tẽps l'hyuer ainsi que dans la Thrace,
En occupe la place,
La glace du dedans estant neige dehors.
Quand i'aurois vn renom plus vaste que la Terre,
Et comme vn foudre en guerre,
I'aurois à ma valeur des Prouinces soumis,
Ie me tiendrois orné d'vne gloire plus belle,
D'estre vaincu par elle,
Que d'estre le vainqueur de tous mes ennemis.
Que si pour son sujet mon mal est incurable,
Ma playe est honorable,
D'auoir esté blessé par de si pures mains;
Et i'ay ce reconfort en souffrant tant de peines,
D'estre lié des chaisnes
Qui peuuent enchaisner le Sauueur des humains.
Ie sçay combien d'orage, & combien de tempeste
Le tentateur m'appreste,
De mon sacré dessein tant il est enuieux.
Mais aux braues efforts d'vn courage inuincible

Il n'est rien impossible.
Les penibles conseils sont les plus glorieux.

Quoy que le grand Dieu eust promis de faire posseder par heritage aux Israëlites la terre de Canaan, si est-ce qu'il les fit passer par plusieurs Mansions au desert, & leur fit conquerir ce pays de promesse par plusieurs batailles. Marcian n'ayant plus rien qui le retinst au monde, se resout d'en prendre l'extreme congé : pour cela il cherche de faire sa retraitte en diuers Monasteres de diuers Ordres, luy estant indifferent en quelle Compagnie il bataillast pour le seruice de Dieu ; ce qui marque vne euidente solidité en sa vocation. Mais comme si Dieu eust voulu essayer sa constance iusques à la derniere periode, il est refusé par tout. Là il paroissoit trop foible ; icy l'humeur & la qualité de soldat s'opposoit à la reception ; icy il estoit trop illustre pour estre frere lay ; ailleurs trop ignorant pour estre Prestre ; d'autres treuuoient le motif de sa vocation fondé sur la chair & le sang : autre part on demandoit qu'il fit essay de sa vocation par la perseuerance. Icy l'on craignoit qu'il ne luy restast en l'ame quelque chose de son vieil leuain, & qu'ayant esté nourri & esleué dans l'erreur, il ne retournast à son vomissement auec quelque opprobre de l'Ordre. Tout cecy met noſtre Amant ſans parti en des perplexitez, qui font voir à quel degré de grace il eſtoit paruenu pour les ſurmonter. A la fin apres auoir comme l'eſpouſe du Cantique cherché l'Eſpoux par les montagnes, & par les valees, apres auoir pouſſé vn peu plus auât, la vie Heremitique & Solitaire luy tomba en l'eſprit, comme le refuge de ceux qui diſgraciez deuant les hommes, ne peuuent eſtre admis au ſeruice de Dieu dedans les Monaſtéres : vne barque luy manquant, il ſe prend à cét aix pour ſe ſauuer de naufrage. Il ſe ſouuint qu'allant vn iour à la chaſſe auecque le grand HENRY dans ces hautes & belles foreſts, qui tapiſſent les aggreables deſerts de Fontainebleau, le Cerf ayant tiré de longue vint paſſer la Seine, & rendre les abois dans la foreſt de Senar; où s'eſtant eſgaré (choſe aſſez ordinaire aux chaſſeurs) il auoit eſté contraint de paſſer la nuict en vn Hermitage, où il auoit rencontré vn bon Preſtre, qui apres auoir eſté dix ou onze mois dans vn Ordre extremement auſtere, en fut congedié pour ſes infirmitez corporelles, & s'eſtoit retiré en cette Solitude pour y pratiquer les vertus qu'il auoit appriſes, & veu exercer en cette sainte Compagnie. Cét heureux esgarement luy arriua au commencement de sa conuersion à la foy Catholique, comme il venoit fraischement de sortir de l'esgarement des erreurs qu'il auoit suiuies comme articles de creance. La simplicité & la candeur de ce bon Anacorete, & sur tout sa charitable reception, pleine d'autant de bonne volonté que sa puissance de pauureté à luy faire bonne chere, toucherent si viuement le cœur de ce Neofyte, qu'alors on peut dire que se ietterent en son esprit les semences de la grace, qui produisirent leur fruict en leur saison. Ce qui me fait souuenir de la conuersion de S. Pacome, ce grand honneur des deserts, & Pere de tant de Moynes, lequel de soldat & Payen se fit Chrestié, pour auoir esté receu fort humainement & charitablement en vne bourgade de Chrestiens, la sainte vie desquels luy ayant donné la curiosité de s'enquerir de leur Religion, il l'embrassa & s'y rendit fort accompli. Certes tous les esprits sont bons, pourueu qu'ils viennent de Dieu, mais vne des bonnes preuues que nous ayons de nostre vocation à l'Hermitage, c'est quand nous auons frapé longuement à la porte des Conuens, prié, supplié, coniuré, en temps, hors de temps, auec beaucoup de ferueur & de patience: car alors si nous en sommes rebuttez par vn secret jugement de Dieu, les bois ne nous peuuent manquer, où celuy qui nourrit les oyseaux, nous fait treuuer dans le labeur de nos mains, ou dans la liberalité des gens de bien, dequoy en le seruant soustenir cette miserable vie, pour laquelle il y a tousiours assez, quand on ne vise qu'à contenter la nature, iamais assez, quand dans les superfluitez on veut satisfaire à l'opinion. Ce qui suffit est prest, dit vn Philosophe ancien en vain se peine t'on pour acquerir des commoditez inutiles, la nature s'appaise de peu, la conuoitise de rien: c'est vn feu qui deuore tout, vn abysme qui engloutit tout, vne sangsuë insatiable, qui crie sans cesse apporte, apporte. Ce fut cét esprit là (le mesme, comme ie croy, qui mena IESVS CHRIST au desert) qui ramena en cette Solitude apres la reuolution de quelques annees nostre frere Marcian, qui se rengea auecque vne humilité merueilleuse sous sa discipline, comme vn autre S. Romual sous celle de l'Hermite Marin. Ce bon Religieux, qui s'appelloit Amedee d'vn nom conforme à sa vie, car il ne respiroit que l'amour de Dieu, se voyant cette argile entre ses mains, en fit vn vaiſſeau d'honneur, & cette terre à la fin se changea en vn vaſe d'or ſolide, orné de pluſieurs pierres precieuſes. Tout ainſi qu'vn mouſt nouueau iette ſon eſcume & toutes ſes ſuperfluitez hors du tonneau, pour ſe purifier de toute ordure : ainſi la ſainte ferueur de noſtre Nouice, pour ſuiure à la lettre le conſeil de l'Euangile, vouloit donner tout ſon bien aux pauures, pour ſuiure tout nud celuy qui s'eſt tout nud expoſé pour nous à la douloureuſe ignominie de la Croix. Mais Amedee, qui ſçauoit le conſeil de l'Apoſtre, de ne cheminer pas en vne ferueur inconſideree, meſla vn peu de prudence de ſerpent dans cette bonne ſimplicité, & luy faiſant voir la difference de la vie Heremitique, & Cenobitique, luy fit reſeruer vne ſomme notable, dont il ſe conſtitua en vn Monaſtere de Paris vne penſion viagere capable de le nourrir auec vn Preſtre, & vn frere Conuers. Car, luy diſoit-il, entrant en vne Religion, ſoit fondee, ſoit mandiante, il eſt aiſé de renoncer à tout, parce que l'ordre y eſt tel que rien ne manque au Religieux, lequel n'a autre ſoin que de chercher le Royaume de Dieu, toute choſe neceſſaire luy arriuant en ſuitte. Mais ce qui rend tant d'Hermites vagabonds, &

ce qui leur fait perdre l'amour de la Solitude, & par conſequent leur vocation, c'eſt la neceſſité, qui peut bien chaſſer des bois les animaux raiſonnables, puis qu'elle en fait ſortir les Loups. Vn Moyne hors de ſa cellule, c'eſt vn poiſſon hors de l'eau, diſoit cét ancien Pere des Hermites ; mais il eſt bien force qu'il la quitte quand la faim, cette dure & faſcheuſe maiſtreſſe, l'y aſſiege. Ce n'eſt pas que ie blaſme ceux qui viuent de mendicité, car nous en viuons en partie, & en partie du trauail de nos mains ; mais quand pour nos vies nous ne releuerions que de Dieu, & non point des hommes, il ne ſeroit que mieux. Car de quitter le monde comme vn ennemy, ſe bannir volontairement de ſes compagnies dangereuſes & contagieuſes, pour y retourner le lendemain auec vne beſace implorãt ſon ſecours, c'eſt auoir vn continuel ſujet de regarder en arriere, principalement à vn Solitaire qui n'a pas à ſon retour qui le réleue de ſes fautes, qui le fortifie en ſes tentations, qui le ſoulage de conſeil. Apres auoir donc diſperſé & diſtribué aux neceſſiteux la plus grande partie de ſes biens, il ſe conſtitua rente pour le cours de ſa vie, & s'eſtant fait baſtir cette cellule où nous ſommes du

coſté

costé du Midy, il laissa la demeure libre au Pere Amedee, & à vn seruiteur qu'il auoit en la part où nous sommes logez, & se resolut de passer ses iours dans la prison volontaire d'vne closture perpetuelle, se rendant Hermite reclus, ni plus ni moins que sa Clotilde estoit recluse. Car pour ne taire point en passant vn petit motif, qui luy fit aymer & choisir ce sejour, ce fut le voisinage du Monastere où estoit encore Clotilde pleine de vertus & de vie. Et bien qu'ils ne se deussent iamais voir, la proximité neantmoins luy sembloit deuoir apporter à son cœur quelque sorte de soulagement. On dit qu'il y a difference de sexe entre les palmes, & les palmiers, & que ces arbres fleurissent en la presence l'vn de l'autre, s'entredonnans la vertu de produire des dattes par la transpiration des Zephyrs. Il en arriua de mesme à ces deux plantes humaines & raisonnables, car cette proximité, qui sans la closture de l'vne, & le renfermemēt de l'autre eust esté suspecte, ne contribua pas peu à leur perfection. Car long temps apres la profession de Clotilde, & apres que Marcian se fut longuement exercé à la mortification, oraison, & autres vertus Monastiques, ils obtindrent licence des

K

Superieurs de s'exhorter par lettres à la perfection de leur estat Religieux, lettres tousiours veuës par l'Abbesse, & par Amedee auparauant qu'elles fussent ou enuoyees, ou receuës par Marcian, ou par Clotilde. Nous en auons ceans vne grosse liasse, tant de celles qu'il escriuoit, dont il se reseruoit des copies, que de celles qu'il receuoit; & certes elles sont si pleines d'edification & de deuotion, qu'il est aisé à iuger de quel esprit estoient conduites leurs plumes, & de quelle pieté estoient comblez leurs esprits. Car la science des Saincts, la Theologie mystique, y est si solidement & saintement traittee, qu'il est bien vray ce qu'a dit vn grand personnage, que ces matieres se manient mieux par la simplicité des personnes spirituelles, que par la science des doctes, car ordinairement le sçauoir enfle, au lieu que la charité edifie tousiours. La curiosité d'Alexis & de Serafic ne laissa pas cette chasse sans la marquer & sans faire promettre à ce Pere de leur faire voir quelques vns de ces escrits? ce qu'il leur accorda pour leur consolation. L'Esprit de Dieu poussant tous les iours plus auant de vertu en vertu nostre frere Marcian à la perfection, il desira iouyr du merite des saints vœux, faisant celuy de chasteté & obeyssance entre les mains du Pere Amedee, comme deputé par l'Euesque pour les receuoir, & celuy de pauureté en celles du Prieur de ce Monastere, où il auoit constitué sa rente, ne s'en reseruant que le simple vsage, & se despoüillant de toute proprieté. A cela il adiousta celuy de closture, se rendant reclus à perpetuité, sans pouuoir sortir qu'és cas que le droit excepte, la guerre, la famine, la pestilence, & l'incendie, esquels la loy de nature permet de pouruoir à sa seureté. Mais par la misericorde diuine, & par la prudence du grand Henry aussi heureux à maintenir la paix, & à faire que chacun reposast sous son oliuier, & sous son figuier, comme il estoit puissant & vaillant en la guerre, il n'a point esté contraint de chercher d'asyle autre part que dedans sa cellule, où il pouuoit dire auecque Iob; Ie mourray en mon nid, & comme la palme i'y multiplieray mes iours. Sa deuise estoit celle de cét ancien Sage; *Cache ta vie:* & certes, comme a chanté ce Poëte,

Celuy-là vit le mieux qui se cache le plus.
Il auoit sur ce suiet assez souuent en la bouche ce motet de Dauid; Seigneur vous cachez ceux qui vous appartiennent dans la

cachette de vostre visage, où vous les mettez à l'abry du trouble des hommes, & de la contradiction des langues. Et ce ne fut pas vne petite merueille d'auoir si bien sceu se tenir clos & couuert, & celer à ses amis sa retraitte, que tel le tenoit enseueli dans vn mesnage au fond de la Gascoigne, ou du Bearn, qui fut bien estonné de le sçauoir, si proche, & en vne condition si esloignee de sa vie precedente. Il fut reclus deux ans sans que personne sceust où il estoit, faisant comme l'Alcylon son nid au bord de la mer, sans que les flots le peussent penetrer. Vn grand Seigneur exerçant la venerie du Roy dedans cette forest, en eut le vent plus par hazard que par dessein, qui le disant au grand HENRY emplit le Prince, & toute sa Cour d'estonnement sur cette conuersion admirable. Quelquefois depuis cét incomparable Monarque rempli d'vne benignité & humanité incroyable, chassant dedans cette forest, le voulut voir en sa cellule, admirant en luy vn tel changement, œuure de la main droitte du Tres-haut, & ne faisant pas moins d'estat de son humilité, de sa modestie, de son austerité, de sa constance, & de sa perseuerance, se recommandant à ses prieres auec affection. Quatre ans apres son entree dedans cette closture, le bon Pere Amedee fut appellé de Dieu à vne meilleure vie, lequel en mourant rendit des témoignages d'vne singuliere sainteté en nostre frere Marcian, qui de son costé publia les marques des vertus eminétes qu'il auoit reconnuës en ce bon Religieux, qu'il appelloit le vray Pere de son ame, & son Directeur en la voye de Dieu. Ce decés le trouble vn peu, car n'estant pas Prestre, il fut quelque temps en peine d'en treuuer vn qui luy vinst administrer les diuins mysteres. A la fin Dieu qui ne delaisse iamais le iuste, nous suscita pour luy rendre ces debuoirs, & pour occuper la place du bon Pere Amedee, dont ie ne merite pas de presser les vestiges. I'estois Prestre seculier, employé & appellé à vn estat Pastoral en ce Diocese de Paris, quand le desir de la vie Religieuse me fit quitter la charge des ames, & renoncer mon benefice: mais six mois de Nouiciat en l'Ordre des Minimes ayans changé ma chair par l'vsage de l'huile, extremement contraire à ma complexion, & l'abstinence continuelle reduit mes genoux aux termes de ne pouuoir plus soustenir la masse de mon corps, ie fus renuoyé auec autant de regret de ceux qui me licencioient, que de mon costé : car il me sembloit en quittant ce saint Ordre que ie quittois la conuersation des Anges, pour retourner dedans le monde parmy des demons. En fin comme la Colombe de Noé ne treuuant point de lieu où asseoir mon pied en asseurance en ce deluge de maux; qui suffoque le siecle, l'arche de cette Solitude me seruit de refuge, où ie vins auecque le rameau de paix, qui s'y est tousiours maintenu verdoyant par la grace de Dieu, depuis que i'y suis, y ayant vescu en vne profonde tranquilité d'esprit. Le seruiteur qui assistoit le Pere Amedee s'estant retiré, i'appellay en sa place vn ieune homme fort lettré, que i'auois connu à Paris, & qui depuis estant faict Prestre vit parmy nous sous le nom d'Anaclet; la pension du frere Marcian nous nourrissoit tous trois, i'estois sa Marie l'assistant és choses de l'esprit, l'autre estoit nostre Marthe, heureux en nostre petite Societé; nous vacquions au seruice de Dieu d'vne mutuelle intelligence. L'Odeur de la bonne vie de ce Reclus, & l'estime que le grand Henry en faisoit, appella quelques ames à le visiter, & aucunes d'entr'elles demeurerent en nostre Societé, qui est arriuee au nombre que vous auez veu, & cette petite vigne est pour estendre d'auantage ses pampres, si Dieu luy donne sa benediction. L'Ordre de Cisteaux si vaste & si estendu par toute la Chrestienté, selon le rapport de son Histoire, a commencé par vn principe aussi debile ; nous sommes en la main de Dieu, il fera de nous ce qu'il luy plaira, soit en grandeur, soit en petitesse, pourueu que nous soyons siens, il suffit. Mais pour reuenir à nostre frere Marcian, qui nous a esté vn perpetuel obiect de constance, de fidelité, de perseuerance, & comme vne pierre aiguisoire, à laquelle nous nous polissions & où nous affilions le tranchant de nos resolutions plus acerees ; il est temps que ie le vous face voir autant rempli de fermeté en l'Hermitage, qu'il auoit esté volage dedans le monde, autant moderé icy que là il auoit esté desreiglé: icy autant parfaict que là il auoit esté accueilli d'imperfections. Effect bien contraire à celuy que nous voyons tous les iours arriuer és animaux, qui farouches dedans les bois, deuiennent priuez dedans les villes ; & cét homme si sauuage & comme furieux dans la conuersation ciuile, deuient domestique, doux & docile dans les forests. Iamais les deux fronts de Ianus n'eurent tant de dissemblance que le commencement & la fin de la vie de ce personnage ; mais il est heureux de se treuuer en l'estat que dit vn Pere de l'Eglise, qu'és Chrestiens Dieu n'a pas tant d'esgard au commencement qu'à la fin : heureux qui fait comme le lesard : lequel efface de sa queuë les traces qu'il imprime sur le sable, & qui par la penitence & le retour à vne meilleure voye, corrige ce qu'il auoit commis imprudemment, ou malicieusement contre la loy de l'Eternel. Ce n'est plus ce Marcian querelleux, qui ne pouuoit compatir auecque personne, ce buisson, ce marron tout herissé de pointes, ce duelliste, ce sanguinaire, ce fendant, ce Rodomont; c'est vn Lyon, vn Loup, vn Tygre metamorfosé en brebis, en Colombe sans fiel, en la benignité mesme, rien de si soumis, de plus endurant, de plus deferant, il se rend subiect à toute creature pour l'amour de Iesvs Christ. Ce n'est plus vn mondain bouffi de vanité, mais vn Religieux plein d'humilité ; ce n'est plus ce Courtisan arrogant & presomptueux, qui ne reconnoissoit autre idole que la gloire, ne ressentoit autre tourment que l'ambition, autre faim que celle de l'honneur, autre soif que celle de paroistre, tousiours beant apres les faueurs du Prince, & prestant l'oreille à ce qu'on diroit de ses hauts faicts. C'est vn Hermite caché, reclus, solitaire, fuyant d'estre veu, & lequel

Les venteuses faueurs ne peuuent plus tenter,
De qui l'ambition le repos n'importune,
Et qui sçachant de peu ses desirs contenter,
Vous dit vn long Adieu esperance & fortune.

Ce n'est plus ce Marcian recherchant de tous costez des plaisirs illicites, & bruslant impuissamment, & presqu'indifferemment pour toutes sortes d'objects capables d'émouuoir son sentiment tousiours preparé au mal, tant ses pieds estoient prests à y courir, c'est à dire, ses affections promptes à s'y porter; ce n'est plus cét abuseur, ce rauisseur, ce profanateur des temples, & des vaisseaux sacrez, ce violateur des personnes solemnellement deuoüees au culte de la supréme Majesté de Dieu; ce n'est plus ce blasphemateur, cét Heretique, cét impie, cét homme sans Religion, portant le nom, ou plustost le masque de Reformé. Mais c'est vn Religieux austere, aspre, rude & mortifié en sa vie, s'abstenant des commoditez & des contentemens, dont il eust peu licitement iouyr durant sa vie, vn Eunuque volontaire, vn exemplaire de chasteté & de pudeur, vn homme qui ne veut pas que l'image, ny l'idee, ny l'ombre d'vne femme passe deuant ses yeux, auecque lesquels à l'imitation de Iob, il auoit faict paction pour n'admettre en son cœur aucune mauuaise pensee, vn homme qui se fond & se distille en pleurs sur le souuenir de ses desbauches, suiuant Magdeleine en son repentir, comme il l'auoit suiuie en la coulpe : vn homme à qui les larmes seruent de pain nuict & iour, qui en baigne son lict, qui en silloinne son visage, à qui les ieusnes sont des bancquets, les aix seruent de couche, vne pierre de cheuet, les foüets de caresses, la compunction & la douleur de perpetuel entretien, pouuant dire auec cét autre,

Mes plaisirs sont enuolez
   Ainsi qu'vn oiseau de passage,
   Mes beaux iours se sont escoulez
   Comme l'eau qu'enfante vn orage,
   Et s'escoulans ne m'ont laissé
   Rien que le regret du passé.
Ah! regret qui fais lamenter
   Ma vie au cercueil enfermee,
   Cesse de me plus tourmenter,
   Puisque ma vie est consumee.
Pourquoy viens-tu de tes remords

Livre IV:

Troubler la paix des pauures morts?
Assez dans le siecle viuant
I'ay senti de dures attaintes,
Assez des malheurs espreuuant
I'ay rempli tout l'air de mes plaintes.
Pourquoy perpetuant mon dueil
Me poursuis-tu dans le cercueil?
Pourquoy viens-tu representer
A ma miserable memoire
Le temps, où pour me contenter
Ie faisois du plaisir ma gloire?
Seigneur puisque ie m'en repens
Reçois ces larmes que i'espands.

Ce n'est plus ce Marcian acharné apres les biens caduques & perissables de la terre, pillant, prenant, saccageant, picqué d'vne conuoitise insatiable. C'est vn Religieux qui a dispersé ses biens aux pauures, qui ne s'est reserué de toutes ses proyes comme vn autre Alexandre que l'esperance: mais la bien-heureuse esperance de posseder le Ciel, & qui n'a regret de n'auoir pas assez que pour ne pouuoir donner aux necessiteux selon l'estenduë de ses desirs. En fin ce n'est plus ce Marcian qui enleue de leurs Cloistres, & qui destourne de la vraye foy les ames consacrees au seruice des Autels; c'est vn homme d'infidele, deuenu fidele, d'Errāt enfant de l'Eglise, de laquelle il desire l'ornement, l'auancement, & le soustien, & se deuoüant soy mesme aux Autels par la loy du Talion, pour reparer la faute qu'il a faict commettre à autruy. Ce n'est plus ce vagabond, qui courant de plage en plage, & de prouince à autre, pour suiure cette figure passagere du monde qu'on appelle fortune, treuuoit à tous propos des escueils & des brisans, qui luy faisoient faire de tristes naufrages; mais c'est vn Moine reclus, qui cachant sa teste dans les nuees comme vn rocher au milieu des flots de la mer, se rit des molles atteintes des vagues. On dit que la mer se calme durant les iours appellez Alcyoniens, à cause que c'est en ce temps là que les Alcyons font leurs nids, & leurs petits sur les ondes; comme si la mer impitoyable qu'elle est, respectoit ces simples animaux, qui se confient à sa bonace. Mais le monde plus traistre & plus perfide que la mer, n'a pas faict cette grace à nostre Alcyon renfermé dans sa cellule, de mesme que cét oiseau dedans son nid: car comme s'il eust eu despit de se vóir surmonté par celuy qui auoit auparauant faict hommage à tant de vices, il esleua de si estranges bourrasques contre ce seruiteur de Dieu, qu'vn moindre courage que le sien eust cedé à la volonté de ses assauts; mais Dieu fit surabonder la grace où les forfaicts auoient regorgé, faisant voir en ce sien Champion, que ceux qui habitent en Hierusalem, en la sainte Religion, & qui sont en sa garde, ne seront point esbranlez par les plus grands efforts de leurs aduersaires. Cependant venez voir en vn Hermite & Hermite reclus, vn spectacle de Dieu, des Anges, & des hommes, & spectacle triomphant à cause des victoires signalees qu'il a remportees sur les plus grands ennemis de nostre salut. Cette Chimere à trois formes, ce Geryon à trois corps, ce Cerbere à trois gosiers, qu'on appelle communément le diable, le monde, & la chair, se lierent & se liguerent ensemble pour faire vn cordeau difficile à rompre, & puissant pour ietter ce pauure frere en des lacqs, où il demeurast pris sans s'en pouuoir dégager. Ie vous en vay descouurir le tissu & les ruses. Premierement le diable tant deuant qu'il prist cét habit qu'apres l'auoir pris, ne cessa iamais de le presser de continuelles suggestions, ce que l'Apostre appelle des aiguillons de Sathan, & de tentations de mille sortes : car il se peut dire qu'il n'a rien laissé d'intenté pour le tenter, & que cette ame a esté tastee

& tentee de tous les costez: le diable
Ayant en mille tours mille moyens de nuire,
Si Dieu dessus nos cœurs sa grace ne fait luire.
Se voyāt debusqué de cette ame où il auoit iadis esté si fort, il prit sept autres esprits, c'est à dire l'vniuersalité des tentations, pour luy faire la guerre : car par où & auec quelles armes ne l'a-t'il attaqué ? quelle batterie n'a-t'il braquee contre les murailles de ses plus fermes resolutions ? Ie serois trop long si ie m'engageois à vous deduire les remplis de ce labyrinthe entortillé, où ce vieil serpent embarrasse ceux qui ne luy disent pas de bonne heure ; Arriere de moy Sathan, ou bien auec Dauid,
Retirez vous malins, affin que ie poursuiue
Les sentiers du Seigneur armé d'vne foy viue.
Si ie mettois à la description des illusions, des apparitions tantost horribles, tantost douces, tantost obscures, tantost lumineuses, tousiours trompeuses & malignes, dont cét esprit de tenebres a tourmenté ce pauure frere, iusques à le menacer, battre, & violenter, vous penseriez que ie voulusse à dessein vous faire voir vn S. Antoine ou vn S. Macaire resuscitez. Mais en fin son humilité, comme il fut dit à S. Antoine en vne vision, le fit eschaper de tous ces pie-

ges. Le diable se voyant escorné en tant d'instances, & trop foible pour l'attaquer seul, appella ses seconds & ses supposts, le môde & la chair, pour luy donner d'estranges affaires. Le monde l'attaqua au plus haut appareil qu'on se puisse figurer, luy representant combien il pouuoit esperer d'honneur, de biens & d'auancement de cét inuincible Monarque l'Hercule de nos Gaules le grand HENRY, lequel en diuers passages que la chasse luy fit faire dans ces bois proche de cét Hermitage, y vint visiter nostre frere, qu'il appelloit son Carrabin, luy témoignant tant de faueur & de bien-ueillance, que sur de beaucoup moindres demonstrations mille Courtisans eussent donné de la teste dedans le Ciel. Souuent à dessein ce grand Prince pour sonder sa resolution, & la fermeté de son esprit, luy faisoit des promesses & des caresses qui eussent attiré les rochers de leurs centres, puis le voyant insensible, & inesbranlable, il l'en estimoit d'auantage, loüant son refus & son entier renoncement du monde, vne fois en sortant de la cellule de ce Reclus, il dit à vn Seigneur qui se mocquoit de cette closture; Ie vous asseure que cét homme est plus heureux que moy : car il est plus content en sa

condition que moy en celle que ie possede; toutes ses affaires sont faites, & non pas les miennes, il ne pense qu'à Dieu, & ie n'ay pas le loisir d'y penser tant que ie voudrois, le blasme qui voudra, pour moy ie l'estime. La loüange d'vne telle bouche ne vaut-elle pas mieux qu'vne ceinture d'or, ny qu'vn cordon bleu ? car qui oseroit reprendre le iugement d'vn tel Monarque ? Vne autre fois entrant ceans, & tant il estoit bon, me tenant par la main, mon Pere, me dit-il, ie ne viens iamais icy que ie n'y reçoiue quelque particuliere consolation de nostre Gendarme. Et en sortant il me dit, ce frere desinteressé m'a dit beaucoup de veritez que de plus habiles que luy qui sont tous les iours autour de moy, n'oseroient auancer, car ils ont peur de preiudicier à leurs fortunes. Miserables les Princes à qui l'on tait le vray: i'ay icy appris de mes nouuelles plus qu'au Louure. Ie luy ay offert des commoditez, il m'a dit qu'il auoit abondamment, ce qui luy estoit necessaire, hors d'icy chacun me demande & me pille, icy on refuse mes liberalitez ; tenez, voyla pour vostre Chappelle : ce qu'il dit en me iettant quelques pistolles dans la main. Ce que les Princes estiment tant soit peu, est aussi-tost idolatré
des

des Courtisans, & porté iusques aux Cieux, race de gens nais à la seruitude, à la flatterie, nuees sans eau, qui vont selon le vent, Ixions qui n'embrassent que des nuages, & neviuent que de vent. Cette opinion fit que plusieurs Seigneurs firent du bien à cette maison voyans que le Roy auoit vne bonne inclination pour ce frere; aussi estoit-ce nostre Ioseph, qui nous mettoit le pain à la main, & qui nous faisoit aymer tant du grād Pharao que de ses Satrapes. De vous dire combien de Gentilshommes & de Courtisans tant de ses parens, que de ses amis, tant Catholiques comme de la Religion Pretendante, le vindrent voir, il seroit impossible: quelquefois ces visites nous importunoiēt & luy firent penser de changer de demeure, ce qui nous affligeoit extremement. Cette Hydre à tant de testes, ce monstre qu'on appelle monde, ne battoit qu'à ce point de le faire descendre de la Croix, en luy battant les oreilles de mille vaines esperances, en luy promettant vne grande fortune, & comme le diable du desert, tous les Royaumes de la terre, voyez-vous les ruses & les piperies du diable? Cependant tout cela au lieu de l'alleicher, le rebutoit, au lieu de l'esbransler comme les paux, il s'af-

L

fermiſſoit par ces ſecouſſes. Les Heretiques qui le venoient viſiter, auoient bien d'autres diſcours, & d'autres ruſes, comme leur deſſein eſtoit different, mais touſiours ils s'en retournoient auecque leur honte, eux qui l'auoient veu dans leur party poſſedant beaucoup de creance, & faiſant merueilles dans leurs armes, leurs cercles & leurs aſſemblees, luy obiectoient la baſſeſſe de cette vie de Loup-garou, ſauuage, Monaſtique, agreſte, renfermee, faineante, caſaniere, luy promettoient, luy offroient, luy propoſoient, & affin que l'amorce de la chair aydaſt de leurs piperies, luy faiſoient eſperer des partis auantageux, pour le rappeller à leur Cabale: mais il eſtoit ſourd à tout cela, les exhortant au contraire à reconnoiſtre la verité, à quitter leurs erreurs, & ſe ranger dans le ſein de l'Egliſe Catholique. En ce nombre de viſitans contraires à noſtre creance, il en gaigna deux, dont l'vn eſtoit de ſes parens, l'autre auoit eſté ſon amy intime, & compagnon de ſes desbauches paſſees, qui le voyant ſi eſloigné de ces brutales paſſions, commença par là à reconnoiſtre qu'il deuoit eſtre plein d'vn bon eſprit, puiſque tant de pureté logeoit en ſon corps & en ſon ame. Ce qui me fait souuenir de ce que disoit S. Augustin de son cher amy Alipius, lequel oublia tellement les plaisirs sensuels, dans lesquels il l'auoit veu plongé en sa ieunesse, qu'il sembloit estre deuenu de bronze ou de marbre, tant il en auoit perdu le sentiment: ce qui luy fit connoistre combien sont puissans les traicts de la grace, & ses armes de bonne trempe, puis qu'elles font reboucher les flesches ardantes & pointuës de l'aduersaire de nostre salut. Mais en fin vous entendrez combien est veritable la sentence d'vn Pere ancien, qu'entre tous les combats des Chrestiẽs, les plus aspres sont ceux de la chasteté, esquels les assauts sont plus frequẽs & plus rudes, & les victoires plus rares. Le diable voyant le monde supplanté auecque toutes ses pompes, ce frere y estant crucifié, mit la chair en campagne pour assieger ce Reclus dedãs sa cellule, & le reduire aux extremitez que ie vous deduiray, ie suis fauorisé de vostre patience. Nous auons laissé la miserable & infortunee Orante en vne eschole, où elle apprit dans les erreurs de Caluin à pecher non seulement auec impunité, mais, ce luy sembloit, auecque raison & auecque gloire. Elle se vante, elle se nomme, elle se publie pour la femme de Marcian, sans songer (frappee d'vn esprit d'aueuglement) que plus elle se disoit femme, plus elle se diffamoit; & plus elle se publioit pour ce qu'elle n'estoit pas, plus haut & plus communément disoit on ce qu'elle estoit. Cependant elle deuient quasi Predicante: car ayant appris à interpreter l'Euangile & à dire auecque S. Paul qu'il vaut mieux se marier que brusler, elle s'imaginoit d'entendre les oracles à diuers sens de la Religion Pretendante, selon que luy apprenoit cette vieille Sibylle Cumee, sous l'aisle de laquelle Marcian l'auoit mise. De vous dire le train qu'elle mena auec cette bonne Dame Reformee, tandis que Marcian de son costé estoit attentif à Paris à la recherche dont nous auons parlé, il est inutile; car vous pouuez facilement vous representer quelle est la vie de celles qui tiennent pour maxime Religieuse, que la continence voüee est vne tyrannie de l'Antechrist, que la chasteté est d'impossible obseruation, & qui qualifiēt la dissolution du nom de passe temps, incapables de rien refuser par abondance de charité, & par deffaut de franc arbitre. Marcian bien auerti des departemens de cette effrontee, essuya bien-tost de son esprit le souuenir des charmes dont elle auoit autrefois enchanté son imagination, & passant l'esponge de l'oubly sur les plus beaux traicts qu'il en auoit grauez en la souuenance, se resolut de chercher du bien & de l'honneur en vn sujet plus digne de ses flammes que celuy-cy, qui ne luy eust esté ny profitable, ny honorable. D'autre costé par le retour de quelques Gentils hommes de Bearn, qui venoient de la Cour, l'insensee Orante ayant appris les nouuelles affections de Marcian pour Clotilde, & la recherche qu'il en faisoit pour l'espouser, le tout auec vne viue description des beautez, des vertus, & des richesses de cette fille, fut saisie de la rage d'vne ialousie si desesperee, que si elle eust creu son courage, elle se fust aussi-tost mise en chemin pour s'aller attacher au collet de son ingrat, comme vne furie, & pour luy faire sentir la peine que meritoit son infidelité. La fureur d'vne fille outragee d'vn semblable affront par vn homme qui l'auoit autrefois adoree, & pour qui elle auoit fait banqueroute à Dieu, à sa foy, à son honneur, à son Cloistre, à ses parens, ne se peut conceuoir qu'extreme, si par la cause on iuge de l'effect. Laissons dedans les vents les regrets qu'elle y ietta, quand retiree à part elle se vid en la liberté de dire, &

L 3

faire des choses que la presence de quelque personne l'eust empesché de produire. Elle se plonge en vne profonde solitude, rongeant son cœur en silence, noyãt ses yeux de larmes, & songeant sans cesse aux desseins furieux qui rouloiẽt en son ame. Mais sa bõne Gouuernante la tira doucement de cét abysme auec des liés d'humanité, & sçachãt bien comme bonne parente, que son parent ne tireroit pas grand auantage de l'alliance de cette chetiue, anima celle-cy, pour donner loisir à l'autre de poursuiure vne meilleure fortune, à vne vengeance plus douce & plus conforme à l'esprit de la sainte Reformation, qui fut de payer Marcian par lettres de change, & puis qu'il iettoit les yeux sur vn autre sujet, qu'elle de sa part prestast l'oreille à d'autres partis, qui par le zele d'vne pieuse Reforme seroient bien aises de recueillir en elle les naufrages de la Papauté, & d'imiter ce bon Profete, qui ne laissa pas de cherir les enfans qu'il auoit eu d'vne femme perduë. Voila comme cette prudente Dame accommodoit les saintes histoires au seruice de ses imaginations, & cecy nous le sçauons estre bien veritable. En l'exercice de ces recherches & mugueteries cette Vestale courtisee, cette Penelope reformee, trompe doucemēt les regrets qu'elle eust peu conceuoir de son Vlysse, de son cher Marcian. Mais quand elle vid que plusieurs muguets s'assembloient autour d'elle comme en cette ville de Grece, où cét Ancien disoit qu'il faisoit aggreable passer, non pas y seiourner, moins s'y habituer, & qu'on la vouloit bien prendre pour vne femme, mais non pas à femme, alors elle vid bien, que comme cette prunelle de l'œil est sans couleur, qui reçoit toutes les couleurs, de mesme que celles qui sont exposees à tant de cajolleries rencontrent malaisément vn parti asseuré. Durant ce temps arriua la nouuelle de la conuersion de Marcian à la Religion Catholique, conuersion que les Pretendans attribuerent au dessein de la recherche de Clotilde : ce fut icy la cause des desespoirs d'Orante, car Marcian estant Catholique, elle iugeoit bien qu'il luy persuaderoit plustost de se reduire dans les murailles de son Cloistre, d'où son inclination s'esloignoit grandemēt, que de l'espouser. Mais en fin, quand apres vne longue suitte de mois elle sceut que Clotilde s'estant renduë Religieuse, Marcian s'estoit faict Moine, elle eust tout à faict perdu l'esperance de le posseder, si le diable ne l'eust faict renaistre en son cœur, y rattisant son ancienne flamme par le stratageme pretendu Reformé, que vous allez ouyr. Tirer vn Moine, ou vne Nonnain de son Cloistre, est vn œuure aussi heroïque (tant leur zele est grand) parmi les Protestans de Reformation, comme il est meritoire parmi les Catholiques de deliurer vne ame de Purgatoire. Pour cela les Surueillans ont des accortises & des soupplesses nompareilles. Vous sçauez que cét Hermitage icy est voisin d'Ablon, où ceux de cette Secte font leur Synagogue ordinaire. Marcian qui auoit esté tant signalé parmi eux, leur est vne paille dans l'œil, c'est granddommage que ce bon massacreur de Prestres, rauisseur de Nonnains, pilleur d'Eglises, ce pilier de l'Euangile Reformé, viue deuant leurs yeux vne vie de Caffard & de Hybou (ce sont leurs termes) il faut chercher cette dragme perduë, & retirer cette brebis errante de la gorge des Loups qui sont en la forest de Senar. Il faut faire vn collyre de chair & de sang, & de la bouë de ses ordures anciennes pour redonner la veuë à ce pauure aueugle, & le ramener au petit troupeau. Là dessus, à ce qu'on nous a rapporté, se fait vne consultation Consistoriale, où vn de ses anciens amis proposa l'expedient que voicy. Vous n'estes pas ignorans, Messieurs, des bons & signalés seruices qu'a autrefois rendus à nostre parti Reformé le braue Marcian, tandis qu'vn meilleur sens animoit son esprit, & qu'vn meilleur sang boüilloit dedans ses veines, sa cheute est deplorable, d'auoir quitté la liberté de l'Euangile dont nous faisons profession, pour se ietter dans l'esclauage de la Babylone Romaine, & si auant que ne se contentant pas de se faire Papiste, il est deuenu Caffard, se faisant Moine en vn Hermitage voisin de ce lieu; ce qui tourne au grand deshonneur & desauantage de la cause. Nous auons souuent supplié le Roy qu'il nous mist plus prés de Paris, autant pour nous approcher de nos commoditez, & seruir le Seigneur plus à nostre aise, à quoy vise le but de nostre Reformation, que pour nous esloigner de cét homme, qui nous est en opprobre, nous auons tantost opportunement, tantost importunement requis qu'il nous fust permis de faire nos presches à vne lieuë de la Ville, & le bon Prince pour nostre consolation a ordonné que l'on ne contast plus qu'vne lieuë d'icy à Paris, quoy que nos iambes en semêt le chemin de quatre, ce qui tourne au grand préiudice de nos femelles, & de nos femelles, qui sont d'assez mauuais cuir. Puis qu'il faut donc malgré nous demeurer dans le sablon de cét Ablon, & y fonder nostre Eglise inuisible, non sur la pierre viue & solide, mais sur l'arene mouuante, ostons au moins, s'il est possible, cette paille de nostre œil, & scandale de deuant nous, & abbattons auec vne petite fonde ce Goliath qui braue les armees d'Israël. Vous sçauez, Messieurs, que nous tenons pour vn article de Reformation la continence d'impossible pratique, car nous sommes tous hommes, ausquels l'incontinence est aussi douce que necessaire, c'est par ce lieu delicat & sensible qu'il nous faut abbatre cét Elephant d'Antiochus : vn grand taureau peut estre vaincu par la pointure d'vne petite vipere, vne Remore peut arrester vn large vaisseau, vne simple fille le plus vaillant personnage. Ce Moine n'est pas si plein d'innocence qu'Adam, si iuste que Dauid, si sage que Salomon, si fort que Samson, tous vaincus par des femmes. Il nous faut vne Iaël qui dópte cét Isboseth dormant dans sa cellule, vne Dalile qui tonde ce Samson, vne Iudith qui terrasse cét Holoferne. Ie la sçay, Messieurs, ie la connoy, & c'est l'expedient que i'ay à vous propofer pour reconquerir par le flambeau de fes yeux ce frere efgaré dans les tenebres d'vne Solitude miferable, & d'vne pauureté honteufe où la reduit la creance de la Papauté. Dieu! d'ou es tu tombé beau Lucifer, qui te leuois du matin, & qui paroiffois plus éclattant que le refte des Aftres? Ie ne puis, quand ie me fouuiens du temps qu'il eftoit de mefme creance que nous, que ie n'ē pouffe des fouspirs de feu, & des larmes de fang fur la perte de tāt de vertus qui l'accōpagnoient. Il n'y en auoit que pour luy à tuer, a maffacrer, à efforiller les Preftres, c'eftoit vne de fes delices de leur efcorcher les doigts, de leur couper le nez, ou les lévres, leur roftir la plante des pieds, à cela il faifoit des merueilles: ô le noble fondeur de cloches, de calices, de reliquaires, le braue abbateur d'images & de Crucifix, l'induftrieux renuerfeur d'Eglifes! on l'appelloit le fleau des Moines & Caffards, helas! & maintenant il eft de leur nombre, quel horrible changement. Nous l'auons veu braue, lefte, faifant vne belle defpenfe en jeux, en cheuaux, en habits, en banquets, en valets, en liurees, en tout, & maintenant il eft marmiteux, melancholique, veftu d'vn froc de gros drap, defchauffé, pauure haire toufiours couuert d'vne haire, accablé de faim, de froid, de nudité, homicide de soy-mesme, misanthrope, comme ie croy, agité d'vne Lycanthropie, qui le rend Loup-garou, sauuage, inaccostable, renfermé comme vn limaçon en sa coquille, tourmenté d'vne humeur hipocondriaque, qui luy fait craindre l'abbord & le heurt d'vn chacun, comme s'il estoit cruche, ne parlant pour cela qu'au trauers d'vne fenestre grillee, de peur qu'on le touche ; & mesme de crainte qu'on le voye il a des voyles & des courtines, comme il y auoit au Sanctuaire. Voyla où le portent les superstitieuses ceremonies de la Religion Romaine. Plus pieux que les freres de Ioseph, il nous le faut tirer de cette Cisterne, & le faire sortir de cette prison volontaire, en nous souuenant de sa misere & de sa folie, mieux que l'eschanson de Pharao. Ie me souuiens du temps que nous estions camarades dans les armees, que c'estoit l'homme de la plus ardante complexion en la recherche de ses plaisirs qui fust dedans les troupes, il brusloit à tous feux, & mesme souuent dans la glace, c'est à dire, pour des obiects si disgraciez qu'ils eussent peu esteindre les flammes du Vesuue; mais quand ils valoient la recherche, il estoit aussi tost tout de flamme, grand causeur, grand cajolleur de femmes, & de filles, tout a toutes, desireux de les gaigner toutes, pour satisfaire à son insatiable passion, suiuant en cela droittement l'inclination naturelle de tous ceux de nostre Reforme, qui nous reconnoissons deuant Dieu en termes de verité, & sans feintise, enclins à tout mal, & inutiles à tout bien. Mais sur tout ie l'ay remarqué aspre & ardant apres ces filles voylees que les miserables Papistes immolent à Moloch, car outre qu'en leur conqueste il satisfaisoit à son appetit naturel, il contentoit aussi la lumiere surnaturelle de sa foy, desireuse de faire autant qu'il pouuoit d'affronts au Papisme. Or entre celles de cette sorte, il fut puissamment possedé par vne belle Vestale appellee Orante, laquelle ayãt peruertie quant à l'honneur, il repara cette faute en la conuertissant à nostre sainct parti, la rendant parmi nous vraye Regilieuse Reformee. Il aymoit le change, c'est pourquoy il s'en degousta soudain; mais pour conseruer l'ame dont il auoit corrompu le corps, il la remit entre les mains d'vne ancienne Matrone de ses parentes, Dame suffisante & profonde en la connoissance des Escritures & l'vn des fermes piliers de nostre parti. Sous vne si bonne maistresse d'eschole Orante est deuenuë fort instruitte és mysteres de nostre Cabale Reformee, specialement en celuy de gaigner les cœurs de ceux qui la considerent. Ie sçay qu'on en parle diuersement, mais il ne faut pas tousjours croire la mesdisance du monde, la mine ne fait pas tousiours le ieu, & la bonne volonté n'a pas tousiours des effects à sa suitte. Il est vray que sa maistresse estāt ieune, a esté quelquefois reprise en Consistoire: mais on excuse la ieunesse parmi nous, car l'esprit est prompt, & la chair infirme, & si les hommes sont hommes, les femmes ne sont point moins femmes pour estre des nostres: car nous ne gesnôs point leurs ames par la bigotterie de la confession, ains elles iouïssent d'vne pleine & absoluë liberté de conscience. Or voicy ce que i'ay pensé pour arriuer au but de mon dessein. Cette Nymphe, qui de la neige de son front a peu embraser autrefois le cœur de Marcian, pourra en luy monstrant le mesme visage rallumer aisément en son sein ces anciennes flammes, tout ainsi qu'vn flambeau esteint reprend facilement la lumiere: il la faut donc faire venir, pour le tirer par elle du malheur où il est. Pourquoy cette entreprise ne reüssiroit elle pas ? s'il a peu iadis par ses propos emmielez, & par des passions artificieuses la tirer de son Cloistre, combien sont plus puissans les attraicts d'vne fille sur le cœur d'vn homme & d'vne fille si sçauante en l'art de plaire aux humains ? Que si vous me dites que c'est icy vne ruse de guerre, ne sçauez vous pas que la finude est bonne qui deliure vne ame de son aueuglement ; on trompe ainsi les malades pour leur faire prendre des medecines, & les remettre en santé. Que si vous me dites qu'il vaudroit mieux disputer contre luy, & le conuaincre par les Escritures, sçachez, Messieurs, qu'il n'y a passage si pressant (quoy que cette parole penetre cōme vn glaiue tranchant des deux costez) comme est vne œillade affetee, riante ou larmoyante, tousiours attrayante, car elle passe comme vne flesche des yeux dans le cœur, où elle fait vn rauage merueilleux, vne playe incurable. Nos Peres ont plus conquis de Moines & de Prestres par la chambriere de S. Pierre, que par les Epistres de S. Paul. Il me semble que ie voy desia Marcian à la premiere veuë de cette aymee & amiable Orante rendant les armes à la verité, iettant son froc par les buissons, abandonnant son fort, & changeant aisément & promptement son sac, sa cendre, & sa haire, à vne vie si douce que celle qui a esté establie dans le Paradis terrestre, quand il fut dit qu'il n'estoit pas bon que l'homme fust seul, mais qu'il luy falloit vne aide semblable à soy. Ainsi executera-t'il le precepte de l'Apostre, qui veut que chacun ait sa femme pour euiter la fornication, laquelle nous tenons comme vn accident, inseparable de la substance de ceux qui n'ont point d'espouses, le porte flambeau de l'Euangile Reformé en Allemagne, disant que comme il n'estoit pas en sa puissance de n'estre pas homme, aussi d'estre sans femme, mettant cét vsage des corps au mesme degré de necessité que le manger, le boire, & le dormir aphorisme notable, & comme le piuot de nostre Reformation Euangelique. Or entre tous les mariages, ceux que ce grand Patriarche des Alemands a rendus les plus illustres, ce sont ceux des Moines, comme il estoit, & des Nonnains, comme estoit sa femme; car en eux consiste la fine fleur de nostre Reformation, qui conjoint par miracle des Eunuques, & leur fait treuuer de la lignee. Que si mon conseil reüssit, en voycy vn de cette fonte entre Orante & Marcian, dont le lustre sera si éclattant qu'il

effacera

effacera leurs fautes, & nos hontes passees. Ie vous prie, Messieurs, de penser serieusement & grauement selon vostre prudente coustume, à cette proposition, & si vous l'appreuuez, de despescher lettres Consistoriales, pour faire venir la Dame que le Ciel regarde pour mettre à chef vne si glorieuse entreprise. Ainsi à peu prés, c'est à dire en substance, dit l'ancien & fidele amy de Marcian, lequel ayant esté entendu, comme 'il eust parlé le langage des Anges, fut si vniuersellement loüé par tous les Peres Consistoriaux consentans & applaudissans à ce dessein, que le Presche de leur Ministre bien examiné ne leur sembla point si bien fondé en l'Escriture que cette belle harangue. Lettres Cosistoriales sont despeschees par le Secretaire, & donnees au courrier de la cause, pour faire venir la belle Deiopee, affin de tirer nostre Eole de sa cauerne. Elle vient aussi-tost sur les aisles de ses desirs, aussi legere que les vents, pensant de son front comme d'vne fonde terrasser nostre Geant spirituel. Sa bonne maistresse, que l'aage dispensa du voyage, luy donna plusieurs excellens preceptes, comme autant de traicts d'escrime, dont elle s'estoit autrefois seruie, & dont elle tenoit les atteintes ineuitables.

M

Mais par la grace de celuy qui souftenoit S. Paul en ses tentations, ces traicts, pour vser des termes du Pfalmiste, firent d'aussi legeres playes, que s'ils eussent esté decochez de la main d'vn enfant. Cét amy qui auoit fait la harangue (duquel i'ay heureufement oublié le nom, aussi est-il effacé du liure de vie) & cette amie deliberent de venir treuuer Marcian fans l'en aduertir, affin qu'eftant furpris, les coups impreueus euffent vn plus grand effect. Mais ils fe treuuerent aussi trompez que ce Philofophe, lequel ayant faict faire vne ruche de verre, penfant remarquer à trauers cette matiere tranfparente l'œconomie des abeilles, fut fruftré de fon intention, parce qu'elles commencerent leur ouvrage par vne croufte de cire, dont elles enduirent le dedans, auant que faire leurs cofins ou cellules à ranger leur miel: de mefme penfant voir Marcian, & fe faire voir à luy, la veuë eftant le principal reffort de leur artifice, ils n'eurēt le credit ny de l'vn ny de l'autre; au contraire il leur auint tout au rebours de leur penfee. Car vous deuez fçauoir que noftre Reclus gardoit fa cloftu-re de telle forte, que fans licence expreffe, & par efcrit de Monfeigneur l'Euefque de Paris, ou de Monfieur fon Grand Vicaire, il

n'admettoit aucun en sa cellule, & moy-
mesme n'auois permission d'y entrer qu'vne
fois le mois, sinon qu'il fust malade, ou pour
quelqu'autre euidente necessité: on luy seruoit ce qui estoit necessaire à sa vie par vne
petite fenestre, à la façon des Chartreux, de
sorte que nous mesmes habitans d'vne mesme maison, auions fort peu de commerce
auecque luy. Il ne parloit à ceux de dehors
que rarement, encore par vne grille couuerte au dedans d'vn rideau de drap, qui
l'empeschoit de voir personne, & d'estre
veu d'aucun: il ne parloit iamais aux femmes que par necessité par nostre commandement, & en nostre presence, ni à ceux de
la Religion Pretenduë Reformee qui le demandoient, qu'en la mesme façon. De maniere que cét amy Pretendu & cette amie
Pretendante estans arriuez, & voyans tant
d'obstacles contraires à leur dessein, virent
bien que leurs amorces & leurs filets n'e-
stoient pas pour ce poisson. L'amy pour faciliter son accez, me témoigna par des mensonges si ordinaires és bouches Reformees,
qu'il auoit quelques mouuemens de conuersion, & cette ieune Damoiselle qu'il menoit auecque luy, disoit-il; & comme ie luy
conseillois de s'addresser plustost aux Do-

cteurs, qui font si sçauans & en si grand nombre dans cette incomparable Ville de Paris, il m'alleguoit ie ne sçay quelles petites meschantes raisons, qui me faisoient soupçonner de la malice en son faict. Celle-cy seule me conuia de le faire parler à nostre frere, de ce qu'ayant eu grande familiarité auec luy tandis qu'il estoit dedans l'erreur, & dans le monde, il desiroit sçauoir par quels motifs il s'estoit reduit à vne telle vie. O Seigneur, disois-je en moy-mesme, c'est vous qui souuent operez par les humbles & les petits, plustost que par les sages & sçauans, vos merueilles, employant les mousches pour dompter l'orgueil des Pharaons, que si vous accomplissez vostre loüange par la bouche des enfans pendans à la mammelle, que sçay-je si vous ne voulez point donner en cette occurrence à nostre frere la langue & la doctrine salutaire pour regaigner cét Errant? Comme cela innocemment ie luy donne accez à Marcian, qui l'ayant reconnu à la voix, d'autant que le rideau estoit tendu, ils eurent vne assez longue conference ensemble, tousiours cét amy le suppliant de me congedier, pour luy dire plus librement quelques particularitez. Le bon Marcian ne le voulut pas, disant par vne humilité nompareille que i'estois son Ange Gardien, qu'estant Prestre mes lévres estoient depositrices de la science (quoy que i'en possede fort peu) comme estant Ambassadeur de Dieu & Truchement de sa parole. Ce qui mettoit l'amy en vne impatience demesuree, ne se pouuant tenir d'appeller quelquefois cette soumission vne captiuité Babylonique, ne considerant pas que ses mauuais discours, & à bastons rompus, nous tenoient en vne captiuité babillarde beaucoup plus importune. En fin la patience eschapa à la Vestale Reformee, de laquelle Marcian n'eust pas plustost entendu la voix bruyante comme celle d'vn tonnere, que comme s'il eust eu peur de ce demon du midy, plus que de tous ceux qui cheminent parmy les tenebres, il se retira dans le plus creux de sa cellule, dont il ne fut pas en ma puissance, quelque commandement que ie luy fisse, de le faire reuenir, luy laissant desgorger toutes ses plaintes & ses reproches, non seulement sans replique, mais sans les escouter, deuenu comme vn homme qui n'entend pas, & qui n'a point de reparties en la bouche. Ce fut sur moy, & sur nos freres, qui accoururent au bruit de cette

Bacchante, qu'elle escuma toute sa rage & sa colere, protestant comme cette autre femelle desesperee,

Que si le Ciel luy est de fer,
Elle esmouera tout l'enfer.

Elle nous accuse comme des seducteurs & des abuseurs, dit que nous retenions son mary prisonnier, que si on ne luy rendoit Marcian, elle mettroit le feu dans toute la maison, & apres auoir fait vn long narré de sa vie & de sa fortune, elle nous fit assez connoistre qu'elle estoit cette Orante inconsideree, qui auoit suiui vn ardant qui l'auoit portee dans les precipices de sa ruine, nous estions abondamment informez de toute cette histoire par Marcian, ce qui nous diminua quelque peu de l'estonnement qui nous eust saisis, si cette bourrasque nous eust accueillis sans en estre informez. Ie luy respondis auecque le plus de modestie & de retenuë que ie peu, estimant rompre son courroux par de douces paroles; mais c'estoit de la rosée sur vn feu qui en deuenoit plus dépiteux & petillant, je m'esmerueillois de voir tant de passion, & des paroles si outrageuses en des ames & en des bouches qui se disent Reformees,

Quoy loge-t'il tant d'ire en des cœurs si celestes?

O Errans, vous auez beau vous contraindre, voſtre hypocriſie ne vous peut pas deſguiſer long-temps, le fard s'en eſcaille & s'en eſcroute touſiours en quelque façon, vous reuenez en fin apres voſtre diſſimulation à voſtre naturel orgueilleux, iniurieux, furieux, & autant impudent qu'impudique. L'amy ſe mettant de la partie auec Orante, ſe mit à tonner des Rodomontades deuant de pauures Moines, qui ne luy reſpondoient que par le ſilence, en quoy les Heretiques ſe monſtrent vrays Loups, qui ne font les inſolens que deuant les brebis. A la fin vn de nos freres nouuellement arriué en l'eſchole de la patience, & dont la ieuneſſe & le ſang faiſoient l'excuſe, ne pouuant ſouffrir l'arrogance de ce brauache, ny l'irreuerence dont cette Nonnain reniee profanoit noſtre Egliſe, entrant en vn zele ardant, ſe mit à leur repartir ſi bruſquement & ſi vertement, que ces faux Profetes cachans des cœurs de Loup & de Louue ſous vn beau ſemblāt, commencerent à filer plus doux, & à regarder la porte, ne nous laiſſant pour aumoſne que la baue & l'eſcume de leurs maledictiōs & imprecations, que nous iettaſmes dans la beſace de noſtre ſouffrance: & nous remarquaſmes à leurs propos, que cét amy Reformé auoit dessein de faire vn mauuais coup si Marcian ne se fust rendu aux attraicts & aux prieres d'Orante: Iusques où va le zele de la Diue Reformation!

Fin du Liure quatriesme.

HERMIANTE.
LIVRE V.

Ais quoy ? il va bien plus auant, escoutez cét autre stratageme. L'amy treuue vn Gentilhomme Catholique de la connoissance de Marcian, par lequel pour s'introduire auecque l'Amie desguisée dedans cette cellule, il feint de vouloir entendre à quelque instruction, pourueu qu'il la tire de la bouche de Marcian, promettant de mener auecque soy vn ieune homme de sa creance, qui estoit en pareille disposition en quoy vous connoistrez vn Caïphe, qui sans y penser profetise. Ce Catholique, lequel nous vous ferons connoistre sous le nom de Crescent, desireux de la conuersion de ces ames, obtient aisément pour cela congé par escript de Monseigneur l'Euesque de Paris: car c'estoit vn Gentilhôme de credit, joinct que la bonne œuure parloit d'elle mesme. Ils viennent donc en ce lieu, & s'y rendent à tout nommé, Orante desguisée en homme

couuerte d'vn habit d'escarlate, botée & esperonnée, l'espee au costé, vn Castor gris ombragé d'vne plume incarnate & blanche, couurant ses longs cheueux raccourcis & crespez auecque tant d'artifice, qu'on l'eust prise pour vn ieune Damoiseau, & en equipage plus capable de se faire aymer que de se faire craindre. Aussi-tost que nous eusmes veu le commandement de Monseigneur, nous faisons ouurir la cellule du Reclus, & sans que ie remarquasse aucunement l'amy & Orante, ie les laisse entrer sans me mettre de la partie, sur ce que Crescent me dit qu'ils auoient à traiter quelque secret d'importance. Crescent ayant entamé le discours de sa venuë à Marcian, & faict reconnoistre l'amy, qui se faignoit incliner à quelque conuersion; Pleust à Dieu, dit le bon frere, que celle qu'il nous amena l'autre iour, & qui emplit de vacarme tout ce desert, eust autant de desir de venir à resipiscence, & deplorer ses fautes, les Anges auroient occasion de faire vne grande feste au Ciel sur la penitence de cette pecheresse : ce qu'il disoit ayant les yeux (selon sa coustume) fichez contre terre, & ne prenant aucunement garde au visage de manteau rouge, lequel deuint à ce propos aussi rouge que le manteau. L'amy repartit à, cela qu'elle estoit plus disposée à effectuer les promesses de mariage qu'elle luy auoit faites qu'il n'estoit. Il vaudroit mieux, repliqua Marcian, qu'elle rendist à Dieu les vœux qu'elle luy a solemnellement jurez, que d'obseruer les sermens qu'elle a follement & iniustement faicts à vn hôme miserable. Là dessus l'amy Pretendant se ietta sur les loüanges du mariage, & sur le blasme des vœux Monastiques ; sujet fort communément traité par les Protestans de Reformation, à quoy nostre frere ne repartit, sinon que le mariage estoit vn grand Sacrement, mais que neantmoins l'Apostre luy preferoit la continence, declarant que celles qui apres le vœu de celibat se marioient, espousoient leur damnation. Ce qui defferra tout à net nostre Pretendu, Crescent prenant plaisir à voir cette escrime. Mais il vid bien-tost vn autre plus aspre, diray-je duel, ou dispute ? car la femelle desguisee enflammee d'amour & de dépit, se jettant comme vne furie au col de Marcian, & poussant vn cri plus desmesuré que celuy de Iacob baisant sa Rachel la premiere fois, fit bien paroistre qu'vne vehemente cause ne peut produire de petits effects. Son Castor tombant fit voir des tresses qui s'esparpillerent, & qui firent connoistre que sous vn habit d'homme vne fille estoit enuelopee. De vous dire quel fut plus grand de l'estonnement de Crescent, ou de Marcian, il seroit mal aisé. Celuy-là pensoit estre dans ces Palais enchantez, où les choses arriuent ou semblent arriuer contre tout ordre de nature : & puis ce qui le faschoit, est qu'on le croit l'autheur de cette trahison enuers ce Religieux, dont il honoroit la personne, sçachāt l'estime qu'en faisoit le Roy. D'autre costé Marcian affoibli de mortifications & debilité par les jeusnes, auoit de la peine à se desembarrasser des embrassemens de cette insolente, laquelle joignant à l'impudence de son action des discours qui ne pouuoient sortir que d'vn cœur possedé d'vne passion extréme, & representant tantost en se plaignant, tantost en menaçant, tantost en suppliant, tantost en pressant les diuerses agitations de son ame, elle faisoit clairement voir que l'amour est vne rage qui fait tourmenter les ceruelles les mieux assises. En fin nostre frere ayant par vn effort extraordinaire destaché de son col l'infame lien de ces bras autresfois tant aymez, sauta dans son jardin, où s'estant sauué & renfermé dans vn petit Oratoire qu'il y auoit, dedié à Sainte Magdeleine, ils ne luy peurent parler que par la fenestre, tandis que reclamant tout haut nostre aide nous accourons à son secours. Là nous treuuons l'amy Reformé & Crescent prests de mettre la main à l'espee l'vn contre l'autre, & la deplorante Orante qui les conjuroit de n'en venir point à cette extremité. Crescent reproche au Pretendu qu'il l'a trahi, qu'il est là pour deffendre ce Religieux d'oppression. L'amy au contraire proteste qu'il cherche (mais d'vne belle façon) le salut de l'ame de Marcian. Orante durant ce tintamarre raconte à lopins son histoire, se iustifie comme le Pharisien tant qu'elle peut, accuse Marcian de desloyauté & d'infielité, proteste de le tuer, ou de se tuer soy-mesme deuant ses yeux, s'il ne guerit son honneur par le mariage. Est-ce Tragedie ou Comedie que tout cecy? A la fin par la chaude priere de Marcian Dieu commanda à la mer & aux vents, & voyla aussi tost vne grãde bonace. Marciã parle à cette fille vestuë en masle de dedans son Oratoire, & la sceut si doucemẽt ramener à la raison par larmes, par excuses, par de saintes remõstrances, que cette douceur suruenuë, la correction fit son entree en cét esprit. Il luy promet de luy parler plus à loisir, & de l'entendre vne autrefois comment, & autant qu'il luy plaira, protestant de n'auoir point de plus grand desir que de la rendre contente & satisfaite. Le Pretendu fait trofee de ces promesses, la Vestale pleine d'esperance s'en va au prochain village pour reuenir le lendemain. Crescent informé de la cause de tous ces mouuemens se retire à Paris, l'amy demeure auecque l'amie, tant la charité est grande parmi les freres en Christ, chacun aymant sa prochaine comme soy-mesme. Le lendemain ils reuiennent en l'Hermitage, Marcian leur parle de sa grille, mais à rideau tiré, à face descouuerte, & comme Daniel faisant separer ces deux personnages si differens. L'amy demeura obstiné en son erreur, mais Oranre fut gaignee, & les escailles luy estans tombees des yeux, Marcian la reduisit aux termes de son debuoir, & au desir de reprendre sa premiere feruueur & vocation, & de faire des fruicts dignes de penitence. Il me souuient qu'il m'a dit, qu'entre les raisons qui la toucherent le plus viuement, ce fut le discours qu'il luy fit au naïf du progrez de sa double conuersion, de l'erreur & du monde, causee par l'excelléte vertu de Clotilde. Apres il la pria de considerer de sens rassis

d'où elle eſtoit deſcheuë, & de quelle façon elle auoit eſté deceuë. Certes comme
le Scorpion eſcraſé ſur la playe qu'il a faite,
ſert d'antidote à ſa poiſon, & la Vipere pul-
ueriſee de remede à ſon propre venin : de
meſme le repentir de Marcian fit naiſtre la
guariſon en l'ame d'Orante.

Pour la tirer de la miſere,
De là meſme elle vid ſortir
Le ſujet de ſe repentir,
D'où luy vint celuy de mal faire.

O que Dieu eſt admirable en la ſanctifica-
tion de ſes eſleus, & ſainct en toutes ſes
voyes! Orante eſt venuë non ſeulement pe-
chereſſe, mais deſireuſe de trainer ce Religieux auecque foy au precipice de damnation, & la voila penitente, & qui ne deſire
rien tant que de rentrer en grace auecque
Dieu, & par vn amendemét de vie rachepter
le temps qu'elle a follement perdu. La langue de Marcian l'auoit eſgaree, cette meſme langue la remet au bon chemin : ô corne de Licorne qui fais la bleſſeure, & la guariſon. Que noſtre frere fut ioyeux de cette
oüaille ramenee au bercail de Ieſus Chriſt,
de cette drageme retrouuee; nous l'en con-
gratulaſmes, & il nous diſoit, maintenāt mes
tres-chers freres, il me ſemble que ie com-

mence à estre Religieux apres ce changement de la droitte de Dieu. Car auparauant ie ne pensois faire que le personnage de cette ame perduë, pour laquelle i'auois soumis la mienne au ioug de l'obeyssance : mais maintenant que par le retour qu'elle minute ie me voy libre de cette obligation, il m'est aduis que ie me donne maintenant à Dieu, & que ie commence à estre son disciple. Qui fut bien estonné, ce fut l'amy qui auoit faict la harangue Consistoriale, & tous les Peres Consistoriaux ne le furent pas moins, de voir que leur ruse eust reüssi au rebours de leur intention, l'esprit demeurant vainqueur de la chair, en dépit des ennemis de la Croix, qui font vn Dieu de leurs voluptez sensuelles, & qui mettent leur gloire en leur côfusion. Celle qui estoit venuë pour surprendre, fut heureusement prise, & remise en son debuoir par celuy qui l'en auoit detraquee, tirant son salut de celuy qui en auoit autresfois esté l'ennemi. L'Eglise est vne bonne & douce Mere, qui à l'imitation de son celeste Espoux a tousjours le sein & les bras ouuerts pour receuoir les pecheurs à repentance, & leur redôner la premiere robe de la grace, auecque l'anneau d'or de la reconciliation auecque Dieu.

Dieu. Marcian fait de grandes diligences par ses lettres pour en obtenir du Roy, affin qu'elle fut receuë à penitence au mesme Monastere d'où elle estoit sortie, pour y corriger par sa bonne vie le scandale qu'elle y auoit causé. Le Roy commanda ces despesches, lesquelles n'adiousterent que l'acceleration au desir que l'Abbesse, & les Religieuses auoient de longue main de reuoir cette Sœur esgaree. O qu'elle y fut receuë auecque cordialité, la douceur de la paix ayant restabli la discipline Reguliere en ce lieu où la guerre auoit glissé du desordre. O quelle consolation à toute cette Communauté par la reunion de celle qui en faisoit vne partie. Combien Orante gousta-t'elle de suauité apres tant d'ennuis, que le port luy sembla doux apres auoir experimenté dedans le monde tant d'orages & de tempestes, quelles graces rendoit-elle à Dieu qui l'auoit sauuee de la geule des Lyōs, & qui l'auoit retiree des doubles abysmes de la deprauation des mœurs, & de la perte de la vraye creance. Il luy tourna en bien d'estre ainsi humiliee, affin que iusques au bout de sa vie elle pratiquast les iustifications du Seigneur. On ne vid iamais rien de si humble, & de si mortifié, tousiours les yeux baissé

…sez vers la terre, la ioüe vermeille de honte, la cendre sur la teste, le cilice sur les espaules, sans cesse, comme dit l'Apostre, portant la mortification de IESVS CHRIST en son corps, auec le regret en l'ame d'auoir si laschement trahi sa creance, & ses vœux. Certes comme on dit que les cheuaux retirez de la gueule du Loup, sont les plus genereux & remplis de courage, de mesme on ne vid iamais vne telle magnanimité, patience & resolution à tout endurer pour reparation de ses fautes, & pour l'amour de Dieu, qu'on en remarqua en cette nouuelle Magdeleine. C'estoit vn miroir de penitence, & dont la ferueur surpassoit de beaucoup en perfection la tepidité des plus innocentes. Ainsi Dieu nous fait quelquesfois faire rempart de nos breches, & tirer de nostre dommage nostre profit. Six mois apres son retour Dieu l'appella de cette vie à vne plus heureuse, luy ayant en peu de iours faict accomplir beaucoup de temps, & luy pardonnāt beaucoup de fautes, parce qu'elle auoit beaucoup d'ardeur. Elle laissa vne odeur admirable de sa repentance, & vne memoire en ce peu d'espace dont la benediction suruiura les siecles. On nous escriuit la beauté de sa fin, qui couronna l'œuure de son retour, & il semble que sa faute ne l'ait faict retirer que pour sauter plus auant dans la perfection. Elle desira mourir contre la terre, couuerte d'vn meschant sac, & toute parsemee de cendre, elle ne cessa d'importuner son Abbesse iusques à ce que pour la consoler elle luy eust promis qu'on ietteroit son corps à la voirie, pour estre mangé des chiens; promesse neantmoins qui ne fut pas executee. Mais cela monstroit euidemment le cuisant regret qui la rongeoit d'auoir si malheureusement profané le temple du Sainct Esprit. Elle mourut en embrassant vn Crucifix si fortement qu'il s'enfonça dans son estomac, & en proferant ces mots ; Ie vous adore & vous benis ô mon IESVS, qui auez sauué le monde par la mort de la Croix, ô le salut de ma face, & mon vray Dieu, qui auez souffert pour moy ce douloureux & ignominieux supplice, ayez pitié de cette chetiue & miserable pecheresse. O si Dieu ne mesprise iamais vn cœur contrit & humilié, comme aura-t'il peu reietter celuy-ci tout ecrasé & tout reduit en poudre? O penitence l'innocence des pecheurs, que bien-heureux est celuy qui se rend à ton asyle, car tu es la porte estroite par laquelle on passe en l'eternelle Ierusalem. Ie ne sçay si cette mort, ou le salut de cette fille fut reuelé à nostre frere, mais quelques iours auant que nous en eussions la nouuelle, il nous disoit auecque des ferueurs extraordinaires; Il n'y a que les violents qui rauissent les Cieux, ceux qui vont viste, arriuent tost. O que mon pelerinage est allongé! que celuy-là est heureux, auquel il est donné en peu de temps de consommer beaucoup de bonnes œuures. O que la penitence est puissante, puis qu'elle arrache les armes de justice d'entre les mains du Dieu des vangeances. Et vne fois que ie luy fis mention de la conuersion d'Orante, auec vn tranchant souspir il me respondit; Elle a experimenté combien il est amer d'auoir delaissé Dieu, mais s'estant retournee à luy, elle experimente maintenant les douceurs de ses infinies misericordes. Peu de iours apres nous eusmes les nouuelles de son heureux decez, lesquelles il receut non seulement à paupieres seiches, mais riantes, en disant; quelle est heureuse, quelle est heureuse, quelle est heureuse par trois fois, d'auoir faict vn si grand chemin que celuy de la terre, ains des abysmes de la terre iusques au Paradis en si peu de iours. O Seigneur, que mon ame meure d'vne mort semblable,

& que ma fin soit pareille à la sienne. O quand mourray-je dans mon nid, pour multiplier mes iours comme le Phenix, qui renaist de sa cendre ? Sur cette derniere pensee il me souuient qu'vn de nos freres traça ce Sonnet.

Le Phenix ia chargé de chair & de vieillesse,
  Amoureux d'vne mort qui luy donne plaisir,
  Vole aux monts les plus hauts pour mille odeurs
    choisir,
Dont apres son berceau, son lict, sa robe il dresse.
Là de douceur il meurt, & non pas de détresse,
  Et faisant de sa cendre vn petit ver issir,
  Ses plumes il reprend, & son plus grand desir
Est de fendre les airs d'vne prompte vistesse.
Ha! que ma chair me pese, & bien plus mon peché,
  Ie m'en meurs; mais ô Dieu que ne suis-je couché
  Au Caluaire où ta Croix tās d'odeurs me presēte.
Pour vermisseau bien-tost ie me reconnoistrois,
  N'estant tel reconnu, Ange ie deuiendrois,
  Et ma mort deuiendroit de la mort triomphante.

Mais peut-estre que vous attendez que ie vous die de plus particulieres choses touchant la vie, & le passage de nostre frere: mais il est malaisé de dire beaucoup d'vn homme qu'on ne voyoit iamais, & dont on ne pouuoit remarquer les actions. Certes on sent bien que la digestion se fait en l'estomac, mais de quelle façon, & côme iouent ces ressorts interieurs, c'est chose qu'on ne peut connoistre que par coniecture. Ce frere nous estoit comme vne horloge, qui nous marquoit les points, car il estoit fort ponctuel en son obseruance, mais dont les roüages nous estoient imperceptibles, sinon que son poids estoit son Amour, & son Amour estoit en Dieu. Pour auoir plus de merite en l'obedience, il se fit prescrire sa iournee, & ses exercices par le Grād Vicaire de Monseigneur de Paris son Superieur, estant si exact à l'obseruation de cette reigle qu'il ne l'eust pas enfrainte d'vne syllabe : c'estoit sa carte & sa boussole. Comme vn petit ver à soye dont la maison est vne prison, il filoit son peloton & deuidoit le fuseau de sa vie auecque si peu de bruict, qu'on pouuoit dire de ce mot de Dauid, qu'il ressembloit aux naurez qui dorment dans les sepulcres. Il estoit fort deuot au mystere de la vie cachee & inconnuë du fils de Dieu, nous disant que plus il y pensoit, plus il y treuuoit à penser; car, disoit-il, les autres mysteres ont esté faicts en peu d'espace, mesme sa predication n'a duré que trois ans, mais cette vie retiree a occupé trente annees de son aage. Et pour se conformer au Sauueur caché, sa cellule estoit son Nazareth, la Solitude luy representant la S. Vierge, & ses exercices Sainct Ioseph. Suiuant le journal de ses exercices, que nous auons ceans escript de sa main, il suiuoit en ses deuotions l'ordre de nostre petit Cœur. Il se leuoit comme nous à minuict pour entendre nos Matines, & pour reciter les siennes, & ainsi des autres heures Canoniales qu'il entendoit tousiours à genoux ordinairemēt nuds contre la terre, si bien que mort nous les luy auons treuué fortifiez d'vn cal fort espais, qui s'y estoit engendré par vne longue habitude. En quinze ans de sa vie Religieuse il n'est sorty que deux fois pour des necessitez plustost ineuitables qu'vrgentes. Grand ami du silence, & de la mortification. Sa vie estoit vn ieusne perpetuel, auec vne continuelle retraitte, ne conuersant qu'auecque Dieu. Peu à peu il se priua de la viande, puis du poisson, puis des œufs; neviuant plus que de pain & de legumes sans l'vsage du vin. Il pratiquoit soigneusement ce conseil de S. Hierome, de passer successiuement de la priere à la lecture: il entremettoit le trauail du corps & le labeur des mains, tant pour la santé que pour imiter les anciens Moines. Son jardinet estoit poli & propre comme sa chambre, deux aix faisoient son lict, vn cofret, des tablettes de sapin, vne petite table, & quelques chaires de paille, voila tout son meuble ; mais il passoit si souuent le balay par tout que la netteté reluisoit de tous costez. Il faisoit tous les iours deux heures d'oraison mentale és festes, & és Dimanches trois. Le Pere Amedee desiroit qu'il se fist Prestre, s'offrant de luy enseigner la langue Latine, mais il ne voulut iamais y entendre, disant par ioyeuseté que s'il auoit cette langue il se l'arracheroit, ou pluftost comme cét ancien Anacorete, le nez & les oreilles, que d'aspirer à cette aussi perilleuse qu'eminente dignité. Ie n'ay qu'vne langue Françoise, encore me donne-t'elle bien de la peine à la dompter, disoit-il, & puis en souspirant, helas ! continuoit-il, est-ce donc la mesure de la suffisance d'vn Prestre que la langue Latine ? ô qu'il faut bien d'autres parties ; ô que la science des Saincts est bien plus exquise, de laquelle Dauid dit, Seigneur enseignez moy la bôté, la discipline, & le sçauoir. C'est là le langage des Anges, tels que doiuent estre ceux qui pretendent à ce sublime estat, qui releue les hommes par dessus la condition des Serafins ; car à quel de ces esprits celestes fut-il iamais dit, faites cecy en memoire de moy, & de qui vous remettrez les pechez, ils seront remis? Ce qui fit que comme vray imitateur de ces anciés flambeaux du desert les Saincts Paul, Antoine, Hilarion, & tant d'autres, il ne voulut ni tendre, ni pretendre à l'ornement de la Prestrise, sçachant que nul deuoit de soy-mesme prendre cét honneur, s'il n'y estoit appellé comme Aaron par la verge florissante & fructifiante d'vn sublime sçauoir, accompagné d'vne vie fort exemplaire. Ce n'estoit doncques pas le mespris qui le retiroit de cette fonction, mais vne haute estime qu'il en auoit, accompagnee d'vn profond desdain de soy-mesme; car si vous sçauiez les respects qu'il me deferoit à cause du charactere qu'indigne ie porte, vous en seriez edifiez : quelquefois il baisoit les pas que i'auois pressez, specialement quand ie le visitois au sortir du sainct Autel, sa bouche estoit ordinairement colee à mes mains, me disant que les mains des Prestres estoient les canaux par lesquels descouloit sur les cœurs la pourpre du Roy de Sion, la diuine grace. O mains, disoit-il, qui portez, & maniez celuy qui souftient auecque trois doigts

La grande masse de la terre,

Qui gouuerne les elemens
Et meut auec des tremblemens
Tout ce que l'Vniuers enferre.

Encore qu'il fust mieux versé que moy aux choses de l'esprit, neantmoins il portoit vne telle reuerence aux paroles de ma bouche, d'autant qu'elle proferoit celles qui consacrent le corps du fils de Dieu, & le rendent present à l'Autel, que vous eussiez dit que ie luy rendois des oracles : ce qui me remplissoit d'autant de confusion que luy d'edification. Que s'il portoit tant d'honneur au ministre a cause du ministere, quel deuoit estre l'interieur qu'il rendoit au mystere adorable & redoutable que nous manions tous les iours, deuant lequel les Anges tremblent, & tout genoüil flechit : au commencemēt de sa conuersion il communioit plus rarement, tant il estoit saisi de l'esprit de crainte : mais sur la fin de sa vie la charité ayant diminué ses frayeurs, & l'ayant animé d'vne plus douce confiance, il receuoit le corps du Sauueur presque tous les iours, mais c'estoit auec vne deuotion qui m'emplissoit de merueille. Il fut vn tēps qu'il crut que ie mettois du miel, du sucre, ou de l'eau de roses, ou de parfums dans la farine dont ie faisois les hosties, tant il ressentoit de douceur à la reception de ce pain des Anges. Et pour cela il disoit d'ordinaire cette Antienne de la Sainte Eglise; O Seigneur que vostre Esprit est suaue, qui pour témoigner aux hommes vostre ineffable douceur, leur auez donné vn pain du Ciel tres-delicieux remplissant les pauures de biens, & laissant vuides ceux qui ne sont affamez que des biens de la terre. Bien qu'il ne sceust pas la langue Latine par preceptes, si est-ce qu'à la longue par la forte attention qu'il apportoit à la recitation de l'Office diuin, il se la rendit assez intelligible. Il sçauoit l'Espagnole, de laquelle il auoit plusieurs liures spirituels, qui depuis ont esté traduits en nostre langue. Autant qu'il auoit autrefois profané l'Escriture sainte, y faisant, selon l'esprit des Errans, l'entendu, autant y fut-il depuis reserué: si est-ce que tous les iours il ne manquoit point de lire vn chapitre du nouueau Testament, & de faire dessus vne longue meditation. Outre le grand Office Romain il recitoit chasque iour celuy de la Sainte Vierge, & le Rosaire entier, auecque plusieurs autres suffrages, selon ses besoins spirituels, & ses inclinations pieuses. Ses Patrons principaux estoient S. Pacome, S. Macaire, S. Augustin, & S. Marie l'Egyptienne.

En la conuerſion d'Orante il m'a dit qu'il inuoqua l'aide de S. Abraham l'Anacorette, qui remit en la penitence ſa niepce Marie, qui s'eſtoit deſbauchee, & il luy reüſſit comme vous auez entendu. Il eſtoit touſiours occupé, diſant que l'oyſiueté eſtoit l'ennemie mortelle des Moines. C'eſtoit vne eſclandraſte qui auoit tout ſon feu au dedans, & il pouuoit dire auecque cét autre, mon ſecret à moy. Quand il luy arriuoit de me dire quelque choſe que ie treuuois belle, il ſe prenoit à pleurer, en diſant, helas! mon Pere, ie ne dis que trop, mais ie ne fais rien, ie ſuis comme le luth ſourd à mes propres accords, & vrayement vne cimbale qui tinte. Il auoit autant de peur de l'eſtime qu'vn autre auroit du meſpris; & quand des ſeculiers luy venoient parler, ſinon qu'ils fuſſent fort ſimples, & peu capables de le loüer, il eſtoit fort retenu, diſant quelquefois aux habiles qui le venoient viſiter, qu'ils beuſſent de l'eau de leur Ciſterne, ſans cercher le rayon de miel dans vn tronc, ou dans la gueule d'vn chien mort. Il aymoit extremement le ſilence ne parlant point depuis Veſpres iuſques au lendemain apres Prime, ſans vne preſſante neceſſité, durant les Vendredis de l'annee, tout l'Aduent, tout le Caresme, & depuis l'Ascension iusques apres l'Octaue de la Feste de Dieu; il neconferoit auecque personne sinon par vn exprés commandement des Superieurs, & par escrit, iamais femme n'entra dans sa closture sinon Orante par surprise, & il euitoit comme des escueils de parler, bien que sans les voir, ny en estre veu, à celles qui le demandoient, disant que ces animaux estoient à l'homme ce que le serpent leur auoit esté, & que si les demons noirs sont inuisibles, les blancs ne sont que trop visibles, & ne sont pas moins nuisibles : bien qu'il estimast beaucoup la charité, si est-ce que la chasteté le rendoit farouche, austere, fuyard, rebarbatif & agreste, deffauts qui sont des perfections en vn Moine, joint que la Solitude les engendre peu à peu & insensiblement. Ceux qui sont appellez à la conduite des ames, & qui font leur salut en procurant celuy des autres, doiuent auoir plus de condescendance, & se mesler plus franchement, comme estans le sel de la terre. Ie ne dis rien des extases & rauissemens, qui ne sont pas tousjours des marques d'vne solide pieté, mais ie puis dire que son oraison estoit d'autant plus solide qu'elle estoit humble, & regardant pluftost la pratique des vertus que la connoissance des hauts mysteres. Il mettoit toute la perfection en vne constante fidelité au seruice de Dieu, & en vn inuariable propos, & ferme resolution de mourir de mille morts plustost que de consentir au peché. Quant aux obseruances regulieres pour le repas, le repos, le trauail, la priere, la lecture, les mortifications, elles estoient si exactement pratiquees par ce fidele œconome de la grace, qu'il faisoit grand estat des plus petites, disant que qui le neglige, deschoit peu à peu. Ie serois infiny si ie voulois m'arrester sur chacune de ses vertus, car toutes en luy estoient exemplaires; son humilité, fondement des autres, estoit profonde, car sans penser à ses biens presens il rappelloit tousjours en sa memoire ses abominations passees, se disant vn monstre de nature, indigne du nom venerable de Moine, & persecuteur des Prestres, à peu pres comme S. Paul, qui se disoit le moindre des Apostres, & indigne de ce beau nom, pour auoir persecuté l'Eglise de Dieu. Sa patience és trauaux, & és maladies sans se plaindre estoit signalee, son mespris du monde estoit genereux, sa foy viue & forte, son esperance courageuse, sa charité ardante, sa chasteté telle que ie vous l'ay depeinte, sa douceur charmante, sa debonnaireté rauissante, pauure comme Iob, veritable en ses paroles, affable gracieux, bening, d'vne chere gaye & ouuerte, monstrant vn front content & serein. Le ioug de nostre Seigneur luy sembloit si doux, & le faix de la Croix si leger, qu'il disoit ordinairement, qu'au monde on void les onctions, mais non pas les Croix, au rebours de ce que S. Bernard disoit des Religieux, dont on void les austeritez, mais non les consolations interieures. O Seigneur, disoit-il quelquefois auecque Dauid, que grande est la multitude des douceurs que vous faites sentir en secret à ceux qui vous aiment! Il auoit vne deuotion particuliere à S. Simeon ce vieillard amiable, qui receut nostre Seigneur entre ses bras en la presentation au Temple; & quand il receuoit le corps du Sauueur en la communion : il recitoit son Cantique auec vn ressentiment tres-tendre. Ce qui donna sujet à vn de nos freres de faire ce Sonnet.

Venerable vieillard, le dernier des Profetes
 Du premier Testament, le premier du dernier,
 A qui Dieu fit la grace & l'honneur singulier
 Des promesses qu'à nul il n'auoit iamais faites.
Qu'heureux te fut le iour, quand de tes mains foi-
 blettes

Tu fis d'vn si grand Dieu l'offrande le premier,
Qu'à bon droit tu pouuois l'atteinte deffier
De la mort qui forçoit tes dernieres retraittes.
Qui tient la vie en main peut-il craindre la mort,
Et à qui ne la craint peut-elle faire tort?
Mais si tu fus heureux, ie le suis d'autre sorte,
Ie le tiens au dedans, tu ne l'eus qu'au dehors,
Tu le tins en tes bras, il demeure en mon corps,
Tu l'as dessus ton sein, en mon cœur ie le porte.

En fin nostre frere Marcian, apres auoir combattu vn bon combat par l'espace de quinze ans qu'il a esté Reclus, & consommé sa course en gardant sa foy, a esté appellé du iuste Iuge pour receuoir la couronne de iustice, qui se donne tousiours à ceux qui ont legitimement bataillé. Ie ne sçay s'il auoit receu response de mort, & eu reuelation que la deposition de son tabernacle mortel fust voysine, mais souuent il luy eschapa de me dire que la mort nous separeroit bientost, sans specifier la sienne, ou la miêne. Ses discours n'estoient que de la mort, & des terreurs du jugemêt, puis il se releuoit dans l'espoir de la diuine misericorde. Et tout ainsi que le cours d'vn fleuue deuient plus impetueux quand il est prest de se ioindre à la mer ; de mesme il sembloit que ce bon Religieux redoublast ses ferueurs estant
prest

preft de reprendre fon centre. Il auoit vefcu quelque temps Heretique, & il mourut Etique, mais fi fon corps eftoit fec & defcharné, fon ame eftoit d'autant plus remplie de la graiffe de la grace. Il fe voyoit mourir tout ainfi qu'vn flambeau que l'on void efteindre, & plus il eft proche de fa fin, qui eflance de plus grands éclats. Dieu! que de vertus eurent part en fa maladie, & comme il auoit pratiqué toutes fortes de vices eftât Heretique, eftant Etique il mit en euidence de bien contraires productions. En cette extreme langueur de corps que caufe cette maladie, fon efprit fut toufiours ferme & vigoureux. Certes il eftoit en vn point qui luy permettoit de dire auecque Iob,

Ma chair comme eau s'eft efcoulée,
Et ma peau deffaite eft colee
Sur mes os rongez par dedans,
Tout mon bien eft mort à cette heure,
Et rien de moy ne me demeure
Que ma lévre aupres de mes dents.
Mes yeux ont tari leurs fontaines,
Mes nuits d'amertume font pleines,
Mes iours font horribles d'effroy,
Le fommeil fuit de ma paupiere,
Et la plus aymable lumiere
Me fait auoir horreur de moy.

O

Si est-ce qu'il continuoit auecque le mesme,

> *Encor que le Seigneur me tuë,*
> *Mon ame pourtant s'euertuë*
> *D'esperer que ma mauuaistié*
> *Aura pardon de sa pitié.*

Alors par les actes frequens ie reconnu le grand fond des habitudes vertueuses qui estoient en cét esprit, tout ainsi qu'on iuge par l'abondance des moissons de la fertilité d'vne terre. Tout son veiller estoit vne occupation continuelle en Dieu, & vne si grande multiplication d'actes de deuotion, & d'aspirations saintes, que i'estois estonné de la force de cét esprit en vn corps si languissant, vous eussiez dit qu'il quittoit à regret ces penibles exercices, quand l'extreme foiblesse glissoit de l'assoupissement dedans ses yeux. Il estoit aisé à iuger qu'il ne viuoit plus à soy, mais que IESVS CHRIST viuoit & agissoit en luy. Cét estat heureusement finissant & languissant, qui enleuoit cette belle ame de sa demeure par les sacrez eslans de la diuine dilection, tira d'vn de nos freres cette belle poësie;

> *Vn celeste penser m'esleue sur la nuë,*
> *Et si l'opinion ne me va deceuant,*
> *Ie ne suis plus mortel ainsi qu'auparauant,*
> *Lors que la verité ne m'estoit pas connuë:*

Car d'un si beau sujet mon ame entretenuë,
Et franche des liens de ce tombeau viuant,
Dans le plus haut du Ciel ioyeuse s'esleuant,
Va recherchant le lieu d'où elle est descenduë.
Mon esprit est au Ciel, & mon corps icy bas,
Aussi suis-je viuant comme ne viuant pas,
Solitaire, pensif, taciturne, & sauuage,
Et nauré dans le cœur de la diuine Amour,
Ie suis comme vn soucy dedans vn iardinage,
Qui ne vit que pour voir le bel Astre du iour.

De vous dire que tout le cours de sa lente maladie, qui fut de trois ou quatre mois, fut vne continuelle frequentation des Sacremens, & vne perpetuelle meditation de la mort, il me semble inutile; car depuis le temps de sa conuersion, & en la conuersation mesme de Clotilde que faisoit-il autre chose? & en cela vn Ancien constituë l'exercice de la vraye Philosophie, qui est de penser tousiours au point qui doit terminer nos jours. Que bien-heureux est celuy-là, dit le Psalmiste, lequel aydé & fauorisé de la grace de Dieu, establit des montees en son cœur, au lieu qu'il a choisi pour sa demeure en cette valee de pleurs. C'estoit vne chose esmerueillable de voir comme il estoit balancé iustemēt entre l'esperance & la crainte, se voyant reduit à l'extremité d'vn mal incurable, & qui le minant le menoit infenſiblemẽt au deſtroit d'vne ineuitable mort. Dormant entre ces deux routes, pour vſer des termes de Dauid, il eſtoit guindé ſur des aiſles de Colombe, aiſles argentees de confiance & de tremeur, entees ſur vn dos de couleur d'or, qui denote la treſſainte charité. L'abyſme de ſa miſere inuoquoit ſans ceſſe celuy de la miſericorde celeſte, par la voix larmoyante des cataractes de ſes yeux, tantoſt l'apprehenſion des iuſtes iugemens de Dieu, deuant qui toutes nos iuſtices ſont ſoüillees, luy faiſoit reconnoiſtre qu'il meritoit mille enfers, mais quand il venoit à penſer au deluge de ſang que le Sauueur auoit verſé ſur le Caluaire, noyant tous les dragons & les Egyptiens de nos pechez dedans cette mer rouge, il eſperoit ſe ſauuer dedans l'arche d'vne ſainte confiance en l'infinie bonté de Dieu. Ce ſentiment luy faiſoit ſouuent reciter, & quand il ne pouuoit, il nous prioit de dire ce beau Pſeaume, qui exprime ſi naïfuement ces contraires agitations.

Il faut bien que i'ayme ſans feinte
  L'Eternel tout-puiſſant,
 Puis qu'à la voix de ma complainte
  Il ſe va flechiſſant,

Puis qu'il m'a l'oreille tournee
En mon dueil plus amer,
Il me fait chacune iournee
Sa bonté reclamer.
Entre mille estreintes mortelles
I'estois enuelopé,
D'enfer les angoisses cruelles
Me tenoient attrapé.
Asiegé de toute détresse
De trouble & de soucy,
Au nom du Seigneur ie m'addresse,
Et le reclame ainsi.
Sauue mon ame, ô Dieu propice,
Tire la de ce lieu,
Tu es clement en ta iustice,
Tu es nostre bon Dieu.

Il receut le Sacrement de l'Onction derniere, duquel il s'estoit tant mocqué lors que l'erreur silloit les yeux de son entendement, auec vne deuotion singuliere, ayant en la bouche ces mots du Psalmiste,

La iustice te plaist, tu detestes l'outrage,
C'est pourquoy Dieu, ton Dieu qui bening t'auantage
Sur tous tes compagnons, comme plus à son gré
T'a d'huile de liesse abondamment sacré.

Et encore ces autres. O Seigneur, oignez mon ame de l'onction de vostre misericorde. O mon Dieu mon protecteur, regardez moy en pitié enuisageant la face de voſtre oingt, de voſtre CHRIST: ô IESVS, dont le nom eſt vn baume precieux reſpandez vous dedans les playes de mon cœur. Il ſe recommandoit chaudement à la protection des Sainѓts, en la tutelle deſquels il s'eſtoit rangé par ſpeciale inclinatiõ durant ſa vie; & parce qu'il ſçauoit l'eſtroitte liaiſon qui fait la communion des Sainѓts tant de l'Egliſe militante que de la triomphante, il nous coniuroit de recommander les beſoins de ſon ame aux prieres des plus ſainѓts Religieux de noſtre connoiſſance: car quant aux noſtes debiles il croyoit qu'elles luy eſtoient toutes acquiſes par le lier de charité qui nous preſſoit en IESVS CHRIST. Il ſe recommanda auſſi à celles de ſa chere Sœur Clotilde, qui eut vn ſoin particulier de faire prier pour luy par toute la Cõmunauté du Monaſtere, où elle eſtoit autãt aymee qu'eſtimee. Et comme s'il euſt eu quelque aſſeurance du ſalut d'Orante, il luy diſoit, ô chere ame, le double objet de ma douleur, & de ma ioye, tire moy apres toy en l'odeur de ton bon exemple, & me reçois en la part de ce repos dont la penitence te fait ioüir; car tu es maintenant au ſort des Sainѓts, en la lumiere de la gloire, où tu contemples à souhait l'inaccessible splendeur de la Diuinité. Ces noms iadis si diuersement aymez d'Orante & de Clotilde, alors cheris vniquement en Dieu, estoient quelquefois en sa bouche accompagnez de mille benedictions. Voila comme tout coopere en bien à ceux qui ayment Dieu. En fin comme il auoit autrefois non pas suiuy, mais trainé Orante dans les erreurs & la deprauation, il la voulut suiure en sa fin penitente, se faisant estendre sur la terre, & couurir d'vn cilice & de cendre, où il expira doucement en prononçant ces paroles du Publicain iustifié; Seigneur soyez propice à ce pauure pecheur. De cette façon cette belle ame entra en son corps comme vne douce Colombe, portant vn rameau de paix & de reconciliation dedans l'arche de l'Eternité. Toute nostre petite Compagnie demeura tellement affligee de sa perte, que les freres de Ioseph ne firent point tant de dueil sur la mort de ce Patriarche. Vn de nos Religieux outré de regret profera ce Quatrain,

Si les Cieux par pitié eussent peu se flechir,
Ils n'eussent de ce corps la belle ame enleuee;
Mais ils ne pouuoient pas de l'esprit s'enrichir,
Sans que la pauure terre en demeurast priuee.

Ce corps tout sec & tout Etique demeura quelque têps exposé en nostre petite Chappelle, pour contenter la deuotieuse curiosité du voisinage, sans iamais ietter aucune mauuaise odeur : s'il tombe en pourriture, au moins dônera-t'il peu de nourriture aux vers; mais je croy que la corruption n'attacquera point la chair hostesse d'vne ame si vertueuse. On ne sçauroit dire combien la priuation de ce bon Religieux fut sensible à toute cette contree, car il estoit par toutes ces bonnes gens qui frequentêt nostre Eglise, reputé pour vn Sainct, tant il est vray que celuy qui se cache pour Dieu, est manifesté en son temps, & que la gloire est vne ombre qui fuit deuant le visage de ceux qui la poursuiuent, & qui ne laisse iamais le dos de ceux qui la fuient. Quelques-vns d'entre nous apres sa mort crurent que nostre Cômunauté iroit par terre, n'estant plus soustenuë de cette pension esteinte auecque sa vie, de laquelle nous viuions vne grande partie de l'an. Mais soit qu'il prenne soin apres sa mort de ses pauures freres, soit que la charité des circonuoisins se soit accreuë, & leur bienueillance enuers cette maison depuis son decés augmentee, nous auons espreuué, & experimentons tous les iours, que ceux qui cerchent Dieu auecque sincerité, ne voyent iamais amoindrir leurs facultez, & ne manquent iamais de rien. Mesme le Pere Prieur du Monastere qui estoit redeuable à nostre frere, nous est si bon qu'il nous fait non seulement continuer par aumosne, ce qu'il donnoit auparauant par obligation; mais nous auons remarqué que ses Religieux l'excitent & le portent à nous bailler la mesure comblee & respanchante, ce qui verifie ce mot sacré; Donnez, & vous receurez mesme le centuple. Le grand Pharao mesme ne nous a pas oubliez, mais passant par icy en allant à la chasse, il nous fait tousiours quelque bien, & à la premiere nouuelle qu'il eut de la mort de ce frere, il daigna bien proferer cét eloge de sa Royale bouche; Voyla comme Dieu tire à soy les bons. De quel plus digne sceau pouuois-je cacheter ce discours de la vie, de la conuersion, & du passage de nostre frere, que par le jugement de la loüange de ce grand Prince; dont les paroles sont des oracles,

Et dont l'œil penetrant des tenebres obscures,
D'infinis Courtisans regit les auantures?

Tout ce que nous auons peu rendre d'honneur à la memoire d'vn si cher frere, & lequel nous estimons estre bien grand deuant

Dieu, nous l'auons fait, & ferions encore d'auantage, si le poids de la pauureté en retenoit en bas laisse de nostre desir.

Car sçaurions nous auoir vn dessein plus hõneste,
Que de cherir les os d'vne si chere teste?

Nous l'auons faict representer en ce tableau foulant aux pieds les armes & le monde, pour se consacrer hostie viue, nette, plaisante à Dieu au pied de la Croix par vn sacrifice genereux, & vn seruice raisonnable. Et y auons adiousté cét Epitaphe qui reduit en sommaire sa naissance, sa vie, sa conuersion, son decés, dont mon discours peutestre ennuieux vous vient de deduire vn ample & long commentaire: peut-estre n'eussiez vous pas attendu tant de paroles de la bouche d'vn Hermite dediee au silence, mais parce qu'elle a parlé de l'abondance du cœur, & que nous sommes naturellement Orateurs en ce qui nous touche, si ie me suis trop estendu, vostre patience en est d'autant plus loüable, qui a souffert auecque tant d'attention vn si pauure & chetif entretien. Alexis voyant que Landulfe terminoit ainsi son narré, le releua de cette excuse, en luy disant que de telles conferences la fin seule est fascheuse, d'autant qu'elle tranche vn fil dont le tissu est extremement aggreable. Car il me semble, continua-t'il, que la robe de Ioseph, qui donna tant de ialousie à ses freres, n'auoit point tant de varietez que le cours de cette vie a d'admirables changemens; c'est le col d'vne Colombe qui est esmaillé de plusieurs transparences. Mais mon cher Pere, ce n'est pas tout, vous estes encor en reste. Quoy, dit le Pere Landulfe, y a t'il quelque chose à dire apres la mort: attendez nous peut estre que ie vous racôte des miracles? en voulez-vous vn plus exprés que celuy de sa conuersion, de celle d'Orante, & de la perseuerance au bien de l'vn & de l'autre : Ce sont des miracles par escrit que vous vous deuez, reprit Alexis; alors l'Hermite se souuint des lettres reciproques de Clotilde & de Marcian qu'il leur auoit promis de leur faire voir : ce qu'il executa promptement en allant prendre vne liasse qui estoit en sa cellule. Là les Pelerins virent mille beaux traicts de spiritualité, qui ne pouuoient partir que d'ames fort illuminees, & sçauantes en la Theologie mystique, qui n'est autre que l'oraison & contemplation. O, disoit Serafic en les admirant, que les idiots sont sçauans sous la pedagogie du Sainct Esprit! Sainct Esprit doigt de la droitte de Dieu, doigt qui se rend si visible en la trace de ces lignes. Que c'est vne belle chose de voir deux ames vnies par le ciment de la diuine Amour, qui n'est autre que le sang de l'Agneau, s'entre-perfectionnantes l'vne l'autre par leur mutuelle correspondance : cette intelligence pareille à celle des esprits bienheureux, est plus suaue que l'onguent d'Aaron qui descouloit de son chef sur sa barbe, & de là jusques aux extremitez de ses accoustremens : ô que Dieu enuoye là de benedictions, mais des benedictions de vie eternelle. Alexis en desira des copies, mais son desir fut sans effect, d'autant que Landulfe jaloux de ces pieces là comme d'vn thresor, ne se voulut pas mettre au hazard en les communiquant de les voir diuulguees. Si nos Pelerins en eussent peu tirer quelque exemplaire, i'en eusse embelly de beaucoup cette histoire, mais cela ne leur ayant passé deuât les yeux que comme vn esclair, dont la lumiere & la disparoissance sont contigues, il ne nous reste que la plainte de sçauoir cette lãpe estre cachee sous le boisseau, & cét or precieux si vtile pour le commerce spirituel, serré dedans vn coffre. Si cette auarice est loüable ou blasmable, ce n'est pas à nous de le decider. Dans l'vne de ces lettres Serafic remarqua vne vision du Profete Zacharie, prise en passant par Marcian d'vn biais tout particulier, à laquelle nostre Pelerin donnant vn autre visage, vous eussiez dit qu'il y treuuoit vne figure de l'histoire de ce Reclus, qu'il allegoriza de la sorte. Le Profete leuant ses yeux en l'air, y vid vn volume volant, dans lequel estoient escrites des maledictions contre les blasfemateurs, & contre les rauisseurs du bien & de la renommee d'autruy, & il entendit la voix du Seigneur, qui disoit; ie rameneray ce volume en ma maison. Qui ne void en ce volume volant l'image du premier aage de Marciã, lors que volant non comme vn Ange, mais comme vn brigand, il commettoit dans les Eglises Catholiques mille larcins & sacrileges, sa bouche tousiours ouuerte aux erreurs ou aux blasfemes, le rendoit odieux au Ciel & à la terre? Au demeurant la presomption de son esprit particulier, qui luy faisoit croire qu'il entendoit bien les Escritures, le faisoit voltiger parmi les saintes pages comme vn papillon qui se va bruslãt autour d'vn flambeau, sans songer à cette parole que Dieu dit au pecheur par l'organe de Dauid: Pourquoy est-ce que tu racontes mes iustices & prends mon Testament par ta bouche, toy qui haïs la discipline, & qui iettes en arriere mes inspirations, qui te mesles auecque les brigands, & qui te mets en la part des adulteres, qui ne fais que mesdire & calomnier, qui as touſiours des querelles à deuider auecque ton prochain, qui causes mille scandales? Tu penses iniustement que ie sois comme toy, c'est à dire autheur du peché; je me tay maintenant, mais vn temps viendra que ie t'appelleray en jugement, & que ie te ietteray tous tes crimes au visage. L'autre partie de la vision du Profete est celle cy, hauſſant les yeux il apperceut en l'air vne grande cruche de terre, dedans laquelle il y auoit vn talent de plomb, & il y auoit vne femme au milieu de cette cruche. Ce vase me represente ce Cheualier errant dans le vague de ses imaginatiós infideles : car, cóme dit l'Apostre parlant de nos corps, nous portons vn thresor en des vases d'argile, nous sommes des vaiſſeaux fragiles qui nous froiſſons les vns aux autres. Ce talent de plomb n'est autre chose que le peché, que l'Apostre appelle vn poids maſſif, dont le centre est l'enfer. Et cette femme aſſiſe au milieu de cette cruche, n'est-ce pas la figure d'Orante lors qu'elle poſſedoit les folles affections de ce pauure aueuglé ? Et le

Profete entendit vne voix qui dit, que cette femme estoit l'impieté, laquelle fut enclose en ce vase, l'entree en estant bouchee auecque du plomb. Et quelle plus grande impieté pouuoit commettre cette Vestale que de violer les vœux sacrez qu'elle auoit faicts au Seigneur, & pour arriuer au fonds de tout malheur, de boucher les oreilles aux salutaires remonstrances de ceux qui eussent peu la remettre en la bonne voye tant de la creance que de l'honnesteté? Et d'abondant le Profete vid deux femmes auecque des aisles d'Ange & de Milan, qui enleuerent cette cruche entre la terre & le Ciel. Ces aisles de Milan, oyseau de proye & rauissant : me font souuenir d'Orante, & de cét Amy Pretendu, qui vindrent en l'Hermitage pour en faire sortir Marcian: mais celles d'Ange me mettent deuant les yeux Clotilde & Orante sousleuantes de la terre par leur bonne vie & sainte conuersation le bon Marcian, en le poussant à l'acquisition du Ciel. Et voyla qu'vn Ange passa deuant le Profete, auquel il demanda, où est-ce que ces femmes portent cette cruche? & il respondit, en la terre de Senaar, affin de luy bastir là vne maison, & qu'elle y soit establie : & y demeure comme vne statue sur sa base. Et ne sont-ce pas-là les motifs, apres l'inspiration de Dieu, qui ont amené ce frere en cette forest de Sennar (rencontre admirable de noms) pour y bastir vn Hermitage, y faire vœu de stabilité, & s'y arrester en qualité de Reclus, aussi ferme qu'vn terme, & comme vn simulacre dedans sa niche ? Cette Allegorie faite d'vne application si entiere, frapa d'admiration l'esprit de l'Hermite, qui jugeant du Lyon par l'ongle, connut bien qu'il auoit à faire à des Pelerins qui sçauoient autre chose que manier leurs bourdons. Et bien qu'Alexis fust tout accoustumé à entendre les merueilles de la science de Serafic, si est-ce que cette soupplesse d'esprit, & cette rencôtre si heureuse le contenta merueilleusement. Si bien que se resoluant de contribuer son escot à cét entretien, il se souuint d'vne histoire autant opposé à la precedente que les Antipodes le sont à nostre climat, & qu'vn Pole l'est à l'autre, dont il desira côtreschanger celle de Landulfe : mais parce que l'heure du repas s'approchoit, & sa narration deuoit estre plus longue que ne luy offroit de loisir vn temps si pressé, il se contenta d'en mettre l'eau à la bouche de l'Hermite & de Serafic, en luy disant qu'il sçauoit des euenemens

euenemens arriuez à vn Hermite vagabond & inſtable, ſi contraires à l'admirable fermeté de Marcian, que le iour n'eſt point plus different de la nuict, le feu de l'eau, & la couleur blanche de la noire, & que dans les ſuccez de cette inſtabilité il y auoit tant d'adorables traicts de la prouidence diuine, que ſi les bonnes inſtructions ſe forment ſur les mœurs les plus dereiglees, il penſoit que ce recit pourroit preſter l'occaſion à pluſieurs bős aduertiſſemēs. Soudain l'Hermite prenant feu comme vne matiere diſpoſee à le receuoir, coniura le gentil Alexis de leur faire part de cette narration: car iugeant biē à ſon diſcours qu'il eſtoit hōme d'eſprit & de vertu, il crut auſſi-toſt qu'elle ſeroit fort profitable. Mais parce que plus vn bien eſt cōmun, meilleur il eſt, veu meſme que de ſa nature il eſt communicatif, il ſupplia que ſes freres fuſſent admis à cette conference, parce, dit-il, que ie iuge qu'ils en pourront tirer beaucoup de fermeté contre les tentations d'inconſtance qui trauerſent pour l'ordinaire ceux qui ne ſont pas attachez à la profeſſion Monaſtique par des vœux ſolemnels, comme ſont les Cenobites. C'eſt ce que ie penſois, dit-icy Serafic, & ie joints mes prieres aux voſtres pour ce regard, car

Q

ie croy quand vous aurez ouy mon compagnon, que vous m'estimerez heureux d'auoir rencontré cét Ange pour escorte de mon pelerinage. A cecy le gentil Alexis, ie vous laisse à penser mon Pere, qui est plus Ange, d'vn Serafin ou d'vn Chasseur; ce qu'il disoit faisant allusion aux deux noms de Serafic & d'Alexis: mais ce sont des ordinaires courtoisies de celuy qui se dit mon redeuable, bien que ie sois son reliquataire. Et à cela ne tienne que vous ne soyez contens de ma narration, estant bien ayse de chanter en la recitant la loüange de Dieu en la presence de ses Anges. Icy l'Hermite sentant auoysiner l'heure du repas, apres auoir courtoisement prié les hostes de prendre vne petite refection en leur Communauté, remit cette partie apres le disné, ce qui fut aggreé d'vn chacun, si que de ce pas apres auoir visité le petit jardin de la cellule de Marcian, & l'Oratoire de S. Magdelaine, où il s'estoit refugié durant la bourrasque d'Orante, ils passerent dans le grand iardin, où à peine auoient-ils faict vn tour que le son d'vne tuile suspenduë les appella au refectoir, où la pauureté leur fit pratiquer la vertu de sobrieté, mais accompagnee de tant de netteté, que cette propreté les raslassa plus que la qualité, ni la quantité des viandes. Là durant le silence de la langue, non des dents, ils ouyrent vne lecture des Epistres de Iean Auila, ce grand seruiteur de Dieu, & excellent maistre de la vie spirituelle, qui leur seruit d'vn gracieux entremets. Au leuer de la table ils allerent rendre graces à Dieu en la Chappelle deuant le S. Sacrement, selon la loüable coustume de tous les Monasteres bien reiglez, & puis le Pere Landulfe ayant conuié les freres de passer auecque les Pelerins en la chambre de Marcian, pour y faire leur conuersation, ils eurent pour recreation de la bouche d'Alexis le recit d'vne histoire fort instructiue pour les Hermites que les tentations portent à l'instabilité, qui les rend errans & vagabonds sur la terre, & pareils à des nuees sans eau balotees de tous vents.

Fin du Liure cinquiesme.

HERMIANTE.
LIVRE VI.

APRES que chacun se fut assis en son rang, Alexis ayant vn peu recueilli son esprit, & s'estant composé auecque cette grace qui le rend si aymé en toutes conuersations, & d'vn ton de voix qui chatoüilloit les oreilles commença de cette façon. Messieurs; i'imiteray en ce discours la conduite de ceux qui vont en Canada, ou au Peru trafficquer auecque des peuples sauuages ; & habitans des deserts, lesquels font grand estat de menuës merceries que nous estimons peu en nos contrees, & qui donnent à vil prix l'or & les pierreries qui croissent parmi eux en abondance. Le Reuerend Pere Superieur de ce deuotieux Hermitage nous a ce matin tellement edifiez par le recit des merueilles que la diuine grace a operees au frere Marcian, qui a vescu tant d'annees Reclus en cette cellule, que si ie ne sçauois que vous en estes suffisamment informez, ie le prierois volontiers de le recommencer, parce que vous en seriez rauis, & nous n'en seriós point ennuyez; car ce suiet est de ceux dont la dixiesme repetition est moins fascheuse que la premiere. Mais parce que ie sçay que cette miniere de l'or de la charité, & des pierreries des autres vertus, vous est aussi commune qu'elle est rare à ceux qui comme nous viuent dans les embarrassemens du siecle, je sursoy de l'importuner de cette faueur, pour vous estaler en contreschange des merceries extremement legeres, puis qu'il est question de vous faire voir au reuers de la medaille de Marcian, l'Hermite le plus instable, que ie ne die volage & vagabond, qui se puisse imaginer, & deuant lequel le Protee des Poëtes est vne image de fermeté & de constance. Si l'obscurité de la nuict fait connoistre la beauté de la clarté du jour, si les contrepointes rendent la Musique aggreable, si la contrarieté des couleurs hautes, ou sombres, est ce qui donne la grace à la peinture, si les choses se connoissent par leurs reuers, & les vertus par leurs contraires, i'espere accarrer à la constance & stabilité de Marcian vne legereté si flottante, que si la raison des contraires est semblable, ie croy que la fermeté de l'vn par imitation, & l'agitation de l'autre par auersion produiront en vos ames vn mesme effect, qui est selon le conseil de l'Apostre, de demeurer fermes & inuariables en vostre vocation, & de vous tenir fixes en cette sentinelle où vous estes posez par la prouidence qui gouuerne toutes choses. Vn Escuyer commanda vn iour à vn Peintre de luy représenter vn cheual courant en vne lice, ce que fait l'ouurier, lequel ayant exposé l'ouurage à l'enuers en sa boutique, affin qu'il se sechast au Soleil, & que le vulgaire (pauure iuge de telles besognes) ne s'arrestast point à syndiquer son trauail, celuy qui l'auoit commandé arriuant, quoy, dit-il au maistre, vous ay ie dit que vous me fissiez la figure d'vn cheual qui se veautre, le Peintre redressant le tableau, luy fit voir qu'vn cheual se veautrant en la poussiere, & vn cheual courant dedans vne carriere sabionneuse, ne differoient en son art que selon la situation de la toile. Vous qui sçauez l'histoire admirable de la constance d'vn Reclus, mettant sa bouche & son corps, pour parler auec Ieremie, dedans la poussiere, prestez vostre attention aussicit des instabilitez d'vn Hermite vagabond, & qui fuſt peri en la contradiction de Coré, au train de Cain, & en l'erreur de Balaam, ſi apres des tempeſtes, qui n'en doiuent gueres à celles qui eſcarterent ſi long-temps Vlyſſe de ſon Ithaque, la diuine bonté ne l'euſt chaſſé contre ſon gré en vn port de ſalut. Si les bonnes loix prouiennent des mauuaiſes mœurs, & ſi rien ne redreſſe tant l'aſſiete d'vn Eſcuyer que de voir vn homme mal à cheual, i'eſpere que vous benirez Dieu, qui vous rend vnanimes en la demeure de cét Hermitage, quand vous ſçaurez combien il couſta de trauaux, de frayeurs, de larmes, & de peines à l'Hermite que ie vous vay depeindre, pour ne ſe pouuoir arreſter en aucun. Par ſes imperfections, comme par vne glace fragile, mais fidele, vous connoiſtrez vos perfections, & vous loüerez Dieu, qui vous a retirez des portes de la mort, c'eſt à dire du ſiecle, pour annoncer ſes merueilles aux portes de la fille de Sion, je veux dire en cette tranquille & paiſible demeure. La ſtabilité eſt tellement neceſſaire à vne ame Religieuſe, que le glorieux Patriarche des Moines d'Occident S. Benoiſt l'a miſe pour fondement de ſa Reigle: ce qu'eſt le l'eſt en vne nauire pour la tenir en equilibre ſur les flots de la mer, ce qu'eſt l'ancre parmy les tempestes, l'est cette qualité parmy les orages des tentations. Au cōtraire l'instabilité est vn si grand mal, qu'elle est enuoyee de Dieu pour chastiment de crimes enormes, comme il est euident en Cain; & le Profete lamétable dit de Ierusalé que pour auoir commis de grands forfaicts, elle a esté renduë instable. Mais tout cecy paroistra plus clairement au faict que i'ay à vous deduire, lequel ie tiens de la lecture d'vn petit liure fait par vn Religieux de l'Ordre de S. Augustin, homme graue & veritable, & qui parle de certaine science, comme ayant connu le personnage dont il escrit les erres & les tournoyemens, sous le tiltre, à mon auis, trop gracieux d'Hermite Pelerin, car ceux qui comme l'Hermite dont il parle, quittent leur Solitude non pour vn desir deuotieux, mais pour ne pouuoir s'abstenir de la conuersation du monde, & par vne vaine curiosité qui leur fait rechercher de repaistre leurs yeux de diuers obiects, ne meritent pas ces beaux noms d'Hermite ny de Pelerin, n'estans ny l'vn pour leur instabilité, ny l'autre pour leur indeuotion & peu de conduite. Mais pour ne luy oster point ce nom d'Hermite, puis qu'il en portoit l'habit (bien qu'il ne fust pas Moine, c'est à dire Solitaire) & pour ne l'offenfer du tiltre de vagabond, i'ay penfé en luy oftant celuy de Pelerin, qui a toufiours efté en telle veneration parmi les Chreftiens, que noftre Seigneur mefme apres Dauid fe dit Pelerin fur la terre, de luy donner celuy d'inftable, comme vn terme doux & moderé, qui le couure neantmoins de fes viues couleurs, & de fes liurees veritables Et certes ce difcours femble fort conuenable & à ce lieu, & aux perfonnes qui l'occupent à prefent ; car il traittera d'vn Hermite dans vn Hermitage, & d'vn Hermite qui veut paffer pour Pelerin deuant des Hermites & des Pelerins. I'efpere que nous cueillirons vn doux miel fur l'amertume du thim de fes imperfectiõs, & que nous apprendrons à eftre bons Hermites, & bons Pelerins par le reuers de fon exemple. Faites ô mon Dieu,

Qu'en recitant le mal, pourtant ie ne mefdife,
Et qu'inftruifant autruy, moy-mefme ie m'inftruife.

La Bretagne prouince fameufe de noftre France eft feparee de l'Angleterre par ce trajet de mer que les Cofmographes appellent Ocean Britannique. Et ie ne fçay pas bien pourquoy l'Angleterre s'attribue le tiltre de grande Bretagne en comprenant l'Eſcoſſe, veu que ce nom d'Angleterre, comme qui diroit vn angle, ou vn anglet, ou recoin de terre, ſonne ie ne ſçay quelle petiteſſe contraire à cette grandeur dont elle ſe va flattant. Au contraire il ſemble que le pays Armorique, c'eſt à dire la Bretagne Françoiſe, outre qu'elle eſt incorporee & vnie à vne ample Monarchie, eſtant de plus attachee à ce grand continent, qui s'eſtend depuis l'vne iuſques à l'autre mer Oceane & Mediterannee, merite mieux cét eloge de grandeur, veu qu'en toutes façons elle eſt ſubiecte à vn plus grand Potentat, & au premier Roy de la Terre. Mais laiſſons là ce debat, pour dire qu'en la vraye Bretagne de France ſur le riuage de l'Ocean, aupres des Iſles d'Obuau, & du port Brunel; il y a vne petite ville appellee S. Paul de Lyon, à laquelle cét Hermite inſtable, dont nous auós à deduire les mouuemens circulaires, doit ſa naiſſance. Son ſang fut noble, ſes parens fort Catholiques, de facultez mediocres, mais tres-honneſtes, & de creance dans le pays. Ie le vous feray connoiſtre ſous le nom d'Aquilin, parce que comme l'Aigle depuis qu'elle eſt ſortie du nid, ne ceſſe de voler çà & là, iuſques à ce qu'accablee de trauaux, ou de l'aage, elle ſe retire en quelque aire fort esleuee, & comme dit Iob, inaccessible, où mettant ses petits en seureté, elle void la proye de loin, sur laquelle elle fond soudainement, quand elle veut repaistre. Oyseau amy de l'air & du Soleil ; toutes qualitez que la suitte de nostre narré sera remarquer en nostre Gentilhomme. Adioustez qu'il portoit vn Aigle naissant en ses armes. Les Bretons, comme les Gascons, naissent soldats, principalement les Cadets, tel qu'estoit nostre Aiglon, & Cadet en Bretagne, c'est à dire vn homme qui a son vaillant en sa valeur, pour heritage le cœur, la cappe & l'espee, pour exercice les dents & les mains, en somme, qui ne vaut qu'autant qu'il se fait valoir. Le nostre apres auoir pris vne legere teinture en ces lettres qu'on appelle humaines, par le malheur de la saison fut poussé à l'exercice des armes: car c'estoit au temps que la France par des guerres ciuiles deschiroit ses propres entrailles, & rouge du sang de ses propres enfans, seruoit d'vn theatre où se representoit l'horrible spectacle de la forcenerie de Mars. Elle estoit lors diuisee en plus de partis que le fleuue de Giges ne le fut en ruisseaux par ce Roy de Perse, qui le vouloit tarir : & c'est merueille que le corps de cette belle Monarchie ne fut dissipé, ses membres estans tellement desioints, ses os si disloquez, & les Prouinces estrangement detraqués de l'obeyssance de celuy que le Ciel appelloit au maniement du Sceptre. Nostre Breton dans la sienne se treuua enroollé sous les drapeaux de cét excellent & magnanime Prince Philippe Emanuel de Lorraine Duc de Mercœur, qui depuis a faict tant de signalez exploits de guerre en Hongrie contre le Turc, qu'il a rempli tout l'Orient de la terreur de son nom, & de la grandeur de sa renommee. Mais lors estant Gouuerneur de la Bretagne, il se treuua les armes à la main pour la querelle de son sang, & la deffense de sa vie, plustost s'opposant à la creance qu'à la personne du grand Henry qu'il eut tousjours en veneration singuliere, mettant les armes à ses pieds aussi-tost que ce Monarque eut mis bas son erreur aux pieds de l'Eglise. Ce fut doncques sous la conduite de ce fameux Capitaine que nostre Aquilin fut instruit aux principes de l'art militaire, auquel il s'auança de telle sorte, que se rendant signalé en valeur, & en iugement parmi ses compagnons, ce Prince le prit en affection, & non content de le faire de sa compagnie, le mit au rang des appointez & ordinaires de sa maison. La paix auecque ses aisles d'or estant reuolee en France, ce Prince tout genereux ne pouuant contenir son courage tout Martial sās exercice, choisit pour lors le plus signalé theatre de l'Vniuers, qui estoit la Hongrie, où en vne cause si iuste & sainte que celle de la foy, les trauaux ne pouuoient estre que glorieux, les exploits honorables, & la mort heureuse. Nostre Gentilhomme suiuit son maistre en ce beau voyage, & fit si bien en diuerses rencontres, qu'il fut honoré de la place de Cornette en sa compagnie de Gendarmes. Ie laisse à l'histoire de ce temps-là de vous informer plus amplement des actions d'vne incomparable valeur que produisit ce Prince à la veuë de tout le Christianisme, son nom sans vne extreme ingratitude ne pouuant perir en la memoire de la posterité, pour les grands seruices dont toute l'Europe luy demeure obligee. Mais le Ciel faisant pour l'ordinaire que ces personnes là, viuent le moins qui le meritent le mieux, les appellant au repos de leurs peines, & au salaire de leurs labeurs, tirant à soy ce braue Prince au milieu du cours de ses victoires, renuersa par sa mort les attentes & les fortunes de ceux qui l'auoient & suiui, & serui en tant de hauts desseins, & de genereuses entreprises. Parmy ceux qui furent participans de cette disgrace, fut nostre Aquilin, lequel ne sçachant de quel costé prendre son vol, ayant aussi peu en France qu'en Alemagne, & ne voyant de toutes parts que la pauureté pour son partage, en fin comme vn Aiglon legitime regardant fixement le Soleil de la diuinité, il se resolut de se ietter sous l'estendard de la Croix, se souuenant de ce mot de S. Hierome, que celuy-là est abondamment riche qui est pauure auecque Iesus Christ, lequel estant possesseur des richesses infinies de la gloire, s'estoit rendu pauure pour nostre amour, affin de nous enrichir par sa disette. Il s'imagine que cette resolution si honorable luy sera encore vtile, & que n'ayant peu treuuer dans les hazards de la guerre vne mort auantageuse, il rencontrera le moyen de viure au seruice de celuy pour lequel il vouloit mourir, dans l'estat Religieux. Duquel faisant comparaison auecque celuy de soldat, il pensoit que les Compagnies les plus austeres n'auoient rien de conferable aux trauaux de ceux qui sont dans les armees. Mais comme ces considerations estoient vn peu humaines, & pleines de terrestrité, il ne faut pas s'estonner s'il faillit au choix ; car comme euſt-il fait vne election conforme aux conſeils de l'Euāgile, s'il n'en ſçauoit pas les maximes? Iettant doncques ſes yeux ſur tous les Ordres Religieux qui combattent ſous diuers drapeaux, & ſous differentes liurees en l'Egliſe militante, ſon eſprit agité de mille differentes penſees le fait voltiger comme la Colombe du Patriarche ſur ces eaux, ſans ſçauoir où aſſoir le pied, ne treuuant aucune Congregation qui ne contreuinſt en quelque choſe à ſon gouſt, comme ſi elles eſtoiēt eſtablies pour contenter l'appetit, & ſatisfaire aux deſirs des hommes, non pour les vaincre, renuerſer & mortifier. En l'vne la nudité luy ſembloit inſupportable, principalement en Alemagne ; en l'autre l'vſage continuel du poiſſon & de l'huile ; és Chartreux la cloſture perpetuelle l'effrayoit: en d'autres Congregations il s'imaginoit à cauſe de ſon peu d'eſtude, qu'il ſeroit meſpriſé. Sur tout l'obeyſſance, & ce renoncement abſolu de ſoy-meſme, & de toutes ſes volontez, luy ſembloit d'vne digeſtion trop rude pour la foibleſſe de ſon eſtomac, c'eſt à dire, à la debilité de ſon eſprit tout rempli d'amour propre. A la fin il penſa, comme on dit, auoir treuué la feue au gaſteau, mais

comme Archimede auoit rencontré la quadrature du cercle, quand ayant ietté l'œil sur sa vie Anacoretique ou Solitaire, il la treuua ployante sous ses desirs, & tout ainsi qu'vne matiere premiere susceptible de toutes les formes qu'il luy voudroit donner: car en cette façon de viure il seroit à soy, detaché des vœux, sans autre Superieur que son inclination, selon laquelle il ordonneroit de ses heures, de ses exercices corporels, ou spirituels, de son manger, de son vestir; bref qu'il seroit ensemble & seruiteur de Dieu portant vn habit Religieux, & possesseur de soy-mesme. Voyla qu'il se dresse en sa fantasie vne Reigle à sa mode, en laquelle il se donne la liberté d'adiouster, de diminuer, de corriger, & d'aprouuer tout ce qui luy semblera bon. Mais suiuant cét ardant de son amour propre, il est à craindre qu'il ne se porte en plusieurs precipices. Il voyageoit alors par l'Alemagne ruminant profondement ces pensees, qui luy firent naistre la resolution de se faire Hermite en ce pays Estranger, estimant que l'esloignement des siens, & de toute connoissance contribueroit quelque chose à sa perfection, selon que Dieu disoit à Abraham, affin qu'il cheminast parfaittement deuant luy ; Sors
de

de ton pays & de ton parentage, & va en la terre que ie te monstreray. Encore cette consideration estoit-elle bonne, mais comme pour solides que soient les pierres, si elles ne sont assises sur vn bon fondement, & droittement ajustees, elles ne peuuent faire aucun edifice qui vaille; de mesme quand vn principe est fautif, toutes les consequences en sont absurdes: c'est, comme dit l'Apostre, edifier sur la paille & sur le foin. Ce n'est pas que ie blasme la vocation Heremitique, à Dieu ne plaise que cette pensée entre en mon esprit, ny que ces paroles malicieuses tombent de ma bouche, principalement à cette heure qu'elle est ouuerte deuant vne Compagnie d'Hermites, qui en releuent la gloire par leurs bons deportemés, faisans voir à quel degré de pieté s'esleuent les Solitaires qui se tiennent assis, & à recoy dans vn profond silence. Mais ie dis ce que les plus entendus en la vie Religieuse disent d'vn commun accord, ou qu'il faut vne vocation tres-speciale, & bien espreuuée, pour se jetter en cette sorte de retraitte, ou auoir passé par l'estamine de la vie Cenobitique par vn long temps, ou pour le moins auoir essayé & demandé en diuers Conuents pour estre admis entre les Cenobites, auant que

R

se ietter dans le desert: car si l'on n'y est conduit par vn bon esprit, il est mal aysé d'y perseuerer, & d'y faire vne vie qui dure. En quoy la retraitte du Reclus Marcian, dont ce matin nous auons admiré la perseuerance, auoit vne bonne marque, de ce qu'ayant frappé à diuerses portes de Monasteres, sans les pouuoir faire ouurir à son desir, il eut recours à ce refuge, & à ce dernier retranchement, qui ne manque iamais à ceux qui comme le Paralytique ne treuuent point d'homme, ny de Superieur qui les vueille ietter en la Piscine de la sainte Religion. De ce deffaut, comme de sa source, ie pense que sont prouenus en nostre instable les inquietudes qui l'ont accueilli iusques à ce qu'il ait rencontré le port, selon que dit Dieu par la bouche de son Profete; Ie le laisseray aller selon les desirs de son cœur, & cheminer selon ses fantasies. Il estoit lors en cette belle & fameuse Colonie des Romains la Cité de Cologne, situee sur le courant du Rhin, Siege Archiepiscopal, & l'vn des Electorats de l'Empire. Là treuuant l'air doux, le pays aggreable, les mœurs des habitans assez faciles, le peuple deuot, il s'auisa de chercher aux enuirons quelque Solitude commode, d'où il peust sortir quelquefois pour venir chercher sa vie en cette opulente Cité. Il ne manqua pas à rencontrer vne grotte fort conuenable à son dessein, le paysage luy en presentant de differentes manieres; la sans se soucier d'entrer en aucune autre Congregation reformee, il establit en son imagination le sejour de son repos, il y veut habiter, parce que ce lieu est fort à son gré. C'est sa terre promise, selon son auis, c'est son Oreb, c'est son Sina, c'est son Carmel, desia il pense voir l'eschelle de Iacob, & que ce lieu est plein de sanctification, & pour luy la maison de Dieu, & la porte du Ciel. Vn rocher esleuant sa pointe vers les nuees, & pendant en precipice sur vne belle colline couuerte de gentils boccages, & baignee en son pied de belles fontaines, qui arrosoient vne aggreable prairie, vn aspect où l'œil rencontroit d'vn seul regard toutes les diuersitez desirables, pour rendre vne veuë accomplie, c'estoit la situation de cette cauerne, dont la bouche tournee du costé de l'Orient se doroit des premiers & plus vifs rayons que lette le Soleil quand il sort du sein de l'Aurore. Il void de là les pointes des clochers de Cologne, où il se figure qu'est l'arbre de vie de son Paradis terrestre. Il ne reste à nostre Aquilin que l'aueu du Serenissime Electeur, qui est le Prelat, l'Archeuesque, & le Prince souuerain de cette contree. Et parce qu'il fait peu de residence en cette Ville là pour les raisons que sçauent ceux qui n'y sont point estrangers, il s'addressa au Reuerend Official de Monseigneur l'Illustrissime, auquel il communiqua ses resolutions. Ce Docteur prudent & auisé, & homme consommé en la science des Saincts, & en la conduite des ames, ayant par diuerses enquestes sondé le fonds de son dessein, & voyant sa ieunesse, sa qualité, l'exercice des armes qui auoit iusques alors occupé toute sa vie, & l'extreme inexperience qu'il auoit tant de l'oraison, de la mortification, de la pratique des vertus, que d'autres fonctions qui sont en vigueur dãs les Cloistres, reprouua d'abbord son intention, comme pleine de temerité, de peu de iugement, & d'vn desir general de faire sa volonté en tout, & de respandre ce venin sur les plus belles fleurs qui peuuent s'esclorre au parterre de la vie deuote. Il loüa son pieux dessein, adorant en luy l'inspiration diuine qui le portoit à la penitence, & au ioug suaue du Sauueur ; mais il ne le prisa pas au choix qu'il auoit faict du genre de vie Heremitique, disant qu'il imitoit ceux qui reietteroient le froment pour retourner à l'vfage des glands, laiffant les Religions appreuuees par l'Eglife & le S. Siege, pour s'addonner à vne forte de vie qui n'eft loüee, ny blafmee, mais feulement toleree. Encore, luy difoit-il, fi vous vous eftiez prefenté en quelques Monafteres, & fi vous auiez efté refufé en diuers Ordres, ie iugerois plus fauorablement de voftre retraitte, comme celuy qui ne pouuant faire le mieux, fait le moins, executant finon ce qu'il veut, au moins ce qu'il peut: mais d'embraffer vne vie plus dangereufe qu'vtile à ceux qui font Nouices & apprentifs en la milice fpirituelle, & qui ne doit eftre permife qu'aux vieux routiers, & aux plus experimentez, certes ie penferois engager ma confcience en cette permiffion, & me rendre complice auecque vous de voftre perte. Ignorez-vous ce qui eft efcrit; Malheur à celuy qui n'a qui le foulage, l'auertiffe, le corrige & le releue en fa folitude? Que fi en l'eftat d'innocence il n'eftoit pas bon que l'homme fuft feul, que fera-ce en celuy de peché & de malice ? penfez-vous que Dieu ne reiette pas vos oraifons, vos difciplines, & vos ieufnes, n'y rencontrant que voftre propre volonté ? Croyez moy, vous voulez vous embarquer en vne longue nauigation sans biscuit, descendre dans vn sepulchre tout viuant, c'est à dire, sans auoir apris à mortifier vos passions, & à mourir au monde, & à vous mesme. Au demeurant vous n'estes pas lettré, & vn Ancien dit que le loisir sans l'occupation des lettres est vne mort, & le tombeau d'vn homme vif. Certes si ie voyois en vous les qualitez requises pour faire vn parfait Anacorete, c'est à dire vn Ange humain, ie vous admettrois volontiers en ce Diocese, estimant que vous y seruiriez d'vn Genie tutelaire, & d'vne lampe tousiours ardante deuant Dieu en l'exercice de la part de Marie; mais ne les y treuuant pas, ne vous estonnez point si vous ne rencontrez point en moy la condescendance à des desirs que ie n'estime ny iustes, ny auantageux pour vostre salut. Ce que ie puis faire pour vous en charité, est de m'entremettre pour vous faire treuuer place en quelque Monastere bien reformé, dont il y a bon nombre en cette Ville ; & en cela ie pense, comme dit l'Apostre, auoir l'esprit de Dieu. Voila nostre Postulant muet comme vn poisson : car bien que d'ailleurs il eust la langue assez bien penduë, il auoit encore si peu d'intelligence de l'Aleman, & il estoit si mal pourueu de Latin, langue si familiere en Germanie, qu'elle est mesme en la bouche des filles & des femmes, qu'il ne sçauoit comme parler ; & quand il eust eu l'vsage facile de ces idiomes, quelles raisons eust-il peu opposer à celles de ce bon Docteur, qui estoiét sans replique, & tout à faict conuainquantes? Il se retira donc cette premiere fois auec autant de honte qu'il s'estoit presenté auec vne non mediocre presomption de sa suffisance, n'estimāt pas deuoir estre payé de ce rebut, ains se promettant vne admission fauorable. Il auoit veu par ce pays là tant de pauures Hermites idiots, vagabonds, ignorans, ausquels se comparant il disoit en soy-mesme auecque le Pharisien, ie ne suis pas comme ces hommes là grossiers, lourdaux, beuueurs, coureurs, esceruelez ; il s'imaginoit qu'entre ces habitans des deserts il seroit vn Profete, comme Saül parmy ceux de Ramoth-Galaad. Si bien que se voyant renuoyé par l'Official, il rabbatit ses crestes, mais non pas ses esperances, ni ses pretensions, se promettant d'en venir à chef par vne autre voye, ou au moins de se prouuoir en quelqu'autre Diocese. Il fit rencontre à Cologne de quelques François, & encore de quelques Seigneurs Alemans, qu'il auoit veus à l'armee, & qui l'auoiét connu aupres de Monseigneur le Duc de Mercœur en qualité fort honorable, & en estime d'homme de valeur. Il les employa vers cét Official, lequel par eux informé du merite & de la naissance de ce personnage, qui s'estoit rendu signalé dans les armees côtre le Turc, où il auoit rendu de notables preuues de son courage, & des seruices remarquables à la foy, se laissa vaincre à l'importunité de leurs prieres, donnant à nostre Cadet la permission si ardamment desiree, & si chaudement poursuiuie, le renuoyant à vn Hermite du Diocese, dont la vie estoit assez exemplaire, pour prendre l'habit de sa main, auecque conseil de se soumettre à sa direction pour quelque temps, laissant neantmoins cela à la discretion d'Aquilin, lequel comme le parent de Ruth voulant bien l'heritage, mais non pas la femme, c'est à dire l'habit sacré, & la faculté de demeurer en l'Hermitage, mais non la sujettion à vn autre, point qui luy faisoit fuir la vie des Cenobites, il fit comme les enfans qui laissent le pain & mangent le miel, choisissant en la permission ce qui reuenoit à son humeur, & reiettant le salutaire conseil, d'autant qu'il repugnoit à sa fantasie. Le voila despouillé des habits seculiers, mais nõ pas des habitudes mondaines, il est desuestu de ses habillemens, & couuert d'vne grosse robe d'Hermite, sans pratiquer ce conseil Euangelique, lequel auertit celuy qui veut suiure nostre Seigneur au chemin de la perfection, de dōner tout son bien aux pauures; car au contraire vendant tout son equipage, & congediant ses gens auecque le moindre salaire dont il les peut contenter, il fit comme Achan, qui garda de l'anatheme de Iericho, & le cacha dans sa tente. Ce n'est pas pourtant que ie le blasme en cela, ni que ie le vueille accuser du crime d'Ananie & Safire, c'est à dire, des proprietaires; car il ne peut estre commis que par ceux qui ont dans vne Communauté sainte faict vœu de ne rien posseder de propre. Au contraire il semble que sa prudence fust loüable, & qu'il imitast la fourmy, à laquelle l'Escriture renuoye le paresseux, qui fait prouision pour subuenir à sa necessité. Les Hermites sequestrez en leurs demeures de la commune conuersation des hommes, peuuent sans doute faire quelque amas en leurs questes, pour estre veus le moins que faire se pourra, & ils sont legitimes possesseurs des aumosnes qui leur prouiennent de la liberalité de leurs bienfaitteurs. Mais ceux-là sans doute sont bien plus parfaicts, qui comme S. Paul, S. Antoine, S. Hilarion, & tant d'autres, donnent tout aux pauures, pour se retirer en la Solitude sans autre support que de la confiance en la prouidence eternelle : car ceux qui s'appuyent sur les facultez de la terre, & sur la reigle d'or, & la bourse, ouurages des mains des hommes, se treuuent ordinairement estayez de bastons de roseau, qui leur font prendre de lourdes cheutes. Dieu ne veut point des sacrifices des despoüilles, ni des troupeaux d'Amalec ; Iudith ayma mieux sacrifier à vn anatheme d'oubly tout l'equipage d'Holoferne qu'en faire son profit : il ne faut point emporter dans le desert les vaisseaux, ni la farine d'Egypte, si Dieu expressement ne le commande, autrement on sera priué de la manne des celestes consolations. Nostre Aquilin n'en fit pas ainsi, car s'asseoiant comme Rachel sur les idoles de Laban, il fait vne bonne bourse qu'il porte auecque soy en l'Hermitage, comme s'il eust voulu y faire vne Cité permanente, & y posseder le Sanctuaire par heritage. Et si ie ne me trompe, ce fut icy le principe de ses inconstances, car l'idole & l'arche sont incompatibles sur l'autel d'vn mesme cœur. Vous entendrez de quelle façon, si premierement ie vous dis qu'Aquilin estant entré seul dedans sa cauerne, sans valet, sans compagnon, sans assistance, y demeura vn an tout entier que dura la ferueur de sa premiere charieté, y pratiquant des austeritez plustost effroyables qu'imitables, & plustost extremes que loüables: semblable à ces cheuaux fougueux qui iettent toute leur escume & leur feu au commencement du manaige, & puis tout à coup tombent sur les dents. Il ne sortoit qu'vne fois, ou tout au plus deux fois le mois, pour venir chercher l'aumosne à Cologne; & comme les Cometes sont plus regardez que les estoiles à cause de leur rareté, ainsi cét Hermite qu'on voyoit si peu souuent, & qui ne passoit deuant les yeux que comme vn esclair: fut incontinent en plus grande consideration parmi le vulaigre que plusieurs grands Religieux, & insignes Predicateurs, qui seruoient par leur vie, & leur doctrine de sel & de lumiere à toute la contree. Et comme la rose paroist plus belle, quand on la confere auecque les espines qui l'enuironnent; de mesme quand on venoit à considerer la vie dereiglee que menoient ces vagabonds, qui rodent par le monde sous l'habit d'Hermites, auecque frere Aquilin, dont la contenance paroiſſoit ſi mortifiee, les yeux ſi abbattus, le teinct haue & decoloré, le veſtement ſi aſpre, la retenuë au parler, la retraitte ſi reſſerree, la frequentation du monde ſi rare, il n'y auoit celuy qui ne le priſt deſia pour vn Elie, pour vn Baptiſte, ou pour quelqu'vn de ces anciens Anacorettes de l'Orient reſuſcité en luy. Si qu'à peine auoit il faict vn tour de ruë que ſa beſace, & ſa boëte eſtoient pleines pour vn mois, & plus: tel eſt l'eſprit du populaire, meſpriſant ce qui void d'ordinaire, & n'eſtimant que ce qu'il paroiſt rarement deuant ſes yeux. Tout cecy ne va pas mal pour noſtre Hermite, veu que la bonne vie qu'il menoit en particulier, ſe reſpandoit comme vne lumiere à l'edification du prochain, eſtant de cette façon vne lampe ardante & luiſante. Mais comme les pommes les pluſtoſt meures, ne ſont pas touſiours les plus entieres, ny les arbres les plus ſains, qui paroiſſent verdoyās de guy en hyuer, y ayant des vers, & de certain bois parmy qui luit durant que la nuict eſtend ſon voyle ſur la terre: de meſme la pieté precipitee de noſtre Anacorette ne dura pas long-temps, mais elle ſe paſſa comme vne fleur preſque auſſi-toſt fleſtrie qu'eſpanouye. Car le diable noſtre aduerſaire tournoyant sans cesse comme vn Lyon rugissant pour nous deuorer, tenant nostre homme, par le point de terre de cette bourse, qu'il gardoit aussi soigneusement que Michan ses Dieux d'or & d'argent, enleua comme vn autre Archimede toute la machine de cette reputation, & la reduisit en fumee.

C'est doncques vn arrest qui n'espargne personne,
Que rien n'est icy bas heureux parfaitement,
Et qu'on ne peut auoir aucun contentement,
Qu'vn funeste malheur aussi-tost n'empoisonne.

Vous allez voir les stratagemes de Sathan pour debusquer de sa cauerne nostre Anacorete, sous les plus specieux pretextes du monde, tant les rais du demon du midy sont plus dangereux que les traicts de celuy qui chemine parmi les tenebres. La premiere batterie qu'il dressa contre ce fort armé, pour essayer de se rendre maistre de la place, ce fut en luy suggerant qu'il employast l'argent de sa bourse non en ausmones, mais à vne eternelle memoire de soy, laquelle il dora & colora de la plus grande gloire de Dieu, & edification du prochain. Ce fut en faisant bastir vne belle Chappelle, & vn gentil logement, pour y receuoir les honnestes gens qui viendroient faire leurs deuotions en son Oratoire. Voulez-vous cacher vn hameçon sous vne plus fine amorce? & qui penseroit que cette tentation eust pour fin celle qui paroistra, veu qu'il sembloit que cét ajencement pouruoyant à sa santé, & ensemble à la recreation, le deust attacher à ce lien auecque des chaisnes plus pressantes? Sans consulter autre oracle que celuy de sa fantasie, il met apres ce dessein les maçons, & les charpentiers, qui tant que dura la bourse luy bastirent vne Chappelle, & vne maison joignante si mignonne qu'il y auoit dequoy loger vne douzaine de Religieux, si que cette grotte deuint vn Monastere. O que cét ancien Abbé de la Thebaide auoit grande raison de dire à ses Religieux, qui se plaignoient de sa petitesse & de l'incommodité de leurs cellules, & qui le prioient d'amplifier le Conuent ; Gardons nous, mes freres, d'estressir nos demeures au Ciel, en eslargissant celles de la terre. Frere Aquilin eust eu besoin que quelqu'vn luy donnast cét auertissement, car ce doux appauurir qu'on appelle edifier, luy causa en peu de temps beaucoup de maux spirituels, premierement l'embarras des ouuriers luy osta tout à faict le temps & le moyen de vacquer aux exercices de la priere, & de la mortification, ausquels il auoit pris quelque petite habitude;

si qu'en peu de mois que dura cette fabrique, il se treuua basti en l'exterieur, & ruiné en l'interieur, sa Ierusalem mystique estant deuenuë vne vraye masure. Il s'en falloit tant qu'il eust le double esprit d'Elie pour vacquer à la vie mixte, c'est à dire, en mesme temps aux fonctions de Marthe & de Marie, qu'il perdit soudain le train commencé, se relaschât en la conuersation des ouuriers gens de chair & de sang, qui ne demandent qu'à rire, & à faire bonne chere, au lieu que le Royaume du Ciel n'est pas viande & breuuage. Outre ce detraquement de ses occupations spirituelles, l'amour propre qui ne dit iamais, c'est assez, luy ayant fait prendre vn extreme contentement à bastir, luy fait faire des projets par delà ses finances, & luy fait imaginer qu'ayant faict des greniers & des celiers, il les emplira des grains & de vins, que rien ne luy manquera, qu'il a besoin d'vn valet, & de quelques freres associez qui viuront sous son obeyssance, se forgeant des superioritez, n'ayant qu'vn an de Nouitiat, encore quel Nouitiat, sur sa teste: voyla de hautes pensees qui montent en son cœur, mais Dieu de là haut void les pensees des hommes, & se rit de leur vanité. Il faut meubler la Chappelle & le logis, & les finances manquent à nostre frere, lequel pensant dans la miniere de la reputation qu'il s'estoit acquise à Cologne, treuuer des lingots d'or, & dequoy emplir ses caues & ses cabinets, dequoy nourrir des personnes qui luy seroient subiectes, il se treuue tout à coup bien descheu de ses esperances; car la pierre picquee ne donne plus des eaux, & au lieu qu'estant mal logé il auoit des viures en abondance, il meurt de faim dans son beau logement, & si quelque maladie l'eust alors accueilli, il eust esté contraint de manger des pierres, & fust demeuré sans secours: en voicy la raison. Le peuple est vn animal plus changeant que la Lune, plus inconstant que la mer, laquelle varie ses couleurs selon les vents qui tirent. Le bastiment superbe, trop ample, & trop mignard de nostre Hermite fait croire qu'auecque sa contenance mortifiee il auoit finement attrapé quelques larges aumosnes, dont il auoit faict ce grand edifice, bien qu'en effect il n'eust tiré de la Ville que ce qui auoit faict besoin à l'vsage de sa bouche, les architectes ayans esté payez de la bourse de reserue, dont nous auons parlé; si bien qu'en vn moment cette montagne de reputation que sa pauureté luy auoit acquise, engendra sinon vne souris, au moins vn souſris vniuerſel, qui luy faiſoit receuoir des mocqueries, & des refus honteux, au lieu des viures, dont il auoit accouſtumé auparauant de réplir ſa beſace. Ce qui le met en d'eſtranges agonies, & qui fera noter en paſſant, que comme ceux qui cherchent le Royaume de Dieu & ſa iuſtice par les bonnes voyes, ne manquent de rien, tout leur venant en affluence ; de meſme ceux qui quittent le ſeruice de Dieu, ſont abandonnez de luy en la main de leur conſeil, puis qu'ils ont plus de confiance en leur prudence qu'en ſa prouidence. Frere Aquilin plus attaché à ſa maiſon qu'vn Roy à ſon Palais, ſe treuue bien eſtonné d'en voir la cuiſine fonduë, car en faiſant bonne chere à ſes ouuriers, il s'y eſtoit accouſtumé, & aucunement rendu le ieuſne difficile : car quant à la priere, il n'en faiſoit preſque plus ſinon legerement, tant le ſoin de ce tracas auoit embarraſſé ſon eſprit. Le diable qui peſche touſiours dans le trouble, adiouſta à cette premiere tétation vne autre ſuggeſtiō d'autant plus dangereuſe qu'elle eſtoit plus ſpecieuſe ; il s'alla imaginer qu'en vain auroit-il faict faire vne Chappelle, s'il ne s'en vouloit ſeruir comme Preſtre, pour s'exempter de la peine d'aller entendre la Sainte

S

Messe, & receuoir les Sacremens en la Paroisse voisine, de plus il croit que cette qualité luy imprimera vn charactere qui le rendra plus venerable, & luy fera reconquerir cette reputation qu'il estoit bien fasché d'auoir ainsi perduë. Cela l'oblige à recourir à son premier Oracle Monsieur l'Official, lequel prenant occasion de luy remonstrer le peu de iugement qui l'auoit porté à cette fabrique, & les murmures qu'elle auoit causé en la Ville, où il auoit demoli sa renommee en edifiant sa chambre; Apprenez, luy dit-il, vne autre fois à prendre côseil de vos amis, & à n'estre point sage en vous mesme, car qui se conseille soy-mesme, est ordinairement mal conseillé: les Hermites doiuent estre logez en Hermites, & non en Princes, ny en Gêtilshommes, leur habit grossier appelle vn logement incommode, vn Moine bien logé est presque tousiours mal mortifié. Alors le frere Aquilin luy dit que ce qu'il en auoit faict, estoit pour la plus grande gloire de Dieu, auquel il auoit esleué vn Oratoire, & le reste de la maison n'estoit pas tant pour se loger, e pour y receuoir plus honorablement & decemment ceux qui viendroient faire leurs prieres en la Chappelle. Il en est, repliqua l'Official, des lieux rustiques, specialement des Grottes, comme des viandes, les plus simples sont les plus aggreables, les sauces trop sofistiquees alterent le goust, & le trop d'ajoliuement gaste la grace de la nature: nous ne lisons point que les anciens Peres du desert soient paruenus à ces hauts degrez de sainteté, dont ils ont estonné toute la Terre, en embellissant leurs cauernes, ni qu'ils ayent pensé beaucoup auancer la gloire de Dieu par de magnifiques Oratoires, Dieu est esprit, & qui veut des adorateurs en esprit & verité. Non que ie vueille reprouuer l'embellissement & l'edification des Eglises, mais il faut distinguer les lieux; ceux qui sont desertez & solitaires n'ont pas besoin de tant d'artifice, comme les Temples des grandes Villes, qui frequentez de beaucoup de peuple, doiuent auoir des ornemens, qui puissent imprimer par l'exterieur vne pieté & reuerence particuliere à ceux qui y entrent. Monsieur, dit frere Aquilin, i'ay pensé bien faire. Pensoit de mesme, reprit l'Official, le pauure Saül quand il reserua pour sacrifier des troupeaux d'Amalec. Et Dauid ne croyoit pas offenser en nombrant son peuple, ni Giezi receuant les dons de Naaman, vous ne deuiez pas employer en bastiment si superbe ce qui vous estoit elargi pour vostre nourriture. Alors Aquilin voyant que l'Official estoit preoccupé de l'erreur populaire que plusieurs luy auoient faict entendre, luy découurit tout naïfuement de quel argent il auoit faict faire toute cette architecture. Icy l'Official. Certes ie pourrois en cette occurrence dire bien plus veritablement que Iudas de l'onguent de la Magdeleine, à quoy sert cette profusion? il eust bien mieux valu ou le donner aux pauures, selon le conseil de l'Euangile, ou au moins le donner à vous mesme comme premier pauure, selon l'ordre de la charité, non le gardant inutilement dans vne cachette, mais le mettant en rente, & viuant du reuenu sans faire aucune queste, vous tenant reclus & serré dedans vostre cauerne; car alors le monde vous eust pris pour vn autre Baptiste ne beuuant, ni mangeant, ne sçachant d'où vous fust venuë vostre nourriture, sinon de quelque Ange, comme à Elie, ou d'vn corbeau, comme à S. Paul l'Hermite. Ainsi vous n'eussiez esté à charge à aucun, & au lieu de bastir auecque des pierres mortes, vous eussiez edifié les pierres viues de Ierusalem, c'est à dire les fideles. O s'il vous eust pleu me communiquer tous ces desseins, que vous en eussiez bien veu reüssir autre chose que ce que vous voyez; car ie puis dire que i'ay quelque part en ces murmures, & que les opprobres de ceux qui vous font des reproches, tombent aucunement sur moy, à cause que ie vous ay admis en ce Diocese. Pour Dieu quand il vous arriuera quelque autre imagination, faites nous l'honneur de nous la communiquer, & nous vous donnerons des auis d'amy, selon que le Sainct Esprit nous suggerera: vous estes estranger, qui connoissez peu l'humeur du pays, nous qui par le debuoir de nos charges sommes meslez dedans le monde, & qui faisons nostre salut en cooperant à celuy des autres, sçauons mieux ce qui s'y passe. Frere Aquilin l'ayant iustement amené au point qu'il desiroit, Monsieur, luy dit-il, vostre courtoisie me preuient en mon deuoir, & vostre premiere grace m'en fait esperer vne seconde, qui mettra en vsage nostre bastiment, & qui reparera toutes les breches de nostre renommee. Ce que vous ferez en fauorisant l'inspiration qu'il a pleu à Dieu me donner de me faire Prestre, & de me lier aux ordres sacrez, pour m'attacher à la vocation Ecclesiastique par des nœuds indissolubles, &

vacquer au diuin seruice auec plus d'honneur & de consideration. Mon frere, dit l'Official, vous vous connoissez mal en inspirations, i'appelle ce desir vne suggestion du maling, qui vous appelle d'vn abysme en vne autre, & qui vous veut esleuer sur les montagnes, ou sur le pinnacle, pour vous faire prendre le saut. I' vous en prend comme à celuy qui auoit faict vœu d'estre Cardinal, que le Pape dispesa de cette promesse aussi fole que friuole. Si vous auez faict vœu d'estre Prestre, ie vous en dispenseray plus facilemét que ie ne vous dónerois des lettres dimissoires pour aller aux ordres la part où ils se tiendront. Mais mon frere, pour Dieu reuenez à vous, pensez à vous, où est l'humilité? où est la connoissance de vostre neant? Ceux qui vous ont frayé le chemin à la perfection en la vie solitaire, S. Paul, S. Antoine, tant d'autres aussi capables en doctrine qu'eminens en sainteté, ont fuy le charactere que vous cherchez, & l'ont fuy non certes par mespris du ministere, mais pour la petite estime d'eux mesmes. Ce Nilus qui se coupa l'oreille de peur qu'on ne le sacrast Euesque, estoir bien mené d'vn autre esprit que celuy qui vous anime. Mais sans produire tant d'exemples, reuenez à voſtre cœur, mirez vous dans le cryſtal de voſtre connoiſſance, & voyez combien voſtre ſuffiſance eſt courte pour arriuer à vn ſi haut degré. Voila la pierre de touche, voſtre or s'y eſpreuuera. Et quand vous auriez autant de capacité qu'vn Docteur, ſongez aux autres qualitez requiſes pour faire vn bon Preſtre, & là deſſus iugez combien vous eſtes eſloigné de cette perfection. Au demeurant, s'il faut eſtre appellé comme Aaron, qui eſt-ce qui vous appelle? Qui m'appelle, reprit Aquilin, c'eſt le mouuement du S. Eſprit: prenez garde, repliqua l'Official, que ce ne ſoit celuy du feint eſprit, c'eſt à dire de voſtre amour propre: car côme quelques vns ainſi que Samuel reſpondent à Heli quand Dieu les appelle; de meſme d'autres penſent que Dieu les appelle quãd l'aueugle Heli le monde, ou l'amour propre les porte à quelque entrepriſe. Et quoy, reprit l'Hermite, auez vous reconnu Monſieur, que Dieu vous appelloit à la Preſtriſe, ſinon à l'inclination de voſtre interieur? Sçachez, repliqua l'Official, qu'encore que ie ſois voſtre Superieur, & voſtre Iuge, & que voſtre interrogat fuſt plus ſeant en ma bouche qu'en la voſtre, neantmoins en imitant celuy qui eſt venu non pour eſtre ſerui, mais pour seruir, & qui s'est soumis au iugement de ceux qu'il iugera vn iour, son Pere luy ayant donné le pouuoir de juger toute creature, ie veux bien vous rendre raison du mouuement qui m'a porté aux ordres sacrez. Ayant doncques consumé vne partie de mon aage dans les escholes tant à apprendre qu'à enseigner les autres, mes parens & mes amis m'engagerent dans le train des licences & des disputes Theologiques; or en nos Vniuersitez nul peut estre admis au degré de Docteur en Theologie, quoy que d'ailleurs fort sçauant & capable, si premierement il n'est Prestre. Voila comme sans autre pretension que de seruir Dieu en cette condition, de laquelle ie me reconnois tres-indigne, ie me suis engagé en cét estat, auec telle opinion du peuple que l'auditoire quand ie presche est assez bien fourny, & telle estime des grands, que nostre Serenissime Prince Electeur & Archeuesque de l'auis des principaux Seigneurs de son Chapitre m'a honoré de la charge que vous voyez que i'exerce auec sa satisfaction. Mais encore y a-t'il grande difference entre les Ecclesiastiques Seculiers, comme nous, & les Reguliers ou Religieux, comme vous, car ceux-là bien que subiects à l'Euesque, n'ont pas tousiours leurs Superieurs sur leurs testes, si bien que seuls ils se peuuent determiner : mais ceux-cy és choses de telle importance ne doiuent rien entreprendre de leur mouuement, s'ils ne veulent entendre cette voix de Dieu; Vostre encens m'est en abomination, vos sacrifices, vos festes, & vos Neomenies en horreur, parce que i'y treuue vostre volonté propre plus esloignee de la mienne que le Nort n'est escarté du Midy. Si doncques vous me consultez pour ce regard comme vostre Superieur, sçachez que reconnoissant en vous si peu de litterature, comme n'ayāt passé en vos estudes autres bornes que celles des lettres appellees humaines, sans auoir pris aucune teinture de la Philosophie, moins de la Theologie, & encore employé en l'exercice de la guerre plus de temps qu'il n'en faut pour oublier vostre peu de Latin ; joint que ie voy que c'est ou la vanité, & le desir d'vn grade plus esleué, ou la commodité que vous esperez du seruice de l'Autel, qui vous portent à cette recherche, ce qui fait que ni ie ne me ployeray à condescendre à vostre requeste, ni ne vous conseilleray de passer outre, que vous n'ayez ietté de meilleurs fondemens tant en la science qu'en la conscience. Monsieur, reprit l'Hermite, Dieu void mes pensées de loing, il sonde mes reins, & penetre mes intentions, il connoist que ce n'est ny l'ambition, ny l'auarice qui me guident à ce faiste d'honneur le plus grand où puisse arriuer vn mortel; i'auois assez d'autres moyés pour m'aggrandir & m'enrichir dedans le monde, sans en sortir pour mener vne vie pauure & solitaire : mais c'est pour viure plus retiré, conuerser plus familierement auecque Dieu, & estre plus attaché à son seruice. Voyla des pretextes fort specieux, dit l'Official, neantmoins trompeurs, & qui par des sommitez releuees vous meinent en des precipices: c'est vouloir cheminer en choses hautes, & faire des merueilles par dessus sa portee, tout cela s'appelle deffaut d'vn vray sentiment d'humilité, & vne tumeur d'ame que vous pouuez desenfler par vne claire veuë de vostre neant, & en vous souuenant que nostre substance est vn beau rien, & que tout homme viuant n'est qu'vne vanité vniuerselle: vos allegations, & ces paroles excusantes, que le Profete nomme malicieuses, ne me feront pas pourtant condescendre à vos desirs, car ils sont trop nuisibles, comme dit l'Apostre, & ils vous plongeroient en vne eternelle confusion. Ce fut à l'Hermite à s'en retourner gemir de faim dans son Palais lambrissé, les pains de proposition n'arriuans plus sur ses tables de Cedre. Mais l'esprit qui luy auoit donné la tentation, luy suggera la subtilité pour venir à chef de ses pretensions. Il auoit pratiqué des amis à Cologne, qui le fauoriserent de leur intercession enuers l'Official, qui se sentant pressé, ou pluftost oppressé de leurs demandes autant importunes qu'iniustes, rejetta son refus non sur le deffaut de sa volonté, mais sur celuy de sa puissance, disant qu'outre le deffaut de capacité, il y en auoit deux autres, celuy du deffaut de patrimoine en vn homme qui pouuoit d'vn iour à autre quitter l'habit d'Hermite, & se reuestir de celuy de Prestre Seculier; & l'autre plus pressant, de ce qu'il n'auoit point de lettres dimissoires de son propre Prelat, ni demeuré assez long temps au Diocese de Cologne, pour pouuoir sous cette consideration y estre admis aux ordres sacrez. A cela les entremetteurs ne peurent respondre sinon qu'ils ne pretendoient que de flechir sa volonté à quelque grace, non luy attribuer vn pouuoir qu'il n'auoit pas. Ce qui mit nostre Aquilin en vne détresse inconsolable, & luy pensa faire ietter le capuce par les buissons : car c'est le propre des desirs de s'enflammer par les oppositions, comme le feu par le souffle ; & quand l'esperance est differee, c'est vne affliction d'esprit inconceuable. Aquilin dépité contre son Official, & se laissant aller interieurement aux murmures de la côtradiction de Coré contre Moyse, se resolut d'aller en son pays, & là par la faueur de ses amis se faire ordonner Prestre, ou obtenir des lettres dimissoires pour receuoir les ordres par quelque Euesque moins clairuoyant, & pratiquant mal le precepte de l'Apostre, de n'imposer legerement les mains à aucun. Il inuente vn autre pretexte pour obtenir congé de faire vn tour en son pays, troisiesme stratageme de Sathā, il le demande à son Official, en resolution de le prendre s'il ne luy octroyoit, le tenant pour vn hôme rebarbatif & insupportable. Mais ce pieux & sçauant Docteur, qui vid la ruse de l'ennemy, & que c'estoit là le moyen de ruiner tout à faict l'edifice spirituel que la pieté auoit aucunement commencé en ce jeune homme, ne manqua pas de luy faire voir cette finesse : mais il n'auoit point d'yeux pour l'apperceuoir. Quoy, luy disoit-il, mon frere, les morts sortent-ils ainsi de leurs sepulchres ? & qu'est vn Moine hors de sa cellule sinon vn poisson sur le sec, & vn oyseau dans le fonds des eaux? Vous voulez, dites-vous, estre Prestre pour fuir la conuersation des hommes, qui vous est odieuse, & vous vous y allez plonger mesme dans le sein des vostres, sein attrayāt comme celuy des Lamies, qui ouurent leur gorge pour attirer leurs petits : vous priez tous les iours Dieu qu'il ne vous induise point en tentation, & vous la cherchez. Si l'esprit de Dieu vous a par vn vent fauorable ietté au desert, regardez quel est celuy qui vous reiette dans le monde; sans doute c'est vn vent de terre, qui vous repousse en haute mer, affin que la tempeste vous engloutisse. Le frere insiste, prie, coniure; fait prier & presser, à la fin l'Official qu'il eust voulu estre deffaict de cét inconstant, luy bailla en colere ce qu'il luy eust refusé de sang froid. Aussi-tost frere Aquilin laisse son Hermitage fraischement basti, pour prendre la route de Bretagne, le tout à son auis pour la plus grande gloire de Dieu, mais en effect pour contenter la vanité de ses intentions malsaines. Il prit pour venir en France le chemin de Flandres, où passant dans vne vaste forest aupres de la ville de Gand, il luy arriua vne auanture memorable, & comme vous verrez, fort conuenable à vn Hermite. O Seigneur, ceux qui vous laissent sont abandonnez, ceux qui se retirent de vous seront escrits en la terre; car ils ont quitté la veine des eaux viues pour les eaux troubles de l'Egypte, les bourbes de Moab, & les citernes creuassees.

Desia l'ombre du soir du faiste des montagnes
Tomboit dans les campagnes.

Et l'obscurité de la nuict se meslant aux sombres tenebres, que le Soleil ne peut penetrer en l'espoisseur des forests, redoublent en l'ame de nostre voyageur l'horreur naturelle qui prouient de la priuation de la lumiere; quand il entroüit vne voix effrayante & feminine, qui crioit, alarme, misericorde, au meurtre & au secours: ce ton pitoyable fit de differentes impressions en l'esprit de nostre Hermite, car s'il consideroit sa condition presente, & la bienseance de son habit, il estoit inuité à s'escarter plustost de ce vacarme, & auoir recours aux prieres, que d'y porter vn autre secours: mais se souuenant de sa qualité precedente, & reuenant soudain à son premier naturel, se voyant armé d'vn puissant baston à deux bouts & bien ferré, qu'il portoit en lieu de bourdon, & dont il se sçauoit seruir

d'vne d'exterité parfaitte,
Il se porte aussi-tost plein d'ardeur & de zele
Où le gemissement & la clameur l'appelle,
Il eut peu brossé au trauers du bois, quand il apperceut d'entre les taillis vn spectacle Tragique.

Fin du Liure sixiesme.

HERMIANTE.
LIVRE VII.

'Estoit vne ieune Damoiselle auecque sa fille de chambre, qui estoient entre les mains de trois voleurs, qui en les foüillant & despoüillant leur tenoient le poignard dans la gorge, & l'vn d'entreux s'efforçoit de violer la maistresse, à leurs pieds estoient estendus morts vn Gentilhomme & son valet, & leurs cheuaux tous sellez attachez par leurs brides aux arbres, bien que la peur dans les plus furieux destours de la guerre n'eust iamais saisi le cœur de nostre Aquilin, si est-ce qu'à cette veuë il en sentit vne atteinte par vn certain frissonnement auant-courrier du peril où son courage l'alloit precipiter, il balança quelque peu entre le desir de se sauuer en se retirant, où d'apporter quelque secours à cette desolee, dont les cris l'esmouuoient à pitié. En fin considerant qu'il n'auoit rien à perdre que la vie, qu'il auoit tousiours si peu prisee, la compassió d'autruy le toucha plus viue-

viuemēt que son propre salut: sortant doncques de son fort, & se mettant en venë, il tascha premierement à toucher ces meschās par la veneration de son habit, & leur parlant religieusement, c'est à dire humblement, doucement, & en Hermite, il essayoit de les destourner d'vne actiō si malheureuse qu'vn rapt apres vn assassinat & vn vol. Mais ces ames barbares & abandonnees de Dieu qu'elles n'auoient pas deuant les yeux, au lieu d'auoir esgard à ses remonstrances, se mocquerent de ce Moine, en le chargeant de brocards & d'iniures, lesquelles mesprisant pour l'amour de Dieu, il ne cessoit de les coniurer de se deporter de leur abominable dessein: ce qui les mit en colere, & les fit venir aux menaces, iurans auecque des blasfemes ordinaires en la bouche de tels pendards, que s'il les sermonnoit d'auantage ils le coucheroient auecque ces morts qui estoient estendus, & l'enuoyeroiēt prescher en l'autre monde. Aquilin qui n'auoit pas accoustumé d'estre caressé de la sorte par des brigands, s'allume d'vn iuste courroux, & comme il sçauoit dextrement manier son baston, d'vn plein saut il en porte le fer dans la gorge d'vn de ces meurtriers, & luy arrache en mesme temps la pa-

T

role & la vie : les deux autres courent à leurs harquebuses qui estoient contre terre, mais la Damoiselle ayant auerty l'Hermite qu'elles estoient deschargees (car ils en auoient tué le maistre & le seruiteur) Aquilin comme vn Lyon s'addresse à vn, & luy assene vn coup si violent sur le bras qu'il le luy casse comme vn verre. Le troisiesme voyant son compagnon hors de deffense, comme il n'y a rien de si lasche que cette sorte d'assassins, met son salut en sa fuitte ; l'Hermite chargé de ses gros habits n'auoit pas de l'auantage, il le suit neantmoins, & comme Dieu estoit pour luy, le fuyard heurtant à vn tronc trebuscha, & Aquilin luy cachant le fer dans les reins, l'enuoya tenir compagnie à celuy qu'il auoit frappé en la gorge. Celuy qui restoit auecque le bras aualé, se cache dans le bois durant tout ce desordre; l'Hermite qui sçait le bon marché qu'il en aura, & qui le veut faire seruir & de trofee de la victoire, & de piece iustificatiue de son action, le cherche long-temps, & en fin l'ayāt treuué tapi dans vn buisson, apres l'auoir caressé de nouuelles bastonnades, & faict rendre les armes, le ramene plus mort que vif du costé où la voix de la Damoiselle le rappelloit : où estant arriué, le voleur voulant se secouër des mains du Moine, & sauuer à l'ayde de ses talons, & ce qui luy restoit de vie, & ce qu'il auoit de son vol, que la Damoiselle disoit pour sa part arriuer à plus de mille escus, l'Hermite courant apres luy lasche vn coup de son baston à deux bouts si fortement dans le iarret, qu'il le met en eſt de s'en seruir pour la course aussi peu que de son bras, & luy ayant faict rendre son larcin, ce malheureux le prioit de l'acheuer de tuer, pour ne seruir d'enseigne à ne potence (horrible preparation à la mort, & cõsideration prodigieuse, qui fait embrasser les peines eternelles pour euiter vne honte momentanee.) Mais Aquilin le reseruoit pour rendre témoignage de son procedé, l'artachant fortement à vn arbre, où ce miserable souffroit des tourmens plus douloureux que la mort mesme, & s'acheminant auecque la Damoiselle, sa seruante, & l'equipage, au prochain village, il enuoya prendre ce larron, qui depuis par les mains de la Iustice receut le salaire de ses brigandages. Voyla bien vne aussi estrange auanture & tres-veritable, qu'aucune autre de celles que ces escriuains de Romans, qui ne repaissent leurs Lecteurs que de feintes, estalent en leurs relations. Car si l'ancien prouerbe dit qu'Hercule mesme est imbecille côtre deux, qui eust dit qu'vn Religieux armé d'vn seul baston eust deu terrasser trois hommes armez, & que le desespoir deuoit rendre inuincibles ? Mais quand l'esprit de Dieu anime les Samsons, il leur fait deffaire plusieurs Philistins auec vne maschoire d'asne; c'est luy qui tuë les Holofernes & les Isboseths par les mains des femmes, les Goliaths auec vne fonde, les Pharaons auec vne houssine, bref qui choisit la foiblesse pour dompter ce qui paroist le plus fort. Mais ce n'est icy que le commencement de l'auanture, vn autre plus dangereux combat attend nostre frere, auquel ne paroistra pas moins sur luy l'assistance de Dieu, que la malice de Sathan se seruant d'vne autre Eue pour tirer cét Adam de la simplicité de son innocence. Les femmes ne celent que ce qu'elles ne sçauent point, & quand elles ne peuuent dire les maux d'autruy, elles racontent les leurs propres, elles contiennent vn secret comme vn crible garde l'eau. Cette Flamáde plus belle que bône se voyant reschapee du naufrage, raconta au premier logis à l'Hermite son liberateur toute l'histoire de sa vie : de laquelle pour ne faire vn tissu ennuyeux en sa longueur, & dont l'importune digression trauerseroit nostre narration principale, ie veux faire vn abbregé. Elle estoit Gantoise, qui auoit pratiqué de grandes & longues affections auec ce ieune Gentilhomme que les voleurs auoient assassiné, auparauant qu'estre mariee à vn vieillard des plus riches habitans de Gand ; mariage auquel elle auoit esté forcee par ses parens, qui s'estoient deschargez d'elle sans autre dote que sa beauté, dont ce vieil homme qui l'auoit espousee estoit deuenu espris. Et comme les passions ne se desuestent pas si aisément qu'vne chemise, elle auoit continué celles qui s'estoient conduites sous l'espoir du mariage, & par quelque image de bienseance auec ce jeune homme, dont les facultez estoient petites, & les bonnes graces tres-riches; & côme elle estoit accorte, elle sçauoit si bien esblouïr les yeux de son Tithon, qu'encore qu'elle eust des intelligences assez libres, & en vn mot illegitimes auec ce nouueau Cephale, neatmoins il n'en estoit point ialoux. Mais comme ces eaux desrobees, quoy que plus sauoureuses, selon le Sage, n'estoient pas suffisantes pour assouuir leur appetit dereiglé, cette fausse femelle masquant sa mauuaise vie d'vne apparente deuotion, feigneit d'auoir faict vn vœu à la celebre nostre Dame de Hau pour la santé de son mary, dont la vieillesse estoit vne continuelle maladie. Ce bon homme, dont le feu de paille s'estoit aussi-tost estient qu'allumé, & à qui ces voyages estoient doublement vtiles, loüa la pieté de sa bonne femme, & luy donna aisément congé. En Flandres, comme en France, les femmes sont fort libres, & vont elles non seulement à la ville en leurs visites sans autre compagnie que de leurs suiuantes, mais mesmes és pelerinages, ce qui n'est pas ainsi en Italie, ny en Espagne, où la prudence & la ialousie ont plus de vogue. Nostre Pelerine se met en chemin auec sa seruāte, où elle fut bien-tost accueillie de son Medor & de son Escuyer. O Dieu quelle execration, quand le voyle du Temple sert à couurir les abominations d'Israël, & quand la cōtemplation des choses saintes, qui est le plus grand frein de la deshonnesteté, luy sert de couleur & de pretexte! Voyla vne deuotion abominable, & non seulement capable de conuertir l'oraison en peché, mais de faire tomber sur ces coulpables testes le carreau de la iustice du Ciel, ainsi qu'il arriua; car apres auoir soüillé de plusieurs adulteres le lict du Gantois, & profané miserablement la saincteté d'vn pelerinage, l'ire de Dieu éclata sur eux en la sorte que vous auez entendu que les treuua l'Hermite; car passans par cette forest où il fit la sanglante execution des voleurs, le maistre & le valet auoient esté couchez par terre de deux coups d'harquebuse que leur tirerent ces meurtriers: effect notable de la Iustice de Dieu sur ce miserable, meslé de misericorde sur cette chetiue, qui demeura pour faire penitence. Il n'eut loisir de faire aucun signe de repentance, estant touché de la foudre presqu'auant en auoir apperceu l'esclair: que si ie ne vous dis point son nom, c'est parce qu'il est fort à craindre qu'il ne soit pas escrit au liure de vie : si ce n'est par vne tres-speciale grace de Dieu, qui luy ait inspiré vne soudaine penitéce finale. Quant à celle qui demeure en vie pour regaigner par ses larmes celle de son ame, nous la nommerons Dalimene, bien qu'ayant suiui la penitente pecheresse en son iniquité, elle l'ait mal imitee en sa repentance; ioint que veritablement elle en portoit le nom, comme raconte son histoire. Frere Aquilin qui n'auoit point encore entédu de confessions, s'imagina que si estant Prestre il en entendoit beaucoup de semblables, il apprendroit bien des secrets; & sçauroit bien des nouuelle; d'autre costé considerant qu'il auoit souillé cette deliurance de tant de meurtres, & faict vne action aussi glorieuse pour vn soldat, que peu honnorable pour vn Hermite, il ne sçauoit s'il deuoit en esperer de la honte, ou de la gloire, de la recōpense, ou du chastimēt, ne cōnoissant pas le merite, ou le demerite de cette œuure. Auparauāt que de sçauoir cette desbauche, il pēsoit auoir sauué l'honneur à celle qui le venoit de perdre volontairement auec aussi peu de front que de conscience, ce qui luy donna vne impression des femmes telle qu'on peut penser. Et puis representant à ces ames ausquelles il auoit faict prendre la route d'enfer auecque le fer de son baston à deux bouts, duquel il n'estoit resolu de se seruir que pour se deffendre ; ô Dieu, disoit-il, quel Hermite suis-je tout couuert de sang & de carnage? que ie suis esloigné de l'esprit de parfaitte douceur, que nous a recommandé celuy qui ne veut pas la mort du pecheur, mais sa conuersion & sa vie. Tout ce qui le console, c'est la sincerité de son intention, mettant toute sa gloire au témoignage de sa conscience, qui neantmoins luy dictoit cette pointe de remords; failliray-je tousiours en pēsant biē faire ? ô Seigneur illuminez mes voyes, &

m'apprenez le sentir de vos iustifications. Comme il vouloit le lendemain prendre cógé de la Damoiselle pour suiure la route, apres auoir rendu la Iustice satisfaite de son innocence, & receu des remercimens comme vn Hercule chasse-mal, ayant purgé cette contree de ces mauuais garnemens, Dalimene (ô Dieu quelle femme !) qui estoit encore dans les terreurs de la mort, & dans l'effroy du meurtre de son Cephale, ne laissa pas d'auoir des yeux baignez de larmes pour ce deffunct, & armez de flammes de conuotise pour nostre Aquilin, qui sous vne robe de gros drap monstroit vne face aggreable, & vn port vrayement noble. Ce qui me fait souuenir de cette inconstante dont parle Petrone, qui ne pouuant se separer par excez de regret du tombeau de son deffunct mary, là mesme s'alluma pour vn viuant de nouuelles flammes. Salomon a eu raison de mettre entre les choses qui ne s'assouuissent iamais, la femme desbauchee. Que si par hypocrisie elle auoit faict pelerinage, pour trahir plus aisément la foy qu'elle auoit iuree à son espoux, elle employa les artifices des plus pieuses coniurations, dont elle se peut auiser, pour obliger nostre Aquilin à la remener à Gand, desirant, disoit-elle, que son retour fust aussi sainct que son allee auoit esté malicieuse. Ses yeux meslez de feux & d'eaux, parloient vn certain langage que le frere iadis mondain & soldat auoit aussi peu oublié qu'à manier les armes: & bien que sous ces infideles flots il preuist vn escueil, il se laissa neantmoins aller à cette suggestion, ce qui estoit tenter vn naufrage. En allant à Gand, pour luy témoigner qu'il marchoit franchement auec elle, comme elle luy auoit assez ingenuement ouuert sa misere, & faict voir que le peril d'où il l'auoit retiree estoit vne punition de sa faute, il luy fit aussi vn recit sommaire de sa naissance, de sa fortune, & de sa vie, luy faisant connoistre qu'il n'estoit Religieux que d'habit, non de vœu, qu'il n'estoit pas Prestre, & qu'il estoit homme libre & volontaire: ce qui fut jetter de l'huile sur le feu qui deuoroit cette mauuaise femme. Ainsi nostre Hermite en allât aux ordres, va cherchant le desordre. Elle qui auoit des-ja de l'amour, & qui estoit experimentee à en donner, jetta aussi-tost des feux d'artifice en ce ieune courage, qui le penserent reduire en cendre. Car il voyoit non seulement la facilité de sa conqueste, mais vne beauté non commune, qui luy faisoit esperer vne fortune non vulgaire : ô Sathan que de pieges tu dresses pour vn cœur ! Il seroit messeant que ie rapportasse en ce lieu les cajolleries, & les affetteries reciproques, allumettes de ce feu puant, qui embrase les cœurs, & marques euidentes de la ruine de la chasteté. Ils arriuent à Gand, où le bon vieillard commençoit à s'ennuyer de l'absence de sa chere espouse, & à faire des vœux pour son retour. Elle luy raconta les prodigieuses auantures de son pelerinage, auecque les deguisemens d'vne femme qui fait jeu du mensonge pour couurir vn adultere. Elle feint que les apprehensions qu'elle auoit eües en allant, luy auoient faict rechercher escorte pour le retour, & que ce Gétil-homme mort, dont nous auons enseuely le nom, estant à Bruxelles, elle l'auroit supplié en faueur de leur ancienne connoissance de la recóduire, ce que sa courtoisie ne luy auroit pas permis de luy refuser; & ce souuenir luy tirant parmy des paroles feintes des larmes veritables, ha ! disoit ce Crocodile en pleurant, ie le dois bien regretter ce pauure jeune Gentilhomme, & vous mon mary le deuez bien plaindre, car il est mort pour la deffense de vostre honneur & du mien, mais encore estoit-il perdu, si Dieu n'eust enuoyé cét Ange du Ciel en forme d'homme (ce qu'elle disoit en monstrant Aquilin) qui m'a tiree de la gueule de ces Loups rauissans, qui m'alloient oster ce qui m'est plus cher que la vie: ô la bonne femelle ! que de veritez sortent de sa bouche, oracles faux & à double sens, perles creuses, & qui n'en ont que l'apparence. Le bon vieillard oyant le recit de la rencontre des voleurs, fremit de crainte qu'il n'arriuast à sa loyale partie ce qui n'estoit que trop arriué, & la peur luy fait plus de peine que de mal : & puis fiez vous aux paroles des femmes. Quand il sceut la valeur de l'Hermite, & comme sa femme n'auoit rien perdu de ses bagues, ny de son argent, ains auoit-elle gaigné l'equipage du Gentilhomme massacré, à peine qu'il ne s'imaginast que l'histoire du jeune Tobie & de Raphaël ne fust vne figure de la sienne. Si bien qu'il ne pouuoit se figurer d'assez digne salaire pour recompenser le vaillant Hermite dompteur du Geryon, & du Cerbere à trois gosiers. Et il caresse l'autre comme reschapee des monstres malins, & des demons, & comme reuenant en la maison plus riche qu'elle n'en estoit partie; il attribue ces merueilles à sa deuotion, & à la faueur de la Mere des graces, qui sçait conseruer ses Pelerins, & les combler de benedictions. Et comme il arriue ordinairement que les bruits de ville qui offensent nostre honneur viennent les derniers à nos oreilles, & que chacun dit mal de nous sans que nous le sçachions; le mesme auint au bon Gantois, car les yeux plus clairuoyās auoient remarqué la sortie du Gentilhomme (dont les frequentations assez connuës auec la Damoiselle commençoient à faire murmurer) estre arriuee enuiron le temps qu'elle s'estoit mise en voyage; on sçauoit leurs anciennes affections, & Dalimene n'auoit pas teu ses desirs à ses amies, ny celé ses regrets quand on la contraignit d'espouser ce vieil tison, ie voulois dire Tithon: mais ce fouruoyement de langue ne m'a pas beaucoup ésgaré, si bien que ce pelerinage estoit diuersement estalé sur le tapis, & non sans risee. Mais quand on sceut la mort de l'escorte, la rencontre des voleurs, l'Andromede retiree de la gueule des monstres par vn Persee vestu en Hermite, alors le rideau se tira, la scene fut descouuerte, & la neige de la feinte fondue aux rais de la verité, fit voir clairement la fourbe dont on auoit voulu esbloüir les yeux chassieux du vieillard. Sur quelques mots qu'il en auoit entrouvy proferez à demie bouche ; il auoit bien conceu quelques ombrages, mais ils auoient esté comme ces debiles vapeurs que le Soleil esleue, & dissipe en mesme téps, l'amour en son esprit s'estant treuué plus fort que l'outrage. Mais quand il sceut la Ville de Gand toute pleine de cette rumeur, & qu'il en estoit la fable du monde, cela le mit en vne colere desmesuree, iugeant bien que sa brebis retiree par l'Hermite de la patte des Loups, sortoit de celles d'vn homme qui ne valoit gueres mieux que les brigands, mais qui voloit auec moins de violence. On dit que quand le Lyon sent en sa Lyonne les traces de l'accointance du Leopard, il la bat & la tourmente horriblement, si que cette beste se va plonger, & comme purifier en l'eau de la mer, pour se deffaire de cette odeur qui la met en danger d'estre deschiree. Mais Dalimene a beau se lauer le visage d'vne mer de larmes, ce vieillard furieux côme vn Lyon, & animé de ce demon de ialousie plus aspre que l'enfer, ne se peut payer de ses sermés, ny se satisfaire de ses protestations, sçachãt bien qu'en de semblables occasions plus on iure, moins on approche de la verité: ni cét orage fait que cette affettee pense à sa conscience, au contraire c'est de l'eau qui embrase son feu, & qui pour se vanger de ce mauuais traittement, en contrefaisant l'innocente l'anime à ioindre de nouueaux crimes aux precedens, en rendāt ses dernieres erreurs pires que les premieres. Elle minute vne fuitte, deliberāt de voler le plus beau & plus precieux des richesses de son mary, & pensant auoir rencontré en son nouueau Iason vn homme propre à l'enleuer auec vne toison d'or, elle ouure son cœur à nostre Hermite, & luy descouure son dessein, qui est d'aller auecque luy en telle contree du monde qu'il iugera propre pour viure en seureté, si des flammes criminelles peuuent en quelque part que ce soit brusler en asseurance. Voyla de la poudre d'or dans les yeux d'Aquilin, le voyla tenté de tous les costez, la sensualité d'vne part, la beauté, & la facilité de l'autre. Mais au milieu de cette tempeste qui l'alloit engloutir, le rayon de l'inspiratiō sacree le touche comme vn autre Saul, & le retira du naufrage. La mort effroyable du Gentilhomme adultere, celles des brigands qui estoient tombez sous son fer, luy furent de sanglantes, mais salutaires leçons, qui dirent à son cœur; quoy, ne sçais-tu pas que la peine est inseparable de la coulpe, & qu'il n'est point de cauerne assez noire pour receler des scelerats ? te rendras-tu dans les mesmes forfaicts que tu as vangez, & que tu detestes en autruy? te rendras-tu en vn moment de Religieux soldat, de soldat meurtrier, de meurtrier, adultere, d'adultere rauisseur, de rauisseur de l'honneur, voleur encore du bien de ton prochain ? croiras-tu si legerement les appasts & les persuasions d'vne femme volage, qui brusle au premier feu qu'elle rencontre,

Et qui cherchant de iour en iour
Des passions toutes nouuelles,
Se figure plustost l'Amour
Sans des flammes que sans des aisles?

Garde toy bien de commettre vn si lasche tour, qui t'exposeroit aux vangeances de l'vne & l'autre Iustice, diuine & humaine, lesquelles te poursuiuroient en tous lieux. Fuy, fuy ce riuage dangereux tout noircy de desbris, cette Scylle, cette Carybde effrontee, qui n'a ny honneur, ny foy. Ainsi disoit l'inspiration vertueuse. Mais la suggestion d'autre costé luy liuroit d'estranges assauts, luy figurant cette Gantoise pour vn chef d'œuure de nature, auec laquelle il passeroit vne vie douce, ioyeuse, & toute autre qu'en l'Hermitage; & puis le desir d'auoir
le

le pressoit dans la necessité où la mendicité l'auoit reduit: ce combat de ses volontez, & cette rebellion de la loy du sens contre celle de l'esprit, le retint quelque temps en la maison du Gantois, où Dalimene le coniuroit de demeurer iusques à ce qu'elle peust mettre ses voiles & son honneur au vent: l'Hermite rusé, qui eust bien voulu l'heritage de cette Ruth, qui estoit en rut, mais non la femme, dont l'impudence luy déplaisoit autant que sa grace le flattoit, se laisse persuader ce retardement, veu mesme que le vieil mary le voyoit de bon œil, & luy promettoit quelque recompense pour l'aider en son voyage. Cependant il essayoit de moderer tant qu'il pouuoit cette mauuaise humeur, & de luy dire plus de bien de sa femme qu'il n'en sçauoit, & qu'il n'en croyoit. La ialousie est vn mal incurrable, qui comme vn chancre se nourrit de tout, & ne se guerit par aucun remede; ces loüanges sont suspectes au vieillard en la bouche de l'Hermite, & comme sa passion luy donnoit des yeux de Lynx, il s'auisa aussi tost que ceux de sa femme estoient fortement attachez sur le visage d'Aquilin, dont les traicts meritoient bien d'estre considerez; de plus il s'apperceut de quelques sottises de cette

V

malauisee, laquelle plus elle vouloit celer son feu sous la cendre de la dissimulation, plus elle en produisoit d'estincelles. Il ne parle plus de recompenser le Moine, comme vn autre Raphaël, mais bien de le chasser de sa maison, comme vn demon qui obsede sa femme. Vn beau matin lors que l'Hermite & Dalimene y pensoient le moins, & que l'vn & l'autre ioüoient à qui se tromperoit, (car c'estoit l'intention de l'vne de seduire ce Religieux, & le rendre complice de sa fuitte, & la pésee d'Aquilin de tirer quelque somme de cette inconsiderée, comme pour recompense du bon seruice qu'il luy auoit rendu dans la forest, & puis la laisser) le ialoux les escarta bien, serrant sa femme dans vne estroitte prison, & mettant son hoste à sa porte, auecque menaces que s'il ne vuidoit promptement la Ville, de luy faire vn mauuais parti. Ce fut à nostre frere à doubler le pas, & à remercier Dieu de l'auoir deliuré de tant de pieges; il n'emporta rien du sac de Iericho, & peut-estre que s'il eust esté chargé de l'anatheme qu'il pretendoit, il fust miserablement pery, trop riche dans la pauureté qu'il apprehendoit, se voyant au moins à la campagne possesseur de la liberté du corps, & de l'esprit, qui est le plus precieux ioyau dont le Ciel puisse faire present à vn homme. Certes il pouuoit bien pour action de graces entonner ce diuin Cantique;

I'ay dit en l'émeute soudaine,
Qui me fit departir,
Fausse est toute la race humaine,
Et ne fait que mentir.
Maintenant que pourray-ie faire,
Pour rendre à mon Sauueur
Tant de biens que si debonnaire
Il fait en ma faueur?
La coupe de ma deliurance
Ie prendray gayement,
Le nom & la faueur immense
Du Seigneur reclamant.
Les chaisnes qui pressoient ma vie,
Il rompit quant & quant,
Dont graces ie luy sacrifie
Son sainct nom inuoquant.

Quant aux plaintes de la Gantoise prisonniere, il les faudroit deuiner, comme aussi quel fut le traittement qu'elle receut de son mary: veu que cela ne regarde plus le cours des accidens de nostre instable, & que si elle ne se conuertit à vne meilleure voye, il est à croire qu'elle fit vne mauuaise fin. Reuenons à nostre Hermite, qui faisant son passage au trauers de la Flandre le plus viste qu'il pouuoit, eut diuerses rencontres, qui luy donnerent occasion de se souuenir des remonstrances de son bon Official, & de regretter les douceurs de ses premieres ferueurs: ie laisseray les menuës, pour ne m'arrester qu'aux principales, & à celles dont on peut à ses despens tirer quelque instruction. Il estoit sur le point de quitter les terres de Flandres, quand au sortir de Cambray pour tirer vers Paris, il fit rencontre d'vn ieune Aduocat de bon esprit, lequel estant de Picardie, & ayant donné la veuë du beau païsage de la Flandre pour satisfaction à sa curiosité, s'acheminoit à Paris, pour apprendre en la suitte du Barreau de ce fameux Parlement des traicts qui le perfectionnassent en sa profession. Bien que leurs montures fussent differentes, l'Aduocat estant sur vn cheual prompt & vif, & frere Aquilin sur vn qui n'estoit pas si grand que celuy de Troye, mais de mesme estoffe, quoy que l'vn & l'autre fussent ferrez, & eussent des lames cachees, si est-ce que l'Aduocat desireux d'accoster ce Moine, & de se desennuyer par le chemin de quelque entretien, s'accommoda doucement au pas de celuy qui auoit esté autresfois dans les armees mieux monté & mieux à cheual qu'vn Aduocat. Apres le salut ordinaire en pareilles occurrences, l'Aduocat dont l'histoire ne marque pas autrement le nom; Mon Pere, dit-il, né sçachant si ce Religieux estoit Prestre, ou frere Conuers, oserois-ie vous demander de quel Ordre vous estes, car il me semble que vostre habit n'est pas semblable à ceux des Religieux que nous voyons d'ordinaire par la France? Aquilin respond, Monsieur, ie suis de l'Ordre des Ordres, du plus ancien de tous les Ordres, & de celuy qui les comprend tous en sa pratique, & qui les surpasse tous en eminence de perfection. L'Aduocat connut à ce ton que ce Moine cheminoit sur les aisles des vents, & qu'il s'approchoit de celuy qui disoit; Ie mettray mon siege du costé de l'Aquilon, & sur les nuees, & ie seray semblable au tres-haut : & comme il estoit homme d'esprit, à cette repartie il fit vne bonne & brusque replique; I'ay peur, dit-il, que ce soit l'Ordre des desordres, & que cette supereminence ne soit vn estat d'imperfection. A quoy l'Hermite, ie vous dis Monsieur, que mon Ordre est le premier en temps en l'Eglise de Dieu, & la source de tous les autres Ordres, c'est vne mer qui a faict tous ces ruisseaux. Ne seroit-ce point, reprit l'Aduocat, le cheual de Troye, ou les dents semees pas Cadmus, qui enfanterent tant de champions, ou la matiere premiere susceptible de toutes formes? mais i'en voudrois bien sçauoir le nom & l'origine. Ne voyez-vous pas bien, dit Aquilin, que ie suis Hermite, que mon Ordre a commencé auecque le monde dans le Paradis terrestre, qu'il a continué sous les Patriarches, qui ont vescu en Hermites, & qu'il a esté pratiqué & embrassé par les Profetes, que le plus grand d'entre les enfans des hommes, ce dernier Profete du premier Testamēt, & le premier du second, ce plus que Profete S. Iean Baptiste en a esté, que le Sauueur mesme l'a esté en ses retraites dans les deserts, que tant de milliers de Moines au tēps de l'Eglise naissante, & durant les persecutions ont deserté les villes, & peuplé le deserts, & que presque tous les autheurs des Ordres Religieux ont esté Hermites, cōme S. Basile en Orient, S. Benoist en Occident, S. Gualbert, S. Romuald, S. Bruno, & en quelque façon S. Augustin, dont les Religieux portent le tiltre d'Hermites, & S. Frāçois en ses retraittes par les montagnes de l'Ombrie? S. François de Paule l'estoit auant qu'instituer l'Ordre des Minimes; de sorte que les Hermites en tēps sont les premiers de tous les Religieux, en eminence & perfection aussi, estant decidé par l'Euangile, que Marie a choisi la meilleure part, qui ne luy sera point ostee: & quelle est cette part de Marie, sinon la contemplation, qui est le lot & l'occupation des Solitaires & Anocoretes? Ie me doutois biē, dit l'Aduocat, que i'aurois profetisé appellant vostre Ordre l'Ordre des desordres, & son eminēce vn haut degré d'imperfection. Comment cela? dit Aquilin. Entendez, dit l'Aduocat. Il me semble qu'il n'y a que les aueugles qui ne voyent point les desordres qui sont parmi les Hermites; car il s'en void tant de vicieux, de dereiglez, de scandaleux, de vagabonds, de coureurs, que ie ne die plusieurs autres vices qui les diffament, qu'il n'est rien de si descrié parmi le monde que cette sorte de gens à cause des desordres qu'ils commettēt, viuans sans ioug, sans feu ny lieu, comme des enfans de Belial; & certes les Prelats deuroient auoir l'œil à corriger ces abus dans leurs Dioceses: mais que feroient-ils à ces estoiles errantes qui ne fōt que passer, plustost disparuës que veuës? Il y auoit bien vn Iudas parmi les Apostres, dit Aquilin; mais reprit promptement l'Aduocat, en cét Ordre, pardonnez-moy, si ie dis

ordinairemēt plus Apoſtatique qu'Apoſtolique , plus erratique qu'extatique , entre
cét Iudas il n'y a pas deux Apoſtres; ie veux
dire que pour cent vagabonds il ne s'en
treuuera pas deux de reclus. Et pour eſtre
bon Hermite faut-il eſtre Reclus ? dit Aquilin. Et plus encore, dit l'Aduocat, car il faut
vne cloſture tellement eſloignee de la conuerſation & frequentation des hommes, que
le lieu de leur demeure ſoit comme inac-
ceſſible. Car meſme ie n'appreuue pas tant
ces Reclus qui s'enferment aupres des bonnes Villes, qui ſont plus frequentez en leurs
Parloirs que des Religieuſes, plus viſitez par
curioſité en leurs cellules que les Notaires
ne le ſont en leurs eſtudes pour neceſſité:
priſonniers volontaires , mais qui viuent
de l'admiration que le peuple conçoit de
leur perſeuerance en cette geolle qui l'en-
jolle : attachez comme les courtiſans de ce
faiſeur d'emblemes , aux fers dorez de la
loüange & de l'vtilité. Le vray Hermite reclus eſt celuy qui ſe renferme loin du commerce des hommes, deſtournant ſes yeux &
ſes oreilles de la vanité du mōde; ſans voir,
ſans eſtre veu, vray miſāthrope, qui quitte la
cōuerſation des mortels pour celle de Dieu,
& des Anges, à qui tout ce qui eſt icy bas

n'est que fange & ordure, à qui le monde est vrayemét crucifié. A vostre conte, reprit Aquilin, il y a bien peu de vrays Hermites; moins, dit l'Aduocat, que de portes à Thebes, & que de bouches au Nil, & c'est pourquoy i'ay appellé vostre condition l'Ordre des desordres. Et dequoy viuroit vn tel Hermite reclus, comme vous le desirez & depeignez? repartit Aquilin. De la manne des Cieux, dit l'Aduocat, comme Israël au désert, ou comme S. Paul & Elie, où Dieu luy feroit couler le miel de la pierre, & l'huile des rochers. Il viuroit donc par miracle, dit Aquilin; ains il seroit vn miracle viuant, comme le Colomnaire Simeon, reprit l'Aduocat, & vn spectacle d'edification à ceux qui le considereroient: mais cét oyseau est rare en terre, pareil à vn cygne noir. Cette vie, dit Aquilin, est plus admirable qu'imitable, ce seroit tenter Dieu que l'attendre ou la desirer. C'est bien tenter Dieu d'auantage, repliqua l'Aduocat, d'aller tout seul roulant par le monde sous vn habit Religieux, & croire que Dieu vous maintiendra sans vous brusler, dans vne fournaise, comme les trois enfans de Babylonne: miracle plus grand que de paistre auecque la manne, à celuy qui repaist de la rosee des Cieux les petits des corbeaux delaissez par leurs peres. Ceux qui se confient en Dieu, entendent cette verité, & ceux qui sont fideles en la dilection sacree, y acquiescent. Au demeurant quand vous vous estes nommé Hermite, il semble que vous contrepointiez par la vie que vous menez, le nom que vous vous attribuez: car si le nom est la marque de l'essence d'vne chose, & l'image de la substance, cettuy-cy ne signifiant autre chose qu'vn Solitaire sequestré dans son desert de la conuersation des hommes, vous autres qui frequentez par le monde, qui ne faites que trotter çà & là, qui estes plus souuent dans les hosteleries qu'en vos cellules, la plus part n'ayans ny retraitte, ny cauerne, ny autre Hermitage que vostre capuce, portans comme les tortuës vostre maison auecque vous, comment pouuez vous porter le nom de Solitaires, sinon par antifrase, tout ainsi que les Latins appellét la guerre d'vn nom contraire à son ordinaire deformité? Ie vous confesse, respondit Aquilin, que ceux que vous venez de depeindre, ne sont Religieux que d'habit, & ne meritent nullement le beau & venerable nom d'Hermites, puisque leurs deportemens sont si esloignez de la retraitte, à laquelle oblige ce tiltre. Mais il ne

Liure VII. 299

faut pas attacher à mesme chaisne l'innocēt & le coulpable, & cōdamner celuy-là auecque celuy-cy, ny dire que tous les Hermites sont des vagabons, à cause de quelques mal-viuans qui se couurēt de cét habit pour vaguer çà & là, & sous ce manteau de pieté attirer des aumosnes, & viure plus à leur aise. Ce n'est pas pour me iustifier, mais par la misericorde de Dieu ie ne suis pas de ces gens là, n'estant en ce chemin que par necessité, & par obeyssance; disant cela il luy voulut monstrer le congé qu'il auoit par escrit de son Official, pour aller iusques en son païs, pour des affaires qui requeroient sa presence. Surquoy l'Aduocat ; mon Pere, ce que i'en ay dit n'a pas esté pour vous taxer, ny que i'eusse aucune sinistre opinion de vostre personne, vous auez trop d'esprit pour n'auoir pas vn but arresté, & ie reconnois bien à vostre discours, que vous auez autresfois appris autre chose qu'à viure du mestier de ces vagabonds; mais i'ay parlé en general, d'autant qu'en voyageant par le monde on ne void autre chose que ces Hermites qui ne font qu'aller çà & là, courans, comme dit l'Apostre, sans sçauoir où ils vōt, allant sans cesse, & ne paruenans nulle part: pareils à ces oyseaux mystiques qui volent toufiours en auant, fans regarder iamais en arriere. Ie ne fuis pas fi peu verfé en l'hiftoire de l'Eglife, que ie n'aye remarqué que les anciens Peres du defert font quelquesfois fortis de leurs retraittes & de leurs cauernes, pour venir au fecours du Chriftianifme affligé par les erreurs des herefies, ou par les perfecutions des Tyrans. Imitans ces ieunes vierges toufiours reclufes, finon quand le feu fe met en la maifon de leurs parens, ou de leurs voifins, car alors chacun court à l'eau & au fecours pefle-mefle, fans confideration du lieu, du temps, du fexe, de l'aage, ou de la qualité desperfonnes, eftant malayfé de garder vn ordre en vn defordre fi peu attendu. Ie fçay auffi qu'il y a des occafions preffantes, & dont la neceffité paffe la loy, qui peuuent forcer les plus obftinez Reclus à quitter leur clofture, cõme font ces fleaux redoutables de l'ire de Dieu, la peftilence, la guerre & la famine, à quoy ie ioints certaines occurrences en la vie, qui obligent felon l'auis des perfonnes prudentes au changement d'air, & de lieu, & tout cela eft felon Dieu & la raifon. Si bien que ie n'entends parler que de ces coureurs, qui fe difent Hermites Pelerins, & ne font ny Pelerins, ny Hermites, n'ayans ny la deuotiõ des vns, ny la stabilité des autres. Le prenant de la sorte, reprit Aquilin, ie suis d'accord auecque vous, & si vous plaidez contre les vicieux, & contre ceux qui abusent de nostre sainct habit, & de nostre pieuse professiõ, par mon iugement vous aurez aussi-tost gain de cause, car ie les deteste d'autant plus que vous, que i'y suis plus interessé, veu que ces faux freres font tort à ceux qui marchent en leur vocation en sincerité de cœur. Et de cette sorte ie vous auoüeray d'auātage, c'est qu'il y a beaucoup plus de ces mauuaises plantes que de bonnes, si que le parterre de l'Eglise, qui est vn iardin clos, n'est que trop sursemé de cette yuraye, & de ces meschantes herbes. Et pleust à Dieu que Messieurs les Prelats, qui sont les Anges de Dieu, commis à la garde du champ, separassent vn peu le froment de cette zizanie, & admettans les vns reiettassent les autres, & qu'il y eust de bons reiglemens pour cela, sur lesquels nous peussions fonder vn asseuré genre de vie, alors nostre condition autresfois si parfaite & venerable, ne seroit plus, cõme vous dites, l'Ordre des desordres, encore que ces desordres ne prouiennent pas de l'Ordre, qui de soy est sainct, mais du desreiglement des particuliers qui en font profession chacun selon sa fantasie, seulement tout ce qui me touche en vostre proposition premiere, est que vous l'auez appellé vn estat d'imperfection, encore que vous sçachiez, apres l'estat des Euesques, qui est supreme entre les hõmes, côme celuy des Serafins entre les Anges, leur dignité les mettant en l'estat de la perfection acquise, que les Religieux sont aussi en l'estat de la perfection qu'ils s'essayent d'acquerir par la pratique des saincts vœux. Comme ils estoient sur ce point de leur entretien, qui fait la seconde piece de la proposition de l'Aduocat, ils arriuerent insensiblemẽt à la disnee, de sorte que l'Aduocat qui le vouloit prouuer, jugea qu'il estoit meilleur de remettre cette partie apres le repas, & que cette contention leur enleueroit l'ennuy du chemin, joint que toutes choses ont leur temps, il y a temps de se taire, & celuy de parler, temps de iöuer des dents, & celuy de la langue. Ils repaissent donc, & en leur compagnie se rencontra vn jeune Religieux de l'Ordre des freres Predicateurs, ou de S. Dominique, que le vulgaire appelle Iacobins, à cause que leur premiere demeure à Paris fut en vne Chappelle, & en en vne ruë appellee de S. Iacques. Ce Religieux estoit Prestre, & Bachelier en Theologie, homme de bel esprit, qui alloit à Paris se mettre sur les bancs de l'escole, & sur les rangs des licences, pour arriuer au degré de Docteur, dont il auoit obedience de ses Superieurs. Apres la refection s'estans mis en chemin, l'Aduocat qui ne vouloit pas faillir par le bec, ny laisser sa cause à moitié plaidee, remit en auāt à l'Hermite les propos dont ils s'estoient entretenus le matin, desquels en faueur du Religieux nouuellement suruenu ayant faict vne recapitulation succincte, il tōba sur le mot qui faschoit l'Hermite, d'estat d'imperfection. Sur quoy il dit que les imperfections de ceux qui sous l'habit Anacoretique alloient par le monde, estoient & si visibles, & nuisibles, qu'il n'y auoit celuy d'entre les Catholiques qui ne se deust plaindre de leur mauuaise edification : là dessus il se respandit sur quelques exemples d'actiós reprehensibles, qu'il auoit ou veües, ou apprises de personnes dignes de foy, de cette sorte de gēs, lesquels ie ne veux point reciter, de peur d'émouuoir vne sentine, & de vous scandalizer. Cela c'estoit discourir en Aduocat, mais le Bachelier plus penetrāt en ces matieres, & qui dés la seule proposition voyoit où le discours deuoit aboutir, en parla en Theologiē de cette sorte.

Il y a bié de la differēce entre estre en l'estat de perfection, & en la perfection; plusieurs Euesques & Religieux sont en l'imperfection, qui ne laissent pourtant d'estre en l'estat de perfection, & plusieurs Seculiers sont en la perfection, qui consiste en vne vraye & sincere amour de Dieu sur toutes choses, qui ne sont pas pourtant en l'estat de perfection. Mais quant aux Hermites vagabonds, qui ne sont ny Religieux, ny Seculiers; non Religieux, n'estans astraincts, ny obligez par les vœux ; non Seculiers à cause de leur habit ; ie treuue que Monsieur l'Aduocat a mieux dit que peut-estre il ne pensoit, quād il a nommé leur vie l'estat d'imperfection : car outre que c'est vne imperfection diametralemēt opposee à la vie solitaire & retiree, que de conuerser parmy le monde, il y a plusieurs autres raisons, pour lesquelles cét estat (si estat se peut appeller ce qui n'a ni establissement, ni subsistance) peut estre appellé d'imperfectiō. Icy Aquilin pēsa entrer en colere, mais iugeant qu'aussi tost l'Aduocat reietteroit cette sienne imperfection sur son estat, il se retint tant qu'il peut, non toutesfois sans dire de ton assez aigre & poignant, qu'il y auoit autant d'imperfectiōs parmi les Religieux non Reformez qu'en la
vie

vie Heremitique. Au reste, continua-t'il, ie puis bien dire que ie suis tombé de la chaudiere en la braise, & de fiévre en chaud mal, veu que ie n'auois à contester qu'auec vn Aduocat, qui n'a pas tant de connoissance de ces matieres Monastiques, & qui ne sçait pas tant de subtilitez qu'vn Bachelier, & maintenant l'ay sur les bras vn Religieux Conuentuel, qui selon l'humeur ordinaire des Cenobites, semble auoir pris à tasche d'estre le fleau des pauures Anacoretes. En quoy ils sont bien differens de ceux qui les premiers establirent les Congregations Regulieres; car ceux là permettoient aux plus parfaicts, apres s'estre long-temps exercez aux actions de penitêce dans les Conuents, de passer en l'Hermitage, comme au faiste de la perfection, & à l'eminence de la vie purement contemplatiue, au lieu que ceux de ce temps voudroient, s'ils pouuoient, arracher tous les Hermites de leurs deserts & de leurs cauernes, pour les mettre dans les Monasteres, & rappeller à leurs fonctiõs, qui regardent le seruice des ames, ceux dont le monde n'est pas digne. Icy le Bachelier. Nous sommes les fleaux des Hermites tout de mesme que le Chirurgien est celuy du malade, auquel il fait du mal pour luy procurer le bien de la santé, & comme les amis de Trasimene estoiêt ses fleaux, parce qu'ils auoient faict euaporer la folie de son cerueau. Certes i'auouë que nous sommes leurs persecuteurs comme les Iuges le sont des vagabonds, & des gens sans aueu, non pas pour les perdre, mais pour les mettre en meilleure voye, ou les ramenerà vn train de vie plus asseuré. Quelle asseurance, reprit l'Hermite, nous sommes au port & à l'abry des tempestes inseparables de la conuersation des hommes, & vous nous voulez comme vous autres pousser parmy les flots, & faire courir mille dangers, comme si nous ne sçauions pas que seruir les ames est faire son operation en plusieurs eaux, & cét amas d'eaux est la multitude des peuples. S'il vous plaist, reprit le Bachelier, me prester vn peu d'audience sans interruption, ie deuideray aisément toutes ces fusees, & desbroüilleray toutes ces difficultez, qui ne sont pas petites, & de ce puits de Dememocrite sortira cette verité toute à nud, que vostre estat est vn estat d'imperfection, ni Regulier, ni seculier, mais tel qu'il plaist à vostre fantasie. Icy la pasience eschapa à l'Hermite, qui iugeant bien que le Bachelier l'alloit gresler ; Mon Pere, dit-il d'vn ton rude & aspre, que chacun examine ses propres imperfections sans espelucher celles d'autruy, ne iettons pas les nostres dans la poche de nostre besace, qui est derriere nos espaules, & ostans la poutre qui creue nos yeux, ne nous mocquõs point de la paille qui est en ceux de nostre prochain. L'œil qui void tout, ne se void pas soymesme, souuent nous sommes taupes chez nous comme les anciennes Lamies, & Aigles chez les autres, asseurez-vous que si vous en contez des Hermites, comme a faict Monsieur l'Aduocat, que ie sçay des traicts de Iacobin qui ont biẽ fait du bruict dedans le monde, & dont le recit vous sera peu gracieux. Le Dominicain se sentant toucher au vif, & comme dans la prunelle de l'œil, respondit neantmoins auec vne modestie vrayment Religieuse; à Dieu ne plaise que ie charge mon prochain d'opprobre & de contumelie, ny que ie detracte de la renommee d'aucun homme viuant, moins encore de vous mon Pere, dont i'honore la personne, bien qu'elle me soit inconnuë, seulemẽt ie desirois parler en general de la perfection ou imperfection de l'estat Cenobitique, & Anacoretique, & vous faire voir que cestuy-cy ne peut estre auecque raison preferé à celuy-là. Mais puisque ie voy que vous pre=

nez mes paroles au pied leué, & que vous appliquez à voſtre particulier ce que ie dis en termes communs, il vaut mieux leuer la barre de bonne heure, & me tenir dans vn iudicieux ſilence, ou vous dire des choſes qui vous ſoient plus aggreables que de ſuiure cette pointe, qui nous pourroit ietter en des côteſtations faſcheuſes. L'Aduocat, qui auoit vn extreme deſir d'apprendre des nouuelles de cette eſchole Monaſtique, qui regardoit indifferemment cette eſcrime, ſçachant qu'il y auroit touſiours à gaigner, & à apprendre pour luy, & qui en ce debat au lieu d'Aduocat ſe rendroit Iuge, ſupplia le Bachelier de vuider ce differend, & pour cela de traitter l'Hermite auecque les paroles les plus douces & les plus moderees qu'il pourroit, d'autant que la verité, quoy que tres-belle & tres-deſirable, ſe rend odieuſe quand elle n'eſt pas proferee auecque dilection, la verité non charitable prouenant d'vne charité non veritable ; ce qui fait que l'Apoſtre conioint ces deux choſes, & les rend comme iumelles, la parole de verité, & la charité nõ feinte ; & Sainct Auguſtin dit que les hommes ayment la verité, luiſante, non cuiſante, ardante d'affection, non mordante de malignité. C'estoit bien sous ces loix, dit le frere Predicateur, que ie voulois entrer en cette lice, & parler sans malice des auantages de nostre milice Reguliere, mais puisque la seule proposition met en ceruelle ce bon Pere Hermite, j'ayme mieux laisser ce procez au croc que le réueiller contre son gré: car si l'Apostre a dit qu'il ne mangeroit iamais de viande, si cela scandalizoit le moindre de ses freres, il me vaut beaucoup mieux garder le silence que de scandalizer, voire mesme que de troubler la paix d'esprit, & la tranquillité que ce bon Pere possede en sa vacation, laquelle est fort honorable, pourueu qu'elle soit bien entenduë, & mieux pratiquee. C'est à faire aux esprits foibles, dit-icy l'Hermite, à prendre le scãdale, comme aux mauuais de le donner, ie ne le prendray iamais de quoy que vous puissiez dire cõtre mõ Institut, que i'estime sainct & pratiqué par des milliers de Saincts, qui ont autrefois, selon le mot de l'Apostre, roulé par le monde couuerts de meschantes peaux, & de haillons, angoissez, miserables, pauures, affligez, reputez par les mondains indignes de leur conuersation, comme le rebut & la balieure de l'Vniuers, & le mespris du peuple, & qui ont habité les antres & les cauernes de la terre; & de quelque gloire que se pare vostre Ordre, si n'a-t'il point celle ny de l'antiquité par dessus le mien, ny produit tant de personnages canonizez par la Sainte Eglise. L'Aduocat, qui pouuoit dire comme le corbeau de l'apologue voyant de dessus vne brâche le combat du chien & du loup de quelque costé que panche la victoire, c'est ma ioye, car le vaincu sera ma proye, puis que sa curiosité deuoit tirer profit de ce debat, pour les animer à le poursuiure, voyla, dit-il au Bachelier, que celuy-là vous attacque, lequel estoit tantost en posture de deffendeur, & ie vous voy, ce me semble, comme dit le grand Poëte,

Esgaux tous deux à chanter & respondre.
C'est pourquoy ie vous prie en mettant à part toutes pointes fascheuses : de chercher doucement & paisiblement la verité, c'est là vn bon moyen de tromper l'ennuy & la lassitude du chemin, & de s'esclaircir en conferant amiablement de beaucoup de veritez que ie seray bien aise d'apprendre. Ie seray tres-aise, dit Aquilin, de sçauoir de Monsieur le Bachelier ce qu'il y a de deffectueux en ma vocation, affin de le redresser, pourueu que ce soit en esprit de douceur, selon le conseil de l'Apostre: la debonnaireté est elle

suruenuë, dit le Pſalmiſte, nous voyla corrigez : & meſme ie deſire apprendre ce qu'il y a de ſi parfaict en la vie Cenobitique, affin de le pouuoir admirer, ſi ie ſuis incapable de l'imiter. S'il vo° plaiſt, reprit le Bachelier, de m'eſcouter auec vn cœur auſſi doux que ſera celuy qui me fera vous parler, ie croy que nous tirerons de l'vtilité de cette conference, & que tout ainſi que deux fers ſe poliſſent & blanchiſſent l'vn l'autre, de meſme nos entendemens ſe rendront plus clairs & plus aigus par vne douce côteſtation. L'Aduocat, qui les vid en ſi beau train, apres leur auoir partagé le Soleil leua la barre & ſonna la charge. Ce fut au Bachelier a ſatisfaire à ſa promeſſe, ce qu'il fit en cette façon. Toute la poiſon de la couleuure eſt en ſa dent, quand elle eſt limee & arrachee, au lieu de la craindre, elle ſert de ioüet, ſouuent il y a plus de pointe aux mots qu'en l'intention de celuy qui les profere; hors cette intention c'eſt vn ſerpent, comme la gaule de Moyſe hors de ſa main, mais les paroles priſes par vn bon ſens, ſeruent de verge floriſſante de direction, & de conſolation. Ainſi quand Monſieur l'Aduocat a appellé la vacation Heremitique l'Ordre des deſordres, il n'a pas voulu dire que ce fuſt vn Ordre où l'on fist profession de desordre, car cela n'est propre qu'à l'enfer, où il n'y a point d'ordre, dit l'Escriture, ains vne horreur perpetuelle : mais il vouloit signifier que c'estoit vn genre de vie pratiqué par beaucoup de particuliers, qui sous vn habit venerable commettẽt plusieurs desordres, ce qui n'est que trop frequẽt & trop visible. Aussi quand il a adiousté que c'estoit vn estat d'imperfection, il n'a pas voulu reprendre d'imperfection tous ceux qui embrassent cét estat, mais il vouloit signifier que c'estoit vne condition beaucoup moins parfaite que l'estat Religieux, qui est l'estat de perfection. Il semble, dit l'Aduocat, que Monsieur le Bachelier ait penetré iusques au fonds de mes pensees, tant il a iustement touché mes intentions. A quoy l'Hermite adiousta, comment mon Pere, il semble que vous nous vouliez oster la qualité de Religieux, & nous soustraire de l'estat de perfection, bien que nostre vie soit aussi Apostolique comme la vostre. Pourueu que vous preniez en bonne part ma replique, repartit le frere Predicateur, ie vous fera voir aussi clairement que le iour, que ny vous n'estes Religieux, ny en l'estat de perfection, & que vostre vie est autant esloignee de celle des

Apoſtres que le Leuant l'eſt du Couchant, dequoy ie vous prie ne vous irriter, mais de peſer mes raiſons au poids du Sanctuaire, c'eſt à dire, à la balance de la vraye Theologie, & que ce ſoit ſans interruption: car ces coupures de diſcours en rompent le fil, font aux conceptions le meſme que le froid du printemps, qui gele ſes plantes en bourre, & en bouton, & les ſuffoque comme Pharao les petits Iſraëlites à leur naiſſance. L'Aduocat luy ayant promis de luy procurer de part & d'autre le ſilence & l'attention; il continua de la ſorte.

Fin du Liure ſeptieſme.

HERMIANTE.
LIVRE VIII.

Es Hermites soit Pelerins ou vagabonds, soit les Reclus & Anacoretes, ne peuuent en aucune maniere estre appellez Religieux, car si ce nom vient de celuy de relier ou rallier, ainsi que dit l'Apostre, c'est la charité de Iesvs Christ qui nous lie, nous serre, nous presse, nous attache les vns aux autres, n'y ayant aucune liaison, dependance, ny correspondance entre les Hermites, comme voulez vous qu'ils s'appellent Religieux ? Quoy que sceust faire l'Aduocat, il ne peut icy tenir la langue de l'Hermite qu'elle n'eschapast en ce mot, & cóme nous nommerons nous donc ? le Religieux tout froidement, Moines. A quoy l'Hermite, & Moine, & Religieux n'est-ce pas tout vn? A ce que ie voy, reprit le Dominican, vous n'estes gueres auácé dans les distinctions de ces matieres, le vulgaire prend ces mots indifferemment, mais ceux qui en sçauent les proprietez, en connoissent bien les differences. Certes cette distinction, non plus que celle de Bienheureux & de Sainct, n'est pas trop ancienne, si est-elle fondee en vne raison assez puissante pour se faire connoistre solide : sçachez donc que ce mot si venerable & si sacré de Moine, qui veut dire Solitaire, est presque le mesme que celuy d'Hermite, & d'Anacorete, c'est à dire, habitant des deserts, il conuient encore à plusieurs Cenobites : qui font profession d'vne particuliere solitude & retraitte du monde, en se sequestrãt és lieux desertez, & en retranchãt à ceux qui embrassẽt cette vie, l'administration des Sacremens aux peuples, pour vacquer plus entierement à l'vn necessaire de la contemplation. De cette sorte sont ceux des Ordres de Sainct Basile, de S. Benoist, des Chartreux, qui sont de vrays Hermites congregez, comme aussi les Camaldulẽses, ceux de Cisteaux, les Celestins, les Augustinians, qui se disent Hermites, & ces autres familles Cenobitiques, qui ont plus d'attention à la vie contemplatiue qu'à l'actiue. Il y a donc deux sortes de Cenobites ou Conuentuels, dont les vns sont Moines, & dont la vie est fort solitaire & retiree ; les autres sont Religieux, qui viennent comme des troupes auxiliaires & subsidiaires au secours des Pasteurs, & des clers administrans les Sacremens, & seruans le prochain en diuerses fonctions : tels sont ceux des familles de S. Dominique, de S. François, & ces Chanoines Reguliers qui viuent sous la Reigle de S. Augustin, tels tous ces Ordres nouuaux de Clercs Reguliers, comme les Theatins, Iesuites, Barnabites ; telles ces saintes Congregations de l'Oratoire & de Prestre Reformez, qui bien qu'ils ne soient pas proprement Religieux, pour n'estre attachez aux vœux, se peuuent appeller selon le mot des Actes des Apostres, hommes Religieux, c'est à dire, gens reliez & reunis ensemble pour vacquer plus fortement par cét accord vnanime au seruice de Dieu, & des ames. En cette façon il est permis aux Hermites reclus & sequestrez de se dire Moines, non à ceux qui vaguent çà & là par le monde, & ny aux vns, ny aux autres, il n'est permis de se dire Religieux, tant pour n'estre attachez à aucuns vœux, que pour n'auoir aucune liaison ny correspondance ensemble. Ainsi il y a des Moines qui ne sont pas Religieux, comme les Reclus ; il y a des Cenobites qui sont Moines pour leur attention à la Solitude, & Religieux aussi, parce qu'ils ont vnion

& liaison en leurs Monasteres, qui pour cela s'appellent aussi Conuents, a cause que leur communauté y conuient, c'est à dire, s'y assemble. Mais il y a des Religieux Conuentuels, qui ne sont point Moines, parce qu'estans attachez aux fonctions de la vie Clericale, le seruice des ames leur oste l'attente à la Solitude, pour les rendre par leur communication la lumiere du monde, & le sel de la terre. Voyla les distinctions, dit Icy l'Hermite, qui n'estoient pas encore venuës à ma connoissance, aussi ne suis-je pas Bachelier, si bien que ie me voy demonté de la qualité de Religieux, pour me couurir de celle de Moine, tiltre maintenant assez odieux au monde, mais glorieux deuant celuy qui disoit à ses Apostres ; Ne vous estonnez pas si le monde vous hayt, car il m'a hay le premier, & il n'est pas raisonnable que les disciples soient plus priuilegiez que le maistre. Il est odieux au monde, reprit le Bachelier, parce que les vrays Moines ont le monde en horreur, comme vn crucifié, & parce qu'ils le fuyent, d'autant que les operatiõs du Siecle sont tenebreuses & peruerses, & c'est le propre des mondains de calomnier ceux qui euitent leur conuersation comme contagieuse: de là vient que ce nom de Moine non seulement est peu honorable, mais semble estre en opprobre aux hommes, & en desdain au peuple, iusques là que ceux qui le font, ne veulent pas qu'on les appelle ainsi. Erreur tolerable au vulgaire ignorant, mais non à ceux qui sçauent ce que cette parole signifie. De mesme ce mot de Tyran, qui se prenoit autresfois en bonne part pour vn Souuerain, est pris maintenant en mauuaise part pour celuy qui abuse de son auctorité supreme. Et le nom de Roy depuis Tarquin le Superbe, quoy que respecté parmy nous, fut odieux aux Romains qu'ils le changerent en ceux de Dictateur & d'Empereur. Mais c'est auoir l'esprit trop delicat, que de s'arrester au son d'vn mot que l'ignorance du populaire destourne de son origine veritable. Si toutes les fois qu'on nous donne du Moine par le nez à nous qui sommes Religieux, & comme Chanoines Reguliers, puisque nous militons sous la Reigle de S. Augustin, nous nous mettions en colere, nous serions tousjours en mauuaise humeur. Au moins, dit Aquilin, suis-je Religieux de la grande Religion Catholique Apostolique & Romaine. En ce sens là, reprit le Bachelier, tous les Chrestiens le sont, & les Aduocats, & les

Medecins encore : & non seulement les Chrestiens, mais tous ceux qui font profession de quelque Religion que ce soit, vraye ou fausse. D'où vient donc, dit l'Aduocat, que vous autres qui estes dans les Ordres Reguliers, vous appellez simplement Religieux, & vos Cōpagnies des Religiós, cōme s'il n'y auoit que vous qui fussiez attachez au culte & au seruice de Dieu, ce que ce denote le mot de Religion ? Il y a certaines especes, respondit le Bachelier, qui pour leur excellence portent le nom de leur genre, comme le Cantique, le Psalmiste, la Bible, c'est à dire, le liure, non qu'il n'y ait d'autres Cantiques, d'autres Psalmografes, d'autres liures, mais parce que ceux-là l'emportent sur tous les autres. Ainsi parce que les Religieux, comme les anciens Nazareens, sont par leur profession plus specialement deuoüez au culte de la diuinité, on les appelle de cette façon sans preiudice des autres Chrestiens, qui sont les oingts de Dieu, vne gent sainte, & vn sacerdoce Royal. Mais à proprement parler, nous deurions estre appellez Reguliers, & les autres Seculiers. Au moins, dit icy l'Hermite, puisque ie ne suis plus Seculier par la misericorde de Dieu, qui m'a deliuré du monde maling, me puis-je dire Regulier? Nullement, dit le Bachelier, car sous quelle des Reigles apprenues par l'Eglise est ce que vous estes enroollé? Sous celle de S. Paul l'Hermite, de S. Antoine, & d'vn millier d'Anacoretes, dit Aquilin. Que ie la voye, que ie la lise, reprit le Bachelier, que ie côtemple ses maximes, ses preceptes, ses chapitres, que ie sçache en quel des Conciles, (qui sont les Parlemens souuerains de l'Eglise) elle a esté emologuee, quel Pape la confirmee. Elle n'est point escrite, dit Aquilin, sur du papier mort, mais sur la table du cœur, par l'imitation de ces grands personnages dont nous suiuons les traces par traditiue. I'ay peur que cette tradition ne meine à perdition, dit le Bachelier, & que comme les perdrix vous ne vous preniez au faux lustre d'vn miroir où vous pensez voir vn Soleil veritable. Car comme ceux qui errent en la foy, croyent en l'Escriture ce qui leur plaist, & ne croyent pas ce qui ne reuient pas à leur goust, n'acquiesçant pas de cette façon à l'Escriture, mais à leur fantasie : de mesme ceux d'entre vous qui vont suiuant S. Paul, ou S. Hilarion, ou S. Antoine en ce qui leur aggree, & qui ne les imitêt pas en ce qui ne leur reuient point, faisans en cela leur propre volonté, sont

mauuais

mauuais sectateurs de ces grands Saincts, qui ont esté si grands persecuteurs de leur volonté propre. Cét Ordre sans Reigle escrite est donc comme quelque espece de Cabale des Hebreux, qui se prend en tous sens, & cōme le brodequin d'Hercule, qui se chausse à tous pieds. Et dequoy sert, reprit l'Hermite, qui estoit encore sensible, & qui se sentoit toucher en la prunelle de l'œil, d'auoir sa Reigle dans sa manche, & ne l'auoir pas dans sa teste, moins dans le cœur, & en la main, c'est à dire, de la reduire mal en pratique, sinon à ressentir l'effect de cette menace de l'Euangile, le seruiteur sçachant la volonté du maistre, & ne l'effectuāt, sera doublement chastié? Le Bachelier repartit promptement, qu'au moins celuy qui auoit vne Reigle ou vne esquierre, pouuoit adiuster & dresser ses actions à ce niueau; mais que celuy qui n'en auoit point, ne pouuoit estre que dereiglé en ses deportemens, flottāt à tout vent, & courant sans certitude, & tirant sans but. Et qui nous empesche, dit l'Hermite, d'estre semblable à cét Ange de l'Apocalypse, de porter l'Euangile en nos mains, c'est à dire d'executer ce qu'il commande & conseille, & en digerant ce volume de passer en nous ses maximes, & deue-

Y

nir parfaicts? Ie ne nie pas, dit le Predicateur, que vous ne soyez comme les autres Seculiers dans l'obseruance des commandemens, mais que vous puissiez obseruer les conseils, c'est ce que ie monstreray tantost que vous ne pouuez entierement faire, quād ie vous auray contraint d'auoüer que ne militant sans aucune Reigle, vous ne pouuez estre Reguliers. Et bien, dit Aquilin, nous serons comme sont les Prelats & Pasteurs Ecclesiastiques Seculiers, & de cette façon nostre degré ne sera pas inferieur à celuy des Religieux Moines, & non Moines. Tout beau, dit le Bachelier, pour vn homme de pied vous allez bien viste; aussi ay-ie esté autresfois homme de cheual, dit Aquilin. Ie m'en doutois, repart le Bachelier, car ie voy que vous voulez mōter sur de grands cheuaux, & vous sauuer; comme dit le Psalmiste, sur vn chariot de triomphe attelé de puissans coursiers, à la fin vous voudriez vous asseoir sur les Serafins, & vous promener sur les aisles des vents: mais si vous m'escoutez tant soit peu, vous ferez comme ces Serafins du Profete, qui replierent leurs aisles sur leurs yeux, & sur le leurs pieds, en rabattant la trop bonne opinion que vous auez de vostre estat. Toutesfois auparauant que ie m'engage en ce discours, ie prendray la hardiesse, pourueu que cela ne vous offense, ny ne vous fasche, de vous demander si vous estes Prestre. Alors Aquilin luy confessa ingenuement que non, mais qu'il auoit grand desir de l'estre, & que c'estoit le suiet qui l'auoit faict sortir de son Hermitage, pour aller en Bretagne prendre des lettres dimissoires de son Euesque, qui estoit Monseigneur de S. Malo. Si cela est dit le Bachelier, sçachez que vous n'estes ny Ecclesiastique, ny Seculier, ny Regulier, ny Religieux, ny Moine. Aquilin tout esmeu, ie croy, repliqua-t'il, que ce Philosophe auecque ses subtilitez me fera croire que ie ne suis pas homme, & que m'ostant la qualité de raisonnable, il ne me laissera que celle d'animal. Tout cecy, mon frere, dit le Bachelier, soit dit sans vous offenser, que si vous vous ombragez tant soit peu, ie me tay. L'Aduocat battant des mains, & riant d'aise, le prioit de continuer, suppliant l'Hermite de luy prester audience; à quoy le Bachelier, Monsieur, vous faites là vn bruit de mains, qui nous impose silence quand aux escholes sur le banc nous nous eschaufons trop en la dispute, & ce ris me conuie aussi à me taire, pour ne vous donner suiet de vous mocquer de nos simplicitez. Mon Pere, je vous asseure qu'applaudissant à vostre auantage, ie frappe des mains, & me ris non de mespris, mais de ioye de vous voir si dextrement, & si subtilement demesler vos propositions, & auecque tant de modestie & de douceur, que ie croy que ce bon frere Hermite ne peut auoir aucun moyen de s'en offenser. Aussi ne fay-je, dit Aquilin, mais ie me deffends comme ie puis, & au deffaut d'armes de la premiere chose que ie rencontre. Puisque vous m'en asseurez, reprit le Bachelier, ie cōtinueray. Vous n'estes pas Moine, au moins à present, car vous n'estes pas Solitaire. Vous n'estes pas Religieux ainsi que ie vous ay faict voir, puisque vous n'estes pas Conuentuel. Vous n'estes pas Seculier, veu que vous mesmes nous auez dit que l'esprit de Dieu vous auoit conduit au desert, & vous auoit sequestré du siecle. Reste que ie vous face voir que vous n'estes ny Ecclesiastique, ny Seculier, ni Regulier. Certes vous n'estes pas Ecclesiastique, puisque vous nous venez de dire que de Gendarme vous vous estes faict Hermite, & que vous allez prendre vos lettres dimissoires de vostre Euesque : ce qui témoigne que vous n'estes initié à aucun ordre sacré, &

par consequent que vous estes vn frere Lay, c'est à dire, Laïque: or ces mots, de Laïque & d'Ecclesiastique en termes canoniques estãs opposez, vous ne pouuez ensemble estre Laïque & Ecclesiastique. De dire que vous estes Ecclesiastique Seculier, vous ne le pouuez, puisque vostre habit vous distingue d'entre les Prelats & Pasteurs de l'Église, de la perfection de l'estat desquels vous estes autant esloigné que de leur qualité, veu que vous n'auez aucun charactere qui vous mette en leur rang. Ioint que quand vous seriez Ecclesiastique, c'est à dire, ou Diacre, ou Prestre, pour cela vous ne seriez pas Ecclesiastique Seculier, d'autant que ce mot de Seculier est abusif, & inuenté impertinemment par le vulgaire ignorant, & repreuué par les doctes, pour distinguer les Chanoines, Curez & Prestres, des Chanoines Reguliers, & des Religieux; & c'est vne chose odieuse, & mal sonnante d'appeller Seculiers les Ecclesiastiques, qui par la simple tonsure, & la reception du Surpelis (ainsi que porte le Pontifical) deposent l'ignominie de l'habit seculier, & entrent par droit Leuitique dans les puissances & le sort, c'est à dire, dans l'heritage, & la part du Seigneur: leur vray tiltre est celuy de Clercs; de là vient le mot de

Clergé, si bien que les rangs des personnes qui seruent aux ministeres de l'Eglise, sont distinguez en Clergé, & en Regularité. Vous n'estes point du Clergé, car vous ne portez pas l'habit des Clercs, ny n'auez aucune charge d'ames, tant s'en faut que vous fuyez toutes les fonctions de Marthe, & le secours du prochain; & quoy que vous portiez vn habit aucunement conforme à celuy des Reguliers, si ne l'estes vous pas, puisque ce n'est pas l'habit qui fait le Religieux, mais les vœux solemnels faicts sous vne Reigle approuuee par l'Eglise: de là ie vous laisse tirer la consequence, si vous estes Reguliers ou Seculiers. Au moins, dit icy l'Hermite, Seculier ou Regulier, ou ny l'vn ny l'autre, comme il vous plaira, si ie suis vne fois dans les ordres sacrez, seray-ie, quoy qu'indigne, au rang des Prestres qui sont en vn estat de grande perfection? A ce peu de paroles, dit le Bachelier, ie reconnoy, mon tres-cher frere, que vous auez plus employé de temps en l'eschole de Mars qu'en celle de Mercure, c'est à dire, en l'apprentissage du maniemēt des armes, qu'en celuy des lettres. Pardonnez moy, repartit brusquement l'Hermite, car i'ay faict toutes mes armes sous cét excellent & tres-valeureux Prince Monseigneur le Duc de Mercure, les premieres en Bretagne, les dernieres en Hongrie, si bien que ie puis dire que i'ay appris le meſtier de Mars en l'eſchole de Mercure. L'Aduocat qui entendit cette ſoupple ſſe d'eſprit, eſtima ce frere, & loüa ſa repartie, comme fit auſſi le Bachelier, lequel continua; ie voulois dire, mon frere, que vous eſtiez plus expert en l'eſcrime de Mars qu'en celle de S. Thomas. Icy noſtre Hermite fit vn ſecond equiuoque, diſant, bien que i'aye eſté ſoldat, ſi ne me ſuis-je iamais departi de la doctrine preſchee tant par S. Thomas que par les autres Apoſtres, car ie ſuis dés ma naiſſance Catholique Apoſtolique & Romain. Icy eſclatta l'Aduocat, & le Bachelier ſouriant vid bien qu'il auoit pris S. Thomas Apoſtre, pour le Docteur Angelique le Genie de l'eſchole, & l'Aſtre des Theologiés Scholaſtics, ſur quoy il dit, ie croy mon frere, que vous n'auez iamais eſtudié en Theologie; non pas ſeulement en Philoſophie, reprit ingenuement l'Hermite, car les guerres m'ayans faict quitter mes eſtudes, comme i'eſtois dans l'apprentiſſage des lettres humaines, leſquelles encore i'ay eu tout loiſir d'oublier, à peine ay-ie vne veuë confuſe, & vne intelligence ideale & generale de la langue

Latine, & cela plus par routine que par reigle, encore du Latin de mes heures; car qui me mettroit hors de ce manaige, ie serois aussi tost en des labyrinthes, d'où ie ne me pourrois tirer. Vrayment, dit le Dominician, puisque vous n'estes pas Prestre, & que ie le suis, encore que ie ne sois que Bachelier, si puis-je faire le Docteur auec que vous, & en faict de Philosophie, & de Theologie vous apprendre des traicts d'escrime qui vous sont inconnus. Pourueu, dit l'Hermite, que ce ne soit point de cette vaine & deceuante Philosophie, dont l'Apostre nous auertit de nous dôner de garde, ie seray tousiours bien aise d'apprendre de vous, & de qui que ce soit, car estant de l'Ordre des freres Ignorās, & vous de celuy des Sçauans, puisque vous estes de l'Ordre des Predicateurs, il est bien raisonnable que ie vous escoute cóme maistre, veu qu'il est escrit de ceux qui sont Truchemens de la parole de Dieu ; Qui vous entend, m'entend, & qui vous dedaigne, me mesprise : mais ie vous prie enseignez nous dôc vne doctrine de charité qui nous edifie, non vne science qui nous enfle l'vn & l'autre, vous de vanité pour vostre victoire, moy de dépit de me voir vaincu, veu que ce triomphe en toutes façons ne vous peut estre beaucoup auantageux, considerant l'inégalité de vostre condition, & de mon ignorance. L'Aduocat qui mouroit d'enuie d'oüir le Bachelier, ne laissoit pas d'admirer à ces traicts subtils la pointe de l'esprit, & la beauté du iugement naturel de ce frere, lequel il prisoit plus que plusieurs cerueaux que beaucoup de science abestit, & rend pleins de folie, ayans tant de doctrine qu'ils en perdent le sens commun. C'est pourquoy leuant la barre à ces picquoteries, il remit en lice le Bachelier, qui reprit ainsi son discours. Vous desirez, mon cher frere, arriuer à l'ordre sacré pour estre, dites-vous, en la perfection des Prestres. A la verité pour soustenir la dignité du charactere sacerdotal, on ne sçauroit exprimer auec la langue des hommes quelles vertus, & quelles qualitez sont requises à cette fonction, qui releue les mortels par dessus l'eminence des Anges, car à quel des esprits Angeliques, & des plus hauts Serafins fut-il iamais dit, faites cecy en memoire de moy, & ce que vous deslierez en terre, sera deslié au Ciel? Si est-ce que parmi les Theologiens il y a bien de la difference entre la perfection de ce haut estat, & le haut estat de perfection. Vous me feriez perdre terre, & l'esprit tout ensemble, dit l'Hermite, auecque vos distinctions, comme s'il y auoit de la difference entre du pain blanc & du blanc pain, entre la perfection de l'estat & l'estat de perfection. L'Aduocat qui sçauoit desueloper les enigmes de ses loix, mais qui n'estoit pas versé és matieres de Theologie, pensoit que l'Hermite eust fort bien rencontré ; mais comme il auoit de la Philosophie (contre l'erreur de plusieurs de sa robe, qui croyent que pour estre bon Iurisconsulte, il n'est point de besoin d'estre Philosophe) il iugeoit bien que le Bachelier n'estoit pas homme à auancer vne proposition qu'il ne sceust bien en sortir à son honneur, c'est pourquoy tout en suspensil l'escoute poursuiuant de la sorte. Il y a bien de la difference entre la perfection d'vn estat & l'estat de perfection ; car par exemple, il y a la perfection d'vn Iuge, d'vn Aduocat, d'vn marchand, d'vn artisan, d'vne personne mariee, à laquelle chacun est obligé de tendre selon sa vacation, ainsi qu'il est escrit ; soyez parfaicts, comme vostre Pere celeste est parfaict : mais à l'estat de perfection, qui est celuy de la pratique des conseils, personne n'est contraint, nostre Seigneur disant, qui le pourra prédre, si le prenne. Et l'Apostre parlant du mesme estat, ie n'en ay point, dit-il de commandement du Seigneur, mais i'en donne conseil de sa part, comme l'ayāt receu par sa misericorde, non point pour ietter vn piege, mais pour ouurir le moyen de seruir Dieu auecque moins d'empeschement, estimant en cela parler conformément à l'esprit de Dieu. Or sans m'arrester à parler de la perfection de l'estat d'vn chacun en particulier, ie diray selon la doctrine de l'eschole ces deux mots de cét estat qu'on appelle de perfection en general, qu'il embrasse les Prelats & Pasteurs Hierarchiques de l'Eglise, & aussi les Moines & Religieux Conuentuels, c'est à dire, les Reguliers; differemment toutesfois (& icy les distinctions s'entent & entrent les vnes dedans les autres, comme les roües du Profete.) Car ceux-là sōt en l'estat de la perfection acquise, notez, en l'estat, & ie ne dis pas tous en la perfection acquise, car l'estat par vne abstraction mentale est separable de la personne; & les Reguliers sont en l'estat de la perfection à acquerir, comme qui diroit, les vns à cause de l'eminence de leur dignité sont en l'estat du but, les autres à cause de leurs vœux en l'estat de la voye, ceux-là en l'estat de substance, ceux-cy en l'estat d'accroissement, selon qu'il est escrit, que la route des iustes est comme la lumiere de l'Aube, qui se dilate iusques au Midy. Mais les Prelats successeurs des Apostres, tels que sont les Euesques, sont des Soleils, nostre Seigneur les qualifiant de ce tiltre en les appellant la lumiere du monde. Ie sçay qu'il y a deux petits differēds en l'eschole touchant l'estat des Prelats & Pasteurs; le premier regarde l'ordre Episcopal, sçauoir s'il est different de celuy des Prestres, ou si c'est seulement vne extension du charactere de Prestrise, tous les deux partis à cause de la dignité des soustenans semblent puissamment forts. Mais quoy que s'en soit, il est clair que les Euesques sont successeurs des Apostres & hommes Apostoliques, portans le mesme charactere du Pape, qui les appelle ses freres, & le tiltre du Sauueur, qui est appellé le Prince des Pasteurs, & Euesque de nos ames, son Vicaire, qui est le Sainct Pere, ne se qualifiant qu'Euesque Seruiteur des Seruiteurs de Dieu. Leur eminence & dans l'Escriture, & dans les Conciles, & dans les Peres, & dās l'histoire du progrés de l'Eglise n'a iamais esté debattuë, ains ils ont tousiours esté reconnus entre les Prestres de leur Diocese, comme des Princes entre leurs subiects, des Peres en leurs familles, des Docteurs en

Liure VIII.

leurs escholes, des Superieurs entre leurs inferieurs. C'est d'eux que l'Eglise chante cõme des Apostres, que Dieu les a constituez Princes sur toute la terre, estans Princes de l'Eglise, & reconnus pour tels en l'Eglise vniuerselle par tous les fideles. Car quant à ce qu'obiectẽt quelques vns de S. Hierome, qui dit, excepté le pouuoir d'ordonner, c'est à dire de conferer l'ordre de Prestrise, qu'a l'Euesque que n'ait le Prestre? ceux-là mesmes se coupent la gorge par leur propre argument, & esleuent en ce point les Euesques par dessus les Prestres,

Autant qu'vn Pin sacré surpasse les broissailles. Car c'est dire que les Euesques sont les Peres des Prestres, puis qu'il les engendrent au seruice de l'Autel, comme les Prestres sont Peres des peuples Chrestiẽs en leur administrant les autres Sacremens. D'où vient que les Apostres se disent grãds Peres, & appellent le fideles laïques leurs petits enfans, comme Peres de ceux qui les ont regenerez par l'eau & le S. Esprit au Baptesme. C'est dire que les Euesques ont les meres sources de la mission Apostolique, & qu'ils sont non seulement enuoyez pour prescher l'Euangile à toute creature, & pour faire adorer le nom de Dieu par toute la terre, & que les

Prestres sont aussi enuoyez (car s'ils n'estoiẽt enuoyez, comment prescheroient ils?) mais auecque telle restriction que leur mission se termine en eux mesmes, n'ayãspas la faculté d'en enuoyer d'autres, ny de creer d'autres Prestres en l'Eglise de Dieu, en quoy consiste l'essentielle difference de l'Euesque & du Prestre. Que si sous l'ample signification du Sacrement de l'Ordre est compris l'Episcopat, il ne s'ensuit pas que l'Episcopat ne soit vn charactere non seulement estendu, comme tient l'opinion la moins receuë, mais nouueau & separé de celuy du Prestre, puisque dans le mesme Sacrement d'ordre il y a sept characteres differens: car celuy de Portier est autre que celuy de Lecteur, celuy de Lecteur differe de celuy d'Exorciste, celuy d'Exorciste est diuers de celuy d'Acolythe, celuy d'Acolythe n'est pas si grand que celuy de Sousdiacre, qui est le premier des trois ordres appellez majeurs; celuy de Diacre donne vn plus grand pouuoir que celuy de Sousdiacre, & celuy de Prestre incomparablement plus ample que celuy de Diacre, & celuy d'Euesque qui peut faire des Prestres, n'auroit-il point de difference? C'est donc l'opinion la plus commune, que le grade Episcopal est supreme entre les hommes Ecclesiastiques, & le non plus outre des colomnes d'Hercule en faict & en termes de la Hierarchie de l'Eglise establie par Iesvs Christ. Or les Prelats honorez de ce charactere ineffaçable, & que les Anges reuerent (témoin celuy qui ne voulut estre adoré par S. Iean l'Apostre & Euesque d'Efese) sont tenus par l'auis de toute l'eschole pour estre en l'estat de perfection, encore que tous (chose autant deplorable que le contraire est desirable) ne soient pas en la perfection de leur éminent estat. La seconde question côtrouersee en l'eschole, est si les Pasteurs Hierarchiques du second ordre, c'est à dire, inferieurs aux Euesques, & qui ne sont quant au charactere que simples Prestres, sont en l'estat de la perfection, ie ne dis pas à acquerir, côme sont les Religieux, car il me semble que cela ne doit point estre reuoqué en doute, mais acquise, comme les Euesques. Il y a plusieurs graues Docteurs qui tiennent l'affirmatiue, & d'autres la negatiue: & cela n'estant point decidé par aucun Canon de Concile, ny definition de Pape, il est libre de tenir tel party que nous dictera nostre affection. Ie sçay que les Euesques les appellent freres, comme le Pape nomme les Euesques les siens, & qu'en faict non de charactere, mais de iurifdiction & de puiffance ils font enuers les Euefques, ce que les Euefques enuers le Sainct Pere, lequel au regime fouuerain de l'Eglife, qui luy appartient par la parole du fils de Dieu, appellant trois fois S. Pierre à la pafture de fes agneaux, qui font les Laïques, de fes moutons, qui font les Preftres, & de fes meres oüailles, qui font les Euefques, admet les Euefques en part chacun en fon Diocefe, de fa folicitude vniuerfelle, non à la part de la plenitude de fa puiffance, comme dit S. Bernard. Et ainfi les Euefques & Prelats Diocefains appellent les Pafteurs locaux & inferieurs, & qui ont la charge immediate des peuples, en part de leur foin Paftoral, non à la totale participation de leur puiffance. Que fi S. Pierre n'a iamais refufé, felon la parole du Sauueur, de confirmer fes freres, fes Coapoftres en l'eftat de perfection, où leur commun maiftre les auoit appellez, iamais pas vn des fucceffeurs de S. Pierre n'a treuué mauuais que les Euefques fuffent tenus pour fucceffeurs des Apoftres & pour hommes Apoftoliques, & par confequent qu'ils fuffent tenus des fideles pour eftre en l'eftat de la perfection acquife, d'autant que la charité qui regne, au premier Siege où refide reside le fondement de la foy, & le centre de l'vnité de l'Eglise, n'est pointialouse, ny enuieuse, & ne recherche pas tant son propre auantage que celuy de la gloire du Sauueur. Et pourquoy à pareil air les Euesques, qui doiuent estre en charité parmi les hommes, ce que sont en ardeur les Serafins entre les Anges, denieroient-ils l'honeur de l'estat de la perfection acquise à ceux qui sous leur auctorité vacquent ainsi que des Anges inferieurs, au seruice des ames qui leur sont immediatement commises, & pour la garde desquelles comme fideles, vrays, bós, & non mercenaires Pasteurs ils doiuent exposer leurs vies ? Car si selon les Docteurs Scholastics, ce qui met les Euesques en l'apogee & au sublime degré de l'estat de la perfection acquise, est l'obligation qu'ils ont en suitte de leurs charges, de mettre leurs ames pour leurs troupeaux, si les Pasteurs inferieurs & immediats ont vne pareille obligation, pourquoy ne seront-ils pas en vn estat semblable? Et vne raison que ie treuue sans responce par ceux qui tiennent la negatiue, est que ie n'ay iamais leu aucun Autheur, traittant cette matiere, qui ne mette les Abbez & Superieurs des Religions en ce degré, ou en cét estat de perfection acquise, où l'on

Z

constitue les Euesques, bien qu'ils ne soient quant au charactere que simples Prestres, non plus que les Pasteurs Hierarchiques du secõd ordre soumis aux Prelats; & pour ce-la donnons-nous tiltre de Prelats aux Abbez, aux Prouinciaux, & aux Generaux de nos Ordres, que nous tenõs communément estre en l'estat de perfection acquise : & cependant il arriuera que tel Abbé n'aura pas douze ames sous sa charge & vn Prouincial deux cens Religieux en sa Prouince, dont plusieurs sont freres, que nous appellons laics ou Conuers, & il y aura tel Pasteur parrochial, qui aura trente, quarante, cinquante mille ames sous sa conduite, & pour le seruice & le salut desquelles il sera obligé d'exposer sa vie, & tel aura cinquante, cent, deux cens Prestres sous sa direction en sa Parroisse cooperans à son ministere, y ayant tel Euesque qui n'a pas vingt Prestres, ny trois mille ames en tout son Diocese. C'est pourquoy en cette question, qui est iusques à present problematique tant en faueur de nos Superieurs de Religiõ, que des Pasteurs Hierarchiques simples Prestres soumis à la charge des Euesques, i'ay panché vers l'affirmatiue, sans offenser le merite & l'auctorité des Docteurs qui ont soustenu la negatiue.

Et pour reuenir à noſtre point, ie croy que vous, mon frere, qui n'eſtes pas Preſtre, & quand vous le ſeriez, qui n'eſtes Paſteur ny en la Hierarchie Clericale, mal appellee Seculiere, ny de quelque Religion; ne voudriez pas pretendre à cét eſtat de perfection acquiſe, duquel & les Religieux, & les ſimples Preſtres ſont exclus. Ce ſeroit vne vanité trop expreſſe à moy, dit l'Hermite, & preſque ſemblable à celle de Lucifer, de me mettre au rang des Prelats & Paſteurs, moy qui ne ſuis qu'vne ſimple oüaille de leurs troupeaux, & qui me veux rendre ſubiect à toute creature pour l'amour de Iesvs Christ. Ce ſont là les lampes ardantes & luiſantes, qui doiuent eſtre miſes ſur le chandelier pour luire à toute la maiſon de Dieu, qui eſt l'Egliſe; & moy trop content ſi ie ſuis caché ſous le boiſſeau de ma Solitude, & ſi ie conſerue le feu de la charité ſous la cendre de la penitence & de ma retraitte. Mais comme Preſtre, & comme ayant l'habit Religieux, qui me pourra empeſcher de pretēdre (ce qui ſoit dit ſans preſomption) à l'eſtat de la perfection à acquerir? C'eſt ce qu'il nous faut deuider & decider, reprit le Pere Predicateur, & i'eſpere vous faire voir clair comme le iour, que c'eſt à quoy vous ne pouuez aspirer, tant s'en faut que vous y puissiez atteindre. Ce n'est pas que vous ne puissiez, & mesme que vous ne deuiez, & ne soyez obligé comme Chrestien, de pretendre à la perfection de l'estat auquel Dieu vous a appellé, mais non à l'estat de perfection auquel sont appellez ceux qui par vne profession solemnelle se sont rangez en vne Communauté Reguliere, sinon quand Dieu vous aura faict cette misericorde, de laquelle il ne gratifie pas vn chacun. Vous sçaurez donc que ce qui fait que les Reguliers sont tenus pour estre en l'estat de perfection à acquerir, est à cause de la professió solemnelle qu'ils font d'obseruer les cóseils Euangeliques par les vœux de chasteté, de pauureté, & d'obeyssance, comme autant de degrez de l'eschelle mystique du Patriarche, par où ils montent ainsi que des Anges, iusques au faiste de la perfection. Et à la verité ce sont les plus cours moyens pour l'acquerir, puis qu'ils tranchent tous les nœuds qui attachent au monde ennemy iuré de cette perfection: car tout ce qui y est, ainsi que dit S. Iean, n'est que conuoitise des yeux & de la chair, & orgueil de la vie: & qui ne void que la volupté est domptee par la chasteté, l'auarice par la pauureté, la presomption par l'o-

Liure VIII.

beyssance? Le Religieux Profez estant donc attaché à la Croix du Sauueur par ces trois clouds, & rendu conforme à l'image du fils de Dieu, n'est-il pas en vn estat fort parfaict, veu qu'il est escrit, si tu veux estre parfaict, va, vends tout ce que tu as, renonce à toy mesme, & porte ta Croix, & me suy? Quant aux Prestres simples, & autres Ecclesiastiques du Clergé, qui n'ont point charge d'ames, mal appellez Seculiers pour les discerner des Reguliers, la commune opinion de l'eschole ne les met point en l'estat de perfectiō à acquerir, pour des raisōs ausquelles i'ay de la peine à me rendre, bien que ie me soumette de tout mon cœur aux decisions & determinations des Docteurs. Car ils disent qu'estans proprietaires & maistres de ce qu'ils possedent, ils n'ont aucune part à cette parole qui dit, si tu veux estre parfaict, và, vends tout ce que tu as, & le donne aux pauures, & me suy. De plus qu'ils font ce qui leur plaist, & sont possesseurs de leur propre volōté. Que si ces choses leur ostent le tiltre de l'estat de perfection, les Prelats & Pasteurs constituez en dignité, & dispensateurs des biens de l'Eglise & des mysteres diuins, seront priuez de cét honneur, puis qu'ils disposent de leurs biens, & de leurs actions selon que bon leur semble ; & de plus les Superieurs des maisons Religieuses, qui disposent des residus, & de leurs volontez durant leur charge, ne seront point en l'estat de perfection. Que si nous regardons de pres l'estat & l'institution des Prestres, nous verrons qu'ils ont annexez à leur ordre sacré deux vœux solemnels qui se font entre les mains des Euesques, de chasteté, & d'obeyssance. Quant à la chasteté, elle n'est point differente entre les Clercs & les Reguliers, non plus l'obedience; car tout Prestre la porte tellement auecque soy, qu'allant par le monde il la doit à l'Euesque du Diocese où il se treuue, outre la naturelle & principale qu'il doit à son Pasteur Diocesain, qui l'accompagne par tout. Reste la pauureté, laquelle estoit anciennement pratiquee par tous ceux qui entroient au grade Leuitique, d'autant qu'on n'admettoit aucun Clerc aux ordres, qui ne fust ou beneficié, ou attaché au seruice de quelque Eglise, les tiltres patrimoniaux n'estans point en vsage, & les Ecclesiastiques se donnans à Dieu, & mettans la main au soc sans regarder en arriere, ne possedoient rien de la succession de leurs parens, & n'ayans que les vsufruicts de leurs benefices, leurs heritages reuenoient à leurs Euesques, comme il se pratique encore en plusieurs Dioceses sur les biens prouenus des reuenus de l'Eglise amassez par les Ecclesiastiques. Et tout de mesme que ce que le Moine acquiert, est acquis à son Monastere, comme sçauent tous les Canonistes; ainsi ce qu'acqueroit le Clerc demeuroit à son Superieur & à son Prelat. Et en ce temps là heureux, l'aage d'or de l'Eglise, qui eust peu raisonnablement oster les Prestres simples de l'estat de perfection à acquerir, puis qu'ils estoiēt non seulement dans la pratique (ce qui met en la perfection,) mais dans les vœux des conseils, (ce qui met en l'estat de perfection?) Que si l'on oppose qu'ils n'ont pas vne obeyssance si exacte que les Religieux, qui ont à toute heure des hommes sur leurs testes, c'est à dire, leurs Superieurs, cette obiection se fond comme la neige au Soleil; car ces Prestres simples sont ou Vicaires, ou habituez dans les Paroisses, ou Chanoines & prebendiers dans les Cathedrales, ou Collegiates, si bien qu'ils ont leurs Superieurs, qui leur peuuēt cōmander iournalierement, & les employer selon qu'il est expedient pour le seruice de Dieu, & du prochain. Que si l'on adiouste qu'ils sont proprietaires, qui ne void que cette proprieté est necessitee par le deffaut de Communauté, dedans laquelle s'ils treuuoient dequoy se nourrir, & se vestir, plusieurs se despoüilleroient volontiers de ce qu'ils possedent, contens, selon le precepte Apostolique, des alimens & des habits? Et puis si cela les oste de l'estat de perfection, il faudra par consequent en rayer les Religieux moins obeyssans, & sur tout les proprietaires : ce qui n'est pas, car quoy qu'ils ayent ces vices qui leur font perdre la perfection de leur estat, ils ne laissent pas d'estre en vertu de leurs vœux dans l'estat de perfection. Et sans m'arrester à ces dyscoles indignes du nom de Religieux, les plus reformez d'entre les Reguliers, specialemét ceux qui ne sont point mondains, seront hors de l'estat de perfection quand ils font de longs voyages : car bien qu'ils les facent par & auec l'obeyssance, si est-ce qu'en allant ils sont possesseurs de leurs volontez, ils font de grandes ou petites traittes, cheminent ou s'arrestent, mangent ou s'abstiennent, vont vistement ou lentement, en somme font ce qui leur plaist ; ils sont aussi en quelque façon proprietaires en la possession & dispensation de leur viatique. Que si cette raison semble foible, en voicy vne qui me paroist bien puissante, n'est-ce pas vne maxime qui blesse le sens commun, de dire qu'vn simple frere Conuers, vn quetteur, vn iardinier, vn portier, vn cuisinier, vn idiot de nos Conuents, parce qu'il a faict les trois vœux, sera dans l'estat de perfection, vœux dont il peut estre dispensé du iour au lendemain par vn superieur Local, ou Prouincial, au cas qu'il commette quelque faute griefue, qui tourne au scandale de l'Ordre ; si bien qu'on le verra en peu de temps de pauure riche, de continent marié, & d'obeyssant maistre & Pere de famille, deuenant purement Seculier, & qu'vn Prestre honoré d'vn charactere indeleble, en quelque façon plus grand que les Anges, qui adorēt à milliers les mysteres qu'il manie, Prestre éployé en l'administration des Sacremēs, qui est dans les vœux solemnels, & non dispēsables sinō par le S. Siege, pour des causes tres-graues de chasteté & d'obeyssance ne soit pas dans l'estat de perfection à acquerir? comme si baptizer, confesser, consacrer, & distribuer le corps de IESVS CHRIST, appliquer l'Onction du ..re, marier les fideles, prescher les peuples, exhorter les malades, & semblables fonctions Clericales estoient de moindre consideration que les offices qu'exercent nos freres laics dans nos Conuents, de faire la cuisine, lauer les escuelles, cueillir des herbes, balayer, jardiner, recueillir des bribes, & autres semblables. De moy, qui ne suis que petit Bachelier, il ne m'appartient pas de controoller Messieurs nos maistres, mais ie supplierois volontiers la reuerence des Rabbins de ne conseruer pas la puce en engloutissant le Chameau, de ne dismer point sur la mente & le serpoulet, & d'honorer comme il faut ce charactere incomparable, qui rend les Prestres confreres de celuy qui se nomme en ses hauts tiltres Prestre, & non frere lay, & Prestre eternellemét selon l'ordre de Melchisedech. Ie suis Religieux, & autant amoureux qu'vn autre des auantages de la Religion, comme d'vn estat tout sainct & tout tiré de la perfection Euangelique, mais ie defere tant à ce qui est de l'institution de Iesvs Christ, que ie n'estimeray iamais tant le bonnet de Docteur, à la conqueste duquel l'obeyssance m'enuoye, comme le charactere de Prestre que i'ay l'honneur de porter, & que ie porteray au temps & en l'eternité, le Ciel & la terre passeront, les degrez & les Doctorats s'esuanoüiront, mais cette marque sacerdotale demeura pour iamais és Prestres & sauuez,

& damnez, le feu d'enfer, ny la splendeur de la gloire ne la pourront effacer. Au demeurant ce bonnet ne me sera donné que par vn Chancelier d'Vniuersité, qui sera quelque Chanoine, & quelque simple Docteur, mais la dignité de Prestre m'a esté cóferee par vn successeur d'Apostre pontifiant, & faisant en cela vne action que tous les Prestres ensemble, ny tous les Docteurs ne sçauroient faire. Cependant l'on vit ainsi que du principal on fait l'accessoire, nul pouuant estre Docteur si premierement il n'est Prestre, au lieu qu'il seroit bien plus expedient qu'on n'admist à la Prestrise que celuy qui est sinon Docteur, au moins docte; car il vaut bien mieux estre l'vn que l'autre, & posseder la doctrine sans Doctorat, que le Doctorat sans doctrine. Et me semble que ie parle en cela conformément au sentiment de l'Eglise, laquelle n'admet à l'Episcopat que les personnes graduees, pour accomplir cette parole de l'Apostre, qui veut que l'Euesque soit Docteur, & mesme quand elle donne faculté aux Diacres d'annoncer, d'expliquer, & de prescher l'Euangile au peuple; combien desire-t'elle plus de capacité au Prestre, dont le grade est d'autant plus eminent, que le Soleil surpasse tous les autres planetes? A ce conte, dit icy l'Hermite, vous mettez tous les Prestres, aussi bien que les Religieux, en l'estat de la perfection à acquerir. Certes il me semble que pour le regard des vœux solemnels de chasteté & d'obeyssance, qu'ils font entre les mains des Prelats, on ne peut desauoüer qu'ils n'y soient ; que si par le deffaut de Communauté ils ne peuvent pratiquer la pauureté de la sorte qu'elle est en vsage parmi les Conuentuels, si est-ce que s'ils donnent tout leur patrimoine aux pauures, pour suiure le conseil de l'Euangile, & si du bien d'Eglise, dont ils ne sont qu'vsufruictiers, ils ne prennét simplement que la nourriture, & le vestement, donnans le residu aux necessiteux, selon qu'il est escrit ; Ce qui vous reste, donnez le aux indigens, ie ne voy pas qu'on leur puisse encore de ce costé denier l'honneur de l'estat de perfection : veu que si d'vne part le vœu de pauureté donne vn grand poids & vne singuliere prerogatiue aux Religieux; qui les rend les premiers pauures Euangeliques, parce qu'ils ont embrassé volontairement la pauureté ; de l'autre leur pauureté & mendicité est non seulement honoree, mais caressee, mais loüee, mais prisee, & qui plus est, secouruë, aydee, soulagee, si qu'ils en sentent peu les incommoditez dans vne Cōmunauté bien reiglee, où les Sepurieurs veillent sans cesse, à ce que rien ne manque des choses necessaires à la vie tant aux sains, qu'aux malades. Au lieu qu'il n'en est pas ainsi de la pauureté des Ecclesiastiques Clercs, & qui viuent dans le Siecle, car elle est tellement mesprisee, deshonoree, rebutee, que c'est vne espece de mocquerie d'appeller vn homme pauure Prestre, c'est vne pauureté sans secours, sans assistances, sans appuy, & d'autant plus pauure qu'elle est moins plainte, & moins soulagee. Si bien que l'vne & l'autre a ses perfections, celle-là à cause de son vœu, celle-cy à cause de ses souffrances. Mon Pere, dit alors l'Hermite, ie vous prends maintenant par vostre propre bouche, de laquelle i'espere tirer vn iugement à mon auantage : si donc Dieu me fait la grace d'arriuer à la Prestrise, & que ie face les vœux de chasteté & d'obeyssance entre les mains de mon Euesque, & que laissant tout patrimoine, & mesme viuant de queste ie pratique cette pauureté solitaire & mesprisee, seray-je pas en l'estat de perfectiō auquel vous constituez les Prestres simples? L'Aduocat admirant le jugement naturel de ce frere sans lettres, pensoit qu'il eust gain de cause, quand le Bachelier para à ce coup d'vne subtilité merueilleuse. Alors, dit-il, vous serez en l'estat de perfection, mais non pas comme Moine, ny comme Religieux, ny comme Regulier, ny comme Seculier, ny comme Hermite, mais comme Prestre, & c'est ce que ie voulois seulement prouuer. Encore pourrois-je, si ie voulois, vous denier cette prerogatiue, entant que n'estant pas dans le Clergé, ny dans les fonctions de la Claricature, vous ne deuriez pas joüir des auantages qui ne viennent qu'en suitte de l'éploy; mais ie ne veux pas tirer la corde iusques à son dernier point, ains vous estre plus fauorable en consideration de vostre habit, qui vous preste quelque conuenance auecque les Reguliers, encore que vous ne le soyez nullement. C'est ce que ie n'eusse iamais pensé, dit l'Aduocat, car i'auois tousiours estimé que les Hermites fussent Religieux, & dans les rangs de la Regularité. Ils ne sont pas Clercs, car leur Solitude leur oste l'vsage des fonctions Clericales, reprit le Bachelier; ny Reguliers, car ils ne font profession d'aucune Reigle, si bien que i'ay de la peine de sçauoir en quelle Categorie nous mettrós cette espece de Moines. Qu'ils ne soient ny Euesques, ny Curez, ny

Chanoines, ny Prestres habituez és Eglises, il est euident, & aussi euident qu'ils ne sont enroollez sous aucune des Reigles approuuees par l'Eglise. Qu'appellez-vous Reigles approuuees par l'Eglise? dit l'Aduocat. Monsieur, respondit le Bachelier, c'est vn discours qui merite vostre attention, & qui seruira de grande instruction à ce frere. Sçachez donc que comme au chariot mystique d'Ezechiel il y auoit quatre roües, dedans lesquelles estoient enclauees plusieurs autres roües, & le feu estoit dans le milieu de ces rouages; de mesme au char triomphant de la Religion, qui a pour trofees les despoüilles du diable, du monde, & de la sensualité, il y a quatre Reigles principales & fondamentales, ausquelles se rapportent toutes les Congregations Religieuses esparses par l'Vniuers, lesquelles toutes ont le feu sacré de la diuine Amour au milieu de leur conduite, feu qui ne s'esteint iamais que par le dereiglement de l'indeuotion, feu qui esclaire & eschauffe les Religieux, pour les faire tendre à la perfection. Et comme il y auoit quatre animaux de differentes especes, & tous aislez, qui traisnoient ce chariot; de mesme il y a quatre saincts personnages que l'Eglise apres le S. Esprit reconoist pour autheurs de

ces Reigles, lesquels ont quelque rapport auec ces animaux attelez. Le premier estoit vn Ange en forme d'homme, qui represēte S. Basile homme tout Angelique, la Reigle duquel est obseruee par tous les Moines de l'Orient, & par quelques vns de l'Occident, comme sont les Religieux de nostre Dame du Carmel, & tient on que cette Reigle luy fut apportee dans les deserts par les mains des Anges: laquelle portant ceux qui la suiuent à vne profonde retraite, semble les oster de la conuersation des hommes, pour les mettre en celle des celestes esprits. Le Lyon second animal represente S. Benoist Pere des Moines de l'Occident, dont la Reigle vn peu austere est figuree par la ferocité du Lyon, & parce que cét animal vit dans les deserts d'Affrique, & dans les lieux retirez; de mesme les Monasteres de l'Ordre de S. Benoist bastis pour la plus part en des endroits escartez, ressemblent à ces repaires des Lyons, d'où l'Amant sacré au Cantique appelle l'ame qu'il ayme, pour la couronner de ses misericordes, & de ses benedictions. Cette Reigle est suiuie par les Moines tant vestus de blanc que de noir, qui se disent Benedictins, de Clugny, de Cisteaux, des Celestins, des Calmadulenses, de ceux du
Mont

Mont-Oliuet, du Val-d'ombre, & plusieurs autres, entre lesquels quelques vns mettent les Chartreux, bien qu'ils viuent sous des constitutions particulieres, mais fort retirantes à l'esprit de Benedictin. Le troisiesme animal, qui est le bœuf, destiné au trauail, à la peine, au labourage, represente l'Ordre du Serafique S. François fondé sur vne extreme pauureté, vn mespris du monde absolu, vne austerité merueilleuse: & comme cét animal lourd & pesant de soy auoit des aisles, de mesme la mortification dont le ioug est si lourd au sens, esleue l'esprit bien auant dans la perfection. De vous dire combien de familles Religieuses militent sous les trois Ordres que ce grand Sainct a establis durāt sa vie, & faict appreuuer par le S. Siege, il seroit malaisé, veu que cette Sainte Religion semble auoir en la multitude des enfans la benediction que Dieu promit à la semence d'Abraham. Le quatriesme animal est vn Aigle, figure expresse de nostre glorieux Pere S. Augustin, appellé l'Aigle des Docteurs comme S. Iean l'Aigle des Euangelistes. Nous militons sous cette Reigle dressee par ce diuin homme, Reigle toute de charité, & qui esleue en Dieu par ses preceptes, comme l'Aigle, qui fait entre les oyseaux le plus

Aa

haut essor vers le Ciel, car ne respirant que dilection & amour,

Se faut il estonner estant toute de flame,
S'elle esleue haut, par sa pratique, l'ame?

De vous dire le nombre de Congregations Religieuses, qui par des constitutions particulieres adioustees à cette Reigle, combattent sous cét estendard, il seroit malaisé, car comme les mousches au miel, ainsi volent les esprits à la douceur de cét Institut. Outre les Chanoines Reguliers, les freres Hermites de S. Augustin l'embrassent, comme aussi nostre Ordre des Predicateurs institué par nostre glorieux Patriarche S. Dominique, qui auoit esté auparauant que de dresser nostre Compagnie Chanoine Regulier. Ie sçay qu'il y a deux Instituts establis depuis, & appreuuez par l'Eglise & le S. Siege, celuy des Religieux Minimes de S. François de Paule, qui ont leurs Reigles distinctes de ces quatre, mais qui en partie en sont extraites, comme aussi les Religieux de la celebre Compagnie de Iesvs fondee par S. Ignace de Loyola, qui en a dressé les constitutions appreuuees par le S. Siege, & auctorisees par le Sainct Concile de Trente; outre plusieurs Congregations de Clercs Reguliers, introduites depuis pour le secours des Pasteurs Hierarchiques. Et tous ces Instituts sont loüables, & font en l'Eglise vne belle distinction sans diuision, vne difference sans contrarieté, & vne varieté sans emulation, & rendent la robe de l'Espouse de l'Agneau belle & aggreable en ses diuersitez & broderies. Ie parle seulement des meres sources, qui sont ces quatre gros ruisseaux du Paradis terrestre, & ces quatre souches d'où sortent tant de branches chargees de fleurs & de fruicts. Et puisque le frere ne milite sous aucune de ces enseignes desployees en l'Eglise, il ne peut iustement se tenir pour Regulier. Et pourquoy, dit l'Hermite, ne pourray-ie pas comme l'abeille tirer du miel de toutes ces fleurs, & succer la quintessence de toutes ces Reigles, pour imiter nostre Pere S. Antoine, lequel imitāt les vertus particulieres de tous les Saincts, se rendit le Sainct de toutes les vertus, comme i'ay ouy dire que l'appelloit S. Athanase? Mais prenez garde, dit le Bachelier, auecque vostre bourdō, que vous n'imitiez les bourdons qui ne font que bourdonner autour des fleurs sans en tirer aucun miel, car ordinairement qui habite par tout, ne demeure nulle part, les papillons ne font que voltiger sur les fleurettes sans en tirer aucune substance. Au moins, dit icy l'Aduocat, ne soyez par si rigoureux en luy ostant l'estat de perfection, & le tiltre de Regulier, de luy denier celuy de Religieux, puis qu'il en porte l'habit. Encore moins, repliqua le Dominicain, car outre le prouerbe si commun, que l'habit ne fait pas le Moine, il n'est pas seulement Religieux d'habit. Là dessus le sang montant au visage d'Aquilin, puis se retirant, l'Aduocat connut à ces changemens les alterations de son ame, & pour empescher qu'il ne s'eschapast en quelques paroles aigres, il dit; ie voy bien que Monsieur le Bachelier nous veut icy faire paroistre la subtilité de son bel esprit en soustenant vn paradoxe: ce qui retint Aquilin dedans le silence, & donna lieu au Pere Predicateur de dire que sa proposition n'estoit aucunement paradoxique, mais qu'il la feroit voir euidemment veritable. Car outre qu'il ne peut estre Religieux n'estant relié, c'est à dire, n'estant vni, ioinct, attaché, associé à aucun en son genre de vie, quelle conformité treuuez-vous de son habit auec aucun de ceux des Ordres appreuuez par l'Eglise? si en la matiere, ou en la couleur il retire à celuy de l'Ordre de S. François, ne voyez-vous pas que la forme en est tout à faict differête?

aussi est-ce à cela que doiuent vacquer soigneusement les Officiaux, de ne permettre que les Hermites de leurs Dioceses vsurpent la forme de l'habit de quelque Religion appreuuee, autrement il en arriueroit de grands scandales & desordres ; car arriuant que quelqu'vn de ces Hermites volontaires vinst à faire quelque acte de mauuaise edification deuant les yeux du monde, on ne diroit pas, c'est vn Hermite, mais vn Capucin, on vn Minime, ou vn Recollect, ou vn Augustin, qui a faict vne telle faute : ce qui tourneroit au blasme d'vn Ordre duquel ces gens là ne sont pas, dequoy nous n'auons que trop de fascheux exemples, ainsi patissent souuent

Le bon pour le mauuais, la vertu pour le vice,
Tantost par ignorance, & tantost par malice.

En fin, dit l'Aduocat, vous luy feriez croire qu'il n'est ny Seculier, ny Regulier, ny Religieux, ny Ecclesiastique ny de corps, ny d'ame, non pas mesme en monstre. Si ie pensois ne l'offenser point, reprit le Bachelier, ie dirois que cette sorte de vie errante & vagabonde sous vn manteau de Religion, est vn fantosme pour le vulgaire, & vn monstre pour les plus iudicieux. Aussi sçauons nous plusieurs grands Prelats fort attentifs au gouuernement de leurs Dioceses, qui ne peuuent souffrir que cette sorte de gens s'y retirent, comme personnes pleins de philaftie, & de misanthropie, c'est à dire, de l'amour d'eux mesmes, & de la hayne du prochain. Ils s'ayment eux mesmes, ne pouuans, & ne voulans se soumettre à aucun; ils hayssent les autres, fuyans la conuersation non tant pour plaire à Dieu, que pour contenter leur humeur melācholique: pareils à ces oyseaux amphibies, qui viuent en l'air, sur terre, & dans les eaux, & à ces autres, qui pour estre de chair & de poisson, ne sont proprement ny chair, ny poisson, gens idolatres de leur propre volonté, qui est cōme à Rachel leur Idole cachee. Ie ne dis pas cecy pour ce bon frere, qui est de bon esprit, & d'vne conuersation douce, iouiale, & fort esloignee de la maladie des hypocondres: mais pour vn tas d'autres coureurs, qui sous vn pareil habit vont pirouettant par le monde, & comme dit l'Apostre, tournoyans par les maisons, circonuenans les simples par descontenances deuotes & affectees, pour faire leur profit: pareils aux herissons, & aux marrons delicats au dedans, & au dehors tout herissez de pointes, ne faisans paroistre que mortification par pure hypocrisie.

Fin du liure huictiesme.

HERMIANTE.
LIVRE IX.

PArce que ie sçay, dit icy l'Hermite, que l'intention du Pere n'est nullement de m'offenser, ains de me mortifier charitablement, pour me faire posseder mon ame par la patience, c'est pour cela que ie le remercie auec affection de ses instructions, protestant que ie suis de ceux qui ayment les misericordieuses increpations des iustes, & qui detestent l'huile de la flaterie; car les coups de l'amy sont plus desirables que les baisers du flatteur. Ie luy cede volontiers la gloire de l'estat de perfection : loüant Dieu de ce qu'en celuy où ie suis, selon son aueu ie puis pretendre à la perfection. Vous y pouuez pretendre, repartit le Bachelier, mais le chemin que vous prenez n'est pas pour y tendre ; car estant Moine, comment pouuez-vous aller à la perfection dont la voye est si estroitte, sans vn conducteur? vous n'arriuerez iamais en ce Rages sans vne guide, qui vous sauue

Aa 4

de la gueule des monstres, & des attacques des demons. Si vous n'auez vn homme qui vous iette dedans la Piscine, malaisément guerirez-vous de la paralysie. Et si Dieu me guerit sans homme, & sans Piscine, reprit l'Hermite. Ie croy les miracles en foy, mais non pas sans necessité, repliqua le Bachelier. Et quels sont donc ces obstacles qui l'empeschent de tendre à la perfection, reprit l'Aduocat, veu qu'estant sequestré du monde, la fuitte le rend victorieux de tous les objects qui le peuuent porter au mal ? Monsieur, dit le Bachelier, il y en a qui se trópent grandement en la vie sprituelle, estimans d'auoir les vertus d'ont ils n'ont pas les vices; car il y a bien de la difference entre n'estre pas impatient, & estre patient: ie dis plus qu'il y a bien de la distance entre n'estre pas impatient habituellement, ou actuellement: celuy qui n'a point de suiet, ny d'occasion qui le presse d'entrer en impatience, n'est pas certes impatient quant à l'acte, mais quant à l'habitude il l'est; car peut estre qu'il s'eschaperoit à la moindre contradiction. C'est la pensee que Sathan auoit de Iob, lors qu'il disoit à Dieu qu'il luy permist de le tenter, & de le tourmēter, pour voir si dans les aduersitez il conserueroit la patience;

c'eſt cette vertu qui ſe perfectionne dans les infirmitez, & qui fait qu'on ſe reſioüit dans les ſouffrances. La Solitude nous eſcarte bien des objects de vanité, d'auarice, & de volupté; mais ce n'eſt pas à dire que les branches taillees, les racines de l'orgueil, de la conuoitiſe, & de la ſenſualité ne demeurent en l'ame, pour rebourgeonner aux premieres occaſions qui s'en preſentent. Et d'effect la retraitte & le deſert, qui ſont ſi propres à s'auancer en la perfection, ruinerent Loth, qui s'eſtoit maintenu ſi pur en vne ville execrable. Que ce bon frere s'enfonce doncques dedans les cauernes tant qu'il voudra, qu'il ſe rende reclus, qu'il euite la rencontre des hommes, qu'il ſe cache meſme, s'il peut, à ſes propres yeux, qu'il face les vœux de chaſteté, de pauureté, & d'obeyſſance, ſi bon luy ſemble. S'il ne les fait ſous vne Reigle approuuee, il ne ſera iamais Religieux, ny ne paruiendra iamais, quelque effort qu'il puiſſe faire, à la perfection Religieuſe. Non qu'il ne garde la chaſteté, mais ſi parfaitemēt, & auecque le merite, & la ſeureté qu'elle a en la Religion, il n'eſt pas en ſa puiſſance; car és Monaſteres, qui ſont autant d'eſcholes de toutes vertus, & ſpecialement de cette-cy, qui eſt l'honneur, la gloire, &

l'esclat de toutes les autre, on la conserue tant par la vigilance de mille Argus, que par l'exercice continuel de la mortification des sens, que pour ne sortir iamais sans que la necessité, ou la charité reiglent la sortie, qu'aussi pour n'estre iamais sans la compagnie d'vn frere, ou d'vn assistant, qui nous sert d'Ange Gardien, deuant les yeux duquel on n'oseroit faire, ny dire rien qui ne soit decent & honneste, ou il faudroit auoir perdu le font. Au lieu qu'vn Hermite sans aide, & sans conseil en ses tentations, sans assistant en sa conduite, soit qu'il demeure en son Hermitage, soit qu'il aille par le monde tout seul, sans aucun qui l'auertisse, ny qui auise à ses deportemens; est tousiours en danger de se perdre, logeant où il veut, parlant à qui il luy plaist sans témoings, sans Superieur, qui le puisse corriger, sans esgal, qui le puisse reprendre. Quoy? & si ses yeux son égarez, & volent son cœur, comme disoit Iob, qui pourra contenir ses pensees, si vne femme affetee & perduë le va chercher en l'Hermitage, dont nous auons tant d'exemples dans les vies des Peres du desert, & le tente, l'alleche, l'amorce premierement par des entretiẽs de pieté aboutissans à l'impureté, les levres de la desbauchee, comme dit le Sage, eſtans vn rayon de miel, mais de miel venimeux formé ſur l'aconit? Si tirant pays vne femme l'attire, comme l'ambre fait la paille, non par force, mais par douceur, & douceur plus puiſſante que toute force, s'il eſcoute le langage de ſes yeux, s'il la treuue agreable, ſi elle le treuue beau & de bonne mine, n'ayant rien de groſſier que la robe, ſi elle s'apperçoit qu'vn Moine eſt vn homme comme vn autre, i'en dis trop Meſſieurs, ie vous laiſſe penſer le reſte. Icy l'Hermite plus blanc de palleur que le collet de l'Auocat, penſant comme la Samaritaine, que ce Bachelier fuſt Profete, & que cõme vn autre Eliſee il euſt veu eſtant abſent ce qui s'eſtoit paſſé entre luy & la Gantoiſe, luy penſa dire qu'il auoit entendu de ſes nouuelles, tant il le pinçoit de prés, & le depeignoit naïfuement : toutesfois il ſe retint pour l'entendre continuant ainſi. Certes ſi ce beau lys de la chaſteté ſe conſerue mal aiſément entre les eſpines de mille circonſpections, comme ſe vantera t'on de ſe garder entre les pointes de tant de tentations, auſſi preſſantes qu'elles ſont perçantes? Mais ſoit, qu'on la garde par la grace de Dieu, laquelle ſuffit, comme il fut dit à S. Paul, le Sage diſant, qui peut eſtre continent, ſi Dieu n'en donne la force ? si est-ce que cette chasteté ne sera iamais ny asseuree, ny si meritoire que la Religieuse, quelque vœu qu'on en face. Que si l'on m'obiecte que les Clercs qui seruent le prochain, ne laissent pas de la garder inuiolable à trauers mille perilleuses rencontres, ie dis que ces gens là remettans la garde de leur chasteté à Dieu, tandis qu'ils vacquent aux œuures de charité, sont fortifiez de l'assistance diuine, laquelle ne manque iamais à ceux qui seruent Dieu selon leur pouuoir en leur debuoir. Ce qui n'est pas de mesme és Solitaires, qui laissans là les fonctions charitables du secours du prochain, semblent ne chercher en leur retraitte que leur contentement particulier, lequel est ordinairemẽt trauersé par ce Dragon qui les emplit d'illusions & d'inquietudes. Ie passe à la pauureté, laquelle en la Solitude ne peut iamais estre si parfaitte qu'en la Cõmunauté, quoy que voüee, mandiante, & extreme : car elle ne peut estre sans proprieté, proprieté racine de toute richesse, & qui sans cesse fait pulluler les desirs. Car la cauerne ou la cellule où vous demeurez, est à vous quand vous n'auriez qu'vn aix pour lict, vne pierre pour cheuet, vn tonneau comme Diogene, vne escuelle de bois, vn pot de terre, vn chat, vn liure, vn chappellet, vne Croix, vne image, vne lampe, & tout cela est à vous à vostre disposition, ne vous peut estre osté sans iniustice, non plus que vostre robe, vostre tunique, vostre capuce : au lieu que les Religieux Conuentuels par leur vœu de pauureté renoncent à toute proprieté, ne se reseruans que le simple vsage des choses necessaires, encore selon la distribution & la volonté du Seigneur. Si qu'ils ne peuuent dire, ma chambre, mon chappelet, ma robe, mon liure, ny se rien approprier de tout cela, qui leur peut estre osté & changé, & dont ils peuuent estre depossedez. Ce qui fait qu'encore que la pauureté des Conuentuels fondez & rentez soit differente de celle des Mandians, la pratique de la desapropriation est commune à tous les Religieux. Et est aussi pauure vn Chartreux de Pauie dans vn Conuent si riche, dans sa cellule de marbre, qu'vn Capucin dans sa petite cabane, où à peine se peut-il tourner, & auecque sa besace, en laquelle consistent tous ses reuenus. Ce n'est pas que la pauureté d'vn Ordre n'ait quelque auantage de perfection sur celle d'vn autre : mais quant au vœu qui desapproprie les Religieux, & qui les met en l'estat de perfection, il est esgal en tous. Et c'est ce renoncement du propre qui met la coignee à la racine de l'arbre, & qui empesche que cette mauuaise plante, qui s'appelle conuoitise des yeux, ne pousse ses surjeons. Car cela esteint la faculté de posseder, que les Iurisconsultes appellent droict, faculté qui peut amener vn Irus aux richesses de Crœsus, & qui rend selon que dicte la fortune, les pauures fort riches. Et c'est aussi ce retranchement qui rend les Religieux, quoy que Profés d'vn Conuent fort riche, plus pauures que ces miserables qui demandent l'aumosne par les ruës ; car ceux-cy sont au moins maistres & seigneurs de ce peu qu'on leur donne, & le hazard les peut faire paruenir à de grands biens, au lieu que le Religieux ne peut pas dire ce qu'il tient estre à soy, ny paruenir iamais à aucune meilleure fortune, puis qu'il a renoncé à la faculté de iamais rien posseder. Or c'est à ce point que le Solitaire ne peut iamais arriuer, quand bien pour se deliurer de la queste, & de l'importunité de demander l'aumosne, il constitueroit vne rente en quelque lieu pour son entretien : car il demeure tousiours proprietaire de sa demeure, ou de sa rente, ou au moins de ce qui luy est donné. Venons à l'obeyssance, laquelle ne peut estre parfaitement pratiquee par le Solitaire remis en la main de son conseil, & qui chemine és desirs de son cœur, & selon sa fantasie. Car quoy que vous reconnoissiez les Officiaux des Euesques pour vos Superieurs, soit pour estre sousmis de droict à leur Iurisdiction, soit mesme par vœu special faict entre leurs mains ; si est-ce que vostre retraitte du commerce & de la conuersation des hommes, fait qu'ils n'ont aucune veuë sur vos actions particulieres, lesquelles dans vos cauernes vous reiglez & conduisez comme il vous plaist : que si quelque plainte vous contraint de les visiter, ou quelque ajournement personnel vous oblige à vous presenter à leur tribunaux, c'est pluftost par la force de la Iustice, que par vne volonté franche que vous y venez ; somme vous n'auez point de Centurion qui vous die, va ou vien, qui vous mette en sentinelle, ou qui vous en oste. De sorte que ce fondement de la perfection vous manque, lequel consiste en l'abnegation de soy-mesme. C'est la vraye base du merite, & ce sacrifice de la volonté, cette humiliation & soumission de cœur, cette resignation que Dieu aggree plus que tous les holocaustes. Seigneur, dit le Psal-

miste, vous n'auez point voulu desoblations d'hosties, mais vous auez mis à la teste de vostre liure que ie fisse vostre volonté, & non la mienne, ô mon Dieu ie le veux, & que desormais vostre loy regne souuerainement au milieu de mon cœur. La moindre action faite par obeyssance, a plus de prix deuant Dieu que la plus excellente & la plus heroïque en apparence, qui a pour principe & premier motif la propre volonté. Ioint que si la difficulté releue le merite, qui ne void qu'vne petite chose faite par commandement, & contre nostre sens, est plus malaisé à executer qu'vne plus difficile, à l'operation de laquelle nous sommes portez par le mouuement de l'amour propre, selon le prouerbe, qu'à celuy qui veut rien n'est penible? Or tout ce qu'on fait en la Solitude, est d'autant moins parfaict & meritoire, qu'ó ne l'execute qu'autant qu'on y est porté par l'inclination, qui n'est iamais sans quelque sorte de complaisance ou delectation. Au lieu qu'en la Religion nous ne faisons iamais rien selon nostre sens, & nos Superieurs, cóme les Rabat-joyes des anciens Triomphes, n'ont rien en plus grande recommandation que de contrepointer par leurs commandemens en leurs Religieux les mouuemens de
l'amour

l'amour propre. Ie vous en pourrois donner de meilleurs exemples, mais puisque ie n'en ay point de plus voisin que moy-mesme, ny de plus present, ie vous asseure que ie vay me presenter sur le banc de l'eschole pour entrer en licence, & de là prendre le degré de Docteur, auec autant, & peut-estre plus de repugnance que s'il me falloit embrasser quelque violente mortification ; & cependant que ie sens beaucoup de peine en cette esleuation, ie sçay plusieurs de mes compagnons qui s'estimeroient heureux d'estre presentez pour cela par les Superieurs, & qui prendroient cette obeyssance, qui me déplaist, pour vne recompense, supportans auec autant d'impatience le rebut que i'en ay pour la promotion. Voyla comme l'on nous exerce, soit à droict, soit à gauche, par les armes de iustice à la guerre de nous mesmes, en nous apprenant la verité de ce mot de Iob, que nostre vie est vn continuel combat. C'est en cecy que consiste cette hayne de son ame propre tant recommandee en l'Euangile, pour estre parfaict disciple de IESVS ; & en cette resignation de tous les mouuemens de sa volonté entre les mains du Superieur, qui nous represente Dieu, & qui nous est ce que Moyse à Pharaon, que consiste le magasin de toutes les vertus: bastir sans ce fondement, c'est vne ruine, cueillir sans cela, c'est dissiper. C'est vne mauuaise guide pour arriuer à la perfection que le propre iugement, lequel si l'on suit, on tombe souuent en des erreurs, & en des labyrinthes estranges, non seulement quant aux mœurs, mais, côme dit l'Apostre, quât à la foy, c'est pourquoy il recommande si hautement qu'on captiue son entendement sous l'obeyssance, si l'on veut estre du nombre des fideles. Ceux qui marchent en la vanité de leur sens, & qui ont l'intellect obscurci des vapeurs de la presomption, font vn Dieu de leur ventre, & mettêt leur gloire en ce qui leur deuroit exciter vne extreme confusion, d'autant qu'ils n'ont de la sagesse que pour les choses de la terre. Ceux qui se confient en leur vertu, se plongent ordinairement en vne fondriere de vices, & sans l'ayde speciale de Dieu, ils ne se tireroient iamais de la ruine où ils se sont precipitez. Heureux qui se deffiant de ses propres forces, se remet entre les mains d'vn plus sage que soy. Les desroutes de la guerre arriuent pour l'ordinaire par la mauuaise conduite des Capitaines, qui se fians trop en leur courage, donnent peu de place à la consideration, ou au conseil des mieux auisez. En la milice spirituelle le mesme arriue, & nous voyons tous les iours par experience és tentations, que nous nous y embarrassons, quãd de nous mesmes nous nous en voulons tirer, & qu'elles s'esuanouyssent aussi-tost que nous les manifestons candidement à nos Superieurs. C'est voguer sur la mer dans vn vaisseau priué de Pilote, & de l'equipage necessaire, que s'embarquer en la vie de l'esprit sans vn conducteur, qui nous face euiter les escueils de nostre propre volonté : tous les naufrages sprituels se font à ce brisant, qui en est tout noircy ; c'est le seul aliment qui entretient les flammes infernales, dit S. Bernard, que le propre vouloir. Sans le nerf de l'obeyssance, ennemie capitale de l'amour propre, tout ce qui est iroit en confusion. Au monde archetype tous les esprits bien heureux obeyssent à Dieu sans contradiction, selon que dit Dauid,

O vous ministres saincts faisans la volonté
De Dieu, qui regne au Ciel en souueraineté.

Au monde celeste toutes les spheres inferieures suiuent le bransle du premier mobile. L'elementaire se meut selon les influences, & la cadance des Cieux. Le monde terrestre embrassant les Estats & Empires, est tout reiglé par la superiorité & l'inferiorité, c'est à dire, par le commandement & l'obeyssance. Les Roys font les loix, & sont par dessus les loix, mais ils obeyssent neantmoins à l'ame des loix, qui est la raison. Beaucoup plus le Royaume de Sion, la Saincte Ierusalem, l'estat de l'Eglise, où tout ce qui n'est point obeyssant, est dyscole, & tout ce qui est dyscole, est irregulier, & dans le train de la contradiction de Coré, en l'erreur de Balaam, & en l'égarement de Cain, & au nombre des enfans de Belial, c'est à dire, sans ioug. Or iugez maintenant si c'est aux Religieux soumis en toutes choses à leurs Superieurs, ou aux Hermites qui n'en ont point, Roys, Empereurs, Prieurs, & maistres d'eux-mesmes en leurs cabannes, que s'addressét ces reproches que Dieu fait à son peuple indocile par la bouche d'vn Profete; or dés le commencement tu as brisé ton ioug, & dit tout haut, ie ne seruiray point. Les Hermites, comme chacun void & sçait, n'ont point de reigle certaine, ny de maniere de vie qui soit determinee, ils sont à eux-mesmes leur loy & leur niueau, viuans tantost de chair, tantost de poisson, de glands, s'ils veulent, de fruicts ou d'herbages, ils vsent d'eau, ou de vin, selon qu'il leur plaist, ieufnent, quand, autant, & comme ils se treuuent bon, se couchent, se leuent, dorment, vueillent, sont reclus, ou sortent de leurs cellules, lisent, ou se promenent, chantent, ou prient, font oraison mentale, ou vocale, se font Prestres, s'ils en ont la capacité, ou demeurent laics, se vestent doucement, ou durement, de telle estofe, de telle couleur, de telle façon, sont chauffez, ou deschauffez, bref font toutes choses selon leur discretion, ou indiscretion, tantost chauds, tantost froids, tantost tiedes, tantost feruens, tantost indeuots, tantost amis de penitence, tantost ennemis de la Croix, tantost couuerts d'habits blancs, tantost noirs, tantost gris, tantost enfumez, tantost cendrez, tantost barrez, tantost ceints de cordes, tantost de courroyes, tantost portans du linge, tantost des cilices, tantost des haires, tantost vestus de diuerses couleurs, tantost coiffez de capuchons pointus, tantost ronds, tantost larges, tátost estroits, tantost en forme de camails, tátost attachez aux scapulaires, tátost cousus à leur robes, tantost sans scapulaires. C'est vn ; asseteps de les voir chãger d'habits selon les côtrees: il m'est arriué vne fois d'en rencontrer quatre ensemble, qui auoiẽt quatre habits differẽts, & tant estoient con-

Bb 3

formes leurs opinions, qu'ils pensoient tous auoir rencontré le vray habit des Anacoretes de l'Orient, l'vn se rapportant à des verrieres, l'autre à des vieilles peintures, sans considerer que tout estant permis aux pinceaux des Peintres, comme aux plumes des Poëtes, c'est estre peu iudicieux que se tailler vn habit sur vn fondement si fresle. Que s'il y a tant de bigarreure és habits, combien y a-t'il plus de bigearrerie és habitudes, c'est à dire, és mœurs, veu qu'ils ont autant de sens qu'ils ont de testes, chacun comme les Alchimistes pensant auoir treuué le grand œuure, & la quint-essence de la perfection? Voila où precipite l'aueuglemēt de l'amour propre, & combien en detraquant du chemin de l'obeyssance, il fouruoye de celuy de la perfection. Perfection de laquelle vous autres Hermites ne pouuez auoir ny le fondement, ny le comble, qui consiste és deux vertus d'humilité & de charité. Non la vraye humilité, car puisque sa mesure est l'obeyssance, selon qu'il est escrit du Sauueur, qu'il s'est humilié, & aneanty soy-mesme, se rendāt obeyssant iusqu'à la mort, & la mort de la Croix ; si vous ne pouuez auoir celle-là, comme nous auons prouué, ny par consequent celle-cy, qui en est vne dependance. Ie sçay qu'il est vne certaine sorte d'humilité speculatiue & intellectuelle, par laquelle nous descendons bien bas en la connoissance de nostre neant: mais ce n'est pas celle-là dont il est escrit; bien heureux les pauures d'esprit, & encore, Dieu sauuera les humbles d'esprit: car c'est vne humilité sçauante, qui nous fait dire à Dieu auecque Dauid; Seigneur, ma substance est vn rien deuant vous, ie ne suis qu'vne vanité vniuerselle; ou auec Abraham, parleray-je à mon Dieu, moy qui ne suis que poudre & cendre? C'est cette science qui n'est point sans quelque tumeur, & qui fait qu'au mespris de nous-mesmes nous cherissós la claire veuë de nostre abiectió, de là prouiénent ces mots affectez, par lesquels en s'abbaissant on s'esleue, & en s'esleuant on se froisse. Nótez que la vraye humilité ne consiste pas à s'abbaisser profondemét deuant Dieu par la connoissance de son infinie grandeur, comparee à nostre extreme bassesse, selon les aspirations de S. Augustin, & de S. François: car qui ne sçait que la magnificence de Dieu est esleuee par dessus tous les Cieux, & que nous ne sommes que des abysmes de misere? mais bien à s'assubiettir à toutes sortes de personnes pour l'amour de Dieu, & se soumettre à toute creature, ie ne dis pas s'estimant la moindre, & la plus chetiue qui viue, mais se mettant en deuoir d'obeyr, & de seruir à qui que ce soit; car la vraye pierre de touche de l'humilité c'est l'obeyssance. Et retenez bien cette maxime, nous ne serons saincts qu'autant que nous serons humbles, & ne serons humbles qu'autant que nous serós obeyssans, ny parfaicts qu'autant que par la soumission de nostre propre volonté nous renoncerons à nous mesmes. Iugez donc quelle humilité peut auoir celuy qui fuit les hommes, pour n'auoir persóne qui luy foule & presse la teste, qui pour ne pouuoir subir le ioug de l'obeyssance dãs vn Monastere, se forme vn Monastere à soy seul, dont le Superieur est son amour propre, & les subiects ses desirs & ses fantasies. Que s'il manque au fondement des vertus, beaucoup plus au faiste, qui est la charité, laquelle, selõ l'Apostre, est ãt patiéte, benigne, souffrant tout, supportãt tout, sans recherche de son propre interest, à quelle de ces qualitez peut ie ne dis pas tendre, mais seulemét pretendre le Reclus & Solitaire; car enuers qui exercera t'il ia benignité ? qui luy donnera suiet de pratiquer la patience ? de qui souffrira-t'il ? qui supportera-t'il ? comme se despoüillera-t'il de son interest particulier, n'ayant à contenter que soy-mesme ? Que si la charité est vn lien, & vn lien de perfection, l'Hermite qui est sans lien, qui n'est associé à personne, comme acquerra-t'il ce lien de perfection ? De plus la charité est vne sphere accomplie, qui tourne sur deux poles, l'Amour de Dieu, & du prochain : & difficilement l'Hermite peut-il auoir l'vne & l'autre ; non qu'il ne puisse estre en ce degré d'Amour celeste, qui nous met en la grace de Dieu ; mais ie dis auancer de vertu en vertu, & paruenir a cette augmentation de charité, qui mene à la perfection. Car la charité parfaite requerant vne hayne de soy-mesme, telle qu'on se perde heureusement, pour se retreuuer en Dieu, cela ne se peut faire que par le renoncement de soy, renoncement qui ne se rencontre que dans l'obeyssance ; cette soumission luy manquant, comme nous auons monstré, il ne peut aussi arriuer à cette perfection de la diuine Amour. Deux Amours, dit le grand Sainct Augustin, ont basty deux Citez, l'Amour de soy a esleué Babylonne iusques à la hayne de Dieu ; & l'Amour de Dieu a edifié Hierusalem iusqu'à la hayne de soy-mesme : que chacun auise, s'il se hayt, ou s'il aime Dieu, & il connoistra de laquelle il est Citoyen. Or c'est trop s'aymer soy-mesme, que ne se vouloir pas quitter pour se donner du tout à Dieu en vne Religion appreuuee, c'est trop se rechercher, qu'aller en l'Hermitage, pour se regenter en souueraineté, & n'auoir personne sur sa teste, non pas mesme qui nous conseille, ny qui donne à nos apostemes le coup de rasoir de la salutaire correction. C'est aymer Dieu trop foiblement, & trop imprafaittement, qu'aymer hors de luy quelque chose qui ne soit pas selon luy, ou pour luy; & en ce point qui n'est pour luy, luy est contraire. L'amour propre qui abonde en ces Solitaires, est trop contraire à l'Amour de Dieu, pour s'accommoder ensemble; le mary & l'adultere, le feu & l'eau compatiroient plustost, & se treuueroient d'accord. Mais baste, qu'ils ayment Dieu, qui ne peut estre hay que par les demons, & les reprouuez, la preuue de cette dilection de Dieu est l'amour du prochain; car qui dit qu'il ayme Dieu, & n'ayme pas son frere, est menteur, dit S. Iean, d'autant que s'il n'ayme pas son frere qu'il void, comment aymera-t'il Dieu qu'il ne void pas? Et n'est pas assez de dire, i'ayme mon prochain, ie luy souhaitte toute sorte de felicité eternelle, & temporelle, & prie Dieu qu'il le conserue, & le comble de benedictions: car c'est faire comme ceux qui d'vne haute falaise voyent perir les nauires en la mer, sans leur prester autre secours que des vœux. Mes petits enfãs, dit S. Iean, n'aymez point de langue & de parole, mais d'œuure & en verité : où vous voyez qu'il semble opposer l'effect & le vray, au langage & au discours. C'est à faire aux Courtisans de ne parler que de seruices, & ne faire aucun plaisir, puissans ennemis, amis inutiles. Ce n'est pas des lévres qu'il faut aymer, mais de la main: au iour des dernieres assises Dieu ne dira pas ; Venez ames benites au Royaume eternel, parce que vous auez souhaitté & desiré du bié à vos prochains, mais parce que vous leur en auez faict par les œuures de misericorde tát spirituelles que corporelles. Oeuures ausquelles ne se peut en aucune façon exercer le Reclus & Solitaire, non plus qu'à souffrir les outrages, & les imperfections d'autruy, ny à pardonner à ses ennemis, & benir ceux qui le persecutent: car de quel costé luy peuuent venir les repugnances & contradictions, entre lesquelles naissent les plus grands actes des vertus, comme des Benoni, qui deuiennent en fin des Benjamins mystiques? La vertu, dit Seneque, est lasche & molle si elle manque d'Antagoniste, veu qu'elle sourd des plus aspres difficultez, comme l'eau la plus claire de la roche la plus dure. La contrarieté est la pierre aiguisaire qui affile le tranchant de la vertu : c'est vn fer qui en polit vn autre, vn flot qui lisse vn rocher. Aupres d'vn Cain Abel paroist plusiuste, Cham sert d'exercice à la patience de Noë, Ismaël rend Isaac plus parfaict. Il est bon de se retirer des vanitez du monde: mais de s'en sequestrer pour n'en voir point les calamitez & les miseres, c'est chercher sa consolation propre, & se priuer d'vn grand thresor qui nous est offert par les occasions d'exercer la vertu. C'est de cette façon que les Religieux Conuentuels se separent du monde, demeurans volontairement dans leurs Monasteres pour destourner leurs yeux des obiects du mal, & en sortant quelquesfois par l'obeyssance pour aller à l'ayde, au secours, & à la consolation des malades affligez, & miserables qui reclamēt leur assistance, ils ne vont pas dans le Siecle pour y voir les compagnies, les bals, les assemblees, les spectacles, les resiouïssances, & les pompes publiques, ouy bien pour y visiter les hospitaux, les prisons, les malades, pour y assister les agonisans, pour consoler les criminels qu'on conduit au supplice, & en tous les autres exercices charitables où l'on desire leur employ : dans leurs cellules ils montent auecque les Anges de l'eschelle mystique, vers Dieu par la contemplation, hors de leurs Conuents ils descédent auecque les mesmes Anges au soulagement du prochain, se rendans tout à tous, pour les gaigner tous à Iesvs Christ. De cette façon ils montent à la montagne du Seigneur, au sommet de la perfection, & ils se tiennent en son lieu sainct,

Benissans le Seigneur de toute leur pensee,
En la troupe des bons à sa gloire amassee.

Mais mon Pere, dit icy l'Hermite, la vie Apostolique n'est-elle pas parfaitte? ouy certes, repliqua le Bachelier, car elle estoit dressee sur le niueau de la perfectiõ, celle de Iesvs Christ nostre Seigneur vray modele de la montagne, ce qui fait dire à l'Apostre parlant à ses confreres, qui estoient domestiques de Dieu, edifiez sur le fondement des Profetes, & assis sur la pierre angulaire nostre Sauueur. Et la perfection ne consiste t'elle pas en leur imitation ? dit Aquilin, asseurément, respondit le Predicateur. Or comme pouuez vous nier, repartit l'Hermite, que nous ne les imitons, puisque nous allons par le mode comme ils alloient, dispersez par les nations, pauures, nuds, mal chauffez, pauurement vestus, tantost seuls, tantost en compagnie, viuans d'aumosne, s'abstenans de femmes, & pour le reste des austeritez, & mortifications en vsans selon que le S. Esprit leur dictoit, viuans en la li-liberté que le Sauueur leur auoit donnee, selon qu'il est escrit, où est l'esprit, là est la liberté, S. Pierre opposant la contrainte à ce qui est volōtaire, & qu'il appelle selon Dieu? O que vous prenez vos paralleles d'vn mauuais biais, repliqua le Bachelier. Il est vray que les Apostres estoient confirmez en grace, ce que vous n'estes pas, & par consequēt moins en danger de perdre leur chasteté, témoin celuy à qui Dieu dit, comme il se plaignoit de ses tentations sensuelles; ma grace te suffit, plus ta chair sera infirme, plus sera parfaitte ta vertu, & ta continence d'autant plus espuree que plus esprouuee. Les Apostres estoient pauures, mais sans proprieté, car l'Escriture dit qu'entr'eux tout estoit en commun, & bien que les fideles iettassent à leurs pieds tous leurs biens, ils n'en tiroient autre profit que la peine de les distribuer aux necessiteux; & d'effect voyez comme S. Pierre chastia seueremēt Ananie & Safire proprietaires. Et vous autres estes vous sans propre comme cela ? Ils estoient obeyssans, & n'alloient pas sans enuoy, car autrement comme eussent-ils presché? ainsi que parle celuy d'entre eux qui est nommé Apostre par excellence ; comme ces animaux du Profete ils alloient par tout où les portoit, ou plustost où les transportoit l'Esprit de Dieu, ils ne couroient pas sans sçauoir où ils alloient, ils n'escrimoient pas en l'air : leurs missions estoient autant de commissions bien fondees,

Par tout où le monde s'estend,
Du Seigneur la gloire s'espand,
Par tout sonne leur harmonie,
Leur sacré langage s'entend
Aux bouts dont la terre est finie.

Au demeurant auec quel courage est-ce que vous accarrez vostre vie à celle des Apostres, qui estoient non seulement en l'estat, mais au faiste de la perfection acquise, vous que i'ay faict voir ne pouuoir ny tendre, ny prétendre à l'estat de la perfection à acquerir, pour n'estre pas Religieux? n'est-ce pas comparer à la beauté d'vn Pan ou à vne Aigle Royale vne aloüette huppeé ? & ne voyez-vous pas que vous n'auez produit que

de petites & foibles imitations en quelques choses exterieures, qui ne touchent en rien le fond de la perfection; ce n'est que l'escorce du Cedre dont ces grãdes Aigles ont deuoré la moëlle, c'est comme si pour auoir deux pieds, & deux yeux & vne teste, & des bras comme les Apostres, vous vous disiez Apostres: ô quels bons Apostres, vous m'entendez. Tout beau Monsieur le Bachelier, dit icy l'Aduocat, se doutant que ce t'on n'excitast quelque noise, & cette pointe quelque picqueure. Et ne sçauez-vous pas que l'Apostre nous dit que nous soyons ses imitateurs, parlant à tous les fideles, comme il l'a esté de IESVS CHRIST? Et S. Pierre ne dit-il pas que nostre Seigneur nous a donné exemple, affin que nous suiuissions ses traces, & fissions comme il a faict? ce que font les personnes deuotieuses, mais auec l'inesgalité d'vn Isaac trotinant à la montagne apres son Pere Abraham, & le suiuant à pas disproportionnez. Ainsi pour imiter le ieusne du Sauueur au desert, nous ieusnons quarante iours, mais auec combien de difference ; cependant nous faisons choses aggreables à Dieu, en l'imitãt autant que nous pouuons. Il y a bien de la difference entre imiter les Apostres, respondit le Bachelier,
& estre

& estre en l'estat de la perfection des Apostres; & c'est cela seul sur quoy i'insistois, & que ie voulois prouuer, & que ie pense auoir suffisamment esclaircy. Aussi n'ay-ie iamais eu intention, dit l'Hermite, de me mettre en la perfection de cét estat, ou, puisque vous le voulez ainsi, en cét estat de perfection, sçachant combien ce grade Apostolique est releué, & combien ie suis peu de chose : mais voicy vne derniere raison que i'ay reseruee pour l'arriere garde, & comme l'on dit, pour la bonne bouche, à laquelle si vous pouuez respondre, vous me serez vn grand Apollon. D'où venoit qu'anciennement au temps que les mœurs des Chrestiés estoient beaucoup plus pures, & la vie des Moines & des Religieux plus parfaite qu'en nostre siecle, on permettoit à ceux qui estoient les plus parfaicts, & consommez en vertu dans les Monasteres, de se retirer en l'Hermitage, & de ne vacquer qu'à l'occupation de Marie, comme à l'vn simplement necessaire? n'estoit-ce pas vn euident témoignage que la vie Anacoretique est plus excellente que la Cenobitique, selon la reigle ordinaire, qui permet bien à vn Religieux de passer d'vn Institut moins rigoureux à vn plus austere, mais nó pas de retrograder? Cette obiection,

Cc

reprit le Bachelier, a vne feüille qui luy preste vn peu de couleur ; mais il n'est rien si aisé que de faire voir que ce n'est qu'vne happelourde, non vne pierre fine : que si c'est vostre dernier retranchement, vous pouuez bien demander à parlementer pour vous rendre à composition. C'est la verité que c'estoit vne pratique ancienne, & qui dure encore de nostre temps en quelques lieux, principalement en quelques Monasteres de l'Ordre de Camaldule fondé par S. Romulad, & en la fameuse & sainte montagne du Môt-Serrat. Car ceux qui ont esté en pelerinage en ce dernier endroict, y ont veu le Monastere plein de Religieux de l'Ordre de S. Benoist viuans fort exemplairement, & grands obseruateurs de leur Reigle, lesquels s'estant longuement exercez non seulement aux mortifications Monastiques, mais aux deuoirs d'hospitalité enuers les Pelerins, & les malades, qui sont tousiours en ce lieu en grád nombre, quand ils sont iugez propres à mener vne vie contemplatiue, sont enuoyez au sommet de la montagne, où se voyent douze ou treze Hermitages fort biē aiencez, & tres propres pour la contemplation. Quand il vacque yne de ces places, ou par le decez d'vn Religieux, ou par son rappel au Conuent, on y en enuoye quelqu'autre iugé propre a cette sorte de vie recluse & solitaire par les Superieurs. Et cecy est fondé sur ce que nous tenons en Theologie la vie purement contemplatiue plus accomplie que la pure actiue, selon l'arrest sorti de la sacree bouche du Sauueur sur le different des deux sœurs du Lazare. Mais aussi tenons nous que la vie mixte, c'est à dire, qui mesle la contemplation & l'action, & qui embrasse iudicieusement l'vne & l'autre, donnant à chacune son temps, est plus excellente & parfaitte que ny la contemplatiue simple, ny la simple actiue: & c'est cette vie qu'a en terre menee le Sauueur, passant les nuicts en l'oraison de Dieu, c'est à dire, en profonde contemplation, & les iours és actions de la conqueste des ames; vie embrassee & suiuie par les Apostres, & les Prelats, & imitee par les Religieux Conuentuels, qui menent vne vie Apostolique viuans en chasteté, sans propre, & en obeyssance, tantost vacquans à la contemplation, tantost à l'action, selon qu'ils sont employez par ceux ausquels est remise la conduite de leur vie. Et encore parmi nous y a-t'il quelque image de cét enuoy en la Solitude pour ces bons Peres que nous appellons Iubilez, c'est à dire, qui ont sur la teste cinquante ans de Religion, lesquels pour leur aage & infirmité, car il sont pour la plus grande part septuagenaires, sont ezempts de l'office du Chœur, & de quelques autres fonctions regulieres, bien que plusieurs par leur diligence volontaire & extraordinaire facent honte aux plus ieunes moins feruens, & moins assidus. En quelque façon semblables à ces cheuaux du Prytanee d'Athenes, qui relaschez pour leur vieillesse des ouurages publics, venoient d'eux mesmes se ranger au ioug, comme desireux de trauailler encore, & quand on ne les attachoit pas aux chariots qui traisnoient les pierres, ils se mettoient deuant, comme s'ils eussent voulu donner courage à ceux qui tiroient. Or il ne faut pas que de ces retraittes en l'Hermitage vous pensiez obtenir de l'auantage à la vie Anacoretique sur la perfection de la Cenobitique; car ne voyez-vous pas qu'il y a autant de difference entre les Hermites du Mont-Serrat, & vous autres volontaires, que du iour à la nuict? Ceux-là sont vrays Moines Religieux, vous n'estes que simples Moines, ils sont en vn Ordre appreuué de l'Eglise, dans l'obseruance des vœux solemnels, subiects à l'obeyssance, qui les enuoye à vne vie qu'ils peuuent desirer, mais non choisir d'eux mesmes; au contraire on y fait aller tel qui ne s'en tient pas capable, & qui n'y a pas beaucoup d'inclination, iugé propre neantmoins par ceux qui le gouuernent, ils n'en reuiennēt pas quand ils veulent, car cela ne depend pas de leur discretion, ils ont l'habit de S. Benoist, ils sont vnis & conioints auecque ceux qui demeurent au Monastere, & souuent on en retire tel de l'Hermitage pour le faire Superieur au Conuent : ils ne vont pas courant par le monde, mais demeurent reclus, ne se frequentans pas les vns les autres que par licence expresse du Superieur, si qu'en rien ils ne sont ou proprietaires, ou possesseurs de leur volonté; en quoy ils sont non seulement en l'estat de perfectió, mais en vn estat de haute perfection, n'ayans plus d'autre conuersation que dans le Ciel, comme de vrays oyseaux de Paradis. Mais à propos de cecy il me vient en memoire vn exemple ancien digne de soigneuse consideration, & qui esclaircira merueilleusement bien tout ce different. Les Peres du desert ayans entendu l'estrange & extraordinaire façon de vie que menoit cét Ange humain Simeon Stylite, demeurant iour & nuict sur vne colomne éleuee de trente coudees, comme vn spectacle d'estonnement à tous les mortels; & sçachans le grand concours de gens qu'il y auoit autour de ce pilier, où mesme se bastissoit vne espece de bourgade pour y receuoir les hostes; s'estans assemblez pour consulter ensemble sur cette façon de faire, veu mesme que quelques vns auoient remarqué en ce Moine du temps qu'il estoit Nouice au Monastere, vne certaine humeur moins docile & ployable que n'eust desiré son Conducteur, & vn esprit vn peu trop arresté à ses opinions, enfin il fut conclu par le commun suffrage de tous qu'on luy enuoyeroit vn Pere de la part de l'assemblee, pour luy faire commandement en vertu de la sainte obedience de descendre de cette colomne, & de reuenir faire penitence en la Communauté, que s'il refusoit d'obeyr, sa vocation seroit condamnee comme vaine & mauuaise, sinon qu'elle seroit tenuë pour bonne. Le deputé arriué au pied de la colomne, sans conferer auparauant auecque luy, ny luy faire sçauoir qui l'amenoit, luy signifie à l'improueu cette ordonnance, à laquelle sans differer se rendant obeyssant, l'autre l'embrassant luy conseilla de demeurer en cette sorte, puisque par sa soumission il auoit monstré qu'il y estoit conduit par l'esprit de Dieu. Voyez-vous comme ces grands Anacoretes iugerent de la bonté de cette vie si extraordinaire par l'abnegation interieure, cóme estant le fondemét de toute perfection? Abnegation laquelle vous manquant à vous autres Hermites volontaires comme pourriez-vous estre en l'estat de perfection? Icy l'Aduocat voyant que le Bachelier auoit doctement & subtilemét prouué la proposition qu'il auoit faite à la volee; il reste donc, dit-il, que nous constituions ce frere dedans l'estat d'imperfection, ainsi que ie disois. Pardonnez moy Monsieur, reprit le Bachelier, car il y a vn grand pays entre n'estre pas en l'estat de perfectió, & estre en l'estat d'imperfection. Car à proprement parler, ie ne croy pas en la Republique Chrestienne qu'il y ait aucun estat d'imperfectió, puis qu'on se peut sauuer en toutes vacations,

Voire dedans les Cours, & dedans les armees
Où l'on void rarement les ames animees
De foy, de pieté, & de l'Amour de Dieu;
Car on peut operer son salut en tout lieu.

Dieu en la creation vid tout ce qu'il auoit faict, & tout estoit tres-bon, & comme il ordonna que chaque plante produisist selon son espece, de mesme que chasque plante raisonnable le seruist, & fist des fruicts de penitéce, ou de bonnes œuures selon sa condition, c'est à dire, selon l'estat où l'on seroit appellé. Que si vous dites qu'il y a des estats infames, cõme des Basteleurs, des Vsuriers, des Courtisans, des Larrons, qui sont en de grãdes imperfectiõs, ces sortes de personnes pecheresses sont bien en estat de peché, & en voye de damnation, mais ces conditions ne sont pas des estats receus en la Republique Chrestienne, laquelle reiette les vices, & deteste les vicieux, ioint que pour imparfaict que soit vn pecheur, il peut venir à resipiscence, & acquerir par la penitéce vn haut degré de gloire, comme la Magdeleine, Zachee, & S. Matthieu en font foy. Que si vous insistez, en disant que dans les vacatiõs mondaines, comme de la marchandise, des armes, de la Iustice, mesme de l'Aduocasserie, il y a de grandes imperfections, ie vous respondray que les imperfections sont personnelles, & non de la condition, en laquelle plusieurs ont aggreé à Dieu en se cõportant vertueusement, & se sont esleuez en la gloire. Ie ne sçache donc, à proprement parler, aucun estat d'imperfection que celuy des demons, qui sont dans vne perpetuelle hayne de Dieu, & dans vn delict que le Prince des Apostres nomme incessant, à cause de leurs continuels blasfemes; sinon que vous leur vouliez adjoindre les Heretiques de nostre aage, qui se recônoissent en leurs qualitez enclins à tout mal & inutiles à tout bien, qui est la naïue peinture de l'estat d'imperfection. Mais quant au frere Hermite certes il n'y est pas, ains ie n'ay iamais dit qu'en cét estat qu'il a choisi, il ne peust arriuer à la perfection, ny mesme à vn haut degré de perfection, mais non à l'estat de perfection reserué aux Prelats & Pasteurs, & aux personnes Regulieres, c'est à dire, qui militent sous vne Reigle certaine, & approuuee par l'Eglise. Que sera donc cét Hermite? dit l'Aduocat, puis qu'il n'est ny Seculier, ny Regulier, sera-t'il irregulier? Nullement, dit le Bachelier, car pour n'estre pas Regulier, il ne s'ensuit pas qu'on soit irregulier, non plus que pour n'estre pas Religieux, vous n'estes pas irreligieux, c'est à dire, impie & sans Religion. Car comme voulez-vous que cét homme soit irregulier, qui n'est dans aucune Reigle, ny dans aucun Ordre sacré, dont pour quelque delict la fonction luy puisse estre interdite, ce qui est proprement estre irregulier? Et affin que vous ne disiez pas à pareil air qu'il est en vne vie improuuee par l'Eglise, parce qu'il n'est pas en vn Ordre approuué, sçachez que l'Eglise n'improuue pas tout ce qu'elle n'approuue point, autrement l'Ordre mesme des Aduocats seroit reprouué, n'estant point autrement approuué par elle, laquelle se contente de laisser viure chacun selon son Genie dedans son sein, pourueu qu'il viue Chrestiennement, & selon la loy de Dieu, suiuant cette parole du Sauueur touchant l'obseruance des commandemens, faites cela, & vous viurez. Mais si ce bon frere non content de faire son salut comme les Seculiers par la suitte des commandemens vouloit pousser outre en la pratique des conseils, & se ietter en quelque Ordre approuué par l'Eglise, alors il seroit en l'estat de perfection, & selon sa ferueur il pourroit comme vn Geant spirituel tendre à grands pas à la cime de la perfection. Que s'il se contente de pretendre simplement à la perfection de son estat ; auquel l'Eglise le laisse, sans l'improuuer ny l'approuuer, il le peut faire, n'estant pas mon dessein de le presser comme par precepte à ce qui n'est que de conseil ; joint que l'heure de sa visitation par l'Orient d'enhaut n'estant pas encore venuë, il la faut attendre,

Veu que si l'Eternel ne bastit la maison,
L'hôme y trauaille en vain, & y perd la raisõ.

ces attraicts n'estans pas ouurage des hommes, ny communiquez à tous indifferemment. L'Hermite qui vid bien que toutes ses raisons naturelles estoient de neige auprès de la clarté, & de la subtilité de ce Theologien, ne peut dire autre chose regardant l'Aduocat, qui n'auoit point de replique pour luy, & qui commençoit à donner les mains à sa partie, sinon qu'il se contentoit d'aspirer en son estat à la perfectiõ Chrestienne, puisque le pas ne luy en estoit pas clos, sans se soucier de l'estat de perfection, sinon quand Dieu luy auroit plus particulierement inspiré l'Ordre, & l'estendard sous lequel il se deuroit ranger, à quoy il pensoit que le pourroit ayder le charactere de Prestrise qu'il alloit cherchant auec autant de peine que de desir; car, dit-il, de demeurer frere lay dans vn Conuent, pour estre valet toute ma vie, c'est à quoy ie ne me puis resoudre, estant vne condition contraire à ma naissance, à mon pouuoir, & à mon inclination: j'aymerois autant estre laïque dedans le Siecle que dans vn Monastere, & quester pour moy seul que pour des Messieurs nos maistres, qui mangeans bien à leur aise la sueur de mon visage, penseroient encore en les seruant que ie leur fusse fort redeuable. Et entre les Ordres i'ay peur que l'inclination ne me porte iamais au vostre, Monsieur le Bachelier, car i'ay trop peu de capacité pour pretendre à estre Pere Predicateur ; il me vaudroit mieux en regarder quelqu'autre, où sans tant de suffisance ie peusse estre en la consideration que merite vn Gentilhomme, tel qu'il a pleu à Dieu me faire naistre. A la fin, dit icy le Bachelier, il falloit que la piece du fonds du sac, piece vaine, de grand son, mais de faux alloy, parust, & cette piece s'appelle vanité. Car de tous ces Cheualiers errans, ie voulois dire de tous ces Moines courans par le monde sous le manteau d'Hermite, vous n'en treuuerez pas vn qui ou ne se dise, ou ne se feigne, ou ne vueille estre cru sorti du sang des Goths, & issu de la plus ancienne noblesse: ce qui leur est aisé de persuader à ceux qui ne les voyent que comme vn esclair, & qui ne sçauent pas seulement quelle Prouince leur a donné la naissance ; ce que ie ne dis pas pour reuoquer en doute la noblesse du sang de ce frere : car son visage & son port monstrent bien que son education, & son origine n'ont pas esté basses. Mais tout de mesme que la beauté perd sa grace quand elle se regarde, & se rend mesprisable plus elle veut estre prisée; de mesme en est il de l'extraction, laquelle se doit faire connoistre par les effects plustost que par les paroles, & par la propre valeur plustost que par celle de ses majeurs, d'autant, comme dit cét Ancien,

Que la seule vertu fait la vraye noblesse,
Ignoble estant celuy que la vertu delaisse.

De là vient que les Religieux qui dans la vie Cenobitique se sont rendus pauures volontaires, laissans à la porte cette prerogatiue de leur naissance, se tiennent trop heureux d'estre abiects en la maison de Dieu, cherissans cét abbaissemét plus que l'exaltation en la demeure des pecheurs dedans le monde. Ce sont ceux-là qui mettent en pratique ce conseil diuin donné à Abraham, de quitter sa maison paternelle, & la terre de son parentage, & redonné aux ames amoureuses de la perfection par Dauid en ces termes;

Escoute vn peu ma fille, ayes l'esprit icy,
Et pour n'en perdre rien, tends y l'oreille aussy.
Il te faut desormais perdre la souuenance
Du peuple de la terre, & de ta connoissance,
Il te faut la maison de ton pere oublier,

Et de tous vieux pensers ton esprit delivre,
Ce Roy qui tous les Roys en merite surpasse,
Est pris de tes beautez, & desire ta grace :
Voy que c'est ton Seigneur qui te doit biẽ heurer,
Mets y toute ta flamme, & le vueille adorer.

Certes nous ne pouuons nier que dans les familles Religieuses ceux qui sont de noble extraction, n'ayent tousiours ie ne sçay quoy de releué sur le front, comme le Roy des abeilles, qui est couronné de rosee, & vne generosité naturelle, qui les porte plus courageusement aux entreprises vertueuses que plusieurs autres, qui ne sont pas moulez d'vne si bonne argile, ny animez d'vn si beau sang ; mais pour ce qui regarde le corps de la Communauté, tout y est esgal, tous en sont esgalement membres, bien que non esgaux membres, à cause de l'harmonie qui se fait de la difference des tons : tous sont enfans de l'Ordre, & la mesure du merite, & de l'estime se prend à la vertu, & principalement à l'humilité, l'acceptation des personnes n'y a point de lieu, de peur que cette particularité ne passast en partialité, ennemie capitale de la Communauté, où tout doit estre conduit d'vn bel esprit, comme les diuers membres sont viuifiez d'vne seule ame, selon qu'il est escrit des premiers Chrestiẽs, qu'ils n'auoient qu'vn esprit & vn cœur. Il y a plus, c'est que pour le traittement de la vie, pour le viure, & le vestir, pour le secours spirituel & corporel & pour les exercices de pieté, pour l'assistance en la maladie, les freres Conuers sont en la mesme consideration que les freres du Chœur, & que les Prestres Predicateurs, & Docteurs, iusques là qu'vn frere lay peut estre Prouincial & General en l'Ordre du Serafique S. François. Ce qui fait que plusieurs, ie ne diray pas Gentilshommes simples, mais Seigneurs Illustres, Comtes, Marquis, Ducs, Princes, (ce que les Chroniques des Ordres nous font veoir) desireux de quitter le monde pour se ietter sous l'estendard Religieux, n'ont point dedaigné cette qualité, leur humilité les retenant d'espirer à la Prestrise, & ont mené vne vie fort sainte & fort exemplaire en ce rang, s'y rendans d'autant plus conformes au Roy de gloire, qui pour nous a pris la forme de seruiteur & d'esclaue, venant icy bas non pour y estre serui, mais pour seruir. Que si les Conuers sont employez dans les Conuents en des fonctions qui semblent seruiles, outre qu'il n'y a pas Prestre qui en soit exempt à son tour, selon que porte l'obeyssance, ils sçauent que ce qu'ils font pour les freres, Dieu le tient pour vn seruice qui luy est rendu, seruice preferable aux ceptres & aux Couronnes. En quoy nous sommes bien esloignez de les tenir pour valets, puisque nous les reputons pour freres, & pour enfans de l'Ordre : & quand ils seruiroient les Prestres, quel plus grand honneur leur peut arriuer que de participer au tiltre du Sainct Pere, qui se dit Seruiteur des Seruiteurs de Dieu? Que si quelques vns les appellent freres laics, pour les distinguer des Clercs, ou Prestres ; ce n'est pas pourtant qu'ils soient laïques, veu qu'ils ont renõcé au Siecle, & qu'ils sont aussi bien comme les freres destinez au seruice de l'Autel par leurs vœux solemnels en l'estat de perfection: mais c'est vne façon de parler impropre, pour denoter qu'ils ne sont pas Prestres, ny Clercs, mais seulement Conuers, comme on les appelle presque par tous les Monasteres.

Fin du Liure neufiesme.

HERMIANTE.
LIVRE X.

SVr ces entretiens ils arriuerent à la couchee en l'vne des principales Villes de Picardie, où nos trois voyageurs prindrent trois differents logis, apres les complimens de semblables occurrences; car le Pere Dominicain se retira au Conuent, l'Aduocat chez vn de ses amis, & l'Hermite en vn Cabaret qui luy conuenoit bien, car on l'appelloit l'Hermitage, où il fit comme Dauid dit du Hibou, qui ayant esté durant le iour becqueté des autres oyseaux, hurle & se plaint la nuict en son domicile sentant la douleur de ses playes. Car ruminant en soy-mesme la rude guerre de l'Aduocat, & du Religieux, qui l'auoient si malmené, & combien ces veritez Theologiques du Bachelier estoient euidentes & conuainquantes, & considerant d'autre part leur conuenance auec les remonstrances de son Official, de plus se voyant flotter sur vne mer d'incertitudes & d'irresolutions, il ressentoit des conuulsions d'esprit, & des entorses pareilles aux douleurs d'vne femme qui enfante. Puis se remettant deuant les yeux combien l'Aduocat, & le Religieux estoient plus en repos, l'vn chez vn amy, l'autre en vn Monastere, que luy dans cét Hermitage plein de bruict, de tumulte, & de confusion, il estoit bien raisonnable, disoit-il, que puisque i'ay basti vn Hermitage pour y receuoir toute sorte de gens, comme dans vne hostelerie, que ie logeasse dans vne hostelerie, où ie visse l'image des inquietudes qui m'attendent en ce bel Hermitage. Certes ie n'y feray pas Hermite, c'est à dire, Solitaire, mais hostelier, c'est à dire, menant vne vie miserable ; car les hosteliers, chez qui tous les passans prennent leur repos, n'en ont point eux mesmes, s'incommodãs pour accommoder autruy, pareils à la chandelle qui pour esclairer se consume. Là dessus il proiettoit de quitter Cologne, & flatté du doux air de sa patrie, & du voisinage des siẽs, il se deliberoit de s'y habituer, s'il y rencontroit vn lieu propre ; mais tousiours le desir d'estre Prestre le pressoit, encore qu'il vist bien que le motif qui le portoit aux ordres, estoit plein de beaucoup d'amour propre. Que si quelque idee se iettoit en son ame d'embrasser la vie Religieuse en quelque Ordre bien reformé, ou il peust aller à la perfection plus asseurément, se destachãt vne bonne fois du monde, & de soy-mesme, soudain la tentation luy faisoit treuuer des difficultez en tous qu'il ne pouuoit surmonter en pensee. Ayant passé toute la nuict en ces inquietudes, il se met en chemin de grand matin, estant bien aise d'estre deffait de la compagnie de si rudes iousteurs que ceux qui l'auoient relancé le iour precedent, & qui auoient ietté par leurs discours tant de fantasies en son ame. Mais l'Aduocat qui estoit à cheual, bien qu'il fust party plus tard, retenu par les caresses & la bonne chere de son amy, ne laissa pas de l'atteindre, & s'estans mis à l'entretenir sur la beauté de l'esprit du Bachelier, & sur la force de ses raisons, Aquilin luy dit; Monsieur, c'est perdre du temps que me vouloir persuader vne vie qui m'est si contraire comme celle des Religieux, quand il me faudroit quitter cét habit, & prendre celuy de Prestre Seculier, ie ne m'en soucierois pas, bien que ie perdisse le plus gentil Hermitage qui se puisse desirer, & que i'ay faict bastir auprés de Cologne, tout mon soucy est d'estre Prestre, & c'est ce qui me mene en Bretagne,

Vous prenez bien de la peine pour peu de chose, luy dit l'Aduocat, veu que sans sortir de vostre Hermitage, vn Banquier vous pouuoit faire tenir à Cologne des lettres dimissoires à tous les ordres de la part du Pape, qui est le Prince des Euesques, & l'Ordinaire des Ordinaires. Comment, dit l'Hermite, cela se peut-il faire? ô que cela m'eust espargné de pas & de fatigue. Cela se peut si bien faire, dit l'Aduocat, que s'il vous plaist de demeurer deux mois à Paris, ie les vous feray venir de Rome, & en telle façon que sans obseruer les interstices, ny les temps ordonnez de droict à la reception des ordres, vous serez ordonné Prestre en trois iours. L'Hermite qui croyoit que cét Aduocat luy ouurist le Paradis, au lieu qu'au iour precedent il luy auoit ouuert l'enfer, en le mettant en l'Ordre des desordres, pensoit auoir rencontré vn thresor, & s'il eust eu moyen de seiourner à Paris autant de temps que luy dictoit son Mercure, il eust volontiers espargné le trauail, & les pas du voyage de Bretagne : mais d'autre costé l'amour naturelle de son pays, & le desir d'humer encore vne fois ce doux air qu'on respire en naissant, l'emporta au proiect de suiure sa pointe, estimant, outre le plaisir de reuoir les siens, en tirer quelques commoditez, & se faire admirer en sa patrie; mais il est bien loing de son compte. Car n'ayant faict que passer à Paris, & remercié son Aduocat du bon auis qui luy auoit donné, duquel il ne pensoit pas auoir besoin, croyant que son Euesque seroit encore bien honoré de mettre son insuffisante noblesse dans les ordres, il va en Bretagne. Or ne veux-ie point m'arrester à vous depeindre les bonnes & mauuaises rencontres qu'il eut sur le chemin, de peur que ces digressions n'emportassent le principal de ma narration, & me missent en desroute ou en deffaut. Ie diray seulement qu'il experimenta la verité du prouerbe, que personne n'est Profete en son pays. Car quand on le vid en cét equipage de Moine, si different de celuy qu'il y auoit eu autresfois, & si esloigné de la reputation de ses hauts faicts d'armes, qui auec celle de Monseigneur le Duc de Mercœur estoit venuë iusqu'en Bretagne sur les aisles de la renommee, de telle sorte que ses parens croyans qu'il eust faict vne grande fortune en Alemagne, se figuroient desia d'y auoir quelque part, chacun au lieu de l'admirer, comme il pensoit, se mocqua de luy, les vns disans aux autres, est-ce là ce braue Aquilin qui s'est porté si vaillamment sous l'Aigle de l'Empire ? ce qui me fait souuenir de ce que les Israëlites disoient de la belle mere de Ruth reuenuë de Moab, est-ce là cette Noëmi que nous auons iadis veuë si fleurissante, & si pompeuse ? & elle disoit, ne m'appellez plus Noëmi, c'est à dire, la belle, mais plustost Mara, puisque le Seigneur renuersant mon bonheur m'a remplie d'amertume. O si nostre Aquilin eust eu l'esprit de pieté pour bien mesnager cette abiection, quel auantage en eust-il retiré pour son ame ! qu'il eust bien peu dire auecque le Psalmiste ; Tous ceux qui m'ont veu se sont mocquez de moy, ils ont murmuré en leurs leures, & hoché leurs testes par desdain. I'ay esté faict l'opprobre de mes proches, & mes hayneux ont faict leurs gausseries de moy. Que de Michols qui l'auoient autresfois veu poupin & gentil, se rirent de le voir en cette façon: certes il pouuoit dire auecque le grand Apostre, nous auons esté faicts en spectacle au monde, aux Anges, & aux hommes, & rendus le rebut d'vn chacun, & la balieure de l'Vniuers. S'il eust ietté les yeux sur Dauid mesprisé par Achis, ou plustost sur nostre Seigneur mocqué sous la robe blanche, & le manteau de pourpre, il n'eust pas pris ces humiliations au pied leué, comme il fit: car ne les pouuant supporter, non plus que Samson les risees des Philistins, & le Profete Elisee les mocqueries des enfans, il abandonna soudain le seiour de sa naissance, disant auecque cét ancien Grec iniustement banni par ses concitoyens; Ingrate patrie, tu n'auras pas seulement mes os. Que s'il fut mal accueilli par les siens, il fut encore plus mal venu deuant son Euesque, lequel estant amateur de la police Ecclesiastique, & de l'ordre, ne prenoit pas plaisir de voir en son Diocese ces oyseaux passagers, ces Hermites vagabonds; à l'abord il leut cette auersion dans son visage, si qu'il vid bien que luy demander permission de se retirer en son Diocese, & y dresser vn Hermitage, feroit chose inutile: il se contenta de luy manifester le desir qu'il auoit d'estre promeu aux ordres sacrez, estant venu pour cela de Cologne, où estoit sa demeure, pour auoir de luy des lettres dimissoires, affin de les receuoir de quelque Prelat que ce fust. Monseigneur l'Euesque luy respondit assez seuerement, que les Hermites n'estans pas Religieux, ne pouuoient passer aux ordres sous le tiltre de pauureté, & qu'il auoit accoustumé d'exiger d'eux vn tiltre patrimonial, puis qu'ils menoient vne vie Clericale, & pouuoient posseder du propre: voyla nostre Hermite desferré tout à plat. En fin il remonstre (auecque la verité qui paroistra tantost) que les aumosnes luy sont faites si abondamment à Cologne, qu'il a dequoy entretenir plusieurs Confreres, & mesmes dequoy soulager les pauures: ce qui satisfait aucunement ce bon Prelat, des-ja informé de sa naissance, & de ce qu'il auoit esté dedans le monde. Il y a vn autre tiltre, luy dit-il, encore plus necessaire que celuy-là, c'est celuy de la capacité, sans lequel les plus riches beneficiers ne reçoiuent point l'imposition de mes mains: il pensa pasmer, croyant que ce Prelat l'allast mettre à l'examen qu'il redoutoit plus que l'Inquisition d'Espagne. Monseigneur, luy dit-il, ie croy que ne vous demandant que des lettres dimissoires, vous renuoyerez cela sur la conscience de l'Euesque qui m'ordonnera, lequel pourra faire mon interrogatoire. Ie vous auouë que ie sçay-peu; mais vous considererez, s'il vous plaist, que ie ne me veux aucunement ingerer en la conduite des ames, ne recherchant que ma consolation propre, & vn moyen de m'attacher plus fortement au seruice de Dieu, pressé de plus par la necessité de ma vie solitaire, à laquelle ie m'appliqueray d'autant plus, que i'auray moins de besoin de sortir pour frequenter les Sacremës. L'Euesque respondit à cela, que s'il auoit à l'ordonner, il l'interrogeroit luy mesme: mais que pour donner de semblables lettres, il se contenteroit de le faire examiner par son Vicaire General, qui estoit l'vn de ses Examinateurs, sur le rapport duquel s'il estoit treuué capable, il luy feroit expedier ce qu'il desiroit. Il vouloit euiter cette touche, mais l'Euesque disant que c'estoit la coustume, affin que des ignorans n'eussent pas la hardiesse, sous l'appuy de semblables lettres, de se presenter deuant d'autres Prelats, il fallut subir cette loy. Or fut-il treuué comme le Roy Baltazar, trop leger à la balance du Vicaire General, & comme tel deferé à l'Euesque, qui luy donna pour lettres patentes vn renuoy à estudier. Mais en fin vaincu par l'importunité des personnes qualifiees qu'Aquilin entremit pour obtenir cette grace, sur la promesse qu'il fit de ne se presenter aux ordres que dedans quelques annees, durāt lesquelles il feroit prouision de litterature, & consideré l'esloignement de sa retraitte, il obtint ces lettres auec autant de difficulté que les trois Israëlites l'eau de la cisterne de Bethlehem, que Dauid auoit tāt souhaittee. Et comme il estoit sur le point de prendre la route de son retour; il fut bien estonné de voir que comme Vrie il portoit dans son sein le pacquet de sa condamnation : car les lettres portoient expressément qu'il seroit obligé de garder les intersticesde droict, dōt l'Euesque ne dispēsoit pas, affin que durant ces trois ans il estudiast, & se rēdist prouueu de la suffisance, dont par l'examen il auoit esté treuué destitué, remettant à la conscience de l'Euesque qui l'ordōneroit cette nouuelle preuue. Le voyla donc auec vne espee sans pointe, auec vn Canon encloüé, & ayāt des lettres, comme n'en ayant point. Plusieurs fois son impatience luy suggera de rendre les lettres à l'Euesque auecque des rodomontades plus tolerables en la bouche d'vn soldat que d'vn Hermite, voyant qu'il ne pouuoit faire rayer ces clauses? mais il fit mieux de n'en rien faire, parce qu'il eust appris à ses despens à ne brauer ses maistres: car vn Superieur de paille range tousiours vn inferieur d'acier. Il reprend la brisee de Paris, où desireux de consulter son Aduocat, qui estoit son Oracle, sur ce bref de Rome, dont il luy auoit ouuert le propos, affin d'en abbreger le cours de ses desirs, il se treuua en grande perplexité : car chercher vn Aduocat dans cette grande Ville, & mesme dans la presse du Palais, où ils sont en si grād nombre que les Cincenelles d'Egypte, c'estoit aller à la queste d'vne sauterelle dans vn large pré. Neantmoins il fut tant de fois au Palais, & aux audiences (lieu fort propre pour y treuuer la solitude) que par hazard il y rencontra son homme, qui n'estoit pas des Aduocats plaidans, ny consultans, mais de ce tiers ordre si ample, qu'on appelle des escoutans & postulans, ou plustost postillans. Iamais parmi l'agitatiō d'vne horrible tourmente poulpe ne s'attacha si fermement à vn rocher, que nostre Aquilin à l'Aduocat autresfois son persecuteur, maintenant son plus cher amy. Il luy communiqua ses lettres, qui le renuoyent à trois ans, & moy, luy dit l'Aduocat, ie vous feray venir vn bref de Rome, qui vous remettra à trois briefs iours. Voicy vne grande Ville, ains vn mōde, vous n'y manquerez ny d'aumosnes, ny de conuersation, seiournez y deux mois, & ie vous remettray entre les mains le filet qui vous retira du labyrinthe de ces longueurs. Dans cette Cour il y a tousiours des Prelats, qui ne sont pas plus exacts à la tenuë des ordres qu'à leurs résidences, si vous auez des amis, employez les à vous en treuuer vn plus ployable, & plus condescendant que vostre Euesque; ce qui vous sera facile, car c'est l'humeur ordinaire de ces suiuans de Cour de faire ce qu'on veut, de peur de desobliger des honnestes gens. Voyla vn conseil d'enfant du Siecle, plus prudent en sa generation que ne le sont en la leur les enfans de lumiere; il est bien mieux receu d'Aquilin que ceux ny de son Official de Cologne, ny de son propre Prelat, ny de quelque sçauant & deuot Religieux, car il flatte mieux ses volôtez, & ses fantasies. Le voyla donc pour deux, ou trois moys enfoncé dans cette vaste forest de Paris, repaire de mille bestes farouches & sauuages, le voyla, comme Iob disoit de soy, compagnon des Austruches, & frere des Dragons, des Lyons & des Ours, il va sautant de quartier à autre, de cabaret en tauerne, d'Eglise en Eglise, pour n'estre pas tant remarqué en ses questes. De vous dire les tentations en foule, qui le pilloient tous les iours, combien souuent il rencontroit des Gantoises entre les mains des voleurs, allant tantost de iour, tantost de nuict, sans aucune demeure arrestee, tantost couchant dans vn Hospital auec vn tas de gueux, tantoſt dans vne hoſtelerie auec des yurongues, & mauuais garnemens, qui châtoit, qui ioüoit, qui iuroit, qui blaſfemoit, qui faiſoit pis à ſa veuë, & que ie n'oſe dire, tous obiects de grande edification, il ne ſe peut. Car de frequenter les Conuents, & lieux de deuotion, c'eſtoit ce qu'il fuyoit comme des Conciergeries, ayant meſme peur que le deſir luy vinſt de ſe faire Religieux; humeur admirable. Il alloit ſans ceſſe, & cheminoit, comme dit Dauid, en vn cercle, c'eſt à dire, en tournoyant, ores dans les Egliſes, pour demander la charité, ores dans les ruës où il ne voyoit qu'objects de vanité. Le Louure meſme ne fut pas ſans ce Courtiſan, où Dieu ſçait ſi celuy qui tente rappella dans ſon imaginatiue ſes anciennes idees. Il ſe iette dans la preſſe qui fait le concours des Predicateurs, leſquels il admire, & s'imagine enyuré de ſon amour propre, que s'il eſtoit Preſtre, il auroit auſſi-toſt la ſcience de la voix, & ſeroit loüé d'vn chacun, & ſuiuy comme cela. En ſomme ſon cœur eſt comme vne mer boüillante,

Il eſt ſi plein d'inquietude,
Que ſans ſe repoſer iamais,
Au Louure, au ſermon, au Palais
Il va chercher la ſolitude.

S'il n'eust esté fortement possedé de ce desir de Prestrise, cent fois il eust posé son froc, & se fust reietté plus que iamais dedans les armes, & dans le monde; mais comme vn clou chasse l'autre, de mesme vne passion vehemente empesche l'effect d'vne moins violente. Trois Lunes font leur cours en cette attente, auec vne douce impatience de nostre Hermite; i'appelle son impatience douce, parce que si d'vn costé son souhait le pressoit, ce seiour si charmant, & d'vne varieté d'obiects si desennuyante le consoloit, lequel glissant peu à peu vn desir de conuersation dans son ame, y iettoit vne certaine apprehension de la Solitude de Cologne. Mais en fin il faut estre Prestre, car il le veut, il void souuent son Aduocat, qui fait conqueste de ses questes, & qui pour vn petit bref se fait donner de longs salaires; on le sale comme il faut, il n'importe à l'Hermite, cela ne luy couste que le demander: il pratique ce mot, donnez, & il vous sera donné. Paris est vne mer qui ne tarit point pour tant de ruisseaux qui en deriuët, qui ne s'enfle point de tant de fleuues qui y entrent. Le bref est arriué, qui porte vne dimission pour tous les ordres, mesmes hors les temps ordinaires. L'Euesque est treuué : & pour le faire court,

Liure X.

le Prelat de Cour, à la mode de la Cour, pour obliger vn amy depesche promptement nostre Hermite, & le fait Prestre en peu de iours. D'en accuser le bref, ou l'Euesque, cela ne se doit, non plus que se prendre à l'espee du coup qu'elle a donné : car outre que ces dispenses ne se donnent iamais qu'en representant des causes legitimes & canoniques, qui doiuent estre balancées & appreuuees par ceux qui fôt l'impositiô des mains, sur lesquelles peut estre que l'Euesque ayant ou passé legerement, ou cru promptement au témoignage d'vn amy, Aquilin se treuua en vn moment au faiste de ses esperances, non sans penser que le Ciel propice à ses intentions eust en cela esté complice de ses desirs. Le voyla Prestre comme Melchisedech, pour offrir à Dieu le pain vif, & le vin engendrant les vierges ; mais non pas comme Aaron, car sa gaule n'estoit pas si fleurissante, ny si chargee de fruicts. A peine sçauoit-il ordonner son office, que l'impatience le prend de dire la S. Messe (tant il est vray qu'vn mauuais principe ne peut former de bonnes consequences) sans considerer que pour se preparer à la premiere celebration de ce haut & redoutable mystere, il eust esté besoin d'vne profonde retraite, & d'vne longue confideration. Au contraire ayant peur que fon Official de Cologne le voyant fi promptement ordonné, ne retardaft l'effect de fon defir, & ne le remift à quelque terme ennuyeux pour approcher du fainct Autel, il fe met à celebrer à Paris, & puis par les chemins, s'en retournant Preftre neuf à fon Hermitage tout neuf. Ie pourrois allonger mõ difcours, qui ne s'eft deſ-ja que trop eftendu, de plufieurs rencontres affez contraires à l'attention requife pour celebrer dignement, qu'il eut en ce retour; car les Gantoifes, & les mauuais garnemens ne font que trop frequens par le monde, felon que dit le Sage, le nombre des fols eft infiny. Voyons fon arriuee à Cologne, où à pleines voyles il cingle fur la haute mer de l'eftime de foy. Il eft luy mefme le publicateur de fa dignité Sacerdotale, il veut que tous les Echos de fon defert refonnent la gloire, comme celle du Liban, de Saron, & de Carmel, il veut que les pierres en parlent, & graue fur quelques vnes de fon petit Palais, le R. Pere Aquilin Preftre Anacorete, Gentilhomme Breton, a erigé cecy depuis les fondemēs. Cependant en ces vanteries, & en fe rendāt (comme dit cét Ancien d'vn Empereur, qui grauoit fon nom fur plufieurs edifices

fices) herbe parietaire, il ne pensoit pas faire mal, mais pluſtoſt obeyr à l'Apoſtre, qui cõſeille aux Preſtres de magnifier leur miniſtere, & ne riẽ faire d'indigne de leur dignité, ny ſubiect à blaſme. Et parce que la ſuperbe eſt odieuſe à Dieu, & aux hommes, tout ce qu'il penſoit faire pour ſe releuer, ſe tournoit à ſon raualement, ſelon cette verité diuine, que celuy qui s'humilie, ſera exalté, & celuy qui ſe hauſſe, ſera abbaiſſé, car Dieu reſiſte aux ſuperbes, & regarde les humbles de bon œil: il regarde les humbles, dit S. Auguſtin parafraſant Dauid, pour les hauſſer, & cõſidere de loing les orgueilleux, pour les deſtruire, car il eſcarte les hautains de l'eſprit de ſon cœur, depoſant les preſomptueux de leurs throſnes, pour y eſtablir les plus petits. D'autant plus donc que noſtre nouueau Preſtre ſe penſe faire eſtimer, d'autant plus tous les iours ſe rend il odieux, & ſe fait meſeſtimer: ce qui le met en vne peine demeſuree, il ſuit vne ombre qui le fuit, & lors qu'à ſon premier auenement il fuyoit les loüanges & les applaudiſſemens des hommes, il eſtoit chargé d'aumoſnes, & comblé de benedictions. Son abſence auoit aucunement effacé de la memoire de ces Alemãds le ſouuenir de ſa premiere ferueur, ſon baſti-

E e

ment trop specieux auoit faict murmurer; il pense reconquerir sa reputation diminuee en se faisant Prestre, & elle se fait encore plus petite ; il veut hausser son train, il luy faut vn valet, car cōment celebrer tout seul? & puis les menus offices de Marthe ne semblent pas bienseants à sa Reuerence: en a-t'il vn? en vne semaine il luy déplaist, il en change plus souuēt que la Lune de face, suiuant ce qui est escrit; L'insensé est plus changeant que la Lune: l'vn luy semble aggreste, l'autre larron, l'autre indocile, l'autre gourmand, l'autre impatient, l'autre inciuil, l'autre indeuot, l'autre causeur, tous yurognes, il ne peut treuuer de chaussure à son pied, ny de seruiteur à sa fantasie. La queste diminuë tous les iours auecque le credit, si le valet n'est saoul, il murmurera: les seculiers le faschent, il en veut vn Religieux, il fait le Pere, il donne l'habit à vn frere lay, affin d'auoir à qui cōmāder, & sur qui exercer sa paternité: il treuue que l'habit ne fait pas le Moine, & que sous vn habit d'Anacorete vn valet est tousiours imparfait, & insupportable. Va-t'il à la ville visiter ses connoissances, si on luy baille du frere Aquilin par les oreilles, cela luy blesse le cœur, & le met en vn humeur fascheuse, il veut qu'on luy donne du Pere, qu'on le traitte de Reuerence, autremét cela preiudice à la bonne opinion qu'il a de soy. Il donne (tant il s'ayme) des instructions de cela, & de la maniere de le respecter, à ceux qui le visitent; en fin l'amour de soy-mesme luy fait bastir vne Babel, qui aura pour fin sa confusion. Quoy plus ? il deuient insupportable, & du rang de ceux que Salomon ne pouuoit souffrir, vn vieillard (& c'est ce que sonne le mot de Prestre) peu iudicieux & vn pauure superbe: car à ceux qui le vont visiter il voudroit faire vne reception à l'Alemāde, c'est à dire, bonne chere, & il n'a pas dequoy; ce ne sont que plaintes de la charité refroidie, mais il n'entendoit pas que ce fust la sienne: ces plaintes le rendent importun, & à la fin ridicule, car la pauureté, comme dit ce Poëte ancien,

N'a rien de plus fascheux, & de moins supportable;

Que de ranger les siens en estat mesprisable: Vne belle maison sans pain est vn fascheux repaire; les lambris des Palais dorez ne donnent pas à disner: cela fait resoudre nostre Hermite à quiter ces riuages ingrats, d'où il ne pouuoit emporter ce qu'il y auoit mis. Sur ce bransle il veut prendre congé de son bon Official, qui luy remonstre que ce desir de changer de lieu, est vne tentation euidente contre la stabilité Monastique, que pour passer de la nauire en l'esquif, le vomissement ne s'appaise pas, ny la fiebure pour se transporter d'vn lict à autre; que son inquietude le suiura par tout, & se formera en hydropisie spirituelle, si que plus il chāgera, plus il voudra changer; que l'arbre souuent transplāté ne iette pas de fortes racines, que l'oyseau qui cesse de couuer ses œufs, ne les escloſt que difficilement. Que s'il demeure ferme, cette instabilité s'esuanoüira, sinon que cette demangeaison croistra par le gratter. Noſtre Hermite comme l'aspic bouche ses oreilles, pour n'entendre point la voix de ce sage enchanteur, mais remonstre force petites choses fort esloignees de la verité de son mal, se plaint des trop frequentes visites, il deuoit dire du manquement d'hōneur & d'aumosnes, se repent d'auoir faict vn bastiment si magnifique, mais ne dit pas le vray sens de ce repentir: dit qu'il veut aller en lieu où il soit moins connu, affin d'y vacquer auec plus de loysir, & de facilité au seruice de Dieu: toutes raisons esloignees de son principal motif. L'Official qui void

Que ce cheual est sans bride,
Et ce chariot sans guide.

ne pouuant plus souffrir ses inconstances, & ses importunitez, accorda ce qu'il ne pouuoit refuser, & luy laissa faire ce qu'il ne pouuoit empescher, luy profetisant comme vne Cassandre non cruë, que tout ainsi que l'enfant prodigue apres auoir dissipé la substance des diuines grace en des regiós lointaines, il reuiendroit en fin tout drilleux & crasseux d'entre les fers & les miseres en la maison du Pere de famille, en la vie Cenobitique. Et certes il auint de la sorte que Dieu auoit parlé par la bouche de ce sien seruiteur, ainsi que vous connoistrez par la suitte de mon discours. Aquilin ayant cóme vne autre Ænee quitté vne Carthage nouuellement bastie, pour aller à la recherche d'vne demeure incertaine au delà du Rhin, s'ésonce dás le pays d'Alsace, où apres auoir bien tournoyé pour treuuer quelque aggreable Thabor, en fin il rencontra vn Hermitage fraischement quitté par vn Hermite que la mort auoit mené à vne meilleure vie, il estoit situé en la forest de Muncheb, & il y auoit vne Chappelle dediee à S. Hubert, où il y auoit de grandes deuotions, & vn abord assez grand de personnes qui se recommandoient à ce Sainct. Il pense auoir rencontré le vray lieu pour exercer les beaux talents

E e 3

qu'il se figure de posseder; & est à noter que son deuancier estoit vn bon Alemand, qui accueilloit auec vne grande charité tous ceux qui abordoient en cette solitude, leur rendant tous les deuoirs spirituels qu'on peut souhaitter d'vn Ecclesiastique dedié au seruice des ames; car il les catechisoit, consoloit, exhortoit, preschoit, confessoit, disoit la S. Messe pour eux, leur distribuoit la sacree Synaxe, enfin ils le tenoient pour vn Profete que Dieu auoit suscité parmi eux. Nostre Aquilin pensant succeder à cette reputation si estenduë, se treuua auoir des vertus trop courtes pour la soustenir, si bien qu'il vint esclairer cette côtree comme vne foible lampe apres vn grand flambeau : il n'entendoit que regrets de la perte de son deuancier, duquel les loüanges luy donnoient de l'enuie, & de la ialousie, luy semblant qu'vn chien viuāt valoit mieux qu'vn Lyon mort, & que ces bonnes gens en deterrant cét autre tout mort, l'enterroient luy tout en vie, tant il est vray que le iuste sera en memoire eternelle, & ne craindra aucune mauuaise reproche. Il se veut mesler de faire les mesmes fonctions de l'autre, mais il s'en faut tant qu'il arriue à son imitation, qu'il se rend incontinēt mesprisable, à peine entendoit-il le langage Alemand, qu'il se veut mesler de côfesser & de prescher; imaginez vous où le transportoit sa temerité. Et voyant qu'il y reüssissoit si mal, il pensa que reprenant l'air & le climat de la France, il feroit des merueilles en nostre langue, selon les resueries qui auoient occupé son esprit lors qu'il entendoit les Predicateurs de Paris. Il quite donc son S. Hubert sans congé; comme il y estoit entré sans autre cômission que la tolerance des Pasteurs du voysinage, & trauersant les Ardennes vient par la Duché de Luxembourg, & de là en la Lorraine en vne forest qui est dans le Diocese de Metz, là il vescut auec vn bon Hermite qui l'associa en sa cellule, & qui luy fit part bien liberalement de tout ce que Dieu luy donnoit; il demeura quelques trois mois auec ce bon Pere, qui estoit Prestre, & qui auoit assez bien estudié: c'estoit vn esprit tranquille & doux, qui admiroit les viuacitez d'Aquilin, & le Pere Aquilin de son costé s'en faisoit vn peu accroire durant ce temps le desir luy vint de confesser, & de prescher, & cela sous la belle feüille de la plus grande gloire de Dieu, & du salut des ames rachettees de ce prix inestimable du sang du Redempteur. Adrian, ainsi s'appelloit le bon Hermite son compagnon, ayant eu communicatiõ de ce dessein, tasche de l'en destourner, luy represente que cela estoit tout a faict opposé à l'esprit de la vie Anacoretique, non que ces fonctions ne fussēt saintes, mais parce qu'elles estoient contraires à la Solitude, à la retraitte, & mesme à la contemplation, laquelle demandant vn esprit extremement desnué & ballayé de toutes idees terrestres, seroit trauersé par le souuenir de tant de cas, auecque leurs circonstances, dont il est parlé au tribunal de la cõfession : qu'au demeurant il falloit vn grand fonds de doctrine pour bien desbroüiller les consciences, veu que le Psalmiste dit, qui est-ce qui entend les pechez ? que ce discernement de lepre n'est pas donné à tous les Prestres, que l'escrime des clefs de S. Pierre est plus difficile que celle de l'espee de S. Paul ; ce qu'il luy disoit sçachant qu'il auoit esté Gendarme. Quant à la predication que c'estoit vne fonction toute Apostolique, & qui requeroit vn grãd fonds de science acquise, ou vn grand don de l'infuse : qu'à la verité ceux qui enseignoient la iustice, c'est à dire, la perfection aux autres, reluiroient comme des Astres en de perpetuelles eternitez; mais que cela n'estoit pas donné à tout le monde, moins aux

Hermites qu'à tous les Religieux, veu que leur discours doit estre le silence, & leur predication plus par exemple que par raisons, & par paroles: semblables à Gedeõ, qui disoit à ses soldats vne courte, mais efficace harangue, ce que vous me verrez faire, faites-le. Aquilin en ses desirs est impetueux comme vn torrent, Adrian n'a point d'assez fortes digues pour le retenir. Et parce que la Chappelle de l'Hermitage est peu frequentee, veu mesme qu'Adrian ne desiroit pas qu'il y exerçast ces fonctions là, Aquilin s'espand par les villages circonuoysins, où sous l'aueu des Pasteurs, qui estoient bien aises qu'il les soulageast, il se met dans les secrets des cœurs, dans la cachette des tenebres, il commence à visiter Hierusalé auecque des lampes, à examiner les consciences qui auoient recours à luy, où ie vous laisse à iuger ayant si peu de capacité combien il commettoit d'ignorances: mais ce sont plats couuerts, les Medecins spirituels sont comme les corporels, dont ce Soleil esclaire les succés, & le silence couure les fautes. Mais quand ce vint à la predication, en laquelle il reüssit encore plus mal qu'en Alemand, luy estant plusieurs fois arriué de demeurer aussi muet qu'vn poisson deuant de notables assemblees, alors l'experiéce maistresse des moins sensez, luy fit voir qu'il vouloit voler sans aisles, & voguer, comme l'on dit contre vent & maree : pliant doncques sa roüe comme vn Pan qui regarde la crasse de ses pieds, & voyant qu'il recueilloit vne moisson de tourbillons, & de mocqueries du vent qu'il auoit semé, & que pensant auoir la science de la voix, il n'auoit ny voix, ny science, il fit comme Minerue, qui ietta là sa fluste si tost qu'elle eust apperceu dans le crystal d'vne fontaine, combien l'enfleure de ses ioües diminuoit sa naturelle beauté. Et parce qu'il craignoit autant le mespris, la mocquerie, & le deshonneur, comme il aymoit l'honneur, il se resolut d'abandonner cette contree, où sa presomption l'auoit immolé à la risee de ses auditeurs, & de se mettre à l'abry d'vne meilleure plage. Il tourne la veuë vers la Fráce, comme l'aiguille frottee d'aymant porte sa pointe vers le Nort, & arriué dans la Duché de Bourgoigne, il apprend qu'à cartier du chemin de Paris à Dijon aupres de Mussi-l'Euesque, Seigneurie qui depend de Monseigneur l'Euesque & Duc de Lengres, Pair de France, en vn lieu appellé Val-Fontaine, il y auoit vn Hermitage fort commode habité par trois Hermites, ce qui luy representa quelque image de la vie Conuentuelle, il y va, & y est charitablement associé, changeant le triot en quaternaire; mais son humeur altiere & imperieuse, bien qu'il fust le dernier venu, luy fait souhaitter, & comme empieter la premiere place, la subtilité de son esprit luy dōnant vn grand auantage sur la simplicité des autres, lesquels ne pouuans souffrir qu'il fust l'huile, & qu'il les mesprisast comme il faisoit, (car quand la simplicité est rustique & impolie, elle est impliable & mutine) ils se mirent en deuoir de luy faire quitter le logis : il n'y auoit qu'vn Prestre & deux freres laics, cettuy-cy comme ancien vouloit tenir le premier rang, & commander, Aquilin ne se pouuoit soumettre, à la fin il gaigna vn des freres appellé Hilaire, qui auoit l'esprit assez vif, & moins grossier que les autres; si que voyla la parole du Sage verifiee, qui dit que les ouurages de ce monde sont tous de contrepointes; vn contre vn, deux contre deux, si les vns veulent prier, les autres veulent dormir, ceux-cy trauailler, ceux-là se reposer, qui demeurer au logis, qui aller à la queste, qui manger, qui ieusner: bref leur harmonie se change en cacophonie, & la discorde iettant sa pomme parmi eux, les tient tous en ceruelle. Nostre Aigle voyant qu'il ne falloit pas esperer de treuuer le repos en ce nid là, delibere de faire essor, s'imaginant que son esprit ne faisant que cheminer lors qu'il estoit arresté, peut-estre il s'arresteroit s'il se mettoit à cheminer, c'est à dire, à faire des pelerinages. Et sçachant combien il estoit perilleux de voyager par le môde tout seul, il gaigne l'esprit de son frere Hilaire, qu'il disposa aussi-tost à le suiure par tout où il voudroit aller. Mais affin de donner couleur à leur instabilité, ils la voilerêt du nom de sacrez pelerinages, & prindrent le tiltre d'Hermites Pelerins, comme qui diroit Hermites non Hermites, ou Pelerins non Pelerins : car ces deux qualitez sont autant antipathiques, veu que les Hermites font leur penitence en la stabilité, en la closture, en la Solitude, & les Pelerins és agitations continuelles, & és fatigues inseparables des voyages de pieté. Et affin de mettre à leur auis la perfection de leur party, ils firent vœu ensemble de visiter nostre Dame de Mont-Serrat, & S. Iacques de Cópostelle en Espagne, Rome, & Lorette en Italie, & de là de faire voile en Hierusalem : & parce que le Pere Aquilin preuoyoit bien en combien de perils il s'exposoit tant par mer que par terre pour l'accōplissement de ces vœux, il adiousta celuy de se rendre Religieux en quelque Ordre Reformé, si Dieu luy faisoit la grace de les accomplir, en quoy il ne fut pas suiuy du frere Hilaire, qui trop amoureux de soy-mesme, & de sa volonté propre, ne voulut point engager sa liberté dedans cette promesse, disant qu'il feroit apres tous ces voyages ce que le Ciel luy inspireroit : mais ils ne furent pas longs, comme vous entendrez. Car s'estans acheminez vers Bordeaux, pour prendre la route d'Espagne, & passer en Gallice, à deux iournees au delà de cette florissante Cité ils se treuuerent sur le soir en vn petit village, où ils furent contraints d'heberger, n'ayans pas assez de iour pour se rēdre à vn meilleur giste. Encor eurent-ils de la peine à estre admis en cette miserable hostelerie, parce que l'hoste estant de la Religion Pretenduë, hayssoit les Caffards (ainsi de leur grace appellent-ils les Religieux) d'vne hayne parfaitte, suggeree par le zele extraordinaire de leur charitable Reformation. Et ne voyla pas, pour accomplir la bonne chere, qu'arriuent vn peu après vn Surueillant & deux jeunes estudians, qui pretendoient au Ministeriat; à ceux-cy l'hoste fait vn accueil conuenable à leur grade, & tous ensemble se mettent à drapper sur ces pauures Moines, lesquels pour posseder leurs ames en paix, n'eurent point d'autre asyle que la patience. Et cõme ces gens n'ont autre creance que negatiue, ny autre Religion en l'esprit que la destruction de la Catholique, ils n'ont autre Theologie que la controuersee, qui leur verse en l'esprit vn prurit continuel, & vne demangeaison perpetuelle, qui les porte sans cesse à disputer en tous lieux, en tous temps, en toutes occasions, en toutes rencontres. Dieu sçait si le Surueillant auec vne troigne pedantesque, enuironné comme vn arche de sçauoir de ces deux Cherubins d'estudians, ou plustost cõme vn Salomon de ces Lyonceaux, attacqua soudain ces freres maupiteux de railleries & de sornettes, dont ils font les saupiquets de leur Theologie ; à tous leurs brocards ils ne respondirent vn seul mot; ce que cesgens cy prenans pour bestise, (car c'est ainsi qu'ils nomment la modestie) les iugerent, & non sans cause, pour des freres Ignorans, leur disans que l'ignorant seroit ignoré, & que l'Eternel descouuriroit vn iour leur hypocrisie. Puis la curiosité les ayant portez à s'enquerir où ils alloient, Aquilin respondit tout simplement qu'ils estoient Hermites (vn estudiant pensant auoir bien rencontré de dire comme vn Echo qu'ils estoient Chatemites) & qu'ils alloient en pelerinage visiter l'Eglise où reposoit le corps de l'Apostre S. Iacques en Compostelle au Royaume de Gallice. Que vous estes aueugles, dit icy le Surueillant auec vne mine de Rabbi, vous autres Idolatres, qui quittez le seruice de Dieu pour seruir des creatures. Nous seruons en cela le Createur, dit le Pere Aquilin, qui se rend admirable en ses Saincts, en eux nous venerons ses graces. L'Idolatrie est vne adoration souueraine d'vne deïté qui n'est point, car Idole est vn neant, dit l'Apostre, & nous appellons Latrie honneur supreme que nous rendons à vn seul Dieu, & Dulie la reuerence qu'on rend aux personnes de respect. Nous n'adorons pas S. Iacques comme Dieu, mais nous honorons ses repliques comme vaisseaux d'vne ame Apostolique, d'vne reuerence simple, & de Dulie ; au demeurant il n'est pas vne Idole, car il a autresfois esté, si bien que nous ne sommes pas Idolatres en cela: mais nous nous estonnons bien plus de vous autres qui l'estes, & ne vous en apperceuez pas, assis sur vos Idoles cachees comme des

Rachels, & qui remarquans la paille en l'œil d'autruy, n'auisez pas à la poutre qui offusque les voſtres. Voyla yne plaiſanterie aggreable, dit le Surueillant, par laquelle ce Moine nous veut faire croire que nous qui deteſtons l'Idolatrie, qui abbattôs les Croix, & les Idoles, ſommes Idolatres. Si vous appellez les Crucifix, & les Images de noſtre Dame, & de IESVS CHRIST des Idoles, vous ne croyez pas que noſtre Seigneur ait iamais eſté, car l'Idole eſt vn rien, c'eſt à dire, la repreſentation d'vne diuinité fauſſe, & qui ne fut iamais, comme l'Idole de Mars, de Iupiter de Venus. Ce Caffard, dit icy l'hoſte, (car les Cabaretiers de village parmy les Pretendus ſont autant capables de la diſpute que les Surueillans) nous en voudroit bien faire accroire, mais s'il ne rabbat de ſon caquet, par le vray Dieu (il ne penſoit pas iurer ce bon Reformé) ie luy monſtreray que ie ſçay deux poingts de controuerſe qui ſont au bout de mes bras, qui luy apprendront à mieux parler, ou à ſe taire. Vous argumentez comme il faut, dit vn des eſtudians, auec cette canaille; ſinon, dit ſon compagnon, qu'il change de milieu paſſant de la langue à la main. Là deſſus le Surueillât interpoſant ſon decret; Mon hoſte, dit-il, puiſque

puisque ces gens là font mestier de prendre le Ciel par escalade, & à force de bras, voulans imiter Iean Baptiste, qui ne mangeoit, ny ne beuuoit, vous feriez bien de les enuoyer coucher parmi la ruë à l'enseigne de l'estoile, & sans souper, affin de dire leurs brimborions auecque plus de merite ; car l'Escriture du Seigneur dit que ce genre de Moines (il y a, de demons) ne se chasse que par le ieusne, & la priere, c'est à dire, en les faisant ieusner, & prier. Ne voyla pas vne allegation, & vne interpretation digne d'vn Surueillant de l'Euangile Reformé? Ce fut aux Moines de filer plus doux, & de souffrir en silēce ce qu'il pleut à ces charitables Seigneurs leur alleguer; car apres auoir cheminé à pied longuement, la penitence eust esté vn peu rude de ne rien manger, & de coucher dehors. Nos Solitaires s'assoient, & se taisent, en s'esleuāt sur eux mesmes par vne patience extraordinaire ; celle de Iob eust esté violentee entendant les gausseries, les insolentes railleries, les bouffonneries excessiuesqu'ils entremesloient en parlant des choses que les Catholiques adorent, & des plus sacrez mysteres de la Religion Chrestienne, profanes qui blasfement en ce qu'ils ne sçauent point, & qui se deprauent mali-

F f

cieusement en ce qui leur est manifeste. Et comme c'est l'ordinaire en pareils lieux, & en semblables rencontres, de parler à chaque suiet de toutes choses, & à chaque chose de tous suiets, principalement quand la viande & le vin eschaufe le cerueau de ces gens, qui font vn Dieu de leur ventre, il n'y eut sorte de controuerse qui ne fut mise non pas sur le tapis, (car ce n'est pas vn meuble de Cabaret) mais entre les plats, & les verres, par ces bauus qui en railloient, & les tailloient à leur mode, sans replique de la part de nos pauures freres, qui se contentoient de iouër des dents, laissans libre aux autres le mouuement de la langue. Ce silence est vne ignorance au gré de ces gens qui disputent si bien à la table, s'ils parlent ou repliquẽt, on les menace de coups de poing: angoisse de toutes parts. La priere pour les morts, le Purgatoire, l'Intercession des Saincts, les vœux Monastiques, les Pelerinages, la Confession, les Indulgences, l'Eucharistie, tout cela pesle-mesle seruoit de matiere à leur risee, & à leurs entretiens: sur quoy ils disoient des asneries, & des impertinences les nompareilles, ce qui mettoit nostre Aquilin au desespoir; car bien qu'il ne fust pas bien sçauãt, si est-ce qu'ayãt leu quelques liures de ces matieres qui sont si vulgaires, & en la bouche de tout le monde, il sçauoit & la refutation des argumens des Heretiques, & les principales preuues des Catholiques, desquels ils ne parloient iamais qu'à pleine gorge, & à iouës enflees ils ne les nommassent Idolâtres: ce qui arma d'vn sainct zele nostre Pere Aquilin, mais pour n'estre pas discret, bien que non depourueu de science, il tomba en vn estrange accessoire que vous allez entendre. A la fin donc voulant retorquer cette Idolatrie tant trompetee sur ces Pretendus, & se souuenant de quelques traicts de ces deux beaux liures du R. P. Louys Richeome de la Compagnie de IESVS, l'vn qui a pour tiltre, l'Idolatrie Huguenote, l'autre le Pantheon Huguenot, où il fait voir par vne industrie excellente, que tout ce que les anciens Gentils ont pratiqué autresfois materiellement autour les Idoles de leurs faux Dieux, l'est spirituellemét par les Pretendus Reformez en l'exercice de plusieurs vices qui regnent parmy eux, en ce qu'ils adorent Mars par leurs meurtres, rebellions contre les Souuerains, & monopoles, Mercure par leurs sacrileges & brigandages, Iupiter par leur orgueil, Saturne mangeant ses enfans, en ce qu'ils laiſſent ſouuent mourir leurs enfans ſans Bapteſme; Bellone par leurs guerres continuelles, la diſcorde par leurs diuiſions; Venus par leur incontinence, Bacchus & Ceres par leur rupture du Careſme, & leurs gourmandiſes; Iunon par leurs propres opinions, dont ils eſtoient ſi obſtinement amoureux; & ainſi des autres fauſſes deïtez, dont ils auoient fondu les Idoles en des vices veritables. Mais ce qui les picqua le plus, ce fut cét argument; Tous ceux qui adorent vne fauſſe diuinité ſont Idolatres: or vous adorez vne fauſſe diuinité, donc Idolatres: ce qu'il preuua de cette façon. Les Dieux autheurs du mal ſót des faux Dieux, comme ceux des Payens, qui croyoient vn Iupiter adultere, vn Mars meurtrier, vn Bacchus yurogne, vn Mercure larron, vne Venus impudique: or vous faites voſtre Dieu autheur du mal, & operant en S. Pierre le reniement, en Iudas la trahiſon, en S. Paul la perſecution. Donc le Dieu que vous adorez eſt faux. Le Surueillant & les deux eſtudians vouloient tous trois reſpondre en meſme temps, mais le Cabaretier auec vn ton de voix haut & violent, qui leur eſtoufa la parole dans la bouche cria, par le vray Dieu que i'adore (c'eſtoit ſon petit iuremét

Reformé) Monsieur le Caffard vous auez menty, nous adorons le vray Dieu, mais c'est vous autres Papistes qui adorez des Dieux de bois, de pierre, & de paste: mais par la mort (alors nonobstant la Reformation il iura tout outre, tant le zele du Seigneur le transporta à offencer le Seigneur mesme) si vous ne vous desdites tout presentement, ie vous enfonceray les deux poingts de controuerse que voyla (luy monstrant ses deux mains closes, & les approchant de son visage) dedans la bouche. Le Pere Aquilin se souuenant de son premier mestier, durant lequel il ne souffroit pas ces caresses sans repartie, entra en vne chaude colere, & oubliant qu'il estoit Prestre, & obligé par l'Euangile de tendre la ioüe aux soufflets, croit qu'il n'appartenoit qu'à l'Euesque de luy en donner sans reuanche en le confirmant, ou de luy imposer les mains en luy donnant le sacerdoce, c'est pourquoy, apres luy auoir dit qu'il auroit tort de le frapper en luy disant la verité; verité, repartit le Cabaretier, tu en as menty, & en disant cela luy couurit la ioüe de telle façon que de sa vie n'auoit receu vne telle caresse, les estudians renforcerent ces poingts de controuerse des leurs, & le Surueillant luy fit voler un plat à la teste, l'Hermite eschaufé de courroux, & animé comme un Lyon, saute à son baston à deux bouts, son fidele bourdon, à cette massuë d'Hercule dompteresse des monstres, & commence à s'en escrimer auec tant de vistesse, & de dexterité, que renuersant tables & treteaux, comme s'il eust voulu chasser les vendeurs du Temple, il froisse l'espaule de l'vn, casse le bras de l'autre, perce la cuisse du Surueillant, & lasche vn tel reuers sur son souffleteur qu'il luy casse la teste, pensant luy auoir osté le souffle de la vie. Voyla toute la maison en rumeur, chacun crie au meurtre, & dit qu'il est mort, l'vn se cache de là, l'autre fuit deçà, le Surueillant s'estant accroché à vn cloud, comme Demostene fuyant à vne ronce, demandoit la vie, Monsieur l'Hermite la vie. La femme crie que son mary est mort, & le croit, car il est estendu de son long, le visage tout couuert de sang, frere Hilaire cherche son salut en ses iambes, & gaigne la porte; Aquilin enfonce vn valet qui le vouloit arrester, & le porte à quatre pas de là, & pensant auoir faict autāt de boucherie qu'en la forest de Gād, se sauue à la course à trauers les champs plus viste qu'vn Cerf suiuy d'vne meute, frere Hilaire tout esperdu est pris par les paysans qui s'assemblerent au bruict, & le Curé y vint aussi; & bien luy prit de ce que les villageois estoient quasi tous Catholiques : car bien que ce pauure frere n'eust rien faict, les estudians & le Surueillant croyent qu'il le falloit tuer. La nuict fauorisa de ses tenebres la retraitte du Pere Aquilin, que nous laisserons aller à son aise, sans pouuoir estre suiuy, pour sçauoir ce que deuint frere Hilaire. Il passa la nuict en vne estable qu'il eut pour prison, attendant à toute heure qu'on l'y vinst égorger : que de vœux fit-il s'il euitoit ce peril, de se renfermer en son Hermitage, & n'en sortir de sa vie, degousté des mauuaises rencontres des Pelerins. Le iour reuint, & ramenant la clarté qui descouure toutes choses, mit son innocence en la veuë de la Iustice du lieu, laquelle estoit trop mal montee pour suiure Aquilin, qui auec des pieds de Cerf, & des aisles d'Aigle, estoit des-ja bien loing, n'ayāt cessé toute la nuict de tirer pays: sur la deposition des témoins, & l'aueu mesme des blessez, il fut declaré sans coulpe, & renuoyé non sans menaces & iniures, mais sans coups & sans effect. Le Cabaretier se trouua mal accommodé ayant le test offensé, & vne grande estafilade sur sa caboche, l'vn le bras cassé, les autres n'estoient percez que legerement, tous bons points de controuerse, chacun garda ce qu'il auoit, & frere Hilaire s'en retourna promptement sur ses pas en son Hermitage de Val-Fontaine, où apres auoir demandé pardon de sa legereté, il eut grace, & fut receu mieux que iamais des deux autres, qui demenerent grande ioye de son retour. Mais reuenons au Pere Aquilin, lequel trauailla toute la nuict, non comme S. Pierre à la pesche, mais à la depesche, car il se hastoit d'aller autant qu'il pouuoit, trauersant des monts, des prez, des bois, des eaux, sans voir aucun chemin, & sans sçauoir où il alloit, l'oreille tousiours à l'erte, pésans au moindre bruict auoir des Preuosts & des Archers à sa suitte. Alors il eust bien voulu estre Religieux, ou estre demeuré en son Hermitage de Cologne, & auoir cru son Official. Mais comme les malheurs, nõ plus que les mauuaises rencontres, ne vont iamais sans compagnie, voicy vn autre accident qui le met sur le point de perir,

Il estoit presque iour, & le Soleil riant
Entr'ouuroit de ses rais les portes d'Orient.

quand au sortir d'vn grand boccage il void venir à soy deux Loups affamez, qui de toute la nuict n'auoient treuué aucune proye;

ces animaux comme enragez les viennent attaquer, & mon homme à ioüer de son baston non plus à deux bouts, mais à deux Loups. La meslee fut rude, en fin l'vn se retira apres auoir esté atteint en l'espaule de la pointe du baston ferré. L'autre, comme s'il eust voulu vanger son compagnon, & manger ce Pelerin, va bondissant tantost çà, tantost delà, pour euiter les coups qui luy estoient lancez : mais l'Hermite plus adroict l'assena comme le Cabaretier sur la teste, & l'ayant fait tomber sauta dessus pour l'acheuer d'assommer, cét animal desesperé prenant le bourdon aux dents, tenoit Aquilin en peine, qui s'auisant d'vn grand cousteau qu'il portoit en forme de bayonnete, luy en donna dans la gorge, en sorte qu'il le tua, & luy fit lascher sa prinse. L'autre cependant gaigna le bois, & laissa le camp à nostre Hercule victorieux de ces deux monstres. Ne voyla pas bien des Loups vaincus en mesme iour? car c'est ainsi que l'Escriture appelle les Heretiques, & faux Profetes. Le Soleil monté sur l'horison faisoit vn iour clair & serain, mais l'esprit de nostre fuyard tout couuert de broüillards de la peur, luy faisoit craindre cét œil trop luisãt qui éclaire tout le monde. Il se resout de se tapir en quelque lieu espois, pour y prendre vn peu de repos : car il n'auoit presque plus ny vent, ny iambes ; ce qu'il fit prouuoyant en mesme temps au remede contre la chaleur à sa santé, & à sa seureté. Mais dequoy sert le repos sans esperer vn repas? nous ne sommes pas de fer, la faim le reueille lors que le Soleil commençoit à se pancher vers l'Occident ; il n'auoit ny beu, ny mangé, beaucoup couru, & rien sur soy dont il se peust substanter : il prend les extremitez des bourjeons des arbres, viande de S. Iean Baptiste, car c'est cela que quelques Interpretes entendent par ce mot de locustes, qui est en l'Escriture : ô s'il eust eu du miel sauuage ! mais ô Dieu que vostre prouidence est admirable, en voicy : car à peine eut-il faict encore quelques pas dans le bois, que dans le creux d'vn vieil arbre il void vn essaim d'abeilles, où se doutât qu'il treuueroit de la nourriture en l'extremité où il se treuuoit reduit, apres s'estre de son mouchoir enuelopé le visage le mieux qu'il peut, il commença auec son baston ferré à foüiller dedans ce tronc, & à en escarter tout ce petit peuple, lequel demesurément irrité de se voir enleuer sa nourriture & les labeurs de tant de iours, s'amasse en troupe, & vient de toutes parts attacquer son aggresseur, resolu à la mort, ou à la vangeance, ou plustost & à l'vne & à l'autre; car ces petits animaux ne blessent iamais que laissant l'aiguillon dans la playe, il ne restent blessez à la mort. Quelque preparatif qu'eust faict nostre Pelerin, & nonobstant l'armeure dont il s'estoit muni deuant qu'entrer en cette guerre, si est-ce qu'il se sentit picquer si viuement, & par les mains qu'il auoit nues, & par le col, & par tous les deffauts de couuerture, que ces petites lancieres sceurent aussi-tost rencontrer, qu'à peine qu'il ne desistast de son entreprise, & ne perdist la bataille; car elles combattoient non tant par force que par multitude, & leurs picqueures estoient si sensibles, & si viues, qu'il eut meilleur marché de deux grands Loups, des quatre Heretiques, & des trois voleurs de la forest de Gād, que de cette meslee: en quoy il ne faut s'estonner si entre les playes qui effrayerent, & affligerent l'Egypte, les moscherós ne tiennent pas le dernier rang, car entre les maux, les plus grands en apparence ne sont pas tousiours les plus fascheux, & moins supportables. Et l'experience fait voir aux plus esleuez de la terre, que les plus petits leur peuuent faire beaucoup de peine, n'estant rien de si redoutable que la furie d'vne populace, qui en sa colere fait arme de tout. A la fin neantmoins aux despens de sa peau nostre vaillant homme fit tant de moulinets auec son baston à deux bouts, qu'il donna la fuitte comme vn autre Samson auecque sa maschoire d'asne, à cette armee de petits Philistins: nostre Hercule Alexicaque donna la chasse à ces Pigmees, & demeura maistre du camp, la proye luy demeura & les despoüilles de Madian furent ses trofees. Et comme quand la terreur fit leuer le siege de deuant Samarie, les assiegez treuuerent dans les tentes ennemies des viures, dont il rassasierent leur faim; de mesme Aquilin succant les coffins de cire, où le miel de ces mesnageres auetes estoit enfermé, appaisa la faim qui le pressoit dans vne douceur inesperee; ô si ce rayon de miel eust peu luy ouurir les yenx, comme iadis à Ionathan, pour reconnoistre les miseres où il s'alloit engager en cette condition plustost errante que pelerine, qu'il eust tiré de profit de cét égarement : mais quoy? le moment precieux de sa visitation n'est pas encore venu. Le miel aualé, il commença à ressentir l'incommodité des aiguillons demeurez dans les bubes & tumeurs qu'elles exciterent sur sa peau, qui la rendoient difforme comme celle d'vn lepreux ; que de maux, dit-il alors, pour vn peu de foulagement. Certes il eſtoit autresfois ſorti d'entre les combats des hômes armez ſans bleſſeure, & maintenant des mouſches l'ont reduit en ce piteux eſtat, qu'vn peu de miel luy couſte cher : ô image des voluptez paſſageres, que de picquans enuironnent les roſes, que de pointes autour du miel !

Les plaiſirs de la vie humaine
Sont tous ſemez de quelque peine,
Et les biens ſuiuis de malheur,
Car le grand Dieu iamais n'enuoye
Ny le déplaiſir ſans la ioye,
Ny le plaiſir ſans la douleur.
Car qui ne ſent point les trauerſes
Du ſoin & des peines diuerſes,
Dont viuans nous nous trauaillons,
Et qui franc de peur & d'ennuie,
Cueille les roſes de la vie,
Sans ſe picquer aux aiguillons ?

Fin du Liure dixieſme.

HERMIANTE.
LIVRE XI.

NOSTRE Pelerin douleureusement reuigoré se leua apres s'estre assis, & apres auoir mangé ce pain de douleur: il se mit non pas en chemin (car il n'y auoit en ce lieu escarté ny sentier, ny voye) mais à cheminer à trauers des broussailles, & des taillis, tantost desirant treuuer quelque trace pour se raddresser, tantost craignant de rencontrer quelque route, tant il auoit peur d'estre poursuiui. En fin parmi ces détresses il ne peut faire autre chose que leuer ses yeux à celuy qui habite dedans le Ciel, colant ses pensees en sa bonté, & s'abandonnant tout à faict à sa prouidence, comme vn enfant qui se lance entre les bras de sa mere, & qui se presse sur son sein. Il se souuint en cette angoisse du conseil d'vn Apostre, quelqu'vn est-il triste? qu'il prie & qu'il chante: ce qu'il fit, en recitant ce Pseaume où se void vne naifue peinture de sa fortune, & comme la description de l'estat où il se trouuoit alors;

c'est celuy-cy.

Dieu mõ Dieu, c'est à toy que ie veille & souspire,
 Dés que la clarté va naissant,
Mon ame a soif de toy, ma chair qui te desire
 D'ardeur se seiche en languissant.
Dans ce desert sans eaux affreux & solitaire,
 Où nul sentier ne se peut voir,
Tu m'es aussi present comme en ton Sanctuaire,
 I'y voy ta gloire & ton pouuoir.
Car durant tant d'assauts & d'oppresses mortelles,
 Tu m'as gardé fidelement,
Ce qui fait qu'asseuré sous l'ombre de tes aisles,
 Ie chante en tout contentement.
Mon ame à toy se cole estroitement serree,
 Sans te vouloir abandonner,
Car auecque ta dextre elle est tant asseuree
 Que rien ne sçauroit l'estonner.
Ceux qui cherchẽt ma vie, & me liurent la guerre,
 Me voulans perdre y demourront,
Et pour toute leur peine au plus creux de la terre
 Bas abysmez il se verront.
Le glaiue esprouuera sa trempe à leur dommage,
 Les detaillant de toutes parts,
Et leurs corps massacrez tomberont en partage
 Des fins & cauteleux renards.
En Dieu s'esiouyra mon cœur de sa victoire,
 Car il a mes cris entendus:
Ceux qui iurent en luy se verrõt pleins de gloire,

Et tant de menteurs confondus,

Il passa encore tout le reste de ce iour sans pain, mais non pas sans faim, picqué de plus de remords dans son cœur qu'il ne sentoit d'aiguillons sur sa peau : la nuict l'accueille dans ce labyrinthe, sans sçauoir où il estoit, ny s'il s'approchoit, ou se reculoit de la terre qu'il pensoit auoir pauee de morts ; mais de peur d'en augmenter le nombre, & de tomber entre les pattes des Loups, ou entre les mains de la Iustice, qu'il ne craignoit pas moins, il se iette dans vne haute fustaye, où s'estant guindé sur vn arbre, il coucha sans souper à l'abry du Ciel, sous l'influence des estoiles, faisant comme vn autre Endimion la cour à Diane. En cette veuë du Ciel plus couuert d'yeux qu'vn Argus, entre tant de flambeaux ne pouuant discerner l'Astre qui luy causoit tant de desastres, ces vers luy vindrent en l'esprit,

O Astre qui ne sçais reluire
 Que pour me troubler & me nuire,
 Cache vn peu ton mauuais aspect,
 Et ton influence inhumaine,
 Voyant combien me fait de peine
 Le repentir de mon forfaict.
Mais que les Astres irritez
 De toutes leurs aduersitez

Persecutent mon entreprise,
Ie ne connoy point de malheur,
Qu'vne genereuse valeur
Ou ne surmonte, ou ne mesprise.

Estant là comme vn oyseau de passage perché sur vne branche, il luy estoit malaisé d'y prendre son repos, si vn esprit trauaillé de tant d'inquietudes peut gouster quelque tranquilité; si bien que sur le milieu de la nuict il entendit, mais si foiblement le son d'vne cloche, que par là il deuoit iuger de l'esloignement. Dieu sçait s'il prit cette occasion au poil, ressemblant à ceux qui se noyent, & qui se prennent non à ce qui les peut sauuer, mais à la premiere chose qu'ils rencontrent: sans autre consultation il descend de son arbre, & va droit en la part d'où le son luy semble venir: mais parce qu'il n'y auoit aucun chemin, & que la clarté luy manquoit pour se conduire, tantost perdant l'addresse, tātost le son, il ne fit que tracasser iusques au iour parmy les ronces, & les halliers, qui luy firent encore plus de playes que les mousches du iour precedent: ô bon Official de Cologne, combien vos conseils furent-ils reclamez durant ces trauerses, combien de fois estima-t'il heureuse la condition des Religieux, ou des Anacoretes re-

Gg

clus. En fin le matin ayant apporté la lumiere il connut à quelques bestes à corne, lesquelles il apperceut brouter dans vn taillis, qu'il approchoit d'vn lieu de cónoissance; & d'effect au coing d'vn petit pré entre des saules, dont la fraischeur marquoit le voysinage de quelque fontaine, il vid des petits enfans gardans ce bestail, assis en compagnie: il va droict à eux pour prendre langue où il estoit, & vne addresse vers la cloche qu'il auoit ouye, mais le voyla soudain frustré de son attente, car ces ieunes garçons le voyans venir auec vn grand baston ferré,& auec vn habit tel qu'ils n'en auoient iamais veu de semblable, le prindrent ou pour vn voleur, ou pour vn fantosme, qui les espouuanta de telle sorte qu'ils prindrent la fuitte, & s'enfoncerent dans le taillis, laissans là (dont bien en prit au Pelerin affamé) leurs sacs & leurs bribes. La necessité qui est vne dure maistresse, le contraignit d'estendre sa main sur cette pasture, quoy que destinee pour d'autres; & parce qu'il craignoit de retóber aux perplexitez du iour precedent, auquel il auoit mangé vn rayon de miel aux despens de sa peau, il se saisit des sacs apres s'estre refectionné à suffisance. Il alloit suiuant vn petit sentier, esperant de rencontrer l'habitation voysine, quand il se void environné d'vne embuscade de paysans armez de fourches, & de broches, qui s'alloient lancer sur luy comme sur vne beste sauuage, si par le ton d'vne voix humble & suppliāte il n'eust amolli leurs courages : c'estoient les villageois des cabannes prochaines, qui allarmez par le recit des enfans, s'estoient mis en cét equipage, comme pour attacquer vn monstre. Mais leur colere fut aussi-tost accoisee, quand à son discours ils connurent que c'estoit vn homme fouruoyé dans ce desert : il leur rendit les sacs de leurs enfans, les priāt de l'excuser si la necessité l'auoit contraint d'en tirer quelque morceau, leur contant son auāture & son desastre; alors leur esmotion colerique se changea en pitié, si qu'ils luy offrirent non seulement les restes, mais ils le menerēt en leur hameau, où ils le traitterent humainement, & luy dirent qu'ils estoiēt metayers d'vn Monastere de l'Ordre de Cisteaux, qui estoit situé dedans cette forest à vne demie lieuë de là. Lors il vid biē que c'estoit de ce lieu que le son de la cloche auoit frappé ses oreilles, & s'y estant faict addresser, il y arriua comme les Religieux estoient à la Messe Conuentuelle, à l'issuë de laquelle il fut receu fort humainement par le Prieur Clauſtral, qui eſtoit vn fort bon Religieux, & qui maintenoit cette Communauté en grande paix & regularité, nonobſtant la miſere d'vne Commande, qui mettoit entre les mains d'vn Abbé ſeculier le plus beau & le meilleur de leur bien. Noſtre Hermite Pelerin luy conta ſa deſconuenuë, & la bataille qu'il auoit donnee pour le ſouſtien de la foi, dont il craignoit que la victoire luy fuſt preiudiciable; & s'enquerant s'il y auoit loing de cette Abbaye au village où il auoit donné l'eſchec, & mort aux Pretendans, il ſceut qu'il en eſtoit à vne bonne iournee, & en tel lieu qu'il pouuoit dormir en ſeureté des atteintes de la Iuſtice, veu qu'il eſtoit en vn aſyle inuiolable, d'où il ne pourroit eſtre tiré quelque effort qu'on vouluſt faire; car cette maiſon eſtoit forte, & les Religieux reſolus à la conſeruation de leurs franchiſes. Mais s'ils euſſent eſté plus exacts obſeruateurs de leur Reigle, peut-eſtre l'euſſent-ils conſerué d'vne autre façon en le retenant parmi eux; mais les deffauts qu'il remarqua en leur diſcipline Monaſtique, ioints au peu d'inclinatiō qu'il y auoit, l'emporterent ſur les diſpoſitions que ſon deſaſtre luy pouuoit donner de ſe ietter dedans vn Cloiſtre. Apres y auoir ſeiourné quelques iours, & mis en meilleur rang la confusion de ses pensees, il se resolut de suiure sa pointe, & d'aller en Espagne, où ceux qui ont estrillé les Heretiques ne sont point subiects à l'Inquisition, ny aux poursuittes de l'Hermandad. Il tire droict à Bayonne, de là à Aruaux, qui est le commencement d'Espagne, d'où il se transporte à Saluatierra, où estant arriué il apprit & par le bruict commun, & par l'experience que la cherté estoit grande en Espagne cette annee là, & qu'il n'y auoit rien de si rare que le pain. Il fait en cette ville vne demeure de trois iours, où il treuua quelques reales, mais si peu de viures qu'il n'y auoit pas pour le conduire bien loing: de retourner en arriere il ne s'y peut resoudre, comme s'il eust eu vn pied dans l'Auerne; ioint qu'ayant aussi peu en France qu'en Espagne, la curiosité de voir le pays, qui estoit son Ourse en ses voyages, l'eporta sur l'apprehension de deffaillir en la voye en n'ayāt que manger. Il visita durant ce seiour les Monasteres, d'où au lieu des aumosnes temporelles qu'il en esperoit, il n'en tira que des spirituelles, qui estoiēt de belles & douces remonstrances de quitter ce train de vie vagabond, & de s'enfermer dans son Hermitage, s'il n'aymoit mieux se ietter dans vne

Religion reformee, pour y faire plus seurément, & auecque plus de perfection le salut de son ame. Tout cela ne luy plaist pas beaucoup, car au lieu de receuoir ce qu'il desiroit, il recueilloit ce qu'il ne demandoit pas: ayant doncques mis en pain ce peu d'argent qu'il auoit amassé, il le mesnagea auec vne sobrieté plus Espagnole que Françoise iusqu'à vne autre ville, & ainsi auec des fatigues, & desincommoditez incroyables il arriua iusqu'en Gallice, où estant à quelques iournees de Sainct Iacques, il luy auint vn desastre d'autant plus sensible qu'il estoit moins attendu. Certes Dauid auoit raison de dire que si vn de ses ennemis mesdisoit de luy, il l'endureroit facilement, mais qu'il ne pouuoit supporter auecque patience la trahison, & l'outrage d'vn homme faisant auecque luy profession d'amitié, qui mange à sa table, qui se fait cópagnon de son pelerinage, sa douleur luy faisant souhaitter la mort à ce perfide, & que l'enfer l'engloutisse tout viuant. Aquilin qui n'a pas tant de debonnaireté: n'aura pas des sentimens moindres pour le traict que luy fit vn des cófreres, dont vous allez entendre l'edification. C'estoit vn Hermite de Poitou, qui tendoit, à ce qu'il disoit, au mesme lieu de S. Iacques, noſtre Aquilin qui n'auoit rien de mauuais que l'inconſtāce, croit incontinent auoir treuué vn autre frere Hilaire (& cettuy-cy ſe nommoit Hilarion) ſi bien qu'il luy ouurit ſon cœur, & luy proteſta vne ferme ſocieté, luy declarant franchement le peu qu'il auoit d'argent & de pain, qu'il offroit charitablement à ſon ſeruice: l'autre qui auoit ſouffert des incommoditez extremes, & qui iugeoit bien que s'il auoit eu de la peine à paſſer tout ſeul, malaiſément pourroient-ils eſtans deux viure plus à leur aiſe, prenant peut-eſtre cette offre au pied de la lettre, s'eſtant leué le lendemain deuant ſon compagnon, le deſchargea de ſon pain, & de ſes reales, ſi que le bon Aquilin ſe treuua en meſme temps ſans compagnie, ſans viures, & ſans argent en vne meſchante hoſtelerie, où à faute de pouuoir payer il pēſa laiſſer vn morceau de ſa robe: ce qu'il peut faire, ce fut de ſe donner de cette bonne lame qui auoit tué le Loup, tout au trauers du corps, ſans ſe bleſſer neantmoins, en faiſant vn preſent à ſon hoſte de ſon couſteau pour payement de ce qu'il auoit māgé. Le voyla maintenant en campagne ſans autre ſecours que celuy de la prouidence, laquelle (tant elle eſt bonne) luy voulant donner de l'entendement par l'affliction, le laisse cheminer vn iour entier sans treuuer par les villages vn seul morceau de pain. Le soir, comme la force & la vigueur luy deffailloit, en sorte qu'il auoysinoit les portes de la mort, pensant auoir l'ame sur les levres, Dieu l'assista comme vn autre Elisee par la pitié d'vne bonne vefue qui le receut en sa maison, & l'ayant soulagé de ce peu qu'elle auoit, luy donna moyen de se traisner auecque bien peu de biscuit iusques à la ville la plus proche de Compostelle, où estant arriué, & y ayant recueilli dequoy parfournir son pelerinage, il paruint en fin auprés des reliques de ce grand Apostre Protecteur de l'Espagne. Et comme les pelerinages entrepris sans deuotion, & conduicts sans reigle, sans ferueur, & sans des exercices continuels de pieté, sont de peu de consolation, apres quelques foibles & froides prieres, il apprit en voyant plusieurs richesses & ornemens precieux, dont la liberalité des Chrestiens a paré cette Eglise, que pour vn petit & momentanée plaisir de l'œil il s'estoit mis en de grands perils, & auoit souffert beaucoup de peines. Voyez icy vn traict de l'humeur instable, aussi-tost qu'il est arriué il s'ennuye, & a plus de desir de quitter cette terre, qu'il n'auoit iamais eu d'y aborder.

Coulons dôcques meshuy plus legerement sur ses voyages, puis qu'ils nous font voir à clair son instabilité, sans nous amuser à plusieurs petites particularitez qui en rendroient le recit importun en sa longueur. Il trauerse l'Espagne a grandes traittes, & à petit traittemét, ieusnant sans deuotion, & cheminant par necessité; abordant le Royaume de Valence, qui est vn des fertiles & plus abondans terroirs de l'Espagne apres l'Andalusie, ses disettes diminuent: en fin il arriue à la ville Capitale, qui donne le nom à la contree, où il treuua sur le riuage de la mer tant de Sirenes, qu'il ne vid iamais tant de belles femmes, ny si peu d'honnesteté: car on peut dire de cette demeure ce que l'Escriture d'vne Ville que ie ne veux pas nommer, que son iniquité procedoit de sa fertilité, & de la graisse de son terroir. La nauire spirituelle de nostre Pelerin pensa eschoüer à ces escueils, & celuy que les fatigues n'auoient peu dompter, pensa estre abbattu par celles qui font les sages fols, les Salomons Idolatres, les Samsons aueugles, & les Hercules fileurs. Mais glissons promptement ce dangereux pas, & retirons Aquilin de ce port où tant de ieunesse fait naufrage. Vn vaisseau fretté en Catalogne, il se iette dedans, & il treuue moins de vagues & de dangers sur la mer que de tentations à Valence ; il arriue à la plage de Barcelonne sous vn vent fauorable, où ayant pris terre & sejourné quelque temps en cette ville Capitale des Catalans, il dresse ses pas vers la sainte montagne de nostre Dame de Mõt-Serrat, où voyant de ses yeux ce qu'il auoit si long-temps eu en l'idee par le recit de tant de personnes, il ne peut assez admirer le bel ordre de cette maison en la charitable reception de tant de Pelerins qui y abordent de toutes parts, en la belle disposition des bastimens, en la sainte & tres-exacte obseruance des Religieux, qui menẽt dedans le Monastere vne vie fort exemplaire. Mais comme son cœur ayme les Solitudes, il vole ainsi qu'vne colombe aux trous de la pierre, il s'esleue sur la croupe de ce Mont sacré, pour y visiter les treze Hermitages si fameux, dont l'odeur se respand par toute la Chrestienté. Aussi-tost qu'il eut consideré cette vie, qui luy sembla toute Angelique, il la desira, tenant cette retraitte pour la plus heureuse du monde. Mais comme son zele estoit sans science, il fut bien estonné quand il vid que ces degrez du Salomon pacifique estoient enuirónez de lyonceaux, c'est à dire, de difficultez pour y paruenir. Car s'imaginant qu'il ne falloit que bastir vne cabanne entre ces pointes de rocher qui percent les nuages, pour y mener cette douce vie, s'estant presenté au Superieur du Monastere pour obtenir permission de s'y retirer, l'Abbé luy fit connoistre l'impertinence de sa demande, en luy apprenant que ces Religieux qui estoient là haut (ce qu'il auoit peu remarquer à leur habit) estoient Profés de la maison Conuentuelle, & enuoyez en cette Montagne pour leuer les mains ainsi que des Moyses vers le Ciel par vne continuelle contemplation de l'exercice, de laquelle ils auoient esté iugez capables. Si Aquilin se fust souuenu des auertissemens du Bachelier, il n'eust pas auec si peu de iugement faict cette proposition, ny donné sujet à la grauité de cét Espagnol de se mocquer de cette boutade Françoise. Ie laisse à part les entretiens, qu'il eut auec les Hermites de la Montagne, & les conuersations auecque des Religieux François qui estoient en ce Monastere, où la porte est ouuerte à toutes nations : comme aussi les charitables remonstrances du bon Abbé à nostre Pelerin; de quitter cette vie vagabonde pour se rendre bon & parfait Religieux; remonstrāces qui luy seruent d'vne ombre importune qui le suit, ains qui le poursuit en tous lieux. Il quitte celuy-cy, où ie ne fay point mention de sa deuotion, car comme ce n'estoit pas sa fin principale, c'estoit à cette occupation qu'il donnoit le moins de son temps, bien que les Pelerins quand ils le sçauent bien mesnager, en ayent de reste pour faire oraison soit vocale, soit mentale, & mesme lecture spirituelle, autant que les personnes cloistrees. Il reprend la brisee de Barcelonne, où apres auoir seiourné quelque temps, attendant la commodité d'vn vaisseau qui passast en Italie, pour visiter Rome, & Lorette, il alla en diuers Conuents, où tousjours on luy disoit la mesme chason, qu'il se fist Religieux, ou qu'il se retirast en quelque Grotte, rien n'estant si odieux que de voir ainsi trotter vn Moine parmy le monde : ce qui le picquoit iusques au vif, prenant pour cela presque à mauuais presage la rencontre des personnes Religieuses. Enfin ce qui le fit vuider plustost qu'il n'eust desiré, ce fut vn Magistrat veillant sur la police des paures, lequel l'ayant remarqué à la porte d'vne Eglise faisant la queste, luy commanda sur peine de seruir le Roy en ses armees nauales sur vn cheual de bois, de sortir dans trois iours de la ville ; ce qui fut vne foudre à noſtre Aquilin, lequel minutoit de partir foudainement, pour euiter par la veuë de l'eſclair la cheute du tonnerre, s'il n'euſt appris ſur le port que le lendemain partoit vne tartane pour Génes; il ſe tint clos dãs l'Hoſpital iuſques à ce que la barque deſãcraſt, où s'eſtãt ietté, apres auoir cinglé heureuſemẽt la coſte de Marſeille & de Prouence, ils vindrent toucher à Saúone, & de là en cette ſuperbe Cité de Genes, qui eſleue autant ſa teſte ſur celles d'Italie par la ſplendeur & la magnificence de ſes Palais, qu'elle leur cede en la fertilité de la ſituation. Car c'eſt vne merueille non iamais aſſez eſtimee, de voir tant de richeſſes ſur vn eſcueil, & les deffauts de la nature ſi puiſſamment combattus & ſurmontez par l'induſtrie des hommes. Apres auoir repeu, non pas raſſaſié ſes yeux (car cette faculté eſt inſatiable) de la veuë de tant de merueilles, voyant partir à toutes les heures des felouques ou caramouſſols, qui frettoient ſur cette coſte, ſoit à Lerice, ſoit à Ligorne, ſoit à Ciuita-vecchia il ſe met dans vne barque qui le mene à Porto, autrement à Hoſtie, non ſans quelque petite bourraſque (accidens preſqu'ineuitables ſur la mer) qui le mirent à deux doigts du naufrage, & non sans peur d'estre enleué par les Corsaires, qui font tousiours (quelle diligence que l'on face de tenir ce riuage net d'escumeurs) de leurs coups à l'improuueu, & font voir la Barbarie à tel qui ne voudroit pas faire vn si long voyage. D'Hostie il se rendit incontinent à Rome Theatre de l'Vniuers, & centre de l'vnité de l'Eglise. Ce fut là où si sa curiosité pouuoit estre comblee, il auoit dequoy la faire regorger, car qui a t'il de sainct, de pieux, de deuot, de sacré, de venerable, de magnifique, de pompeux, & de grand, qui n'y soit d'vne mesure espanchante?

Là les deuotieux plaisirs
Passent l'vsage des desirs.

Ce qui tira de sa bouche à la veuë de tant de rares spectacles, dont cette bien heureuse Ville est toute triomphante, le mesme Cantique que Dauid entonna sur les felicitez de sa chere Sion.

O combien m'a sceu contenter
  Cette voix chere & desiree.
Nous irons, c'est chose asseuree,
  Du Seigneur le lieu visiter.
Nos pieds fermement desormais
  Seront plantez sans nulle crainte,
  Aux porches de ta maison sainte,

Ierusalem Ville de paix.

Ierusalem ton bastiment
　Vne belle Cité ressemble,
　Où chascun vit d'accord ensemble,
Tout y va d'vn consentement.
Là void on le peuple monter,
　Du Seigneur le peuple fidelle,
　Suiuant la coustume Israëlle,
Pour de Dieu la gloire chanter.
Là se void rangé par dedans
　Maint throsne où l'équité s'obserue,
　Trosne constant qui se reserue
Par Dauid & ses descendans.
Requerons tous d'affection
　Qu'en biens Ierusalem foisonne,
　Et que iamais l'heur n'abandonne
Ceux qui l'ayment sans fiction.
Que la paix loge entre les siens,
　Qu'en ses murs discord ne s'esmeuue,
　Qu'en ses tours l'abondance pleuue,
Que iamais n'y manquent les biens.
Du cœur me tire ces propos
　L'amour qu'à mes peres ie porte,
　Mes prochains font qu'en ceste sorte,
Ie luy souhaitte vn doux repos.
La maison du Dieu trois fois grand
　Dans elle saintement dressee
　Fait que ie l'aye en ma pensee,

Toute grandeur luy desirant.

Aussi est-ce vne chose aüoüee par tous les Catholiques, que ce qu'estoit Ierusalé en la Palestine parmy les Israëlites, l'est la Cité de Rome entre les Chrestiens. C'est le Siege de la residence du successeur de S. Pierre Vicaire de IESVS CHRIST, c'est la Mere & le Chef de toutes les Eglises Chrestiennes & le throsne de l'Empire Ecclesiastique. Or c'estoit au temps que ce tres-bon Pape Clement VIII. Pere veritablement Sainct, & rempli de vertus exemplaires & Apostoliques, tenoit auecque le premier Siege les resnes de la Hierarchie Ecclesiastique. Entre les actions de pieté de ce Pontife Souuerain, celle-cy estoit remarquable, c'est qu'il auoit tous les iours douze pauures à sa table lesquels assez souuent il seruoit de ses propres mains. Cette deuotieuse coustume faisoit que les pauures Pelerins estrangers, outre le desir ordinaire qu'ils ont de voir le Sainct Pere auant que se retirer, adioustoient cettuy-cy de manger à sa table; en quoy ils estoient preferez aux pauures de la Ville par les Officiers de sa Sainteté, qui auoient charge de les choisir. Nostre Aquilin, qui comme vne Aigle ne voloit qu'en grand air, & qui aymoit esperdument l'honneur, s'addressa

dreſſa aux Officiers pour eſtre admis entre les pauures à la table Papale. L'Officier l'enquerant quel il eſtoit, & de quelle nation, & où eſtoit ſon Hermitage, à quel ſuiet il auoit quitté ſa cellule pour viſiter les ſaincts lieux de Rome, où eſtoit la licence de ſon Prelat, & Superieur? l'Hermite ne manqua pas de luy dire qu'il eſtoit Gentilhomme François de la Prouince de Bretagne; qu'il auoit ſeruy dans les armees de l'Empereur contre le Turc, qu'il s'eſtoit faict Hermite à Cologne: puis enfila d'vn meſme accent ſes diuerſes demeures, auecque les pelerinages de S. Iacques, & de Mont-Serrat, & ceux qu'il deſiroit faire à Lorette, & en Ieruſalem. En fin l'Officier le preſſant de luy monſtrer ſes patentes & ſon obedience, Aquilin luy reſpondit que n'ayant point de demeure arreſtee, il n'auoit point d'autre Prelat que le Pape. Vn Hermite ſans Hermitage, dit l'Officier, eſt vn Eueſque ſans Dioceſe, vn Curé ſans Parroiſſe, vn Religieux ſans Cloiſtre, en vn mot vn homme vagabond & ſans aueu, qui abuſe d'vn habit venerable pour roder par le monde auecque plus de facilité. Sçauez-vous bien que vous reſſemblez au papillon,

Qui ſe vient bruſler au flambeau,
Dont il treuue le feu ſi beau?

L'Aigle esleue la tortuë, puis la laisse tôber sur le roc, où elle se casse, & il la mange; vous desirez vous esleuer en vne table qui vous fera tomber sur le roc de S. Pierre, puisque comme la tortuë vous portez vostre maison sur vostre dos, & vostre exaltation vous froissera: car il fut dit à S. Pierre qu'il tuast, & deuorast les animaux immondes qui luy furent monstrez dans vne nape. Nostre Sainct Pere est fort exact, & seuere és choses de la police Religieuse; s'il vous interrogeoit, & que vous luy dissiez ce que vous me venez de manifester, vous feriez en danger de finir vos courses dãs vne Galere, en vn exercice plus rude que celuy d'vn Hermite reclus. Si vous estes bien conseillé, non seulement vous vous retirerez de cette table, qui vous mettroit, comme dit le Psalmiste, aux ceps, & qui vous causeroit vn chastiment plein de scandale; mais encore de cette Ville, car il n'en est pas des Hermites en Italie comme en France, ils y sont plus retirez & resserrez, & les coureurs y sont seuerement punis. Cette remonstrance faite auec autant de seuerité que de verité, ietta la peur en l'ame d'Aquilin, & baigna son front d'vne sueur froide, se pensant voir des-ja engagé en vne peine qu'il estimoit pi-

Liure XI.

re que mille morts, & pareille à celle de l'habitant du Caucase: cela fit qu'au plustost il descampa de Rome, & trauersant l'Apennin se rendit à Lorette, non sans visiter ces beaux Hermitages de Spolete, où l'instabilité mesme deuiendroit arrestee, en considerant leur gracieuse assiette; mais celle d'Aquilin passant celle d'vne Aigle volante, ne s'y fixa non plus que le Mercure. Il n'est pas si tost arriué à Lorette que dans les deuotiós si sensibles en cette sainte Chambre, il est tout distrait par les pensees de son voyage de Ierusalem: qui vid iamais vn tel Protee, & vne matiere plus auide de formes? La petitesse de la ville de Lorette le degouste autant que l'estonne la grandeur des thresors, & des richesses de la Sainte maison: à peine y a-t'il demeuré deux iours, qu'oyant parler d'vn vaisseau d'Ancone, qui partoit pour Venise, le desir de voir cette Cité maritime tant admiree de ceux qui ne l'ont point veuë, & si peu de ceux qui la voyent, le fit partir soudain pour se ietter dedans cette nauire, laquelle n'eust pas si tost mis les voyles au vent de terre, qui la ietta en pleine mer, que ce vent se renforçant esmeut vn orage si grand, & vne tempeste si vehemente, que le patron mesme ne s'attendoit qq'au

Hh 2

naufrage, si qu'exhortant vn chacun à penser à sa conscience, & à effacer au moins par la contrition & la repentance le peché qui pouuoit causer cette tourmente, le Pere Aquilin sentit la douleur de ses fautes auecque tant de vehemence, qu'il fut sur le point de dire comme vn autre Ionas, qu'on le iettast en la mer, veu qu'il pensoit estre la vraye cause de ce desastre. Mais de peur d'auancer son heure, il se retint, non sans renouueler ses vœux d'estre Religieux si Dieu le retiroit de cette extremité. A la fin au milieu de la nuict, lors qu'à chaque coup de mer ils n'attendoient que celuy de la mort, combattus des tenebres, des vents, & des flots, sans sçauoir où ils estoient, sans guide & sans esperance, le vent se retira, les ondes se calmerent, la bonace reuint auecque le iour, & vn souffle plus fauorable en peu de temps leur fit voir la Cité de Venise, où apres le peril nostre Pelerin oubliant ses promesses dernieres, ne songeoit qu'à effectuer les premieres. Venise est vn grand havre, d'où partent tous les iours des vaisseaux pour aller en Leuant; si est-ce que pour le voyage de la terre sainte, où l'on ne traffique que de deuotion, cette marchandise estant rare, il en part aussi rarement. Nostre Hermite demeura six mois entiers en cette ville-là (imaginez-vous en quelle solitude) attendant sans impatiéce, à cause qu'il s'y plaisoit, l'occasion de cingler vers l'Orient; les reales n'y estoient pas si frequentes qu'en Espagne, mais les viures y estoyent de bien plus facile rencontre. Les Religieux qu'il rencontroit le persecutoient touliours de leurs remonstrances, qu'il n'estoit pas encor resolu d'effectuer que premierement il n'eust visité la terre foulee par les saintes vestiges du Sauueur humanisé. Ils auoient beau luy dire que l'entree en la Religion absoluoit de tous les vœux faicts dans le Siecle, tout ainsi que la venuë du Soleil engloutit toute la splendeur des estoiles, tout cela ne sert de rien à vn homme qui veut encore courir auant que rendre les abois par vne entiere abnegation de soy-mesme, il s'ayme trop pour se deffaire si tost de soy. Les perils passez luy semblent des songes, ioint que ce ne sont qu'esgratignemens à comparaison des afflictions qui l'attendent. Si les Sirenes de Valence le penserent enchanter, celles de Venise n'ont pas moins de charmes, & leur licence est telle que c'est merueille de voir vn tel desbord en vne Republique conduite d'ailleurs par tant de sages testes, & par vn gouuernement si reglé. Asseurez-vous que si la vertu se perfectionne dans les tentations, comme ses lames dans les forges, que celle qui se treuue en cette Cité doit estre de fine trempe, estant vne merueille de voir brusler tât de feux, & briller tant de flammes parmi tant de lacunes & tant d'eaux. En fin apres la reuolution de six Lunes part vn vaisseau du nom de S. Victor pour Tripoli, plusieurs Pelerins tant François, qu'Alemands, qu'Espagnols, qu'Italiens, tous desireux de visiter le Sepulchre du Sauueur, s'y iettent, entre lesquels nostre Aquilin se mit. Ils cinglerent assez heureusemēt le long de l'Istrie, & toucherent à Raguse, où le maistre de la nauire auoit à negocier; de là ils firent voyle sans fortune iusques en Candie, où ayans pris quelques rafraischissemens, comme ils cingloient vers Cypre, vne furieuse tempeste les poussa vers Rhodes, & si le vaisseau n'eust esté bien bon, il n'eust peu resister à vn tel orage, lequel passé, comme ils reprenoient à l'aide de la boussole leur route vers Iaffa, ils firent rencontre de quelques Corsaires Anglois, qui les attacquerent si viuement que l'arbre de leur nauire estant mis bas par les coups de Canon, ils tomberent entre les mains des Corsaires, qui apres auoir tout pillé & saccagé, coulerent à fonds ce vaisseau, qui n'auoit rien de victorieux que le nom, auecque tous ceux qui y estoient embarquez, excepté quatre, vn Gentilhomme François, deux Alemands, & nostre Aquilin, qui sceut si dextrement leur persuader qu'il estoit d'vne des meilleures maisons de Bretagne pays cotigu à l'Angleterre, & qu'il leur payeroit vne grosse rançon, qu'ils le reseruerent. Mais il n'est encore qu'à ses premiers maistres, qui l'enuoyent attaché auec ses compagnons au fonds du vaisseau, si pres de la sentine qu'ils penserent creuer de cette insupportable senteur. Ces escumeurs costoyans toute la Cypre pour y prendre quelque proye, firent comme les Loups qui voulans deuorer les brebis sont estranglez par les chiens; car lors qu'ils pensoient faire curee ils seruirent eux-mesmes de butin à ceux qu'ils vouloient butiner; car ayans faict rencontre de quelques Galeres Turquesques, qui couroient le Golfe de Lepante pour le nettoyer, le vent leur manquant pour se ietter en haute mer, ils furent aussi-tost joints par les rames, & tellement inuestis de toutes parts, que leur vaisseau à force de canonnades percé comme vn crible les mit à la mer.

ci de leurs ennemis, lesquels apres auoir butiné le butin de ces Pirates, les mirent tous à la chaisne, comme aussi leurs prisonniers, entre lesquels nostre Hermite se vid arracher son habit, pour estre couuert d'vne mante de forçat, & honoré d'vn colier, auquel n'auoient iamais aspiré ses ambitions. O propre volonté que tu luy coustes cher! Apres cét eschet la troupe de Galere se diuisa en deux bandes, dont les vnes tirerent vers l'Archipelague, les autres vers l'Affrique, pour regaigner Biserte, d'où elles estoiét desancrees; Aquilin se trouua dans les Affriquaines, si bien qu'au lieu d'aller en Asie chercher le Tombeau du Sauueur, il croit aller creuser vn tombeau parmi les monstres, dont l'Affrique est si abondante. De vous dire les bastonnades qui greslerent sur son dos pour l'apprentissage de ce nouueau mestier de rameur, ce seroit nombrer les flots qui herissent la face de la mer. O amour propre, pepiniere de tous ces maux, que tu estois autrefois doux au goust de nostre Hermite forçat, & maintenant ton volume s'est changé en vne amertume tres-amere! Iuste Ciel que tu sçais dignement proportionner la peine à la coulpe; ce qu'il auoit tant redouté à Valence, & à Rome, que les seules me-

Livre XI. 473

naces luy auoient esté autant de coups de foudre, luy est escheu en partage, & qui pis est, entre des Barbares sans pitié, sans humanité, entre des Tigres, qui pensent obliger leur Mahom en le traittant pirement qu'vn chien: ô vie Religieuse, ô Closture Heremitique, combien es-tu plus douce & desirable que cette vie d'enfer! encore si dans le fonds de la boëtte de tant de maux qui l'ascueillent, il pouuoit apperceuoir quelque rayon d'esperance: mais il n'y faut pas penser, & c'est ce qui le tue; dans la sentine du vaisseau des Anglois il n'estoit affligé que par l'odorat, & parmy ces Turcs il l'est bien d'autre façon que par le nez, il n'y a veine en son corps qui ne tende, n'y place sur sa peau exempte de coups. Que fera-t'il sinon de patience fortune? ils tirent tousiours vers l'Affrique, Aquilin ayant le corps chargé de fer, & l'ame dans vn enfer d'angoisses. Ce qui luy reste d'espoir c'est en la mort, laquelle estant en horreur aux heureux, est le port des miserables. Combien de fois souspira-t'il ce mot de l'Apostre, pauure moy qui me deliurera de ce corps qui souffre vn perpetuel supplice? Les tempestes qu'il auoit tant redoutees, sont maintenant ses plus grands desirs, pour voir noyer ses malheurs auecque sa vie. Or ces souhaits ne se font guere sur la mer (l'element le plus perfide & inconstant qui soit au monde) sans qu'ils arriuent. Aux bords d'Affrique la tourmente les attacque si furieusement que de quatre Galeres qu'ils estoient de compagnie, deux perirent deuant les autres sans secours, & sans remede, & des deux qui restoient, l'vne fut portee par la force du vent si loing qu'on la perdit de veuë, & ne sçait on ce qu'elle deuint ; celle où estoit nostre Hermite, balançant entre la crainte naturelle de mourir, & le desir de voir finir ses angoisses, fut poussee vers la coste d'Espagne, où elle se mit contre vn rocher en mille pieces, de telle façon neantmoins que peu furent noyez, d'autant que le debris les porta entre des pierres, où estans à l'abry des vagues, ils furent mis à la merci de la faim. Chacun se tenoit à ce qu'il pouuoit ; & les flots tantost cruels, tantost pitoyables, par leur flux, & reflux les couuroient, puis les descouuroient; & emportans tousiours quelqu'vn pour leur proye qui estoit mal accroché à la fin le calme reuint, qui les mit à sec sur ces pointes d'escueil, où ils se barricaderent le mieux qu'ils peurent contre les insolences de la mer; mais de manger pour cent

& trente qu'ils estoient, il n'estoit point de mention, sinon que comme les Anthropophages ils se mangeassent les vns les autres. Si en faut-il venir là, ou mourir ; les Turcs qui sont en bien plus grand nombre que les esclaues Chrestiens, iettent le sort sur eux, & il tombe sur vn Anglois, qui fut aussi-tost despesché, & promptement despecé, chascun en tirant son lopin, & le deuorant auec vne faim canine, ils beurent son sang comme de la ceruoise, tant ils estoient alterez l'eau douce leur manquant. Imaginez-vous à ce spectacle plein d'horreur que deuindrent les autres, qui se voyoient reseruez au lendemain. Aquilin auoit beau employer sa Rhetorique, & promettre des montagnes d'or pour sa rançon, se faisant vn peu entendre auec l'Italien, qui est vn idiome que le commerce rend aucunement connu en Affrique, ils eussent mieux aymé en cette occurrence vn morceau de sa chair qu'vn boisseau des perles ; la grace qu'il eut de ces Polyfemes ce fut celle d'estre mangé des derniers, ce qui estoit plustost prolonger qu'amoindrir son martyre. Deux ou trois iours se passent sans autre chair que de cette horrible boucherie, Aquilin n'ayant autre pain que ses larmes trempees dans l'amertume de la mort, quand sur le leuer du troisiesme iour, comme ils estoient apres à ietter le sort pour le desieuner, ce qui deuoit mettre nostre Hermite en la transe que vous deuez penser, parut vne nauire bien auant en la mer; alors l'espoir commença à les resioüir, mains il estoit bien foible, ne sçachans quel signal donner pour implorer le secours. À la fin ils font tant par leurs cris, & en desployās leurs habits en l'air, qu'ils furent apperceus; le vaisseau approche; & se void arboré de France. Les Turcs à cause de l'alliance de leur Grand Seigneur auecque nostre nation, coniuroient les François d'auoir pitié d'eux, mais les Marchands Marsillois qui ne voyoient que des soldats sur cet escueil, ne furent pas si peu auisez que de les admettre en leur nauire, où ils eussent peu se rendre les maistres. Ce que la commiseratiō tira d'eux en faueur des esclaues Chrestiens, qui leur crierent qu'on les mangeoit, ce fut de leur donner vn peu d'eau douce, & de biscuit, & de leur promettre qu'au prochain port d'Espagne ils donneroient auis de leur naufrage, & qu'au plus tard le lendemain ils auroient secours, rachetans leur vie par la perte de leur liberté. Ce que les Marsillois promirent, ils le tindrent, & sur la coste d'Espagne, où ils ont besoin d'esclaues & de forçats, au premier auis ils allerēt à cette proye, dont la prise fut facile, veu que ceux qui se rendoient, tenoient leur captiuité à faueur, esperans de se racheter à loisir. Les Chrestiens esclaues furent mis en liberté, & les Espagnols sçachãs que nostre Aquilin estoit & Prestre & Religieux, l'honorerent, le caresserēt, & le secoururent, selon la reuerence que cette nation porte à ceux de cette qualité. Que d'actions de graces rend nostre Hermite a ce bon Dieu protecteur de sa vie, & son liberateur: combien luy fut sensible ce soudain changement de fortune, se voyant retiré des abysmes de la misere, & releué en vn honneur extraordinaire. Il void ses aduersaires à la chaisne, & ceux qui quelques iours auparauant l'auoient chargé de fers, de coups, & d'outrages, rangez à sa misericorde que cette vie est subiecte à d'estrāges reuolutions, puisque les hommes aussi bien que les Astres ne font que mōter & descendre. La peur de retomber en de semblables miseres presse si fort le cœur de nostre Pelerin qu'il ne songe plus à Ierusalem, ains il n'a rien plus à contrecœur que ce voyage, quelle pieté qu'il y voye, la terre ferme est son desir, & ses desirs sont en la vie Religieuse. Mais Dieu qui veut le chastier plus amplement de ses propres volontez, non content de luy auoir monstré la verge, luy en veut faire sentir des coups encore plus rudes. Car les Espagnols sur l'esperance de rencontrer l'autre Galere qui s'escarta de la veuë de celle qui s'estoit eschoüee, & de la treuuer sur la coste de Grenade, ou de Valence, se mirent à la chercher, & à vouloir nettoyer ce riuage de Pirates : mais il arriue ordinairement en mer, où le sort des armes est beaucoup plus incertain que sur la terre, que ceux qui veulent prendre sont pris, & souuent les larrons y sont plus forts que les Preuosts. Ce qui auint aux Espagnols, qui au grand regret de nostre Aquilin allans en cours pour chasser ces escumeurs de mer, furent escumez eux mesmes par vn Corsaire François de nation, & Renegat de Religion, qui sous l'aueu tacite du Bacha de la Natolie exerçoit la Piraterie sur la mer du Leuāt. Cettuy-cy s'appelloit Orcan, & commandoit à plusieurs vaisseaux, si qu'il faisoit des coups & des brigandages d'importance ; il inuestit la nauire Espagnole auec trois fustes legeres, & s'en rendit aussi tost le maistre. Voicy derechef les Turcs deliurez par ce Renegat, & les Chrestiens remis aux fers,

& tout cela donne des sentimens à nostre Aquilin tels que vous pouuez coniecturer, en vain vous rapporterois-ie ses plaintes & ses apostrofes au Ciel, & aux eaux, aussi bien la mer est sourde, le Pirate inexorable, & les vents emportent tous ses regrets: que peu de iours le voyent trãsporté de la vie à la mort, de la mort à la vie, & puis ramené de la vie à la mort. Tout ce qu'il treuue qui le console parmi tant d'amertumes, est la nation de ce Renegat, bien qu'il auoit renoncé à la foy Chrestienne, si n'a-t'il pas tout à faict despoüillé cette douceur que le doux air de sa naissance luy inspire pour ses compatriotes; les coups en faueur de la patrie sont espargnez à Aquilin, qui se dit noble, grand, riche, d'illustre maison de Bretagne, ce qui donne de hautes esperances de sa prise à ce Pirate, si que le biscuit ne luy est pas si eschargement donné. Mais tout François qu'il est, c'est vn Renegat, c'est vn Turc, c'est vn Corsaire, c'est vn Barbare, c'est vn Athee, ou s'il a vn Dieu, c'est le profit.

C'est & l'or & l'argẽt, que l'homme de ses mains
En Idoles façonne & simulacres vains.

Arriuez en la Natolie, où ce Pirate se mit à l'abry en vne cale où il auoit sa retraitte sous la secrette protectiõ du Bacha de cette Prouince, auquel il payoit tribut de ses rapines. Ce fut alors que le Pirate voulant sçauoir quelle rançon il pouuoit esperer de l'Hermite, il fut contraint de luy auoüer que sur la mer il l'auoit repu de mensonges, qu'à la verité il estoit Gentilhomme, mais Cadet, & Cadet de Bretagne, c'est à dire, n'ayant rien que le courage & le desir de luy rendre seruice. Le Pirate se voyant deceu, fit donner des bastonnades veritables à nostre Pelerin pour salaire de ses bourdes, & se souciant fort peu de son seruice, le fait mener à l'instant auecque les autres esclaues, où il fut vendu à vn Turc Marchand de l'Isle de Mitylene dans l'Archipelague : dans peu de iours son maistre l'emmene auecque des marchandises en son Isle, où estant en la compagnie d'autres Chrestiens gemissans sous vne seruitude pire qu'Egyptienne, on le faisoit trauailler comme vn cheual à des labeurs bien plus penibles qu'à faire la queste à Cologne. Que de souspirs, & que de larmes iettoit & poussoit l'Hermite pour la priuation de sa liberté ; ô Moines, disoit-il, proprietaires de vos volótez, que vous estes miserables ? ô libertinage, ô demangeaison de voir le monde, tu m'es cause de tous ces maux!

Qu'il

*Qu'il fait des vœux, qu'il promet de loüanges
Au Dieu des hommes & des Anges,
S'il le remet en liberté,
Rompant les nœuds où il est arresté.*

Mais le vieil prouerbe dit; Aide toy, & Dieu t'aidera. La necessité mere des arts & des inuentions luy fit naistre vne occasion pour se sauuer telle que vous allez entendre. Parmi les esclaues de sa compagnie il y auoit vn Ragusin, & deux Italiés, qui estoient bien de plus ancienne date au seruice du Mitylenien: dans ces petites Isles de l'Archipelague les esclaues ont assez de liberté, parce que la mer qui sert de fossé à la circonference qui les enuirône, empesche que leur fuitte ne puisse estre longue, & pour peu qu'on en face d'enqueste, ils sont aisément retrouuez, si qu'ils se peuuent bien cacher quelque temps, non se sauuer, & ce seroit peu de iugement de s'exposer à la seuere punitiō d'vn maistre Barbare pour vne fuitte si legere; si qu'il ne faut point faire mine de se sauuer, qui ne se sauue tout à faict. Les Italiens subtils en treuuent l'industrie, & la communiquent au François, & au Ragusin, qui s'y attachent comme le poulpe au rocher, comme le feu au naste. L'entreprise est perilleuse, mais il est aisé de mespriser la vie quand il s'agist de la liberté, sans quoy la vie est pire que mille morts?

Plus le hazard est grand, plus il y a d'amorce,
  En vn pas dangereux faut redoubler la force,
  En vn dessein aisé moins de gloire apportant,
    On ne peine pas tant.
Vn courage esleué toute crainte surmonte,
  Les timides conseils n'ont rien que de la honte,
  Et le front d'vn guerrier aux combats estonné
    N'est iamais couronné.

Quant à nostre Aquilin il ayme autant perir sur la mer vne fois, que de viure tousiours miserable sur la terre, si qu'il pouuoit dire auec ce Poëte,

  Soit la fin de mes iours naturelle ou sanglante,
  S'il plaist à mon destin que dedans la tourmente
  Se noya mon malheur, ie ne veux vn tombeau
    Plus heureux ny plus beau.

Mais considerons l'artifice. Vn des Italiens qui auoit esté Marinier, & qui nageoit comme vn poisson, dit aux compagnons de son entreprise; I'ay remarqué au port vne petite fregate qui n'est attachee à vn vaisseau que par vne simple corde, faites prouisiõ de pain, & d'eau, & chacun d'vn bon cimeterre, vne hache, & vn fusil, & de rames, & vous tendez au port au commencement de la nuict, ie sçay demeurer en l'eau comme vn plongeon, i'yray de cette façon où la nauire est à l'ancre, de dedans l'eau ie trancheray la corde, & vous meneray la fregate au bord, là vous sauterez dedans, & chacun faisant son deuoir de ramer, quelque alarme qu'on donne, à la merci des mousquetades & des harquebuzades il faut se ietter en haute mer, les tenebres nous fauoriseront, ie sçay la carte, & la boussole, les Astres nous guideront, & celuy qui a faict les Astres sera en nostre ayde. Tous se tiennent prests, le Matelot plongé tranche la corde qui tenoit la fregate attachee, mais la sentinelle du grand vaisseau voyant cét homme sortir de l'eau, & sauter dedans, donne l'alarme, l'autre plus diligent rame au port, où ses compagnons l'attendoient, le bruict fut grand, ce sont des esclaues qui se sauuent, quelques esquifs leur courent apres, mais en vain ces gondoles se mirent-elles en deuoir de les suiure : car le Matelot ayant soudain esleué sur vn baston vne petite voyle, cette barque legere aydee de la rame, & du vent gaigna le deuant, & l'ombre de la nuict la desroba aussi tost à la veuë de ceux qui la suiuoient : leur diligence fut telle, & le vent si fauorable, qu'en moins de quarante heures ils se treuuent à plus de cent cinquante milles de Mitylene. Mais la mer, comme la fortune, ne gardât jamais vn mesme visage, & n'ayant rien de si certain que l'incertitude, au troisiesme iour les agita en haute mer d'vne tourmente si cruelle, qu'estans à l'abandon des flots impitoyables dans vne barque si foible, rien que sa legereté ne les garantissoit du naufrage: comme si la mer eust eu pitié de la foiblesse de ce bois, ne daignant exercer contre si peu de chose l'impetuosité de sa colere, tantost esleuez sur des montagnes d'eau, tantost raualez en des abysmes, ils balancerent long temps entre mille frayeurs sans aucune esperance, en fin apres auoir serui longuement de iouët aux vents & aux flots, lors qu'ils pensoient estre tout à faict perdus, ils se treuuerent sauuez, mais d'vn salut qui ne faisoit que prolonger leur tourment auecque leur vie. L'Archipelague est parsemé d'vne quantité d'Isles qui est innombrable, dót les vnes pour estre inhabitees & desertes, n'ont point de nom, la tempeste les ietta dans l'vne de ces Isles que la sterilité, & sur tout la disete de l'eau douce rend delaissees, leur fregate froissee les vomit au riuage entre des halliers, d'où ils sortent comme d'autres Ionas du ventre de la Baleine. Ce morceau de terre auoit enuiron quatre ou cinq mille de circuit, sans autres habitans que des serpens, des lezards, & des crapaux, qui y tenoient leurs assises, & y foisonnoient à merueilles. D'y esperer du pain ou des viures, il y auoit peu d'apparence: en fin apres auoir recueilli le debris de leur naufrage, ce fut à eux à mesnager leur biscuit, & leur eau le mieux qu'ils peurent: mais las! cette prouision dura bien peu de iours. Cependant il ne passe aucun vaisseau, bien que tous veillent en divers lieux, & soient tousiours en sentinelle, ce qui les met en telle peine que vous pouuez imaginer. O Aquilin que n'as-tu des aisles d'Aigle, ou au moins celle de Dedale pour te tirer de ce labyrinthe nó de Candie, mais de malheurs? Il se repent d'auoir quitté Mitylene, & reconnoist que les hommes s'abusent qui preferent la liberté à la vie, veu que le bien de la vie surpasse tout autre bien, & surmonte toutes les miseres imaginables. Encore eust-il mieux aymé viure pauurement & miserablement parmi des hommes capables de raison, que de mourir de faim parmi des bestes venimeuses: il accuse de ce dernier essor sa propre volonté, reconnoissant que luitter contre la prouidence du Ciel, c'est regimber contre l'esperó. Si Dieu me vouloit esclaue, disoit-il, pourquoy resistois-ie à sa volonté?

luy mesme a bien pris la forme d'vn esclaue & la semblance d'vn homme, se liurant entre les mains des bourreaux pour me deliurer de la puissance de Sathan: ô ioug Religieux que tu es suaue à comparaison de celuy que ie porte! que ce fardeau est leger conferé à celuy sous lequel ie gemis! quel Geant ne seroit accablé sous les eaux de tant d'infortunes? Il pouuoit bien alors chanter auec Dauid,

Seigneur estens ta main, & d'enhaut me la donne,
 M'enleuant des dangers,
Sauue moy du naufrage, & de la main felonne
 Des fils des estrangers.
Ta loüange Seigneur par moy sera chantee
 En cantiques de choix,
Sur la harpe & la lyre à dix cordes montee
 Resonnera ma voix.
Garde moy donc encore, & ton ayde attenduë
 Ne me faille, ô grand Dieu,
Et m'arrachant d'icy fay moy treuuer l'issuë
 De ce sauuage lieu.

Leurs prouisions estans depeschees, il fallut que la necessité mere des inuentions leur ouurist les yeux pour chercher de la nourriture autrement que sur l'escueil de la coste d'Espagne; & Dieu qui estend sa grace sur les Ionas, les Daniels, les Iosephs, les Susannes, les Agars, les Hebreux du desert, ne deffaillit point encore à ces pauures abandonnez. Leurs souspirs & leur penitēce luy touchent le cœur, il dit comme iadis à Israel gemissant sous l'esclauage de Pharao, ie descēdray vers mon peuple pour le deliurer, car i'ay entendu sa clameur, & exaucé sa priere.

Il a tant de bonté que toute son attente
Est de remettre en grace vne ame penitente,
Luy remonstrant d'abord sa faute doucement.
Comme vn Pere ses fils le Redēpteur nous ayme
Si cōme ses enfans nous ne l'aymons de mesme,
Que faut il esperer qu'vn rude chastiment?

O Metanee, ô Penitence, ô Abigail, ô Esther, ô Thecuite, que tu as vn grand pouuoir sur l'eternel Dauid, sur le diuin Assuere! c'est toy qui non seulement luy arraches la foudre de la main, mais qui redōnes aux prodigues l'estole premiere, les restablissant en leur premier estat d'innocence.

Celuy qui le premier sur les ondes flottantes
Fit cingler la nauire, où tant d'ames constantes
Deuoient vn iour souffrir maintes afflictions,
Ne porteroit les clefs de l'Eglise eternelle,
Si son œil n'eust laué sa faute criminelle,
Et par le repentir purgé ses actions.

Car c'est vne maxime que l'experience ne rend que trop aueree, que Dieu ne dedaigne iamais vn cœur repentant & abbatu. Iamais Aquilin ne fut meilleur Chrestien que quád il se vid separé des terres où regne le Christianisme, luy qui dans les lieux les plus celebres en deuotion auoit esté tout de glace. Mais venós à son secours, car la faim le presse, & le ventre qui n'a point d'oreilles, ne se repaist pas de discours; si les serpens & les lezards eussent esté de bonne digestion, leur pasture eust en ce lieu esté abondante: mais la voix du Ciel qui dit autresfois à S. Pierre qu'il māgeast de semblables animaux, Dieu leur ayāt osté le venin, n'estoit pas arriuee à leurs oreilles: ils vont aux riuages de l'Isle, où le Matelot apperceut entre quelques rochers des langoustes, des congres, ou escreuisses de mer, & des huitres en assez bon nombre; ce fut vne mâne pour eux, mais ces choses salees leur augmentoient la soif, martyre plus cruel que la faim, & d'eau douce il n'y en auoit plus: où va l'ingenieuse necessité? c'estoit au temps que les roses estoient grandes, si que tous les matins ils en recueilloiēt autant qu'ils en pouuoiēt espreindre dedans leurs vaisseaux, & ils s'en desalteroient durant le iour: ô oyseaux de Paradis, vous viuez donc de la rosee des Cieux! toisons de Gedeon que vous estes admirables. Encore si au defaut de fontaine ils eussent treuué là cét arbre du Brasil, qui distille tous les matins vne liqueur delicieuse dôt s'abbreuuent les habitans: mais ils n'ont pour breuuage que l'espreinte des herbes, & pour viande que les excremens que vomit la mer. Durant ces miseres la Lune fit vn cours entier, & changea quatre fois de visage; ce qui les fit resoudre à vouloir ce que le Ciel voudroit, & de bastir en ce desert vne cabanne pour se deliurer des iniures de l'air. Ils viuoient ainsi, & iamais Aquilio ne fut si vray Hermite, ny si soumis à la prouidence du Ciel, ce fut lors qu'il prescha efficacement, car il faisoit ce qu'il disoit, estant prompt & prest à tout, vigilant, diligent, inuentif, actif: vn iour qu'il exhortoit ses freres à la patience, & à la priere, il s'auisa de leur faire faire des vœux à l'Estoille de mer Marie Mere de Dieu & tousiours Vierge. Ce que les Italiēs firent incontinent addressans les leurs à nostre Dame de Lorette, ce que fit aussi le Ragusin, bien que son pays fust situé à l'autre bord de la mer Adriatique. Celuy qui les y auoit exhortez fut le premier à les faire, passant à leur teste le Iourdain comme vn Leuite. Il n'auoit iamais esté si feruent, si contemplatif, ny si zelé. Il leur faisoit assez sou-

nent reciter ce beau Pseaume où ⟨…⟩
peint au vif l'estat de leur calamité.

 Vers les monts iettans mes regards,
  Cherchant des yeux de toutes parts
   Quelqu'ayde à ma misere,
  Mon ayde gist au Dieu des Dieux,
  Qui a faict la terre & les Cieux,
   D'ailleurs ie n'en espere.
 De luy tout secours me viendra,
  En marchant il me soustiendra
   Sans que mon pied chancelle,
  Y vacquant si soigneusement
  Qu'il ne dormira nullement
   En sa garde fidelle.
 Car celuy qui garde Israël
  Veille d'un soin perpetuel,
   Sans que rien le detienne,
  Dieu te preserue en tout endroict,
  Dieu te fait ombre au costé droict,
   Qu'aucun mal ne t'auienne.
 Au iour qui plus ardant sera,
  Le Soleil ne t'offensera
   De sa chaleur cuisante,
  Et la Lune au front argenté,
  La nuict par sa froide clarté
   Ne te fera nuisance.
 Le Seigneur sera ton secours,
  Le Seigneur gardera tousiours,

Ton ame de l'oppresse,
Dieu te voudra sauf maintenir
Tant en allant qu'au reuenir,
En ce temps & sans cesse.

Tandis que Dieu les tient dans ce creuset d'affliction, pour espreuuer leur patience, & espurer l'or de leur constance, en fin les ayans treuuez dignes de soy, & de ressentir les effects de sa misericorde, il leur appreste du secours d'où ils l'attendent le moins, voulant qu'ils passent par le feu & par l'eau, auant qu'entrer au rafraischissement de leurs peines.

Seigneur Dieu des vertus, heureux qui a fiance
En ta toutepuissance,
Car iamais ces cœurs là n'ont esté confondus
Qui s'y sont attendus.

Fin du Liure onziesme.

HERMIANTE.
LIVRE XII.

Ls estoient durant vne nuict couchez dans leur cabane sans autre espoir que de ceux qui n'en ont point ; essayans de noyer dans le repos le cuisant soucy qui les rongeoit sans cesse, lors qu'ils entendirent vn grand bruict d'hommes & de femmes qui chantoient, dansoient, & se resioüissoient, à peu prés comme Israël autour du veau d'or ; chascun se reueillant en sursaut pensoit songer, mais quand ils virent que cela continuoit, peut-estre, dirent-ils, que ce que nous prenons pour ioye, est vne lamentation, & que quelque nauire sera eschoüée à cette plage : la consolation des miserables est d'auoir des compagnons. Ils sortent de leur cabane, d'où ils n'eurent pas plustost tiré leurs testes qu'ils virēt l'Isle comme tout en feu, & en fumee, pour la multitude des flambeaux qui y reluisoient de toutes parts. Imaginez-vous leur tremblement, qui ne diminua pas au spectacle horrible que vous allez entendre. C'estoit vn Sabath de Sorciers qui se tenoit dans vne prairie, qui estoit entre des boccages & des rochers, ils auoient tous des torches de matiere noire & d'vne exhalaison espoisse & puante, & crioyent tous en dansant d'vne façõ toute extraordinaire ces noms de Galgala & d'Asmodeos, inuoquans le Diable qu'ils adoroient pour leur Dieu. Ce fier & superbe Demon estoit au milieu de la prairie sur vn autel faict de gazons & de pierres, en forme de bouc tout noir, ayant des yeux estincelans comme des charbons, & des cornes en forme de cimeterres. Tous ceux qui l'enuironnoient tant hommes que femmes, vestus à la Turque, à la Persienne, à la Moscouite, à l'Alemande, à la Grecque, à l'Espagnole & à l'Italienne, venoient saluer ce vilain animal, & le baiser aux parties plus infames, en luy faisant hommage chascun de quelque chose ; apres cela ils commettoient des vilenies de toutes façons, & telles que le recit en feroit fremir d'horreur, & puis les vns faisoient des cercles, & barbotoient des certains mots non intelligibles, d'autres accommodoient des poudres, des graisses, & des characteres, d'autres racontoient les meschantez qu'ils auoient faites, comme gresler, tuer, empoisonner, charmer, violer, desrober, blasfemer, donner des maladies aux hômes, ou au bestail, manger des enfans, & autres exercices de ces ames desesperees. Ceux qui auoient le pis faict, estoient loüez & caressez, les autres moins, qui se treuuoient chargez de moindres crimes. D'autres apprestoient des viandes pour banqueter, mettoient les mets tous sales & noirs par ordre, & les flascons de vin aussi resolus de faire grande chere; mais ce qui estoit le plus effroyant, c'estoient les horribles blasfemes qui sortoient de ces bouches infernales, les renoncemés qu'ils faisoiët du Paradis, leur choix de l'enfer, leurs vœux, & les donations d'eux mesmes qu'ils renouueloient au Diable, luy disant des Litanies execrables auecque ce refrein, maistre aidez-nous, maistre exaucez-nous. Ce fut alors que nostre Hermite comme vn autre Elie, prenant en main le glaiue flamboyant de la diuine parole, fut saisi d'vn zele extraordinaire pour le Seigneur Dieu des armees, car il se resolut, quoy que ses compagnons taschassent de le retenir, de se lancer au milieu de cette troupe abominable, se souuenant de son glorieux Pere S. Antoine ce chasseur & dompteur admirable des monstres infernaux, qui faisoit, souſtenu du Dieu des batailles, trembler tout l'enfer. Mais à peine eut-il loisir de commécer l'aſſaut en ſe muniſſant du ſigne de la Croix, & proferant le ſacré nom de IESVS, auquel tout genoüil flechit meſme des eſprits infernaux, que tout cela diſparut en vn clin d'œil, & bouc, & hommes, & femmes, & Sorciers, & Diables, & Sabath, & tout auec vn tintamarre, & vn fracas ſi horrible, qu'il ſembloit à nos quatres Inſulaires que toute la machine de l'Vniuers s'allaſt reſoudre en ſon premier Chaos; les flambeaux s'eſteignirent tout à coup, & ne laiſſerent qu'vne fumee puante, qui jointe aux tenebres de la nuiſt les laiſſa dans vn double aueuglement. La mer meugla, & les rochers voyſins reſonnerent en mille Echos aux hurlemens effroyables des demons qui remportoient par l'air cette brigade malheureuſe. Aquilin n'auoit iamais exercé l'office d'Exorciſte que cette fois, qui luy reüſſit de cette façon. Cependant nos Inſulaires paſmez d'eſtonnement demeurerent iuſques au matin auecque des battemens de cœur, qu'ils reſſentirent mieux que ie ne les ſçaurois exprimer. Le iour leur ayant redonné auecque la lumiere de leurs yeux celle du iugement, ils treuuerent en cette place infortunee vne grande quantité de viures tant de pain que de chair, & ces torches funestes composees d'vne raisine ensoufree, auec mille autres bagatelles propres à des sortileges; parmi cela diuers habits, auecque des characteres sans nombre, tout cecy redoubloit leur estonnement, voyans bien à toutes ces choses non seulement visibles, mais palpables, que ce spectacle de la nuict n'auoit point esté vne fausse illusion, mais vne assemblee veritable: l'autel se trenua espars & renuersé, ce qui fit souuenir à nostre Hermite de Dagon dissipé deuant l'arche, & luy fit admirer la force du signe de nostre Redemption, & de ce nom adorable auquel seul nous establissons nostre salut. Pour rasseurer leurs esprits en ce trouble, Aquilin recita ce motet de Dauid,

A milliers la tourbe assemblee
N'a point ma poitrine troublee,
M'enuironnant de tous costez.
Debout Seigneur, ie te reclame,
Fay voir ta force & tes bontez,
Et me sauue ô Dieu de mon ame.
Tu as frappé toute l'armee
Contre-moy sans cause animee,
Leurs desseins s'en vont à l'enuers,
Ta dextre en fureur élancee,

Leur

Leur a la maschoire cassee,
Et brisé les dents des peruers.
Au Seigneur appartient la gloire
De sauuer, de donner victoire,
C'est luy seul qui garde les siens.
Seigneur l'espoir de mon courage,
Que sans fin tu verses de biens
Sur ton peuple & ton heritage.

Cependant il fut question de recueillir ces viures comme vne manne que Dieu leur auoit faict pleuuoir en ce desert, non par les mains des Anges, mais par celles des demons, car tout luy preste obeyssance. Les Italiens & le Ragusin en faisoient scrupule, mais Aquilin le leur leua, disant que puis que Dieu leur auoit faict treuuer leur salut parmi leurs ennemis, ils ne deuoient faire aucune difficulté de s'enrichir de leurs despouïlles; qu'Elie receut esgalement du pain par vn corbeau oyseau de sinistre presage, & comme reprouué, que par les mains d'vn Ange; que ces viandes quoy qu'apportees par des hommes anathematizez, ne l'estoiét pas pourtant; que cette douceur n'estoit pas interdite comme à Ionathan le miel, ny mesme ces vestemens, comme à Achan le manteau d'escarlate, qu'au contraire ils pouuoiẽt se nourrir de la farine de ces Egyptiẽs;

K k

puisque Dieu leur auoit enuoyé ce pain de si loing, comme iadis à Daniel. La presente, & plus encore pressante necessité aida sa Rhetorique, & le fit croire: ils ramassent ces viures en resolution de les faire durer le plus qu'ils pourroient, n'estans pas pourtant negligens de pescher aux langoustes, ny de recueillir de la rosee: car au iour des biens il se faut souuenir des maux. Des-ja ils sont accoustumez à cette vie, dans les incommoditez du corps ils font de grands progrez en la vertu, selon que dit Dauid, nous nous hastons de retourner à Dieu quand nos infirmitez se multiplient. Leurs viures diminuoient à veuë d'œil, & les Sorciers, comme il est facile à coniecturer, auoient faict leur rendez-vous en quelqu'autre contree. Nos gens sont tout le iour au guet sur les pointes des rochers, sans rien voir que la mer & les Cieux; mais Dieu qui aide en l'opportunité, & qui attend ordinairement l'extremité de la tribulation, pour faire d'auantage esclater sa prouidence, leur prepare vne sortie de ce lieu plus heureuse que leur entree. Le Matelot estoit à l'erte, & comme il se connoissoit aux choses de la mer, il apperceut de loing comme vne mousche sur les ondes, il la monstre à ses compagnons, qui ne pouuoient se persuader que ce fust vn vaisseau, quoy qu'il les en asseurast; mais peu à peu le vent le tirant vers l'Isle, ils virent grossir ce qui leur sembloit si petit, à peu pres comme cette nuee du Profete, qui au commencement estant si foible, couurit à la fin tout le Ciel, & donna tant d'eaux. C'est vne nauire, laquelle craignant de donner contre les escueils qui paroissoient en cette Isle deserte, se mit à l'ancre en lieu bien escarté; ce qui mit fort en peine nos attédans, qui comme des Tantales se voyoient perir en la presence de leur remede: ils crient, ils font des signes, ils ne sont ny veus, ny entendus. A la fin le Marinier Italien s'auisa du debris de leur fregate attaché auecque des bois retors à quelques trócs de faire vn radeau, & comme il sçauoit bien nager auec vne rame, il saute dessus, & s'auance en la mer, pour se faire voir de ceux qui estoient en la nauire, desquels aussi-tost qu'il fut apperceu, il fut secouru par l'esquif qu'on ietta dans la mer, auec lequel il fut prendre ses trois compagnons, qui estoient à l'auant-veille de la fin de leurs viures. C'estoit vne nauire de Marchands Grecs Chrestiens, qui venoient de trafficquer en la Natolie, & qui s'en retournoient au Peloponesse, lesquels ayans sceu l'auanture de ces pauures Chrestiens, les receurent fort humainement, & leur promirent de les rendre en terre ferme : ce qui les pensa rauir de ioye, & transporter de contentement. Mais Aquilin qui auoit des-ja tant de fois experimenté la perfidie de cét element, ne pouuoit se persuader que iamais il deust sortir de misere, ains quelquefois il disoit à Dieu,

Où me puis-ie cacher parmi tant de malice?
Si i'ay les yeux au Ciel, i'y connoy ta Iustice,
Si i'auise l'enfer, ie n'y voy que rigueur,
Si ie veux sur la terre auoir quelque asseurāce
I'apprēds qu'en tous ses coins reside ta puissāce,
Et par ainsi tous lieux me font fremir le cœur.
Le Ciel me veut punir, & contre moy la terre
Se veut bander aussi, l'air me iure la guerre,
Les bois & les rochers ont appris mes forfaicts,
Si les deserts, Seigneur, ne me sont vn refuge,
Las! ie me rēds coulpable ô mō Souuerain, Iuge,
Sçachant que mon peché cause tous ces effects.

Toutesfois iettant les yeux sur les diuines misericordes, qui se plaisent à retirer les plus desastrez du profond de leurs malheurs, Dieu esleuant le throsne de sa gloire sur le theatre des fortunes les plus deplorees, & puis considerant les perpetuelles vicissitudes qui changent à tous les momens la face de

l'Vniuers, il releuoit ses esperances abbat-
tuës par ces belles paroles.

 Tousiours se faut-il estonner
  Pour entendre le Ciel tonner,
  Et verser sur nous son orage?
  Non, au plus fort de ses esclairs
  Aussi redoutables que clairs,
  Qui plus espere, est le plus sage.
 Ie voy comme au temps pluuieux
  Qui cachoit le Ciel à nos yeux,
  Succedent les belles iournees:
  Les Astres Iuges souuerains
  Font nos iours troubles ou serains,
  Ainsi qu'il plaist aux destinees.
 Icy tout regne tour à tour,
  La nuict y ramene le iour,
  Le calme couue la tempeste,
  La santé presage la mort,
  Le bon attire vn mauuais sort?
  Rien en mesme estat ne s'arreste.
 Puis que la loy du temps leger
  Contraint toute chose à changer
  Dessous la celeste influance,
  Au milieu de ces mouuemens
  Peut on fonder des iugemens
  Que dessus la mesme inconstance?
 Le mal qu'on ne peut corriger,
  Par la raison doit s'alleger

En la cause dont il procede.
A tous les traits de la douleur,
Et aux atteintes du malheur
La patience est le remede.

Tandis qu'il va par ce chant enchantant le soucy & l'affliction qui le tourmente, à chasque chose que descouure celuy qui estoit sur la hune, il pense tousiours que c'est quelque Corsaire qui vienne fondre sur ce vaisseau de Marchands: il croit que sa liberté ne tient qu'à vn filet, comme sa vie n'est qu'à deux ou trois doigts de la mort ; mille & mille fois il se sacrifie en l'esprit à l'estat Religieux, proiettant d'escrire sur le sueil de sa cellule, si iamais il y paruenoit,

Ie suis au port, Adieu esperance & fortune.
Mais il se croit si esloigné de ce bon heur, qu'il n'ose ficher son attention sur cette sacree & tranquille condition, tant qu'il ira flottant sur l'inconstâce des ondes: car n'est-ce pas peindre sur l'eau, & semer sur le sable que de vouloir former vn proiect asseuré sur ce qui bransle sans cesse ? Mais tout ainsi qu'il estoit tombé en ces malheurs lors qu'il y pensoit le moins, & qu'il n'auoit autre dessein que de contenter son amour propre en ses voyages; maintenant qu'il a des pensees plus pieuses, & qu'il void les maux que la

Liure XII. 503

volonté propre, nourrice de l'enfer, traisne apres soy, n'ayant rien en plus grand desir que de terrasser ce monstre par le sainct vœu de l'obeyssance Religieuse, c'est l'estat auquel Dieu le regarde en pitié, & reçoit de bon œil ce sacrifice volontaire qu'il luy veut faire de son Isaac, qui est son franc arbitre. Et comme la mer & les vents luy obeyssent, ils cinglent sous vn souffle si fauorable qu'en peu de temps le territoire du Negrepont leur apparoist, où les Marchands ayans promptemēt expedié leurs negoces, ils frettent vers le Cap de la Moree, puis ils se rendent en l'Achaïe. Aussi-tost qu'Aquilin eut pris terre, il se resoluoit de trauerser plustost toute la Grece, la Dalmatie, l'Esclauonie, l'Istrie, & le Frioul à pied, pour se rendre à Venise, & de là à Lorette, que se commettre derechef à la desloyauté de la mer; mais le Ragusin qui auoit treuué des connoissances en la Grece, où il auoit autresfois trafficqué, rasseura nostre Hermite, & les deux Italiens, dont l'vn estoit de Capouë, l'autre de Pise, leur promettant de les rendre à Raguze en toute seureté en costoyant les riuages, & de là de trauerser auec eux le Golfe Adriatique, pour aller rendre leurs vœux à Lorette. Les extremes longueurs, & insupportables

Kk 4

incommoditez de la terre subiecte aux courses des Tartares, & aux cruautez des Turcs, qui tourmentent horriblement les Chrestiens par toute la Grece, auecque le danger de retomber en esclauage, fit que les deux Italiens prindrent le party que leur offroit le Ragusin, auquel Aquilin se voyant seul fut contraint de se rendre, de peur que suiuant sa fantasie pis ne luy auinst. Ils se iettent sur mer, où apres de legers orages ils aborderent à la Cité de Raguze, petite Republique tributaire du Turc, libre neantmoins, & toute Catholique. Là le Ragusin estant reconnu des siens, festoya les compagnons de sa fortune de toute sa puissance, & auant que iouyr plus long-temps des felicitez de son mesnage, & du bonheur de son retour, il voulut rendre son vœu à Lorette, pour y remercier la Mere des graces. Par bonne rencontre le Galion de la Republique estoit sur le point de passer le Golfe de Venise, pour porter des marchandises de Sclauonie, où cette ville appellee anciennement Epidaure est situé, en Italie, & s'en reuenir chargé des denrees dont l'Italie est abondante. Ils se mettent dessus, & sans aucun peril ils abordent à Ançone, port de mer fort voisin de la Sainte Maison de nostre Dame de Lorette. Là nos quatre esclaues deliurez vont chanter le Cantique de leur deliurance, & reconnoistre ceste Estoille de mer qui les a par son intercession retirez de tant de naufrages. En allant Aquilin ruminoit ces vers,

Eschapé de l'horreur d'vn perilleux naufrage,
 Et tiré du danger d'vne euidente mort,
 Seigneur par ta bonté ie descouure le port,
 Et i'espere bien tost de surgir au riuage.
Daigne donc appaiser les restes de l'orage,
 Qui côtraire à mes vœux m'en interdit le bord.
 Toy mon Dieu, mon Sauueur, & mon ferme
  support,
 Qui seul me peux dôner la force, & le courage,
Fay que bouchant du tout aux funestes accens
 De mes propres desirs l'oreille de mes sens,
 A l'arbre de la Croix fermement ie m'accroche.
Fay qu'ayant tant de fois le pardon obtenu,
 Ie puisse à l'aduenir estre plus retenu,
 Establissant mes pieds sur vne ferme roche.

Ce n'estoit plus la curiosité, mais vne obligation de vœu qui le portoit à la visite de ce sainct lieu, c'est pourquoy sa deuotion en fut d'autant plus sincere, & veritable que lors qu'il l'aborda la premiere fois auecque si peu de feruer & d'attention. Que de souspirs, & que de douces larmes il respandit en cette sainte Chambre où le fils de Dieu fut conceu, que de protestations d'estre desormais plus aresté & plus fidele, que chaudement il remercia la Mere de ce grand Dieu, qui est toute misericorde, de luy auoir esté si secourable. En reconnoissance dequoy, sans distinction d'aucun Ordre, il renouuella au pied de l'Autel de la sainte Chambre, apres y auoir offert à Dieu le sacrifice de l'Agneau sans tache, les vœux qu'il auoit faict durant son aduersité de se rendre Religieux en vne Congregation biē Reformee. Apres cela en esprit de liesse & de iubilation il se mit à chanter ce beau Pseaume, qui semble sous la metafore de la Cité de Sion enuelopper les loüanges de la Mere de Dieu.

Elle a ses fondemens au mont du Sanctuaire,
 Et Dieu qui l'a bastie afin de s'y complaire,
 Ne porte à beaucoup pres si grande affection
 Aux tentes de Iacob qu'aux portes de Sion.
O diuine Cité de Dieu la mieux aymee,
 Que d'excellens discours haussent ta renommee,
 Egypte & Babylon (s'il s'en faut souuenir
 Entre gens connoissans) n'y sçauroiēt paruenir.
Voyez la Palestine, & d'auantage encore
 Le peuple de Tyrie, & l'Arabe, & le More,
 On vous dira sans plus, vn tel nasquit icy,

Livre XII.

Et peut estre quelqu'autre yprit naissance aussi.
Mais parlant de Sion, lors en toute abondance
  On dira qu'un tel homme y a pris sa naissance,
  Dont la gloire est sans fin, & le Dieu souverain
  L'a luy mesme bastie, & la tient sous sa main.
Quand l'Eternel viendra ses peuples reconnoistre,
  Les grāds de toutes pars accourrōt pour en estre,
  Et se faire enrooller Citoyens de ce lieu,
  Il est né, dira t'on, dans la Cité de Dieu.
Toutes sortes d'accords, feste, musique, dance,
  Chantres, fifres, clairons, y feront demeurance,
  Et mon cœur, & ma voix qui ses honneurs dira
  Bouillonnant à surjeons iamais ne tarira.

Mais parce que ces loüanges luy sembloient trop metaforiques, il voulut se faire entendre plus ouuertement, & laisser des marques de sa deuotion en ce sainct lieu par ce Sonnet.

Quand l'heureux messager qui portoit la nouuelle
  Du salut des humains en terre deuala,
  Et glissant parmy l'air, soudain il se coula
  Dedans le cabinet d'vne chaste pucelle,
Voyant tant de beautez & de graces en elle,
  Son esprit longuement en doute chancela,
  S'il estoit dans le Ciel, ou bien s'il estoit là
  Où l'auoit addressé l'ordonnance eternelle.
Mais quand il eut encor son message exposé,
  Et vid en vn mortel Dieu metamorfosé,

Alors il s'escria par excez de liesse,
Adieu Ciel à iamais, doresnauant ce lieu
Sera mon Paradis, puis que i'y voy mon Dieu,
Et d'vn mesme regard mon maistre & ma mai-
stresse.

Apres vne bonne neuuaine employee par nos Pelerins en exercices de pieté, tant en la recherche de leurs fautes qu'en leur confession ; comme en ieusnes, prieres, communions & mortifications, il fut question de se separer, affin que chacun d'eux se rendist en son lieu ; le Ragusin remonta dans le Galion, le Pisan dressa ses pas vers Pise, le Capoüan vers le Royaume de Naples ; & nostre Aquilin apres les auoir tendrement embrassez, & mesme receu du bon Ragusin des assistances fort charitables, car dés Raguze il luy auoit donné vn habit d'Hermite, reprit son chemin vers la France, resolu de faire tous ses efforts pour estre receu en la premiere porte d'vn Ordre bien Reformé qui s'ouuriroit à luy, & qui l'admettroit en ses rangs. Paruenu à Bologne la Grasse, il fut en diuers lieux, où parce qu'il estoit inconnu, quelque veritable recit qu'il peut faire de sa naissance, & de sa fortune, il ne pouuoit auoir creance. De là il passe à Milan, où se presentant au Gardien des Capucins, le suppliant de le receuoir au corps de sa Societé, il receut la plus charitable consolation d'aumosnes, & de paroles que ce bon Pere luy pouuoit departir; mais pour cette admission il n'y vouloit pas entendre. Premierement parce qu'il ne pouuoit receuoir aucun Nouice qui ne vinst de la part du Pere Prouincial, qui estoit lors en sa visite. Secondement (pour releuer de peine Aquilin, qui plein de feruer le vouloit aller chercher en quelque lieu qu'il fust) il l'auertit à l'auantage de n'y aller point pour y recueillir vn indubitable refus, tant parce qu'il estoit François, dont la nation estoit suspecte à l'Estat de Milan, que parce qu'il estoit Hermite, qui auoit roulé par le monde, & il leur estoit deffendu par quelque reiglement de receuoir de cette sorte de gens, à cause de la grāde multitude d'experiences, qui leur auoient appris combien les personnes habituees de longue main à la possession de leur propre volonté, estoient peu pliables, & mal propres au ioug Religieux, qui consiste tout en l'abnegation de soy-mesme. Et bien qu'Aquilin promist des merueilles, de n'auoir iamais aucune volonté, & de se rendre maniable comme vn enfant, si ne peut-il iamais obtenir autre chose de ce costé là. Ce qui le reláça vers les Chartreux, & voyez s'il s'addreſſoit mal, il fut à Pauie, où eſt cette ſuperbe Chartreuſe, l'vn des miracles de l'Italie pour la magnificence des baſtimens, & riche à l'eſgal de cette pompe. Là il ſe treuua quelques Religieux François qui luy donnerent le courage de ſe preſenter. Dom Prieur meſme, qui eſtoit vn Religieux fort debonnaire, ne ſe contentant pas de le receuoir pour hoſte ſelon la couſtume de cette Maiſon, le traita en frere, & le retint quelques iours en vne cellule pour voir vn peu quelle eſtoit la conuerſation de cét homme dont la fortune luy faiſoit pitié, & qui portoit ſur le front vne euidente marque de nobleſſe. En ce peu de temps qu'il demeura dans cette chambre, ains pluſtoſt dans ce Palais de marbre tout lambriſſé de bois exquis, il rendit des preuues d'vne incroyable ſoumiſſion, & d'vn deſir nompareil de ſe rendre parfait Religieux, ſi que le Prieur ne treuuoit en luy aucune cauſe de renuoy. Mais les Italiens Eſpagnolizez aſſemblez en leur Chapitre examinans ces deux qualitez d'Hermite Pelerin, & de François, treuuerent qu'vne ſeule eſtoit capable de l'exclurre, ſi que le bon Superieur fut contraint de ceder à la pluralité des voix, & de faire ſortir ce pauure Adam de son Paradis terrestre, pour auoir mangé du fruict deffendu en la Religion qui s'appelle libertinage, & encore pour estre taché du peché originel. Auec quelle pressure de cœur Aquilin receut cette nouuelle, demandez-le à celuy qui se void bannir par vne dure sentence d'vn seiour où il a toutes ses delices : car si vous coparez l'Isle deserte, où tout luy deffailloit, à la Chartreuse de Pauie, où rien ne manque, & où tous les obiects rauissent les yeux, vous reconnoistrez quel sujet il auoit de regretter cette belle Sion, pour rentrer dans les confusions de la Babylone du monde. Il reprend la brisee de Milan, où apres auoir frappé à diuerses autres portes à ce dessein, comme il pensoit à son retour en France, enfin, il s'auisa d'aller en vn Conuent de Religieux Hermites de S. Augustin nouuellement Reformez sous le tiltre de la Congregation de Lombardie, Congregation qui a quelques Conuêts mesmes deçà les Monts, entre autres celuy de Bourg en Bresse, qui s'appelle nostre Dame de Brou, où est vne des plus belles & mignardes Eglises que l'œil puisse voir i'ose dire en aucun lieu de l'Europe. Là il eut accés à vn bon Prieur, qui ne se rendit pas si difficile, il l'accueillit humainement, l'hebergea charitablement, l'escouta patiemment, & comme il estoit homme iudicieux, deuot, & experimenté, il iugea par le discours de sa vie que nostre Breton luy raconta tout naïuement, que cette ame estoit portee au desert de la penitence par le bon Esprit, que le passé le rédroit sage à l'auenir, & d'autant plus ennemy de sa propre volonté, qu'il connoissoit combien elle luy auoit cherement vendu la suitte de ses fantasies. Il l'admet à l'espreuue, pour voir si cét or de pure charité qu'il void briller en luy, ne s'escaillera point, selon le conseil du Psalmiste, qui dit,

Espreuue-le, sonde-le bien auant,
Passe ses reins & son cœur par la flame,
S'il a de Dieu les bontez deuant l'ame,
La verité l'ira tousiours suiuant.

Il le laissa tremper longuement tout seul dans vne cellule separé des autres, & sans estre participant des exercices de la Communauté, & voyant à ce François vne ame docile, souple, preste au bien, prompte à tout, & du vray bois qu'il falloit pour en faire vn excellent Religieux, sans auoir esgard à sa nation, sçachant que deuant Dieu il importe peu d'estre Grec, ou Hebreu, la circoncision n'estant point different du prepu-
ce,

ce, il luy donna l'habit de Nouice. Aquilin resolu à toutes les extremitez pluſtoſt que de retomber iamais dans les inconueniens où ſon propre vouloir l'auoit plongé, rendit des témoignages d'vne abnegation ſi parfaitte qu'il eſtoit en admiration à tous les Profés, faiſant vn tel profit de ſes cheutes paſſees, qu'il ſembloit n'eſtre tombé que pour s'en releuer vers la perfection auecque plus d'auantage. Si ſon Nouiciat fut ſi exemplaire, ſa profeſsiõ ne fut pas differee, ny refuſee, mais deſiree de tous ces bons Religieux, qui connoiſſoient bien quelle perle ils alloient mettre au collier de leur Ordre. Cette profeſſion le mettant en l'Ordre de la perfecton à acquerir, luy donna vn ſi grand deſir de cette acquiſition, qu'il fit comme le bon Marchand de l'Euangile, qui vendit tout ſon vaillant pour achepter la marguerite precieuſe. Car il ſe deſpoüilla ſi parfaittement de ſoy-meſme qu'il ſembloit eſtre mort, mais ſa vie eſtoit cachee en IESVS CHRIST en Dieu. On ne vid iamais rien de ſi humble, de ſi feruent, de ſi ſoumis, de ſi deſnué, grand amy de la penitence & mortification, exact és moindres obſeruances, pauure comme Iob, touſiours recueilli en ſilence, ſimple comme vn enfant, doux &

debónaire au possible, modeste en son maintien, reserué en ses regards, rigoureux obseruateur de la pureté & continence, plein de telle pudeur qu'il ne parloit iamais à vne femme sans rougir, ne treuuant rien de difficile, tousiours gay & content, mais sur tout excellent en la sainte vertu d'obeyssance, par laquelle il obtint tāt de victoires contre soy-mesme, contre le monde, contre le diable, contre son sens, contre son sang, contre la chair, contre l'enfer, que chargé de palmes & de lauriers, & plein de bonnes œuures, apres auoir par le cours de huict ans qu'il passa sous le ioug heureux de la condition Religieuse, mené vne vie heroïque & exemplaire en toutes sortes de vertus, il alla dans le Ciel au sein du Dieu des vertus ioüir de la recompense de ses trauaux. Ie pourrois de beaucoup embellir mon narré des belles operations de sa conuersation en terre, & de la beauté de son passage au Ciel, car c'est l'ordinaire que la fin couronne l'œuure; mais quand ie pense à la longueur de ma traitte, & à la proximité de ma retraitte, cela me conuie d'auoir recours pluftost à la hache d'Æschines pour retrancher, qu'aux redondances de Demosthene. Ie me contenteray de remarquer seulement deux points, l'vn de sa vie, l'autre de sa mort, par lesquels vous iugerez du Lyon par l'ongle. Durant le cours de sa vie Religieuse, que seule il appelloit ainsi, disant souuent auecque son Pere S. Augustin, ô ioug heureux que tard ie vous ay connu, que trop tard ie vous ay embrasse! n'estimât comme rien les iours qu'il auoit traisnez sur la terre hors de cette Angelique conuersation : il ne s'estonnoit de rien tant que quand il voyoit quelquefois par rencontre de ces Hermites instables & vagabonds, du nombre desquels il auoit autresfois esté, car alors transporté de zele, il se iettoit à leurs pieds, & leur remonstrant les perils de l'ame & du corps où ils estoient exposez, & desquels par la diuine misericorde il estoit eschapé, il les pressoit autant qu'il pouuoit, de se ietter au havre de grace de la vie commune & Conuentuelle, leur descouurāt si à clair les imperfections & les incommoditez de la vie Heremitique particuliere, que plusieurs touchez au vif de ses saintes & charitables remonstrances, retirerent leurs pieds de leurs mauuaises voyes, & les establirent sur le rocher asseuré de l'estat de perfection en de saincts Monasteres. Si qu'il seruoit comme de perdrix de reclam pour faire donner les autres dans la tonnelle de salut, pouuant dire auecque cét autre chez le Poëte,

N'ignorant pas le mal, i'apprends à secourir
Par vn sage conseil ceux que ie voy perir.

Et côme il eut appris par l'experience combien estoient veritables les raisons du Bachelier Dominicain, il les employoit auecque d'autant plus d'efficace, qu'il en estoit luy mesme viuement touché & persuadé. Et comme il les voyoit presque tous aheurtez obstinément à deux choses, l'vne à leur amour propre, l'autre à l'estime de la vie Solitaire tant recommandee par les escrits des Anciens, alors il les desabusoit, leur faisant connoistre que la volonté propre, qui leur seruoit de guide, estoit vn ardant, qui les menoit en des precipices d'autant plus dangereux qu'ils estoient cachez. Et quant à la Solitude, qu'elle se pratiquoit plus parfaittement dans vn Monastere bien reglé, situé dans vne ville fort peuplee, que dans le plus creux desert de l'Orient, parce que le temps y estant extremement bien ordonné, & le silence exactement gardé, les hommes ne paroissoiét aux yeux que comme des arbres cheminās, & comme des statues inanimees: ce qu'il leur faisoit toucher au doigt, en leur declarant la distribution des heures regulieres tant de l'office que des oraisons mentales, que des retraittes en la cellule, car tout y va comme en vne horloge par roüages, par compas, & par contrepoids. Au lieu que dãs vne cauerne, si vn Hermite a vn valet, il luy peut parler à toute heure, ou à son chat, ou s'il luy plaist, à soy-mesme, bien que ce ne soit pas le propre d'vn homme fort sage; le mauuais principe de la volonté propre iettant de l'imperfection presque en toutes ses actions. Et ce qu'il auoit de plus conuainquant estoit l'exēple de son Ordre, qui auoit pour tiltre celuy d'Hermites de S. Augustin, bien qu'ils fussent Conuentuels. Ie n'ay donc, disoit-il, iamais esté vray Hermite que depuis que ie suis Conuentuel, & i'ay plus experimenté de solitude, & des douceurs de la retraitte dans le Cloistre que dedans les plus affreuses cauernes où i'entray iamais. C'est au Cloistre qu'est le veritable Bethel, où les Anges montent & descendent par la mystique eschelle, & où l'on peut dire que Dieu est veritablement, veu qu'il a protesté d'estre au milieu de deux ou trois congregez en son nom, vraymēt ce n'est autre chose que la maison du Seigneur, & la porte du Ciel: ô que bien-heureux sont ceux qui recueillis en cette douce demeure, loüent sans cesse celuy qui les y a suauement appellez, commençans dés cette vie le Cantique de cette loüange pour le continuer en l'eternité! Sur ce sujet il auoit d'ordinaire ce petit Pseaume en la bouche,

O vous qui du Seigneur frequentez les portiques
Ses ministres sacrez, dites luy des Cantiques
En esleuant vos mains toute nuict au sainct lieu
  Deuers nostre grand Dieu,
Chantez deuotement benissans la clemence
Du Dieu qui fit ce Tout en sa magnificence,
Et luy du haut des Cieux par sa douce mercy
  Vous benira aussi.

L'autre point que i'ay treuué remarquable en son trespas, ce fut vne demande fort simple, & neantmoins tres-parfaitte, qu'il fit à son Pere Prieur, qui l'assistoit en l'agonie; pressé des dernieres & extremes douleurs de la mort, il luy demanda si ce ne seroit point vn acte d'infidelité enuers Dieu, de gemir vn peu sous les estreintes de la souffrance, non pour se plaindre de la main de la prouidence appesantie sur luy, mais pour soulager vn peu son martyre; alors le Pere Prieur luy ayant permis de souspirer vn peu pour son allegemét: ah! dit-il, mon cher Pere donnez-moy l'absolution de cette faute, i'ay succombé à la tentation de mon amour propre. Et

Livre XII.

comme ces paroles de l'Apostre luy vindrét en l'esprit ; Ie desire estre detaché de ce corps miserable pour estre vni à IESVS CHRIST, il eut peur que ce desir & si sainct, & si iuste ne fust vn acte de sa propre volonté, laquelle il detestoit plus que mille morts: sur quoy ayant consulté son estoile polaire, son cher Superieur, & appris que ces souhaits sacrez estoient de grande perfection, & frequens dans les Pseaumes, il pria qu'on en recitast vn qui les exprimast naïuement; alors le Pere Prieur auec les freres assistans à cét agonizant, reciterent les versets de cettui-cy qui leur semblerent plus conuenables.

Des petits aux temps plus contraires
 Tu deffends le parti,
I'estois tombé sous les miseres
 Quand tu m'as garanti.
Repren donc mon ame allegee
 Ton repos souhaitté,
Puisque ta misere est changee
 Par sa toute bonté.
Puis qu'il veut d'entre les alarmes
 De la vie m'oster,
Affranchissant mes yeux de larmes,
 Et mes pieds de butter.
Sus que mon ame s'achemine

A l'eternel seiour,
Pour y voir la face divine
L'obiect de mon Amour.

Ce mourant en remaschant ces saintes paroles, y pensoit voir comme dans vne glace fidele l'image du cours de sa vie, & du point de sa mort, auquel desirant trancher tout à faict le fil à l'amour propre, & faire perir auecque soy ses volontez, comme Samson les Philistins ; Mon Pere, luy dit-il, vous voyez que mon ame est sur mes leures, preste à comparoistre deuant le Tribunal du iuste Iuge des viuans & des morts : afin donc que ie surmonte tous mes ennemis qui m'attendent en ce dernier passage, faites que cette victoire me prouienne de l'obeyssance, & en faisant les prieres Chrestiennes pour la recommandation de l'ame d'vn agonizant, dites à la mienne qu'elles'en aille par obeyssance hors de ce corps, & comme dit le Psalmiste, dites luy qu'elle face sa transmigratiō de Babylone en Ierusalem, comme vn passereau solitaire, qui se retire au plus haut des môtagnes plus reculees. Ainsi i'espere mourir de la mort des iustes, & rendre en ce dernier souspir quelque témoignage à mon Dieu, que i'ay bien du regret d'auoir esté durant ma vie si subiect à mes volontez. A peine le Pere Prieur fondant en larmes apres les Litanies, auoit-il commencé le formulaire qui dit; Allez ame Chreftienne, fortez de la double prifon de ce corps & du monde, & que voftre lieu foit en la paix, & voftre demeure en Sion, quand ce bon frere comme s'excitant à accomplir cette obedience, repetoit d'vne voix baffe & mourante; Allez mó ame, fortez haftez-vous d'entrer en voftre repos. En fin il expira en proferant ces paroles du Pfalmifte,

Ie plairay au Dieu de mon ame
En la region des viuans.

Euffiez vous iamais attendu, dit-icy Alexis, ayant amené la vie de ce bon Religieux iufques à fa derniere periode, d'vne vie fi vagabóde vne fin fi arreftee? c'eft ainfi que les rofeaux du defert en la main du Sauueur deuiennent des colomnes du Temple. Mais puis qu'il eft temps que ie mette le dernier traict à mon difcours auecque la fin de cette iournee, le Soleil eftāt fi proche de fon Occident, permettez que ie me recueille par les antithefes & les contrarietez diametralement oppofees de ces deux Hermites, qui nous ont ferui d'entretien tout auiourd'huy, Car tout ainfi que du choc de deux cailloux naiffent des eftincelles, qui ramaffees peu uent faire naistre vne grande lumiere; de mesme i'espere que de ces oppositions prouiendra vne clarté pour nos entendemens, qui nous ouurira le pas à beaucoup de bonnes connoissances. Qui eust iamais pensé que ces deux ames par deux si differentes voyes fussent arriuees au mesme but de la perfection en cette vie, & de l'eternelle felicité en l'autre? Quand l'Antimoine est bien preparé, & pris bien à propos, & auec vne proportion bien reiglee, il fait de grands effects, & de prodigieuses operations pour la santé. Qu'est-ce que tout nostre entretien de ce iour sinon vn perpetuel Antimoine, c'est à dire, le recit de deux Moines plus differens en leur train de vie, que les Antipodes ne nous sont opposez? & toutesfois si nous le voulons bien expliquer, & le bien appliquer à la conduite de nos actions, nous en pouuons tirer de beaux enseignemens pour euiter le mal, & embrasser le bien. En la seule conformité de leurs naissances, car ils estoient tous deux nobles & Cadets, ne remarquez-vous pas vne difference pareille à celle d'Esau & de Iacob, l'vn estant né de parens Heretiques, l'autre de Catholiques? Il est vray que tous deux ont porté les armes, mais combien estoient diuerses les causes de leurs combats. Car Marcian ne bataillant que sous les drapeaux, & pour la cause de l'heresie & de la rebellion, se rendit vn monstre denaturé plustost qu'vn vaillant homme, se precipitant au hazard auec vne brutalité sans iugement, qui rendoit ses exploits indignes du nom honorable de vertu : mais Aquilin sous vn Prince fidele & genereux se rendit signalé en la vraye valeur, tant en ses premieres armes en France, qu'en ses secondes en Hongrie, si bien qu'il doit estre tenu pour Cheualier Chrestien. Cependant admirez cõme Marcian qui vint à la vie Monastique par des voyes si tortues, chemina droit & à grands pas vers la perfection, au lieu qu'Aquilin, qui sembloit y estre arriué par des voyes si droittes, s'y conduisit auecque tant d'obliquité & d'instabilité, que s'il n'eust terminé sa course dans la vie Cenobitique, nous serions autant incertains de son salut que de celuy de Salomon. Que ne fit Marcian durant qu'il estoit Gendarme, pour la destruction de l'Eglise Catholique ? que ne fit Aquilin pour sa deffense, lors qu'il exerçoit la mesme profession ? De quels excez & dequelles desbauches Marcian, lors qu'il estoit dans l'aueuglemẽt de l'erreur, ne soüilla-t'il sa vie, iusques à en estre odieux à son Prince, qui ne pouuoit supporter ses insolences? Au lieu que nostre Aquilin se maintint tousjours par vne vie sans reproche és bonnes graces de son maistre, qui en faisoit à cause de sa valeur, & de sa modestie, l'estime que la vertu a de coustume d'imprimer de soy dans les esprits qui la considerent. Mais que differens furent les motifs de leurs conuersions; car Marcian quitta la mauuaise creance, & les mœurs vicieuses pour vn sujet qui sembloit humain, se donnant au Createur, comme le monde pensoit, à cause de l'amour d'vne creature: principe en apparence ruineux, & neantmoins qui reüssit si heureusement. Et Aquilin des-ja Catholique laissa le monde en sa plus fleurissante ieunesse, au cours d'vne belle fortune que son courage, & son merite dedans les armes luy permettoiēt d'esperer, pour vn motif qui sembloit tout diuin, & neantmoins qui comme ces pommes si dorees se trouua verreux, c'est à dire, plein du ver de l'amour propre. Depuis que Marcian se fut determiné au seruice de Dieu, il ne vacilla non plus que le mont de Sion, tousiours constant, tousjours arresté, tousiours immuable. Mais, Aquilin ne fut iamais moins ferme que quād il le deuoit plus estre, n'ayant esté constant qu'au seruice du monde, & se monstrant instable au seruice de Dieu en la condition d'Anacorette. Ie laisse là cette continuelle antithese, qui nous a faict veoir Marcian perpetuellement reclus, & Aquilin tousjours courant tant qu'il fut Hermite. Marcian prit cette profession non de son choix ou inclination propre, car il eust mieux aymé estre Religieux, & sous la conduite d'autruy qu'en la main de son propre conseil, mais n'ayant peu se faire admettre en aucun Ordre, il se ietta au desert entre les bras de Dieu, qui fut son Superieur, son Directeur, & son maistre. Au rebours Aquilin se porta en la Solitude de soy-mesme, pour ne pouuoir plier son esprit à l'obeyssance Religieuse, se mit en l'Hermitage pour estre à soy-mesme, son Roy & son Seigneur, bref pour faire sa volonté, non seulemét n'ayant point recherché d'estre admis en vn Cloistre, mais l'ayant euité autant qu'il auoit peu : si que de ces deux principes prouindrent les differences reüssies, veu que l'Amour de Dieu est tousiours constante, & forte comme la mort, & aspre au combat comme l'enfer, au lieu que celle de soy-mesme est tousiours volage & legere.

Vouloir arrester sa nature,
C'est vouloir fixer le Mercure.

Grandes & fortes furent les tentations qui agiterent Marcian, mais se tenant fermement colé au rocher de la closture, il les surmonta. Celles d'Aquilin furent debiles, & parce qu'il n'auoit point d'arrest, il y succomboit à tous propos. Car tout ainsi qu'vn foible lierre s'attachant à vn chesne robuste, ou à vne ferme muraille, soustient bien mieux l'impetuosité des vents que ne fait vn roseau pour gros qu'il soit, lequel esleué droittement sur son tige, semble vainement menacer la colere de l'air: de mesme vne ame appuyee ou par le soustien d'vne Congregation, qui luy sert de muraille, ou par la closture d'vne muraille, qui luy tient lieu de Congregation, est bien plus asseuree contre l'effort des tentations, que celle, qui presumant d'elle-mesme, & se confiant en sa propre vertu, s'expose dedans le monde aux perils qui y sont en plus grand nombre que sur la mer. Marcian reclus, & fuyant les honneurs & la gloire du Siecle, acquit contre son gré plus de reputation que sa valeur ne luy auoit donné de renom dedans les armes. Et Aquilin pour se vouloit monstrer, & sortir comme vn limaçon de sa coquille, estant desireux d'estre estimé en qualité de Confesseur, & de Predicateur, se rend la risee, l'opprobre & la mocquerie du monde, faisant voir que le parfum se perd par l'euent, lequel au rebours se conserue, & renforce son odeur estant serré dans vn vase bien clos. Marcian par humilité, contre l'auis de son Conducteur, qui l'en jugeoit capable, n'osa iamais aspirer à la Prestrise. Et Aquilin contre le jugement de l'Official de Cologne son Superieur, & son Directeur, affecta cette qualité auec les passions, & par les moyens que nous auons deduits, ce qui luy reüssit contre ses attentes & les esperances. Marcian se pouuant fort auantageusement loger, se contenta de cette pauure & chetiue cellule, plustost semblable à vne prison, ou à vn sepulchre, qu'a vne chambre, s'establissant vne pension, pour s'exempter de l'importunité de la queste, & vacquer plus attentiuement à l'vn necessaire de la vie contemplatiue, donnant le reste aux paures. Et Aquilin tout au rebours gardant soigneusement pour soy l'argent qu'il auoit amassé de la vente de ses cheuaux, & de son equipage militaire, en quoy consistoit tout son bien, se mit à edifier ce magnifique Hermitage dont nous auons parlé, ne pensant ny aux pauures, ny à s'exempter de la misere inseparable de la dependance d'autruy, ce qui luy reüssit aussi mal qu'heureusement à l'autre. Marcian ne bougeant de sa cellule fut visité des Grands, des Princes, & des Roys, & mesme, ce qui est fort considerable, fut estimé de plusieurs excellens Religieux, qui admirans les voyes de Dieu en sa conuersion, & s'estonnans de sa constance, apres auoir conferé auecque luy des choses spirituelles, le tenoient pour Theodidacte & enseigné de Dieu, d'autant qu'il en parloit auec vn esprit & sentimēt tel, qu'il estoit aisé à iuger que la grace celeste estoit respanduë en ses leures. Aquilin au contraire voulant faire le sçauant, comme ayant receu par l'imposition des mains Episcopales en l'ordre Sacerdotal la science de la voix, se rendit ridicule, & mesprisé de tous ceux qui l'aborderent. Marcian qui durant ses erreurs, & ses desbauches auoit esté si dur aux traicts, & si reuesche aux attraicts du Sainct Esprit, fondant tout à coup comme le plōb, deuint si souple, & ensemble si ferme comme l'acier, que la grace coulant en luy ne treuua aucune resistance, ains tous les conduits & les passages de son ame libres pour y operer ce qu'elle vouloit. Aquilin à contrepied

trepied qui dedās le Siecle auoit esté si docile, se portāt par tout où la valeur & la volōté de son genereux maistre l'appelloit, s'estant faict Hermite resista si long-temps aux mouuemens du S. Esprit, aux remonstrances qui luy furent faites pour se faire Religieux, qu'il sembloit que son cœur fust vne enclume, qui s'endurcissoit par le battement des marteaux. Les assauts que receut Marcian dedans la citadelle de sa closture de la part du Siecle, du sang, & de l'enfer, ne furent pas petits, mais l'obeyssance le sauua de toutes ces mauuaises rencontres. Mais ceux qu'endura Aquilin en tant de voyages & par mer, & par terre, furent bien autres; & ces accidens luy suruindrent en punition de sa propre volonté, qui luy causa tous ces desastres. En fin (ô routes de Dieu que vous estes admirables!) l'vn par sa constance arriua au port desiré d'vn heureux & tranquille passage en Dieu,

endant sa mort, & precieuse, & chere
Aux yeux de Dieu, clement, & debonnaire.
Et Aquilin par les diuers chastimens de son inconstance, & les diuerses trauerses de son instabilité paruint au havre de grace de la sainte Religion, d'où il prit terre en la region de ceux qui vivent eternellement dans

M m

le Ciel, tant il eſt vray, comme dit S. Bernard, qu'il en eſt autrement ſur la mer du monde que ſur l'Oceane: car ſur celle-cy les tempeſtes font les naufrages, mais ſur celle-là les vents contraires font ordinairement ſurgir à bon port, ſelon qu'il eſt eſcrit que l'affliction donne de l'intelligence, & que dans les perils, & les hazards on ſe iette plus ardamment, & plus fortement entre les mains de Dieu. Ainſi par diuerſes voyes les archers atteingnent vn meſme but, & les voyageurs arriuent en vn meſme lieu; ainſi les fleuues qui gliſſent ſi differemment ſur la terre aboutiſſent tous en la mer : ô que bienheureux ſont ceux qui meurent au Seigneur, car eſtans colez ſur ſon ſein tres-aymable, ils ſe repoſent là de tous leurs trauaux, & y ioüiſſent à ſouhait du fruict de leurs mains. En ce lieu Alexis eſtant ſur le point definir ſon Hiſtoire, addreſſant ſa voix aux habitans de cét Hermitage; Voila, leur dit-il, mes Reuerends Peres & tres-chers freres, la narration des erres de noſtre nouuel Vlyſſe, & l'image contrepointee de la ſtabilité de voſtre deuotieux Reclus le frere Marcian; car oſtez les deux poles, l'vn de leur naiſſance, qui fut noble, l'autre de leur treſpas, qui fut exemplaire & en Dieu, ie ne croy point qu'il se puisse remarquer plus d'antitheses en deux vies. L'vne & l'autre font vn tableau à deux prospectiues, dont l'vne nous fait voir l'idee de la constance, l'autre de l'instabilité, affin que nous apprenions à imiter l'vne, & à euiter l'autre, puisque celle-là marche auecque tant d'asseurance, l'autre outre la peine de son incertitude, est pleine de tant d'escueils & de dangers. Que si ie me suis estendu outre les bornes de mon sujet, & de ma portee dans le vaste champ de la perfection Religieuse, vous excuserez mon insuffisance, & plus encore ma temerité, qui m'a faict mettre, comme dit le prouerbe, la faux en la moisson d'autruy, n'appartenant qu'aux vrays & bons praticiens de parler de cette matiere, non à ceux qui comme moy y sont inexperimentez; i'en ay parlé toutesfois selon la theorie que i'ay apprise de plusieurs grands Religieux que i'ay souuent entretenus sur ce suiet. Ce n'est pas à faire à vn pauure & ignorant Pelerin de mettre la main à ces choses Regulieres, esquelles il est si peu entendu; que si en Marcian le Pere Landulfe nous a faict voir ce matin le portraict du vray Anacorete, & d'vn parfaict Reclus, en luy il nous a fait voir ce que vous estes, comme vrays imitateurs de voſtre Bienheureux frere. Que ſi ie vous ay repreſenté cette apres-diſnée le tableau d'vn Hermite vagabond & inſtable, c'eſt affin que l'idée de ſes erreurs engendre en vos eſprits de ſalutaires horreurs de ces tentations ſpecieuſes, que le demon du midy iette ſi frequemment dans les eſprits ſolitaires & renfermez, les reiettant dans le monde ſous le pretexte doré des ſainčts pelerinages, leſquels s'ils ſont loüables és autres Chreſtiens qui les entreprennent par vne deuotion vſitée de tout temps, non ſeulement ſous la loy Chreſtienne, mais ſous celle de Moyſe, & ſous celle de Nature, ils ſont damnables en ceux que leur profeſſion oblige non à la ſuitte du monde,& qui pour plaire aux yeux de l'immortel, doiuent euiter la veuë des mortels, & les obiečts du Siecle, tels qui ſont les vrays Hermites & Anacoretes. Que ſi i'ay fort eſleué la vie Conuentuelle & Cenobitique par deſſus l'Heremitique & particuliere, outre que ç'a eſté, comme ie croy, ſelon le ſentimēt de la plus pure Theologie, ce n'a pas eſté pour reprendre cette ſainte vie que vous menez en ce ſacré deſert, laquelle, à ce que nous voyons, embraſſant l'vne & l'autre comme vne vie mixte, partagee entre Marthe & Marie, l'Action & la Contemplation, approche d'autant plus de celle des Apostres, non sans esperance que comme nostre Aquilin d'Hermite instable deuint stable, faisant profession solemnelle & vœu de stabilité en l'Ordre des Hermites Conuentuels de S. Augustin, peut-estre que vostre Congregation se multipliant cōme vn essaim d'abeilles, qui prend croissance dedans le miel & se dilate de iour en iour, fera voir à l'Eglise quelque nouuelle plante, qui estendra ses pampres bien loing. Car c'est par ces debiles principes que ces grands fleuues des Ordres Religieux ont commencé à se former en l'Eglise, comme il est connu à ceux qui ne sont point tout à faict ignorans en l'Histoire Religieuse. Ainsi ont pris origine les Ordres de S. Basile, & de S. Benoist, ceux des Chartreux, de Cisteaux, de Camaldoli, de Val-d'ombre, & des Guillelmites : & que sçauons nous à quel destin, ou pour parler plus Chrestiennement, à quel dessein le Ciel vous reserue, soit pour establir quelqu'Ordre nouueau de personnes mortes & crucifiees au monde, ou pour ioindre cette Maison à quelqu'vn des anciés Ordres des-ja establis ? C'est à quoy vous inuitent, ce me semble, non seulement l'exemple de mō Aquilin, mais celuy de vostre frere Marcian mesme, lequel ne se fit Reclus qu'au deffaut de pouuoir estre admis en vne Congregatiō Reguliere approuuee par l'Eglise. Que si vous me dites que ce n'est pas à faire à moy pauure Pelerin, & Seculier de m'ingerer en ces conseils, lesquels ie ferois bien mieux d'embrasser moymesme & mon compagnon aussi, que d'aller ainsi roulant par le monde exposé aux mesmes hazards, qui approcherent tant de fois la barque d'Aquilin de son naufrage. Ie vous aouuë, mes Reuerends Peres, que cette reproche est iuste, & qu'à bon droict vous me pouuez dire ce mot de l'Euangile, Medecin gueri toy. Mais aussi quand ie vous auray dit que mon compagnon & moy auons faict ce que nous auons peu pour ce regard, & que reduits en des impossibilitez que Dieu sçait, & dont il est iuge, ce n'est point de nostre propre volonté, mais par de meilleurs & plus asseurez iugemens que les nostres, que nous faisons pour vn temps ce genre de vie, qui n'est importun à personne, veu que nous voyageons à nos despés, en attendant qu'vne meilleure estoile nous darde des influences plus fauorables, & qu'vn sort plus doux nous iette au port, de sorte qu'estans Pelerins de profeſſion, nous ſommes Religieux d'affection, & comme tel dedans le cœur i'ay diſcouru à l'auantage de la vie Cenobitique, d'autant que la bouche parle volontiers de l'abondance de l'ame: Que s'il ne falloit receuoir le conſeil que de perſonnes fort graues, & experimentees, Dauid n'euſt pas admis celuy de la Thecuite, ny Naaman celuy d'vne petite eſclaue, conſeils qui reüſſirent auecque tant & d'honneur, & de bonheur.

Vn Ruſtique ſouuent dira de bonnes choſes,
Comme entre les buiſſons & les Lys, & les Roſes
Font paroiſtre au Soleil
Leur teint blanc & vermeil.

Et comme l'Eſpoux du Cantique laiſſe ſes parfums en paſſant; de meſme par vn paſſant Dieu verſe quelquesfois les parfums de ſes inſpirations plus ſalutaires, ſe communiquant à nos cœurs ainſi que le rayon du Soleil par voye de paſſage, ſelon que parlent les Theologiens. Ce que i'en ay dit, n'eſt point comme ayant aucune auctorité, mais ſeulement pour exprimer par digreſſion les particuliers ſentimens de mon ame. S'il eſt ſorti de cette bouche miſerable, & indigne de proferer les iuſtices, & les volontez du Seigneur couchees en ſon Teſtament, quelque chose, de bon, loüez-en la diuine bonté, qui tire souuent de la langue des enfans vne loüange parfaitte, donnant parole & sagesse aux plus chetifs ; ce qui en sera sorti d'imparfaict & de reprehensible, donnez-le à l'humanité, & le pardonnez par charité, laquelle respanduë par le Sainct Esprit en nos cœurs, y vueille faire par la diuine misericorde vne residence perpetuelle, puisque ceux qui ont cette vertu, comble de toutes les autres, demeurent en Dieu, & Dieu reciproquement fait sa demeure en eux. Ce fut icy qu'Alexis mit fin à sa longue deduction, au mesme temps que le Soleil cachoit sa teste sous l'autre Hemisphere, terminant son discours auecque le cours de ce bel Astre. Ce qui mit ses Auditeurs en de doubles tenebres, car leurs entendemens n'estoient pas moins esclairez des rais de sa doctrine, qu'il cachoit si dextrement sous le feüillage d'vne Histoire, tout ainsi que le fruict se conserue sous les branches de l'arbre, que leurs yeux estoient resiouys de la presence du Soleil. Vn doux & gracieux murmure s'esleua aussi-tost qu'il eust cessé de paler, pareil à ce gazoüillis de fontaines quand on lasche les clefs qui retiennent le jeu des canaux, chacun des freres contribuant quelque loüange, ou quelque admiration particuliere en faueur du discours de ce gentil Pelerin, l'vn estimant la douceur de son langage, l'autre les pointes de son eloquence, l'autre la force de sa persuasion, cettuy-cy la varieté de ses pensees, cettuy-là la viuacité de ses raisons, celuy-cy la grace de son parler, de son geste, de son action, celuy-là l'affluence & la fertilité de ses conceptions, l'autre l'artifice de sa conduite, & l'ingenieuse souplesse de ses digressions, qui la profondité de sa doctrine, qui la diuersité de son erudition, qui la connoissance des arts & sciences. Que Serafic estoit aise de voir estimer ainsi par de bons iugemens la valeur & le merite de son cher Alexis: mais qu'Alexis estoit confus de se voir tant priser pour vne chose qu'il n'estimoit que comme la narration d'vn conte, bien que ce fust vne Histoire tres-veritable, non seulement escrite par vn pesonnage digne de foy, mais qu'il sçauoit par des rapports & des témognages tres-asseurez. Le Pere Landulfe prenant la parole pour toute sa petite Communauté, remercia fort honnestement & auecque des complimés pleins de loüange, & de courtoisie, le gentil Pelerin, qui sous le manteau d'vne Histoire aggreable leur auoit caché tant de bons & vtiles enseignemens, qu'il sembloit que Dieu leur parlast par sa bouche, ce qu'il auroit peu remarquer, s'il auoit pris garde au profond silence, & sans aucune interruption, qui auoit esté obserué durant tout le long-temps qu'il auoit discouru, protestant que depuis qu'il estoit Hermite, il n'auoit receu aucune leçon pleine de tant d'instructions conformes à sa vie, suiuant lesquelles il tascheroit de se perfectionner, & de porter ses freres à la perfection qui leur auoit esté si doctement, & si amplement monstree. Et apres auoir admiré les routes de l'eternelle prouidence, qui auoit si suauement conduit à leur fin les moyens par lesquels ces deux Hermites contraires se deuoient acheminer au Ciel, il admira l'esprit comme profetique d'Alexis, qui sur la fin de son discours auoit comme preueu que leur assemblee visoit à la Regularité, pour tendre non seulement à l'estat de perfection, mais à la perfection de l'estat Religieux auecque plus de facilité. Ce qu'ils taschoient desia, quoy que sans vœu, d'obseruer au mieux qu'ils pouuoiēt, gardans leur chasteté par la closture, l'obeyssance à celuy qu'ils auoient choisi pour gouuerner, & la pauureté, en remettant tout ce qu'ils auoient à l'vſage de la Communauté. Et neantmoins outre le merite des vœux ſolemnels, qu'ils voyoient bien que ſans choiſir vne Reigle aſſeuree, leur eſtabliſſement ſeroit comme vne muraille de pierres crues, non liees, ny cimentees l'vne auecque l'autre, & qui s'eſbouleroit incontinent, ils auoient en leur aſſemblee ietté les yeux ſur diuerſes Congregations, pour eſlire celle à laquelle ils ſe ioindroient, & leu pluſieurs Reigles, pour ſçauoir celle qu'ils choiſiroient, & ſous quel eſtendard ils combattroient en l'Egliſe militante, ſi qu'il croyoit que bien bien-toſt ils changeroient cét Hermitage en Conuent, lors qu'ils auroient par leurs ſouſpirs & leurs prieres obtenu de Dieu la grace de l'inſpiration, qui leur fiſt connoiſtre la bonté de quelque inſtitut, & vne diſcipline Reguliere conforme à ſa volonté, priant les Pelerins de ioindre leurs ſuffrages aux leurs, & de faire des oraiſons pour ce regard, afin que Dieu fuſt ſerui par eux ſelon qu'il auroit plus aggreable, & au plus grand auantage de ſa gloire, & de leur ſalut. Les Hermites aſſociez à Landulfe ayans appreuué ce qu'il auoit dit, & joint leurs applaudiſſemens & remercimens particuliers au general que leur Superieur auoit faict pour eux, ils allerẽt dire Vespres, qui se reciterent ce iour là à basse voix apres le Soleil couché, & apres vn leger repas, & l'exercice du soir, c'est à dire, l'examen decõscience deuant le S. Sacremẽt, chacun se retira en sa cellule, & les Pelerins en la chãbre de frere Marcian. D'où ayans sur la nuict entendu Matines, & à la pointe du iour la sainte Messe où ils communierent, ils laisserent cette petite Communauté toute embaumee & de leurs pieux enseignemens, & de la suauiré de leur bon exemple. Mais quand ils virent qu'à tout cela ils adioustoient l'aumosne dans le tronc de l'Eglise, quoy que Landulfe les en voulust empescher, pour ne perdre, disoit-il, le merite de l'hospitalité, vous ne le perdrez pas, dit Serafic, ô mon Pere, car vous l'auez exercee sans esperance d'aucune retribution terrestre; mais ne nous rauissez pas celuy de la munificence, car l'aumosne actiue ou passiue estant vn des exercices des vrays Pelerins, tant que Dieu nous baillera les moyens de donner, nous ne demanderons point, car il est plus heureux de distribuer que de receuoir. Ils se separerẽt en cette façon de cette sainte troupe, qui les chargea de benedictions & de témoignages de reconnoissance. Landulfe luy mesme les vint mettre par de petits sentiers, qui ne sont connus, ny battus que par les Hermites, dedans le grand chemin: mais cela n'empescha pas qu'en vn carrefour ils ne s'égarassent, car suiuans vne route assez abbatuë au commécement, peu à peu ils l'apperceurent moins foulee, & qu'elle ne côduisoit qu'en des taillis; à la fin ils se treuuerent sur vn tertre, dont la pointe regardoit sur la Seine, & de là ils voyoient tout ce que l'œil humain sçauroit desirer de diuers & de bigarré en vne prospectiue champestre. Ce qui fit souuenir Alexis d'vne certaine peinture d'vne Solitude faite par vn des bons Poëtes de ce temps, du recit de laquelle il entretint son cher Serafic, tandis que couchez sur la mousse verte, qui tapissoit le faiste de ce coustau à l'ombre d'vn vieil chesne, ils se reposoient de la lassitude que leur auoit causé leur fouruoyement. Ces beaux vers disent ainsi.

O que i'ayme la Solitude,
Que ces lieux sacrez à la nuict,
Esloignez du monde & du bruict,
Plaisent à mon inquietude!
Mon Dieu que mes yeux sont contens
De voir ces bois qui se trouuerent
A la natiuité du temps,

Et que tous les siecles reuerent,
Estre encore aussi beaux & vers
Qu'au premier iour de l'Vniuers.
　Vn gay zephyre les caresse
D'vn mouuement doux & flatteur,
Rien que leur extreme hauteur
Ne fait remarquer leur vieillesse.
Iadis Pan & les demideux
Y vinrent cercher du refuge,
Quand Iupiter ouurit les Cieux
Pour nous enuoyer le deluge,
Et se sauuans sur leurs rameaux
A peine virent ils les eaux.
　Que ie voy de guy sur ces chesnes,
Tous ces grands ormes sont veslus
D'vn verd lierre aux bras tortus,
Qui les ceint de cent mille chaisnes.
Ce Cedre qui si hautement
Fend les airs qu'il braue & menace,
S'en va heurter au firmament,
Pour y faire entrer son audace,
Et là placer sa grauité
Au rang de quelque deité.
　Que sur cette espine fleurie,
Dont le Printemps est amoureux,
Philomele au chant langoureux
Entretient bien ma resuerie.
Que ie prends de plaisir à voir

Les monts pendans en precipices,
Qui pour les coups de desespoir
Sont aux malheureux si propices,
Quand la cruauté de leur sort
Le force à recercher la mort.

   Que ie trouue doux le rauage
De ces fiers torrens vagabonds,
Qui se precipitent par bons
Dans ce valon verd, & sauuage.
Puis glissans sous les arbrisseaux,
Ainsi que des serpents sous l'herbe,
Se changent en plaisans ruisseaux,
Où quelque Naïade superbe
Regne comme en son lieu natal,
Dessus vn throsne de cristal.

   Que i'ayme ce marest paisible,
Il est tout bordé d'alisiers,
D'aulnes, de saules, & d'osiers;
A qui le fer n'est point nuisible,
Les Nymphes y cerchans le frais,
S'y viennent fournir de quenoüilles,
De pipeaux, de ioncs, & de glais,
Où l'on void sauter les grenoüilles,
Qui de frayeur s'y vont cacher,
Si tost qu'on en veut approcher.

   Là cent mille oyseaux aquatiques
Viuent sans craindre en leur repos
Le giboyeur fin & dispos
Auec ses mortelles pratiques.

L'vn tout ioyeux d'vn si beau iour
S'amuse à becqueter sa plume,
L'autre alentit le feu d'amour,
Qui dans l'eau mesme le consume,
Et prennent tous innocemment
Leur plaisir en cét element.

 Iamais l'esté ny la froidure
N'ont veu passer dessus cette eau
Nulle charette ny batteau,
Depuis que l'vne ou l'autre dure,
Iamais voyageur alteré
N'y fit seruir sa main de tasse,
Iamais nul Cerf desesperé
N'y finit sa vie à la chasse,
Et iamais le traistre hameçon,
N'en fit sortir aucun poisson.

 Que i'ayme à voir la decadence
De ces vieux Chasteaux ruinez,
Contre qui les ans mutinez,
Ont desployé leur insolence.
Les Sorciers y font leur Sabat,
Les demons folets s'y retirent,
Qui d'vn malicieux esbat,
Font peur aux gens, & les martyrent,
Là se nichent en mille trous
Les couleuures & les hyboux.

 L'orphaye auec ses cris funebres,
Mortels augures des destins,

Fait vire & danser les Lutins
Dans ces lieux remplis de tenebres.
Sous vn cheuron de bois maudit
Y bransle la squelette horrible
D'vn pauure Amant qui se pendit
Pour vne Bergere insensible,
Qui d'vn seul regard de pitié
Ne daigna voir son amitié.

 Là se trouuent sur quelques marbres
Des deuises du temps passé
Icy l'âge a presque effacé
Des chiffres grauez sur les arbres.
Les planchers du toict le plus haut
Sont tombez au fonds de la caue,
Que la limace & le crapaut
Colent de venimeuse baue.
Le gazon y croist au foyer
A l'ombrage d'vn vieux noyer.

 Là dessous l'on trouue vne voute
Si basse & noire en vn endroit,
Que quand Phœbus y descendroit,
Ie pense qu'il n'y verroit goutte.
Le sommeil aux yeux aueuglez
Tout assoupi de nonchalance,
Par ses ronflemens redoublez
Y trouble tousiours le silence,
S'estendant lasche sur le dos
Entre des gerbes de panots.

Au creux de cette Grotte fraische,
Où l'Amour se pourroit geler,
Echo ne cesse de brusler
Pour son Amant froid & renesche.
Ie m'y coule tout bellement
Et par la celeste harmonie
D'vn luth touché mignardement,
Ie charme sa triste manie,
Faisant repeter mes accords
A la voix qui luy sert de corps.

De là sortant de ces ruines,
Ie monte sur ce vieux rocher,
Dont le sommet semble chercher
En quel lieu se font les bruines.
Puis ie descens tout à loisir
Sous vne falaise escarpee,
D'où ie regarde à mon plaisir
L'onde qui l'a toute sappee
Iusqu'au siege de Palemon,
Faict d'esponges & de limon.

Que c'est vne chose aggreable
Que d'estre au bord de cette mer,
Quand elle vient à se calmer
Apres quelque orage effroyable,
Et que tous les vents appaisez
S'enfuyans auecque les nuës,
Les Tritons encore embrassez
Replongent leurs testes chenuës,

Et s'en reuont en leur seiour
Aux lieux où Thetis tient sa Cour.

 Tantost la vague vn peu plus forte
Murmure & fremit de courroux,
Se roullant dessus les cailloux
Qu'elle entraisne, & qu'elle rapporte,
Tantost elle estalle en ses bords
Parmy l'ambre & la pourcelaine
Des gens noyez, des monstre morts,
Les ossemens d'vne Balaine,
Des coffres voguans dessus l'eau,
Les debris de quelque vaisseau.

 Tantost la plus claire du monde
Elle semble vn miroir flottant,
Et nous represente à l'instant
Encore d'autres Cieux en l'onde,
Le Soleil s'y fait si bien voir,
Y contemplant son beau visage,
Qu'on est quelque temps à sçavoir
Si c'est luy mesme ou son image,
Et d'abord il semble à nos yeux
Qu'il s'est laissé tomber des Cieux.

 Serafic pour qui ie me vante
De ne faire rien que de beau,
Recoy ce fantasque Tableau
Faict d'vne peinture viuante.
Ie ne cherche que les deserts,
Où resuant tout seul ie m'amuse

A ces discours assez diserts,
Qui partent du sein de ma Muse:
Mais tout mon plus doux entretien
Est le resouuenir du tien.

Tu vois dans cette poësie,
Qui se promeine en liberté,
Les traicts d'vn esprit emporté
De la diuine frenesie.
Tantost chagrin, tantost ioyeux,
Selon que la fureur m'inspire,
Et que l'obiect s'offre à mes yeux,
Ie prends plaisir à le descrire,
Les vers m'en plairont grandement,
Si tu les relis seulement.

O que i'ayme la Solitude,
C'est l'element des beaux esprits,
C'est par elle que i'ay compris
L'art d'Apollon sans nulle estude.
Ie l'ayme pour l'amour de toy,
connoissant que ton humeur l'ayme:
Mais quand ie pense bien à moy,
Ie la hay pour la raison mesme,
Car elle pourroit me rauir
L'heur de te voir, & te seruir.

Serafic admira dans la douceur du stile l'extrauagâce des imaginatiôs de l'Autheur, qui ne s'arrestant à rien de bas & de vulgaire, se ioue à plaisir dans le plus bigearres objects qui puissent tomber sous l'œil en vne Solitude affreuse. Ie serois importun si par forme de commentaire i'adiouſtois icy leur entretien, & ie rauirois au Lecteur l'aiſe de relire, & de peser à loisir vne si belle & delicate piece, auecque laquelle ie finiray ce Liure comme auec vne boucle d'or. Nos Pelerins delassez n'eurent pas beaucoup cheminé dans cette gracieuse forest que le voisinage de Paris ne rend que par trop frequentee, qu'ils treuuerent des gens qui les raddresserent en leur chemin, qui les menadroict à Callidore, où nous les laisserons se rafraischir vn peu tandis qu'ils attendent des nouuelles de leur cher Menandre.

AVIS A NOS ANACORETES.

ENTRE les soins attachez à la charge Episcopale, (puisque celuy qui est en Prelature, doit estre en perpetuelle sollicitude, selon l'Apostre) apres le maintien de la Police Ecclesiastique & de la Hierarchie, la conduite des Hermites d'vn Diocese ne donne pas peu de peine à celuy qui en est Pasteur. Car il est si malaisé de se faire tout à toutes ces gens là pour les gaigner à IESVS CHRIST, & pour dresser leurs pas aux sentiers de la paix, que souuent on y perd & l'huile & le trauail, au lieu de les attirer, on les destourne, au lieu de les reünir, on les separe, & au lieu de les ramener en leur deuoir, on les perd. De là vient que plusieurs Euesques les laissent aller és desirs de leurs cœurs, & cheminer selon leurs fantaisies, ou ne pouuans souffrir la playe de ces sauterelles, tranchent ce nœud sans s'amuser à le demesler, en les mettant hors de leur territoire. Vous diriez que ce sont des Ismaëls, dont les mains sont contre tous, & les mains de tous sont contre eux. Mais comme vn bon & adroict Sculpteur d'vn tronc negligé forme vne statue accomplie; de mesme il arriue quelquefois qu'vn Pasteur experimenté és choses de l'esprit tourne en honneur ces vases de rebut, & fait seruir vtilement au tabernacle ces vaisseaux d'Egypte. Encore les espines ne sont-elles pas si miserables que l'expert laboureur n'en tire de grandes commoditez, soit pour clorre ses possessions, soit pour conseruer ses arbres; le fumier mesme est non seulement profitable, mais necessaire en l'agriculture. C'est dans les lieux deserts que se treuuent les Diamans & les Emeraudes, & cette vie Solitaire a quelquefois de rares esprits, qui l'embrassent par des voyes admirees des hommes, & connuës de Dieu seul, lequel fait tout ce qui luy plaist, & comme il luy plaist. Que si le grand Poëte des Romains se disoit rencontrer des perles dans les ouurages moisis du vieil Ennius, pourquoy des-esperera-t'on de trouuer quelque bien dans cette vie Heremitique, dont au moins l'antiquité comme le verni des statuës est venerable? Ie sçay que peu la cultiuent auec eminence, & c'est à mon auis cette rareté qui la rend d'autant plus excellente; car, comme disoit vn grand esprit, c'est vne marque de la perfection du Sacrement de mariage appellé grand par l'Apostre, de ce qu'il s'en treuue peu de bons, & moins de parfaicts: parce que pour n'en point mentir, Mercure ne se fait pas de tout bois, ny de toutes qualitez le vray Anacorete. Il faut tant d'exquises conditions pour le composer que ce n'est pas de merueille si l'on en void si peu d'accomplis, & à peine vn entre mille, pour parler auecque l'Escriture. Le reflux d'vn Diocese voisin, pour de grandes & solides raisons bien balancees par le Reuerendissime Prelat qui le gouuerne, ayant ietté dedans le mien plusieurs de ces Ionas sortás de leurs cauernes comme du ventre des Balaines, i'ay pensé de les admettre en nostre Niniue pour y prescher la penitence parmi les Echos de nos deserts. La mer se purgeant par son agitation iette quelquefois auec plusieurs coquilles, comets, & squilles, l'ambre gris, le corail, & les perles, que par apres elle rengloutit au second flot, si ceux qui veillent sur le riuage ne sont prompts à s'enrichir de ce qu'elle a vomi. I'ay donc accueilli quelques pauures gens de cette qualité tous baignez de larmes, & tous moittes du debris de leur naufrage. Ie ne sçay s'ils seront comme les Persiques, qui mauuaises en vn solage, deuiennent bonnes transplantees en vn autre. Ie suis encore à attendre que le temps par l'experience me face sage, me donnant à connoistre si i'ay bien ou mal faict de receuoir ces Ænees battus de l'orage dedans nostre Carthage, ou plustost dedans nostre partage, qui est nostre Clergé, ou plustost l'heritage du Seigneur. Au moins en ce chef pourray-je dire auecque Iob ; I'ay esté le pied du boitteux, & l'œil de l'aueugle, le Pelerin & l'estranger ne sont point demeurez dehors, ains ie les ay accueillis en la maison que le Seigneur m'a dressee pour y receuoir ses seruiteurs, & ceux ausquels il dit luy-mesme ; Venez à moy vous tous qui estes trauaillez & surchargez, & ie vous soulageray, apprenez de moy que ie suis doux & humble de cœur, & vous rêcontrerez la paix & le repos de vos ames. Iusques icy i'ay plustost à me loüer qu'à me plaindre de ces sentinelles perduës que nous auons constituees par eschauguettes, pour veiller comme des chiens fideles autour de nostre parc non seulement sur les brebis, mais encore sur les Pasteurs ; Pasteurs, qui en reçoiuent de notables soulagemens, & des assistances fort particulieres. Encore le grand & souuerain Berger de nos ames le Redempteur ne mesprisa pas la brebis perduë, ains la rechercha diligemment, la sauua charitablement, la remporta promptement. Souuent les pierres reprouuees par des bastisseurs sont mises à la teste de l'angle, & soustiennent l'vne & l'autre face d'vn bastiment. A la verité c'est vne chose deplorable de voir tant de vagabôds qui n'ôt rien d'Hermite que la robe, du port de laquelle ils abusent, faisans lucre de la pieté, rodans çà & là au deshonneur de l'Eglise, & à la honte de l'estat Religieux qui est si venerable: si que l'on peut dire en les voyant, que c'est vne desolation pareille à celle de Hierusalē destruite, dont on voyoit les pierres du Sanctuaire traisnees, & profanees parmi les carrefours, ou, comme dit Dauid metaforiquement, esleuees en monceaux & en ruines comme des tas de pommes. O qui pourroit comme Israël au retour de la captiuité de Babylone, l'espee d'vne main, & la truelle de l'autre, ranger toutes ces pierres vnies chacune en leur lieu, & reedifier en sorte le Temple du Seigneur en eux, qu'on peust dire que la gloire de la reparation surmôteroit de beaucoup la splendeur de la premiere fabrique! A dire le vray, il y faudroit vne maistresse main, & vn ciment bien fort pour ioindre & assembler tant de materiaux si differens, tant d'humeurs dispathiques & opposees. Mais comme l'on fait de fortes voutes par l'opposition des pierres attachees par vne belle symmetrie, & vne bonne clef, pourquoy desesperera-t'on d'ajencer toutes ces pieces, & en faire vn beau Temple, comme Salomon fit le sien desattraicts ammoncelez par son Pere Dauid? Quelquefois toute la force d'vne armee consiste aux enfans perdus, comme l'effect d'vne espee en sa pointe, & selon leur ordonnance le combat reüssit. Mais ils sont de difficile conduite, ie l'auoüe; doncques de nulle conduite ie le nie, car encore y a-t'il par là dedans quelque peu de ce bon leuain que l'Apostre nomme docilité de Dieu, c'est à dire, flexibilité pour les choses de Dieu. Plusieurs voulans serrer en leurs mains vne masse d'argent vif, la sentent escouler & s'esparpiller entre leurs doigts, d'autres plus experts sçauent fixer le Mercure. De moy ie tiens que l'Eglise est vn corps parfaict, qu'il n'y a partie qui ne serue. Dieu en sa creation à veu ce qu'il a faict, & tout estoit bon, & sans doute il faict la vie Heremitique pratiquee par tant de grands Saincts qui ont esclairé dans l'obscurité des deserts, comme les Astres dans vne nuict bien seraine. C'est luy qui les y a conduits par son esprit, luy qui les a menez en la Solitude, pour y parler à leurs cœurs, luy qui les a rendus Solitaires & rehaussez en cette retraitte au dessus d'eux mesmes. Luy qui les a rendus singuliers en leurs demeures, iusqu'à leur passage au fort des Saincts en la splendeur de la gloire. Luy qui les a faict esloigner de leurs parens, & fuir le monde pour faire leur habitation és lieux escartez. Luy qui les a rendus semblables au passereau solitaire, au Pelican de la solitude, & au hybou retiré. Luy qui les a appellez dans les trous de la pierre, & dans les cauernes & les masures, pour y contempler à son aise la face de leurs ames, & y entendre la voix de leurs cœurs. Luy enfin qui a faict habiter par les cauernes & les antres des plus affreux deserts, vestus de meschantes peaux, ceux dont le monde n'estoit pas digne. Ce qui me fait croire qu'il y a sous cette sorte de vie quelque moëlle cachee, mais qui ne peut estre goustee que par les grandes Aigles, qui se perchent sur les Cedres du Liban, c'est à dire, par les ames esleuees, & capables d'atteindre à l'vn necessaire, & à cette meilleure part dont Marie a fait election, & qui ne luy sera point ostee en l'eternité. Que si tous ceux que i'ay admis sous l'ombre de nos aisles, comme vne poulle ramasse ses petits poussins, ne sont pas tous assez forts pour arriuer à ce haut poinct, encore leur courage est-il digne de los si la force leur manque, veu qu'és entreprises signalees, comme dit cét Ancien, c'est assez d'auoir voulu, beaucoup d'auoir osé, par trop d'auoir tenté. Mais que ne peut vne ame secondee de la grace? certes elle peut tout, comme sans cela elle ne peut rien. Ceux qui esperent en Dieu, prendront des aisles d'Aigle, & volerōt sans deffaillir, c'est à dire, esleueront leur vol vers le Ciel sans se rabbatre vers la terre, & assistez du Dieu des vertus, ils iront de vertu en vertu, iusques à ce qu'ils arriuent au faiste de Sion, montagne eternelle du Dieu des Dieux. Mais pour venir au sujet de ce Liure, ayant esté prié par ces bons Hermites de leur dresser les loix selon lesquelles ils eussent à viure sous nostre obeyssance, i'ay cru que le chemin estāt long par les preceptes, se pourroit abbreger par les exemples, voye d'autant plus efficace & energique, que le faict a toufiours plus de force que le droict n'a de perfuafion. C'eſt pourquoy apres leur auoir couché l'employ de leur iournee, & tracé les auis touchant les autres exercices conuenables à leur condition, & me fouuenant de deux Hiſtoires, qui faifoient prefque deux parties de mon ALEXIS, dans lefquelles i'auois remarqué tant les deffauts que les imperfections de ceux de cette vacation, & inferé beaucoup d'enfeignemens touchant LA PERFECTION RELIGIEVSE, i'ay penſé qu'il feroit à propos que ie feparaſſe ces narrations du corps, ou pluſtoſt du cours de ces pelerinages, pour les faire tomber entre leurs mains en vn feul volume, auquel comme dans vne glace fidele ils peuſſent voir leurs manquemens, & les corriger, leurs deuoirs, & les fuiure. C'eſt là le but où vife cét HERMIANTE, c'eſt à dire, ce narré de deux Hermites plus contraires & antipathiques que ne furent iamais les iumeaux de Rebecca. En Marciã Reclus nos gens verront ce qu'ils doiuent imiter; és erreurs de l'inſtable Aquilin, ce qu'ils doiuent euiter: en la fin de l'vn & de l'autre, ce qu'ils doiuẽt admirer. S'ils fichent fermement les yeux fur ce Caſtor & ce Pollux, ces deux eſtoiles fauorables calmeront leurs esprits, & les conduiront à bon port. La collision de ces deux pierres viues fera naistre des estincelles pour illustrer leurs entendemens de la connoissance du bien, & embraser leurs volontez de l'amour de la perfection. Ce Tableau à double prospectiue, representant deux visages si differés & deux images si contraires, fera éclorre par cette opposition la pratique de ce mot sacré du Psalmiste : Qui est l'homme qui aspire à la vraye vie de l'esprit, qui n'est autre que la grace, & qui desire passer heureusement du temps à l'eternité? Pour ce faire il se doit retirer du mal & s'auancer au bien, rechercher la paix & la suiure. Les deux Histoires de ce Liure sont deux Guides fideles, qui addresseront les pas de ceux qui les liront aux sentiers de la paix, & de la bien heureuse tranquilité de l'esprit, en laquelle les plus entendus és choses spirituelles constituent le Paradis de cette vie, selon le mot de l'Apostre, la paix de Dieu qui passe tout sentiment, conserue nos cœurs & nos entendemens au seruice de IESVS CHRIST nostre Seigneur. Tout ainsi que le Patriarche Iacob rendoit auecque les houssines de peuplier les agneaux de ses oüailles ou blancs, ou noirs, ou tauelez : de mesme i'essaye par la monstre de ces exēples si vifs, si preignans & parsemez de tant d'auantures estranges, & d'enseignemens remarquables, de donner aux ames ausquelles ie les addresse, les couleurs des vertus qui leur sont necessaires, affin qu'elles paroissent deuant leur Espoux celeste ornees des atours precieux de ces belles varietez, dont est paree la Reyne de la droitte de Dieu chez le diuin Psalmiste. Il m'eust esté facile de faire vn Liure de preceptes pour ce regard, distinguant par chapitres vn ramas d'aduertissemens, ainsi que sont composez la plus grande part des traittez qui exposent les matieres que ie manie icy. Mais affin que la lecture de ces pages eust la delectation iointe au profit, & qu'elle sust aggreable à toutes sortes de personnes (n'y ayant aucun que le fil d'vne Histoire ne charme) i'ay mieux aymé me seruir de l'industrie de ces deux vies si diuerses, dans lesquelles i'ay enté des greffes de digressions, qui produiront des fruicts non sauuages, mais francs & de bon goust à ceux qui les liront auec attention. En cela gist le principal, le gros & le dessein de cét ouurage, le faict n'en estant que l'accessoire. La viande solide sont les preceptes, le desguisement & la sauce, c'est le faict, non qu'il soit

soit deguisé : car ie n'auance rien au fonds qui ne soit veritablement arriué, y ayant fort peu de rencontres qui soient feintes & inuentees : mais tout ainsi qu'vn vray pain de sucre sert à diuersifier plusieurs sortes de mets, de mesme le fil de ma narration me preste diuers gousts comme la manne, & la varieté de ses lustres me fournit le moyen d'estendre mes digressions, dans lesquelles est le suc & la quint-essence des auis necessaires au sujet que ie traitte: qui est de la perfection Religieuse. Il y a de certains fruicts qui ne sont bons qu'en confitures, certaines viandes qui ne se peuuent prendre si elles ne sont cuites, & soigneusement apprestees, pour estre de mauuaise digestion, sur tout l'Antimoine est extrémement nuisible s'il n'est bien preparé. De mesme il y a des points de doctrine si durs & si difficiles à digerer, que s'ils ne sont accommodez auec vn condiment agreable, ils causent plus de mal que de bien, rendent la vertu plus effroyable que desirable. Peu à peu tandis que les enfans tettent on les accoustume à l'vsage des viandes plus fortes & plus nourrissantes. Si auecque le laict doux & sauoureux de l'Histoire ie mesle des preceptes, & des distinctions vn peu reuesches à qui n'est pas tant versé en la connoissance des sciences, qui peut trouuer mauuais que ie passe mes nourrissons ainsi que ie puis? l'essaye de changer la medecine en laict, comme la nourrice qui veut guerir par cét artifice l'enfant malade, & si ie sucre l'aloës, qui peut iustement blasmer ceste pharmacie spirituelle? Peut-estre dira-t'on que ie pouuois taire beaucoup d'imperfections en ces deux personnages, dont ie represente les diuerses fortunes, & que si ceux-là sont heureux dont les pechez sont cachez, ceux-là sont malheureux dont on les publie. Mais quand on considerera que les fautes effacees par la penitence sont plus glorieuses que vergoigneuses, & que Dauid, S. Matthieu, la Magdeleine, S. Paul, n'en sont pas moins estimez pour auoir esté grands pecheurs, puisque la lumiere de la gloire de Dieu se tire de la bouë de leurs crimes, ie m'asseure qu'il n'y aura point d'esprit tant inégal qui ne tire du miel de ce thim, & de ces mauuaises mœurs occasion de reformer les siennes. On dit que de l'Amphisbene serpent à deux testes se fait la meilleure theriaque. C'est icy proprement vn Amphisbene, que i'offre aux yeux du monde en ces deux testes si opposees de Marcian & d'Aquilin, rien n'estant si contraire à vn Reclus qu'vn inſtable. Dieu vueille que les inconſtans y rencontrent les Antidotes qui leur ſont neceſſaires, & que les conſtans y ſoient confirmez en leurs bons deſſeins. Ceux-cy verront vn terme fixe, ceux-là vn Mercure volant & volage, l'vn aſſeuré, l'autre touſiours incertain. Ce Ianus à deux fronts, cette medaille à deux ſi differens reuers ſeruiront d'vn arbre de ſcience de bien & de mal, le fruict duquel ouurant les yeux fera connoiſtre les felicitez qui accompagnent ceux qui ſuiuent l'vn, & les malheurs inſeparables de ceux qui ſe precipitent en l'autre. Sur tout nos Hermites y connoiſtront comme à vne pierre de touche, s'ils ſont de franc ou de faux alloy, enſeignez ou d'imiter Marciā en ſon obſeruance, ou Aquilin en ſa retraite dans vn Ordre Religieux. Car comme l'on dit des filles, qu'il leur faut vn mary, ou vne muraille, ou vn mary qui leur ſerue de muraille, comme au lierre pour les appuyer, ou vne muraille de Cloiſtre qui les ſouſtienne en la place d'vn mary, c'eſt à dire en vn mot, qu'elles ſoient mariees ou Religieuſes : de meſme peut-on dire aux Anacoretes, ou que leur Cloſture leur ſerue de Conuent, ou bu'vn Conuent leur ſerue de retraite : car de vaguer çà & là par le monde, il leur est aussi dangereux que messeant. Au moins qu'ils s'attachent si fortement à leurs Hermitages, qu'ils y soient comme des tortues en leurs coquilles, ou plustost comme des pierreries en leurs enchasseures, & des statuës en leurs niches, si ce n'est quand la necessité de l'aliment les fait sortir hors de leur element, qui est la Solitude. A la verité qui les pourroit reünir, & les faire, ainsi que dit David, habiter vnaniment en vne mesme maison, ce seroit vne belle œuure, mais aussi perdroient-ils par cette association le nom d'Anacoretes, & de Solitaires, qui presuppose la singularité de la demeure. Mais tout ainsi que dedans vn troupeau de brebis, qui ont cét instinct de se presser les vnes aux autres, iusques à se noyer & precipiter par compagnie, nous voyons souuent en nos montagnes que les bergers mettent quelques cheures & des cheureaux, dont le naturel est moins sociable, veu que ces animaux se separent l'vn de l'autre pour aller brouter sur les pointes des rochers escartez les tendres extremitez des plantes : de mesme les Pasteurs Diocesains chefs des peuples, & conducteurs des bergeries du Sauueur, parmi tant de milliers de personnes commises à leur vigilance, & qui menent ainsi que des brebis vne vie commune & ciuile, peuuent encore souffrir quelques cheureaux (veu que le Sauueur mesme dans le Cantique se compare si souuent à cét animal) ces gens qui se sequestrent de la presse comme des Moyses, pour aller par les cauernes des montagnes leuer leurs cœurs & leurs mains vers le Ciel, viuans d'herbes & de racines, fuyans la conuersation des hommes, pour iouyr auecque plus de tranquilité de celle de Dieu & des Anges. Tant s'en faut que ie trouue ceste meslange fascheuse, qu'au contraire ie la tiens & vtile à certains esprits, & comme vn embellissement de l'Espouse de l'Agneau la Sainte Eglise. Que si quelquefois on les void bondir & sauter de colline en mótagne, en cela mesme sont-ils conformes à ce cheureüil mystique de l'Epithalame sacré, qui bondissoit par les monts & les valees pour accourir à son Amante. Qui ne sçait que l'homme né de la femme, dont la vie est si brieue & si pleine de miseres, a pour apanage de son estre labile & mortel, de ne demeurer iamais en vn mesme estat? Qui ne sçait ce conseil de l'Euangile, qui auise ceux qui sont dans les abominations de desolation de la Iudee du

Siecle, de s'enfuir vers les montagnes pour se sauuer en la Solitude, ainsi que fit Loth en celle de Segor? Et qui ne sçait encore que c'est là où la bien aymee desire trouuer son Amour, concluant ainsi son chant Nuptial: Fuyez de la presse, ô l'Ami de mon ame, & soyez semblable à la cheure ou au ieune Cerf, qui prend sa fuitte sur les montagnes ionchees d'herbes aromatiques? Môtagnes saintes & releuees, asyle des Cerfs, ou pluftost de ceux qui secoüent genereusement le dur esclauage du Siecle, pierres creuses, cauernes aymables, refuge des herissons, c'est à dire, de ceux qui veulent faire vne austere penitence loing de la veuë & de la connoissance du monde, ô deserts, où l'on iouït des airs du Paradis, ô doux lieux qui nous auoisinez des Cieux, que ceux-là sont heureux qui marians leurs souspirs aux halenees de vos Zephirs, leurs larmes aux claires fontaines qui vous arrosent, leurs accens aux champs des oyseaux qui vous embellissent, leurs desirs aux fleurs qui vous tapissent, loing des obiects terrestres, n'ont plus d'autre conuersation que dans le Ciel! Que facile & delicieux est le passage du Paradis terrestre, de la Solitude au celeste, tel qu'eust esté celuy de nostre premier

Pere, si perseuerant en l'estat de son innocence originelle, il ne se fust point rendu tributaire de la mort. C'est là que Dieu cache ses fauoris dans la cachette de son visage, en les retirant du trouble des hommes, & de la contradiction des langues. C'est là que tombe la manne cachee. C'est de là que les Elies sont enleuez en des chariots flamboyans, c'est là qu'ils sont rendus conformes à celuy qui met sa cachette dans les tenebres, bien qu'il soit vne lumiere sans obscurité, vne splendeur inaccessible. C'est là que se mene cette vie parfaite cachee en IESVS CHRIST en Dieu, afin que lors que le Sauueur, la vie de ceux qui l'ayment, apparoistra, ils soient esleuez auecque luy en la gloire, leurs corps estans transfigurez du limon de leur vilité en vne resplendissante lumiere. C'est de là que les Moyses reuiēnēt si rayonnās, que leur visage esbloüit les yeux de ceux qui les contemplent. Voylà le haut point de perfectió, où esleue la vie Solitaire ceux qui l'ēbrassent & la pratiquēt cōme ils doiuent. C'est donc à vous, sacrez habitās de nos deserts, de prēdre garde à vos voyes, afin que vous cheminiez dignement selon la vocation à laquelle vous estes appellez, en la rendant tous les iours plus certaine & asseurée par bonnes œuures. Que si quelquesfois quitans le doux repos de Marie, & vous reueillans volontairement de ce gracieux sommeil que l'Espoux ne veut pas estre interrompu en son Amante, vous descendez comme les Anges de l'escalier de Iacob, du sein de Dieu vers le prochain, & comme des Moyses du faiste de la contemplation, pour vous mesler dedans l'action & le tracas de Marthe, ie vous supplie, ie vous coniure, ains ie vous enioints, mes tres-chers freres, par le pouuoir que vostre obeyssance & la police de l'Eglise me donne sur vous, comme estant vostre Pasteur, & l'Euesque de vos ames, de garder soigneusement cette reigle, de ne sortir iamais pour des exercices de longue haleine, sans le congé de ceux que nous vous auons commis pour Superieurs, & que vos autres sorties plus courtes soient toutes reglees par les loix de la necessité, & de la charité; si vous obseruez ce precepte, non seulement elles ne vous seront point dangereuses, mais aussi meritoires qu'vtiles au prochain. Certes pour vous dire mon sentiment, mon desir seroit bien, ou que vous imitassiez (s'il vous estoit possible) le Reclus Marcian en sa closture, ou bien Aquilin en sa retraitte dans vn Ordre Religieux: mais si l'impossibilité d'vne part, & la foiblesse de l'autre vous rauissent ce bien, au moins souuenez-vous de viure fort retirez, & de ne paroistre iamais deuant les personnes du Siecle, que vous ne portiez la iustification de vostre allee dans quelque dessein ou necessaire, ou charitable. De cette façon vous serez aymez, honorez, desirez, parce que vous ne descendrez comme des Moyses de vos montueuses demeures, que pour apporter aux peuples la loy & les benedictions de Dieu, vous coulerez dans les cœurs l'eau salutaire de l'Eternelle Sagesse, comme des rosees sur les toisons, & comme la pluye sur vne terre seiche, vos sources decouleront dehors, & vous partagerez vos eaux dans les places publiques, ni plus ni moins que nous voyós boüillonner les claires fontaines sur la sommité des costaux, qui de là viennent arroser les belles valees. Vous serez semblables à cette source d'Eden, & à ce fleuue Dorix sortant du Paradis terrestre, qui rendent fertiles tous les lieux où leur humide fraischeur se communique. Ainsi comme Iob ie pourray dire que les pierres de vos cauernes me coulent ces ruisseaux d'huile qui multiplient la grace dans les esprits, & que par vostre industrie ie tireray du miel de la pierre, & de l'huile du milieu des cailloux. Et alors nous dirons auecque le Profete, que le desert se resioüisse, que la Solitude soit remplie d'allegresse & de iubilation, qu'elle germe de bons fruicts, qu'elle soit plus fleurissante que les lys, puisque la gloire du Liban luy est arriuee, & la beauté du Carmel & de la Montagne de Saron. O que ce me sera de consolation de me destourner quelquefois vers vos cabanes en faisant mes visites, pour me perdre aux yeux de ceux qui me suiuent & me retreuuer auecque vous heureusement en Dieu. Là nous tascherós de nous entr'edifier les vns les autres, & si vostre bon exemple & sainte vie m'animent à l'exercice de Marthe, ie prieray Marie qu'elle m'aide au seruice de nostre commun Seigneur, en vous rendant les paroles de vie & d'intelligence que le Saint Esprit mettra lors en ma bouche pour le contentement de vos cœurs. Suiuant en cela (quoy que debilement & de bien loing) les traces de cette grande lumiere de l'Eglise S. Augustin, qui se retiroit quelquesfois parmi les Hermites, en les repaissant d'êtretiens tous celestes, qui ont faict naistre ces douces Homelies dites aux freres de l'Hermitage, que nous auons de cét incomparable Autheur. Que si (ce que Dieu ne permette pas) quelques vns se detraquans du train de vie que nous vous auons prescrit, donnoient au prochain quelque occasion de scandale, outre le malheur fulminé par la bouche de Dieu sur ceux qui scandalisent les moindres, qu'ils sçachẽt que comme par vne extreme douceur nous donnerons aux bons tout sujet de nous aymer par les charitez & courtoisies qu'ils desireront de nous; nous employerons aussi contre les mauuais vne iuste seuerité pour nous faire craindre. Car il est dit aux Pasteurs comme au Profete; Ie t'ay constitué sur ces gens là, afin que tu arraches, perdes & dissipes, s'il est besoin, sinon afin que tu plantes, esleues & edifies. Qu'ils sçachent que les Empereurs ont attaché à cette crosse qu'indigne ie tiens, vne qualité temporelle esleuee en dignité, puissante en iurisdiction, & d'assez grande estenduë, qualité que les Ducs & les Roys ont plustost maintienuë & conseruee aux Euesques mes deuanciers qu'abolie. Si que l'espee de S. Paul estant iointe aux clefs de Sainct Piere, où le glaiue spirituel ne pourra reduire les indociles, le materiel y rangera les moins obeyssans; car comme dit l'Apostre, ce n'est point sans cause que le

glaiue de la Iustice est estably pour le soustien des bons, & pour la vengeance & le
chastiment des mauuais. La Crosse mesme
que le Sainct Siege met en la main des Pasteurs est pointue par vn bout, pour chasser
les dyscoles, & crochue par l'autre, pour arrester les vagabonds & égarez auecque cét
esprit de suauité tant recommandé és saintes pages. Mais Dieu me donne vn meilleur
augure, mes tres-chers freres, & vous rende
plustost ma gloire & ma couronne en I E-
SVS CHRIST, que ma croix & mon supplice. Pour cela ie vous ay tracé & addressé
cét HERMIANTE, ou ces Histoires de
deux Hermites contraires, dans lesquelles
vous remarquerez ce que ie desire de vous,
pour vous voir marcher deuant Dieu en
perfection, & ce que ie crain, affin que vous
vous en destourniez. Que ce volume soit
donc deuant vos yeux comme vn miroir, ou
plustost comme celuy qu'il fut commandé
au Profete de deuorer, il vous donnera
quelque amertume en la pratique des mortifications qu'il enseigne ; mais quand vos
passions seront bien mortifiés, alors vous res-
sentirez la douceur du miel d'vne tres-heu-
reuse tranquilité. Il ne sera point encore
inutile aux autres Religieux, ny mesme aux

personnes seculieres, qui aprendont dans la perfection Religieuse que i'y represente, l'estime qu'elles doiuent faire de cét estat de si haute perfection. Du bien qui s'en pourra tirer, que la gloire en soit renduë à Dieu, duquel tout don parfaict deriue. Que les deffauts soient donnez à l'humanité, & couuerts par cette charité qui est le comble des vertus, & le lien de la perfection Chrestienne.

Fin de l'Hermiante.

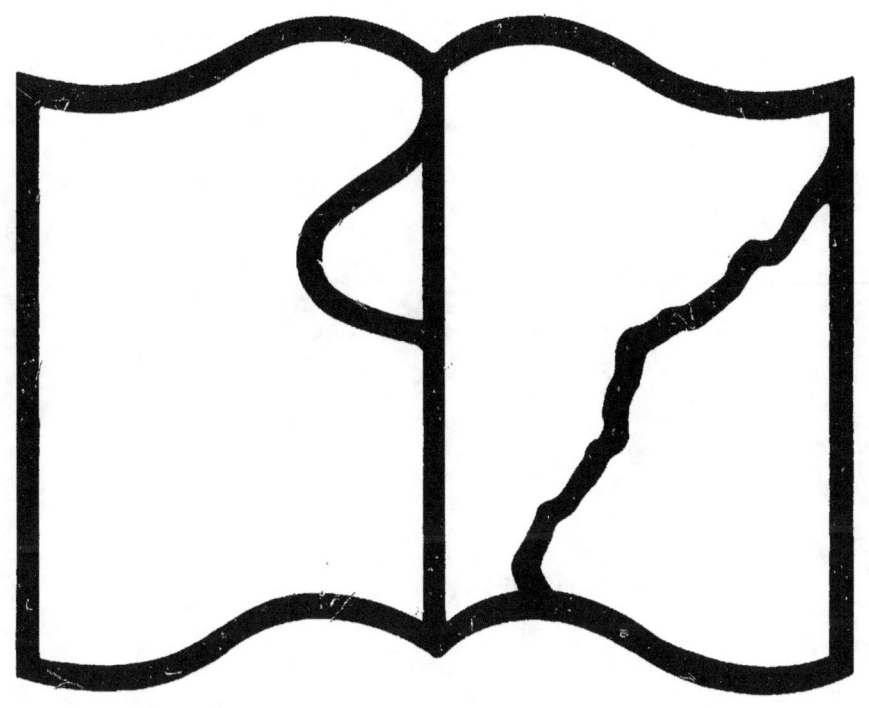

Texte détérioré — reliure défectueuse

NF Z 43-120-11

www.ingramcontent.com/pod-product-compliance
Lightning Source LLC
Chambersburg PA
CBHW070407230426
43665CB00012B/1280